周易的教育智慧

ZHOUYI DE JIAOYU ZHIHUI

李志华 著

蒙以养正　果行育德

MENGYIYANGZHENG GUOXING YUDE

济南出版社　汉唐书局

图书在版编目（CIP）数据

周易的教育智慧 / 李志华著 . -- 济南 : 济南出版社，2023.12

ISBN 978-7-5488-5392-3

Ⅰ. ①周… Ⅱ. ①李… Ⅲ. ①《周易》—教育思想—研究 Ⅳ. ① B221.5 ② G40-092.2

中国国家版本馆 CIP 数据核字（2023）第 178201 号

出 版 人 田俊林
责任编辑 冀春雨
张子涵
图书审读 冯文龙
装帧设计 谭 正

出版发行 济南出版社
地 址 山东省济南市二环南路1号（250002）
编辑热线 0531-86131747 82926535（编辑室）
发行热线 82709072 86131701 86131729 82924885（发行部）
印 刷 山东彩峰印刷股份有限公司
版 次 2024 年 1 月第 1 版
印 次 2024 年 1 月第 1 次印刷
开 本 185 mm × 260 mm 1/16
印 张 27
字 数 520千
定 价 118.00元

◎ 序 言

《周易的教育智慧》一书，系湖北省周易学会李志华老师执笔之易学导读性著作，主要由北京大学校友姚军先生、杭州师范大学王崧舟教授和湖北省仙桃市佳乐防护用品有限公司董事长万碧波资助出版。

亘古至今，《周易》著作卷帙浩繁，汗牛充栋，但涉足教育领域者凤毛麟角。李老师于 2010 年开始研究《周易》，博览古今《周易》典籍。或挑灯夜战，或问道明师，抑或躬身践行……虽命运多舛，却不忘初心；虽纷扰繁杂，仍明志笃行。“仰之弥高，钻之弥坚”，“吟安一个字，捻断数茎须”，作者从教育的视角管窥《周易》，历十二载之功夫，终于编成此著。这是一部浅显易懂的解《易》之作，适合广大中小学教师、青年学子等社会各界人士品读。

“他山之石，可以攻玉。”此书六十四卦，每卦单列成篇，设计至精至简。全卦卦图和导读高屋建瓴，利于读者管窥卦象和卦旨。卦辞、彖传、大象传、爻辞和小象传的解读，有注释，有译文，有解说，条分缕析，一目了然。而且，每一条爻辞增加了“智慧点津”和“案例解读”，便于读者管窥爻意、观照人生。“导读”旨在引导广大教育工作者进德修业、崇德广业，彰显了作者炽热的教育情怀。

“仁者见之谓之仁，知者见之谓之知。”《周易的教育智慧》与笔者不久前出版的《话说周易》的不同之处在于，本书采取“卦爻辞 + 智慧点津”综合解说，便于读者快速领略周易经文，而其“智慧点津”和“案例解读”，则是本书的最大亮点，值得参考学习。

《周易》之河，历时数千年，不断与中华文明同步发展，吸引着知识分子不断地研究学习，使他们既能自我教育，又能启迪他人。作为一名教育领域的知识分子，李老师教学之余，深入研读中华优秀传统文化经典，心无旁骛，精神可嘉。

本人与作者素未谋面，因为“宁静致易”微信群和线下课程的交流而认识。当今，传承和弘扬中华优秀传统文化是一项重大历史使命，需要各界人士全力投入，是以十分乐于阅读该书初稿，并为之序。

上海交通大学特聘教授　杜保瑞

2023 年 10 月 12 日

◎ 前 言

《周易》被誉为“群经之首”“大道之源”，是中华文化的精髓和瑰宝，是中华民族智慧的结晶。初唐宰相虞世南说：“不读《易》，不可为将相。”药圣孙思邈也曾说：“不学《易》，不足以言太医。”南怀瑾先生则称颂它是“经典中的经典，哲学中的哲学，智慧中的智慧”……

关于《周易》，有人说它是算卦之书、历史之书、科普之书、天文之书……笔者认为，它最初是卜筮之书，以占卜为躯壳，经至圣先师孔子作《易传》以发挥，而赋予其哲学和人文的功用。但不管怎样，不同阶层的人学习它，都可以从中汲取智慧的养分，获得别样的人生体悟。“《易》与天地准，故能弥纶天地之道。”军事家运筹帷幄，政治家治国理政，企业家决策管理，教育工作者导教导学……都可以从《周易》中得到启迪。

时下，“文化自信”已成共识，传承和发展中华优秀传统文化之势与日俱增，阅读经典更是深入人心。为此，许多人对《周易》颇感兴趣，欲揭开其神秘面纱。但由于其晦涩难懂，诘屈聱牙，多令人望而却步或者半途而废。如何学习它，历来见仁见智，笔者结合自己的学《易》实践，总结出“六字诀”。

第一，要“静”。“洁静精微，易之教也。”《大学》云：“知止而后有定，定而后能静，静而后能安，安而后能虑，虑而后能得。”万物静观皆自得。静心，是学《易》的前提。

第二，善“联”，即善于联想。想象是知识的翅膀。《周易》融贯多个学科，夹杂类比、联想、逻辑等多种思维，只有善于联想，才能获得新知。

第三，能“体”，即体验生活。“汝果欲学诗，工夫在诗外。”生活是《周易》的土壤，丰富的生活阅历是学《易》的重要条件，生活有多广阔，易学就有多广阔。

第四，善“跳”，即不求甚解。对于不懂的字音、字词、句意，不必过于纠结，暂且跳过，毕竟“术业有专攻”。

第五，会“玩”，即“玩索而有得”。“未学易，先学筮”，“君子居则观其象而玩其辞，动则观其变而玩其占”，在“玩”中以术证学、以学验术，知行合一，经世致用。

第六，能“恒”。“人有恒万事成，人无恒万事空。”古往今来，无数贤哲赖此走向成功，即是明证。

“《诗》无达诂，《易》无达占。”“一千个读者，就有一千个哈姆莱特。”研读《周易》，可以“究天人之际，通古今之变，成一家之言”，可以“修身、齐家、治国、平天下”，可以致用于日常生活，可以观照天地人，观照我们自己。

“天下难事必作于易，天下大事必作于细”，“为之，则难者亦易矣；不为，则易者亦难矣”！只要我们脚踏实地，持之以恒，肯下苦功夫，就一定能进入《周易》这座神圣的殿堂，领略《周易》哲学的玄妙与智慧，收获丰盈非凡的人生。

目 录

第一部分 入门指南

第二部分 《周易》六十四卦经传例解

漢唐書局

第一部分　入门指南

1.《周易》的构成

《周易》亦称《易经》，简称《易》。内容包括《易经》和《易传》两个部分。“经”是原文，分为《上经》和《下经》，一共六十四卦。“传”实际上是阐释《周易》经文的专著，即《彖传》上下、《象传》上下、《系辞传》上下、《文言传》、《说卦传》、《序卦传》、《杂卦传》，共计七种十篇。

2.《周易》的作者及释名

相传伏羲“始作八卦”，周文王父子作卦爻辞，孔子作传。关于其含义，历来众说纷纭。大致“周”有周密、周遍、周朝、周而复始等含义，“易”有变动之义。合而观之，整部《周易》就是研究天地宇宙、万物变化的学问。

3. 爻（yáo）

爻，为效也，效天下之动者也。又代表易的变化交错，宇宙间万事万物，时时都在交流，不停地发生关系，引起变化。它是组成卦的基本单位（阴阳符号），每一卦都有六爻，其中“☰”称作阳爻，“☷”称作阴爻。所有的阳爻都称为“九”，阴爻都称为“六”。爻位从下而上排列成六行，依次叫作初、二、三、四、五、上。因此，各卦凡阳爻居此六位者，分别称初九、九二、九三、九四、九五、上九；凡阴爻居此六位者，分别称初六、六二、六三、六四、六五、上六。六十四卦卦画共有三百八十四爻。

4. 卦

卦者，挂也，是一种挂在我们眼前的宇宙间的现象，即悬出来的物象以示人。它有单卦和重卦之分。由三个爻重叠组成的称为单卦或经卦，由六个爻重叠组成的卦称为重卦或复卦。

5. 八卦

八卦都是经卦（单卦）。八卦包含了天（乾）、地（坤）、水（坎）、火（离）、雷（震）、风（巽，xùn）、山（艮，gèn）、泽（兑）等八种自然现象，它们代表的是构成天地万物的八种元素。

6. 六十四卦

六十四卦由八卦重叠演化而成，每一卦都由六爻构成。分为卦名、卦辞、卦画、彖辞、象辞、爻辞等几个部分。

7. 卦画

由六个爻象符号组成的卦的符号。

8. 卦辞

每一卦后面的一段文字，是对一卦当中六爻含义总的说明。

9. 爻辞

一卦有六爻，每一爻有一个意思，表达这个意思的文辞即爻辞。每一卦有六爻，故有六条爻辞。

10. 卦象与卦德

卦象即卦的象征物，除了天、地、水、火、雷、风、山、泽等自然现象以外，还可以是具有相近属性的各种事物。卦的属性称为卦德，即卦的象征意义。例如：乾卦象征天，“天行健，君子以自强不息”，这就是乾卦的卦德。

卦象和卦德表

卦名	卦画	象自然	象人	象动物	方位	象人体	卦德	八卦取象歌
乾	☰	天	君、父	马	西北	首	健	乾三连
坤	☷	地	众、母	牛	西南	腹	顺	坤六断
震	☳	雷	长男	龙	东	足	动	震仰盂
艮	☶	山	少男	狗	东北	手	止	艮覆碗
离	☲	火、日	中女	雉	南	目	附丽	离中虚
坎	☵	水、雨	中男	豕	北	耳	陷	坎中满
兑	☱	泽	少女	羊	西	口	说（悦）	兑上缺
巽	☴	风、木	长女	鸡	东南	股	入	巽下断

11. 爻象和爻位及爻位位阶表

爻象是阴爻和阳爻象征的事物及其性质。阳爻象征日、天、男子、君子、刚健等；阴爻象征月、地、女子、小人、阴柔等。六十四卦每卦有六个爻，六个爻分处六个等级，称“爻位”。六爻的爻位是自下而上排列的，象征事物发展是从低级向高级进行的。

爻位表现了一切事物自低而高、自小及大的发展变化规律，也表现了空间和时间的过去、现在和未来。

爻位位阶表

<table>
<tr><td>六 爻</td><td colspan="5">爻位及其性质：由下而上代表不同发展阶段或不同的空间关系，也代表不同的身份地位，依分析的具体情况而定。</td></tr>
<tr><td>上 爻</td><td rowspan="2">天位</td><td>阴位</td><td>太上皇之位</td><td>象征发展终极</td><td>主穷极必反（上宜安）</td></tr>
<tr><td>五 爻</td><td>阳位</td><td>天子之位</td><td>象征圆满成功</td><td>主处盛戒盈（五多功）</td></tr>
<tr><td>四 爻</td><td rowspan="2">人位</td><td>阴位</td><td>公爵之位</td><td>象征新进高层</td><td>主警惧审时（四多惧）</td></tr>
<tr><td>三 爻</td><td>阳位</td><td>诸侯之位</td><td>象征功业小成</td><td>主慎行防凶（三多危）</td></tr>
<tr><td>二 爻</td><td rowspan="2">地位</td><td>阴位</td><td>大夫之位</td><td>象征崭露头角</td><td>主适当进取（二多誉）</td></tr>
<tr><td>初 爻</td><td>阳位</td><td>庶民之位</td><td>象征发端萌芽</td><td>主潜藏勿用（初利潜）</td></tr>
</table>

12. 解释《周易》爻辞常用的方法

（1）中正当位说。

（2）承乘比应说。

<table>
<tr><td colspan="4">中正当位</td></tr>
<tr><td rowspan="2">中
正</td><td>中</td><td>所谓“中”，是指六爻卦中内卦的二爻与外卦的五爻，因为在此中间，称为“中”，又称得中。有刚中之德、柔中之德之分。</td><td>中，象征事物守持中道，行为不偏。凡阳爻居中位，象征刚中之德，凡阴爻居中位，象征柔中之德。</td></tr>
<tr><td>正</td><td>所谓“正”，是指爻的奇数属于阳，偶数属于阴，在奇数的阳位应当是阳爻，在偶数的阴位应当是阴爻。这时称作“正”或“得正”或“当位”，反之，则为“失正”或“不当位”。</td><td>正，象征事物的发展遵循正道，符合规律。</td></tr>
</table>

<table>
<tr><th colspan="3">承乘比应</th></tr>
<tr><td rowspan="4">爻与爻之间相互关系（同性相斥，异性相吸）</td><td>承</td><td>所谓“承”，乃承上、烘托之意，凡下爻紧承上爻谓之“承”，多指阴爻上承阳爻，象征柔弱者顺承刚强者，或贤臣辅佐明君之意。</td></tr>
<tr><td>乘</td><td>所谓“乘”，是乘凌、居高临下之意。凡上爻乘凌下爻谓之“乘”，多指阴爻乘阳爻，称“乘刚”，象征臣下欺凌君主、小人乘凌君子，义多不吉善。</td></tr>
<tr><td>比</td><td>所谓“比”，是指相邻两爻比邻、亲近、比肩之意。</td></tr>
<tr><td>应</td><td>所谓“应”，是指上下卦爻对应的呼应关系（初爻和四爻，二爻和五爻，三爻和上爻）。一般来说，在相应位置上的两爻如果是一阴一阳，即可成为阴阳正应；如果是两阳或两阴，即构成敌应关系。通常正应表示有帮助，为吉；失应表示没有帮助，为凶。</td></tr>
</table>

13.《周易》的思维方式

（1）天人合一的整体思维。在《周易》看来，人和自然界处在相互感应、相互对立、相互作用的统一过程中，是一个双向交流的有机整体。六十四卦中的每一卦、每一爻，都与自然界和人类的生命息息相关。

（2）联系、发展、矛盾的辩证思维。宇宙间的一切事物都处在变化、发展之中，这些存在时刻相互联系，或深或浅，或明或暗，错综复杂。《周易》讲“取象比类”，“一阴一阳之谓道”，“穷则变，变则通，通则久”等，就集中体现了这些思想。

（3）执中用权的中道思维。行“中道”是《周易》所倡导的价值标准和行为准则，其中也包含了“时”的因素，古人把这种与时偕行的做事方法叫作行“时中”。按照这种思维方式去行为做事，尽量做到无过无不及，这就是“中道”思维。

14. 交互卦

交互卦是由本卦的内外卦交互组合而成的。即一个重卦（六爻卦）中，去掉初爻和上爻，中间四爻相连互分作上下两卦。具体的组合方法是：本卦的第二、三、四爻，拿出来作为交互卦的下卦；本卦中的第三、四、五爻，拿出来作为交互卦的上卦。比如地天泰（䷊），下交互卦为兑（☱）（泽），上交互卦为震（☳）（雷），故其互卦为雷泽归妹（䷵）。

15. 爻变

也叫变卦，是指某爻由阴爻变为阳爻，或者由阳爻变为阴爻。如坤卦“六三”发生爻变，则下卦变为艮卦，下交互卦变成坎卦，上交互卦变成震卦，互卦为雷水解。

16. 常用占断用语

①元：开始，盛大。　②亨：亨通，通达。

③利：有利，适宜。　④贞：占卜，正固。

⑤吉：吉利。　⑥凶：祸殃，灾患。

⑦悔：后悔，忧虑。　⑧吝：遗憾，麻烦。

⑨厉：危险。　⑩咎：过错，灾祸。

⑪孚：诚信。

第二部分 《周易》六十四卦经传例解

1. 乾卦第一——勤勉为师

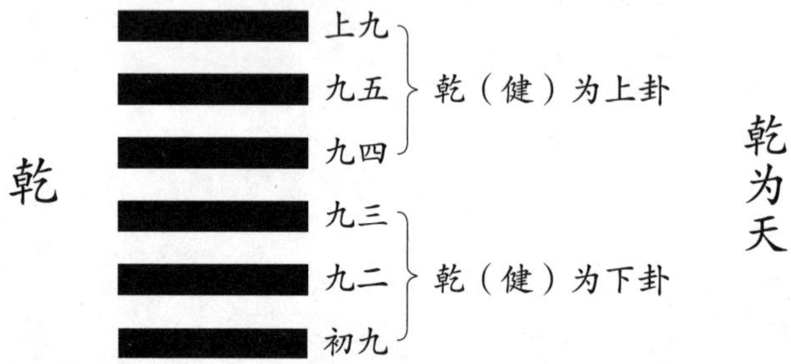

导读 “天体之行，昼夜不息，周而复始。”教育工作者要效法天道，培桃育李，自强不息，造福天下。

卦体下乾上乾。乾象征天，喻龙。全卦六爻皆阳，呈纯阳至健之象。“乾”，本义指阳气向上升腾。卦义为强壮、刚健，代表“天”之德性。本卦主要阐述师者自强，勤勉为师之道。

【1.1】

乾：元①，亨②，利③，贞④。

〖注释〗

①元：创始，盛大。②亨：亨通，通达。③利：有利，适宜。④贞：正固，占卜。引申为坚守正道。

〖译文〗

乾卦象征天：具有创始、亨通、有利、正固四种美好的德性。

〖解说〗

乾坤两卦是《周易》六十四卦的根本，乾有刚健、自强不息之意。“乾：元，亨，利，贞”是该卦的“卦辞”，用来说明卦的性质。乾之“象”为天，乾之“意”为健，天体健行不息，周而复始，所以说“天行健，君子以自强不息”。天之阳气是始生万物的本原，故称为“元”；能使万物品类流布成形，无不亨通，故称为“亨”；能使物性和谐，各得其利，故称为“利”；能使万物正固，持久存在，故称为“贞”。

【1.2】

《彖[①]》曰：大哉乾元[②]，万物资[③]始，乃统天。云行雨施，品物[④]流形。大明[⑤]终始，六位[⑥]时成，时乘六龙以御[⑦]天。乾道变化，各正性命，保合太和[⑧]，乃利贞。首出庶物，万国咸宁。

〖注释〗

①彖：指彖传，“彖者，材也”。材，通“裁”，有裁断之义。彖传即裁断一卦之义的文辞。②元：开始，最初的元气。亦有大的意思。③资：凭借，依赖。④品物：各种事物。⑤大明：指太阳。⑥六位：六个爻位。⑦御：驾驭。⑧太和：事物自身阴阳和谐。

〖译文〗

《彖传》说：伟大啊，开创万物的天。万物依赖它获得生命，这种乾元之气是天道运行的动力。行云布雨，万物变化成形。太阳每天东升西落，乾卦六个爻位适时完成，好像六条飞龙驾驭天空。天的运行变化，在于端正万物各自的本性和生命，而保持阴阳二气的和谐，正固持久地成长。乾道始生万物，使天下万国一片安宁。

【1.3】

《象[①]》曰：天行健[②]，君子以[③]自强不息。

〖注释〗

①象：即象辞，包括大象和小象。大象一般用来解释卦象、卦辞，小象用来解释爻辞，都冠以“象曰”。此指大象，即描述乾卦整体卦象之象辞。《周易》是一部专设卦画以示卦象之书。“易者，象也。象也者，像也。”“象也者，像此者也。”易象是对自然之象的效法、模拟。②健：刚健。③以：取法，因此。

〖译文〗

《大象传》说：天道刚健，运行不已。君子应当效法天道，自强不息。

〖解说〗

《大象传》大致依据“上下经卦卦象＋卦名＋启发德行”来展开，即推天道以明人事，进而宣扬孔子的政治理想和君子理念。如乾卦，上卦下卦都为乾，它的基本卦象是天，所以说“天行健”。“天”是乾之体，“健”是天之用，而后边的“君子以自强不息”则属于人事部分。它给教育工作者所带来的启示是，教书育人要生命不息，奋斗不止，持之以恒。

【1.4】

初九：潜龙，勿用[①]。

《象》曰："潜龙勿用"，阳在下[②]也。

〖注释〗

①用：作为。②阳在下：本爻"初九"是阳爻，居下卦最下位。

〖译文〗

初九：像潜藏的龙，养精蓄锐，暂时还不能发挥作用。

《小象传》说："潜藏的龙，暂时还不能发挥作用"，是因为"初九"处在全卦的最下位。

〖解说〗

"初"是每一卦自下而上数的第一爻，它表示爻位。从时间上来说，它表示一卦之始；从空间或者地位上来说，它代表位卑居下。"九"是阳爻（"六"是阴爻），"初九"就是乾卦的第一爻。"龙"是我国古代神话中神通广大的"海陆空"三栖动物，既能潜入深渊，行走陆上，又能在天空飞腾，因其具有变幻莫测的特征，故用它来象征天的无穷变化以及有才干有作为的君子。爻辞不是凭空产生的，它是古人观察世间万物，总结其运行规律的结果。由于宇宙间万事万物时刻处在变动之中，因而我们在析卦解卦时要有变化意识，要认清每个爻的阴阳属性是会随着环境条件的变化而变化的。也就是说，阳爻可能会变成阴爻，阴爻可能会变成阳爻。乾卦下卦为乾卦，如果"初九"发生爻变，就变成了"初六"，这样乾卦下卦就变成了巽卦。巽为风，风具有无孔不入的特点，故有"潜龙"之象。"初九"居于五个阳爻之下，位卑力弱，所以说"勿用"。"勿用"绝非不用，而是指暂时隐忍潜藏，积累才德，以待时机。

〖智慧点津〗此爻揭示君子在潜伏时期，应当修炼本领，以伺机而动。

〖案例解读〗诸葛亮隆中隐居躬耕苦读。建安二年（197），诸葛亮移居隆中（在今河南南阳，一说在今湖北襄阳），一边种田，一边苦读诗书。由于他自幼聪慧好学，很快就具有经天纬地之才。他胸怀大志，心系天下，对天下形势了如指掌，被称为"卧龙先生"。建安十二年（207），他因为刘备三顾茅庐而出山，为蜀汉政权的建立作出了巨大贡献。这就是"卧久者，行必远；伏久者，飞必高"的道理。

【1.5】

九二：见[①]龙在田，利见大人[②]。

《象》曰："见龙在田"，德施普也。

〖注释〗

①见：通“现”。②大人：指德高望重的人。

〖译文〗

九二：龙出现在大地上，有利于拜见德高望重的人。

《小象传》说：“龙出现在大地上”，说明“九二”将德泽广施于天下。

〖解说〗

“九二”中的“九”表示阴阳属性中的阳爻，“二”表示爻位中的第二爻。“九二”以阳爻居于阴位不当位（阴爻居于阴位，阳爻居于阳位，均为“得正”或者说“当位”，反之，就说“失正”或“不当位”，以下同），但“得中”（居下卦之中位），具备中庸的德行。若“九二”发生爻变，则变为“六二”，那么下卦乾卦就变成了离卦，离为火，为日，为目，为电，这些都引人注目。此时“九二”已处于地上（按照《周易》“三才”天地人之道，初爻和二爻为地位，三爻和四爻为人位，五爻和上爻为天位），故有“见龙在田”之象。“九二”纯阳之气已从地下升出地面，崭露头角，龙德逐渐显露。所以，“九二”应该参拜大人“九五”（“二”位和“五”位相应，这里虽非阴阳正应，但也无碍，毕竟“五”居于上卦中正之位，且地位高于“二”），以求施展自己的抱负，惠及天下。

〖智慧点津〗此爻揭示有作为的人要善于借力使力。

〖案例解读〗白居易怀才遇顾况。白居易是唐朝著名诗人，有“诗魔”和“诗王”之称。他初次参加科举考试时，名声并不大。有一次，他拜访著名诗人顾况。看到“白居易”三个字，顾况幽默地说：“长安城物价正贵，恐怕白居不易！”等读到“离离原上草，一岁一枯荣。野火烧不尽，春风吹又生”时，顾况不禁大为惊奇地说：“能写出如此佳句，白居也易！”从此，白居易诗名大噪。由此可见，一个人只有自身肯努力，有实力，才会“利见大人”，得到贵人的帮助，此所谓“花若盛开，蝴蝶自来”！

【1.6】

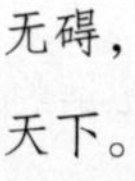

九三：君子终日乾乾①，夕惕若②，厉③无咎④。

《象》曰：“终日乾乾”，反复道也。

〖注释〗

①乾乾：健行不息，努力不懈。②惕若：警惕的样子。③厉：危险。④咎：过错，灾祸。

〖译文〗

九三：君子整天勤勉不懈，甚至夜晚也保持戒惧，即使面临危险也没有灾祸。

《小象传》说："整天勤勉不懈"，是说反复践行正道。

〖解说〗

若"九三"发生爻变，就会变成"六三"，则下交互卦（二三四爻）变为离卦。离为日，为明；又上卦为乾，下卦也为乾，乾代表刚健有力，故有"终日乾乾"之象。"九三"以阳爻居阳位，过刚易折，又处上下卦交界处（下卦之上，上卦之下），上不在天位，下不在地位，失去立足保身之所，处于危险的境遇。幸而其阳刚当位，是个刚健正直的君子，若能整天谨慎自励，修养德行，便能化险为夷。

〖智慧点津〗此爻揭示君子在成长之时，勤勉戒惧可以避祸。

〖案例解读〗谈迁编纂《国榷》。谈迁原名以训，自称"江左遗民"，是明末清初著名的史学家。他一生最大的成就就是写了一部多达500万字的编年体史书——《国榷》。他披肝沥胆，花费了26年的时间，终于完成了此书的初稿。然而，一日小偷闯进他的家，丧心病狂地将初稿偷走。此时，谈迁已年过半百，半生心血毁于一旦，这让他捶胸顿足，几近绝望。但是，谈迁并没有被挫折打倒，他决定以残生从头开始写下去。白天，他四处寻访，搜集史料；晚上，一盏孤灯陪伴他奋笔疾书。经过五年的艰辛努力，他终于写成了新的书稿。这部新版《国榷》，经过不断修订，内容比之前的初稿更加完善，对于后世研究明史有重大参考价值。

【1.7】

九四：或[①]跃在渊[②]，无咎。

《象》曰："或跃在渊"，进无咎也。

〖注释〗

①或：有时。②渊：深水。

〖译文〗

九四：龙有时升腾于天空，有时潜伏于深渊，没有灾祸。

《小象传》说：龙有时升腾于天空，有时潜伏于深渊，相机进取就没有灾祸。

〖解说〗

若"九四"发生爻变，则上卦变为巽卦，巽为股（大腿），为风。风有进退未定之象，故言"或跃在渊"。"九四"居上卦之下，不中不正，地位未定，进退两难，又靠近九五之尊，伴君如伴虎。故居此位，应审时度势，方能进可取誉，退可免难，进退有据，潜跃由心。第三爻和第四爻属于"人位"，人生于天地宇宙间，艰险重重，故《周易·系辞传》里有“三多凶，四多惧”之说，精辟地概述了六十四卦中这两个爻位的普遍特点。

〖智慧点津〗此爻揭示君子应根据时机决定进退。

〖案例解读〗王崧舟“飞跃”杭州师范大学。王崧舟是全国著名小学语文特级教师，《百家讲坛》主讲人。他开创了“诗意语文”教学流派，构建了“新成功教育”办学模式，培养了许多省、市教坛新秀和学科带头人。2015年，他受聘到杭州师范大学经亨颐教育学院任教，主要负责本科生“语文课程与教学”这门课程，另外开发“卓越老师”课程，培养优秀的小学全科教师。正是通过这份教职，他展示了自己的才华和能力，拓展了发展空间，实现其人生价值的“凌空一跃”，实乃“进无咎也”。

【1.8】

九五：飞龙在天，利见大人。

《象》曰：“飞龙在天”，大人造①也。

〖注释〗

①造：作，兴起。

〖译文〗

九五：龙飞腾在天空中，利于大德之人出来治世。

《小象传》说：“龙飞腾在天空中”，意味着大德之人大有作为。

〖解说〗

若“九五”发生爻变，则变为“六五”，那么上卦乾卦就变成了离卦，离为火，为日，为目，为电，和“见”的意境相似，故有“利见大人”之象。这条刚健的龙，经过多年的潜藏、显现、警惕、跳跃，此时终于可以一飞冲天。“九五”以阳爻居于阳位，刚健既中且正，已备圣人之德位，犹如“飞龙在天”，事业如日中天，既可以大显身手，又能够普惠万民。“九”是阳数（奇数一、三、五、七、九）之极点，“五”处在阳数的中间，故为“至尊中正”。古时皇帝被称作“九五之尊”，正是依据此爻辞易理。

〖智慧点津〗此爻揭示君子应大展宏图，同时恩泽社会。

〖案例解读〗钱学森回国效力科技事业。“学成必归，报效祖国。”钱学森是我国的科学巨擘，被誉为“中国航天之父”和“中国导弹之父”。1935年9月，他进入麻省理工学院航空系学习，28岁就成为世界知名的空气动力学家，35岁晋升为麻省理工学院终身教授。1955年，他毅然放弃美国的优渥条件，克服重重困难，回国效力，为我国导弹、原子弹的成功发射作出了巨大贡献，使我国的航空航天事业“一飞冲天”。

【1.9】

䷀

上九：亢[①]龙有悔。

《象》曰："亢龙有悔"，盈不可久也。

〖注释〗

①亢：极高，过度。

〖译文〗

上九：龙高飞不止，超过极限就会悔恨。

《小象传》说："高飞到极限的龙会有悔恨"，这是告诫人们盈满是不可能长久保持的。

〖解说〗

"上"代表一卦的顶端，具有物极必反、盛极必衰的特点。"上九"是乾卦的终极之爻，"飞龙"不停地往上飞，不知节制，必然会过高而折，后悔不已。"爬得越高，摔得越重"，一个人如果过分追求金钱、名誉、地位等，则结局莫不如此。

〖智慧点津〗此爻揭示盛极必衰，应当警惕与节制。

〖案例解读〗教育专家走向腐败堕落。吴某从学生到助教，然后到教授、博导，一直做到校长。起初，他不仅学术成果颇丰，而且办学卓有成效，成为当地思想政治教育领域的知名专家。后来，他从教育系统转到地方任职，其世界观、人生观、价值观发生扭曲，迷恋山珍海味、深宅大院，继而进行权钱交易，贪污受贿，逐渐陷入腐败堕落的泥潭而不能自拔。"知进而不知退，知存而不知亡，知得而不知丧"，最终使他锒铛入狱。这正是"亢龙有悔"的例证。

【1.10】

用九[①]：见群龙无首，吉。

《象》曰："用九"，天德不可为首也。

〖注释〗

①用九：是指占到乾卦，六爻都是变爻，阳爻全部变为阴爻时的断语。

〖译文〗

用九：群龙出现在天空，都不以首领自居，吉祥。

《小象传》说："用九"之道，是说天的美德是不以首领自居。

〖解说〗

"群龙"指六爻都是阳爻，而六爻皆变，都由阳刚变为阴柔，所以取群龙都不以首领自居之象。"用九"和"用六"是六十四卦中乾坤两卦独有的断语，它们既不是卦辞，也不是爻辞。“用九”，即用九之道，是占筮出现乾卦，而且六个阳爻都是“老阳”，亦即阳爻都要变成阴爻，乾卦将变为坤卦的断语。“用九”之卦，既不完全是乾卦，也不完全是坤卦，而是兼有乾坤两卦的美德。由于乾卦是纯阳之卦，六爻皆刚，群龙都具有阳刚劲健的特性。然而客观环境和规律却制约着每一条龙的行为，如果一味逞刚，就会走向穷途末路。所以，用“用九”告诫群龙，当以“无首”为吉，不要阳刚过头，而应该刚柔并济，行中道才能吉祥。

〖智慧点津〗此爻揭示君子应刚而能柔，通权达变。

〖案例解读〗刘邦鸿门宴示弱脱险。秦朝末年，各路起义军风起云涌，社会动荡不安。刘邦和项羽有个约定，“先入关中者为王”。公元前206年10月，刘邦比项羽先一步到达关中，秦王子婴向刘邦投降，秦朝灭亡。当时刘邦仅有10万人马，项羽则号称有40万大军。面对强大的楚军，刘邦在鸿门宴主动向项羽俯首称臣，才得以脱险，并最终建立汉朝。

2. 坤卦第二——宽厚待生

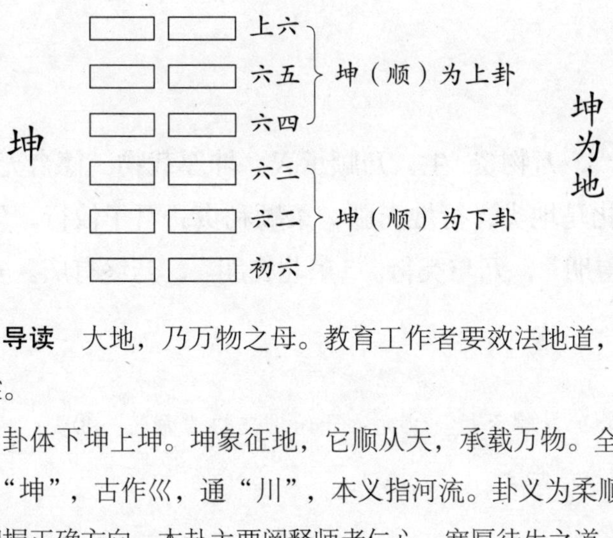

导读 大地，乃万物之母。教育工作者要效法地道，仁爱学生，厚德载物，培育栋梁。

卦体下坤上坤。坤象征地，它顺从天，承载万物。全卦六爻纯阴，呈至柔至顺之象。“坤”，古作巛，通“川”，本义指河流。卦义为柔顺、宁静。坤只有依随乾，才能把握正确方向。本卦主要阐释师者仁心，宽厚待生之道。

【2.1】

坤：元，亨，利牝马①之贞。君子有攸②往，先迷后得主，利。西南得朋③，东北丧朋，安贞④吉。

〖注释〗

①牝（pìn）马：母马。②攸：所。③朋：朋友或朋币。古代以贝壳为货币，双贝

为一朋。④贞：守正。

〖译文〗

坤卦象征地：元始，亨通，有利于像母马那样柔顺守正。君子有所往求，如果争先居首就会迷失方向；如果随从人后，就可以找到主人，必然获利。如向西南方走，可以获得朋友；如向东北方走，将会失去朋友。此时安顺守正是吉利的。

〖解说〗

坤卦和乾卦相对，由六个阴爻组成，是纯阴卦，其德性至为柔顺，故说“元，亨”。“乾”是创始万物的天的功能，“坤”则是顺从天，形成万物的天的工具。卦辞之所以用“牝马”比喻坤道，乃是“牝”象征柔顺，“马”象征健行。也就是说，只有像柔顺、健行的母马一般，执着于正道——依顺于天，资生万物，才会有利。君子前往行事，领先则迷失，在后跟随才能有所得，因为“乾”是主导，“坤”是顺从，它唯有追随“乾”，才不会迷失。依《说卦传》所述八卦的方位，阴卦居西、南两方：兑居西，坤居西南，离居南，巽居东南。阳卦居东、北两方：震居东，艮居东北，坎居北，乾居西北。所以，往西南方走，可以得到同属于阴的朋友；往东北方走，就会失去同属于阴的朋友。总之，君子为人处世要柔顺而健行，守柔而居后，才合乎坤道的正理，永获“安贞”之“吉”。

【2.2】

《彖》曰：至①哉坤元②，万物资③生，乃顺承天。坤厚载物，德合无疆。含弘光大，品物④咸亨。牝马地类，行地无疆，柔顺利贞。君子攸行，先迷失道，后顺得常。“西南得朋”，乃与类行。“东北丧朋”，乃终有庆。安贞之吉，应⑤地无疆。

〖注释〗

①至：极，指地生养万物的功德至极。②元：开始，最初的元气。③资：依赖。④品物：各种事物。⑤应：适应，符合。

〖译文〗

《彖传》说：美德至极啊，生育万物的大地。万物都依赖它而生长，它柔顺地服从天道的变化。地体深厚，负载万物，功德无穷。它蕴藏广大，使万物都能顺利生长。雌马是大地上的动物，善于在一望无垠的大地上奔跑，它性情柔顺，有利于坚守正道。君子有所往，如果抢先行动，僭越乾道，就会迷失方向；只有顺从乾道，才是正道。“向西南方走会得到朋友”，是因为与同类共行。“向东北方走会失去朋友”，但最后仍会获得福庆。安然守正而获吉，正符合大地宽厚载物的美德。

【2.3】

《象》曰：地势坤①，君子以②厚德载物。

〖注释〗

①坤：顺。②以：取法，因此。

〖译文〗

《大象传》说：地势柔顺，顺承于天。君子应当效法大地，以宽厚的德行包容万物。

〖解说〗

上下经卦都为坤，它的基本卦象是地，地的主要特点是平顺和包容。《说卦传》说："坤，顺也。"天高地厚，地大物博，教育工作者从中得到的启示是，要以宽厚的德行教育学生，面向全体，因材施教。

【2.4】

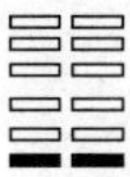

初六：履霜，坚冰至。

《象》曰："履霜坚冰"，阴始凝也。驯①致②其道，至坚冰也。

〖注释〗

①驯：驯服，顺从。②致：推进，发展。

〖译文〗

初六：当踩到秋霜，就可预知结坚冰的寒冬要到了。

《小象传》说："当踩到秋霜，就可预知结坚冰的寒冬要到了"，说明阴气开始凝结了。顺着这一自然规律发展下去，就会结成坚冰。

〖解说〗

"初"是每一卦的第一爻，从时间上来说，它表示一卦之始；从空间或者地位上来说，它代表位卑居下。"六"是阴爻（"九"是阳爻），"初六"就是坤卦的第一爻。在十二消息卦中，坤卦代表农历十月，阴气最盛，天气寒冷；同时，若"初六"发生爻变，则下卦变为震卦，震为动，为足，故有"履霜"之象。此外，"初六"在坤卦的最下方，阴气初生，其始甚微，及其积增渐盛，以至为霜，所以要及时觉察征兆，早作预防。"初六"以阴爻居阳位，不当位，因而其处境不利。此时，唯有谨慎小心，见微知著，才可预知坚冰将至。

〖智慧点津〗此爻揭示防微杜渐的道理。

〖案例解读〗一枚铁钉亡国。1485 年，英国国王理查三世要面临一场重要的战争，这场战争关乎国家的生死存亡。在战斗开始之前，国王让马夫去准备战马。马夫立即找到铁匠，吩咐他马上给马掌钉上蹄铁。铁匠先钉好三个马掌，在钉第四个时发现缺了一颗钉子，马掌没有钉牢固。国王并不在意，就匆匆上了战场。战斗中，国王率军冲锋陷阵。突然，他的坐骑因掉了一只马掌而“马失前蹄”，国王也被重重地摔倒在地，惊恐的战马脱缰而去。士兵见状，纷纷调头逃窜，溃不成军。敌军乘机反击，俘虏了国王。国王这时才意识到那颗钉子的重要性，但为时已晚。

【2.5】

䷁

六二：直方大①，不习②无不利。

《象》曰：“六二”之动③，“直”以“方”也。“不习无不利”，地道光④也。

〖注释〗

①直方大：正直，端方，博大。②习：学习，练习。③动：行动。④光：即“广”，广大。

〖译文〗

六二：正直、方正、辽阔是大地的特点。君子即使不去练习，也没有什么不利的。

《小象传》说：“六二”这一爻指引的行动，是“正直”而且“方正”。“君子即使不去练习，也没有什么不利的”，因为地道是广大无边的。

〖解说〗

古人认为“天圆地方”，大地笔直地向四方延伸，辽阔无边，故有“直方大”之象。“直方大”以大地的特点说理，集中体现了坤道纯正的内核，可比拟君子应有大地一样的德行。“六二”为本卦主爻，它以阴爻居阴位而当位，又在下卦的中位，有地之象（初、二爻为地位，三、四爻为人位，五、上爻为天位）。君子具备了“直”“方”“大”的德行，只需顺其自然，便会大有裨益。

〖智慧点津〗此爻揭示做人应正直、方正、博大。

〖案例解读〗岳母刺字。岳母姚氏，又称姚太夫人，宋代抗金名将岳飞之母，古代四大贤母之一。她是一位极有主见、为人刚直、思想开明的母亲。当时，北方的金兵大举南下，国家处于生死存亡之际，她积极鼓励儿子参军抗金。临行前，她在岳飞后背上刺上“尽忠报国”四个大字，激励他永以报国为志。后来，岳飞在抗金斗争中奋勇杀敌，屡立战功。岳母也被视为母教典范和妇女楷模、世尊贤母，实乃“直方大，不习无不利”。

【2.6】

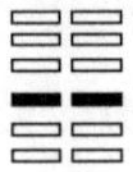

六三：含章[①]可贞[②]。或从王事[③]，无成有终。

《象》曰："含章可贞"，以时发也。"或从王事"，知[④]光大也。

〖注释〗

①章：即"彰"，文采。②贞：正。③王事：君王的政事。④知：通"智"，智慧。

〖译文〗

六三：蕴含美德，能坚守正道。或者效力于君王，功成不居却有好的结局。

《小象传》说："蕴含美德，能坚守正道"，是说能根据时机发挥作用。"或者效力于君王"，才能使智慧发扬光大。

〖解说〗

坤为关闭，为文采，故言"含章"。若"六三"发生爻变，则下卦变为艮卦，艮为山，为止，故有"终"之象。"六三"以阴爻居阳位，不中不正，失位不吉，所以说"无成"。但它能含蓄才能，不露锋芒，恪守为臣之道，辅助君王之业，能做到不居功自傲，这样可以使自身的才智得到光大和发挥，从而善始善终。

〖智慧点津〗此爻揭示做人应懂得含蓄和谦虚，功名不刻意外露。

〖案例解读〗张富清"含章"铸军魂。张富清1924年出生于陕西汉中洋县，1948年参加中国人民解放军，同年加入中国共产党。在解放大西北的一系列战斗中，他英勇善战，舍生忘死，先后荣立一等功3次、二等功1次，被西北野战军记"特等功"，两次获得"战斗英雄"荣誉称号。1955年，他退役转业，主动选择到湖北省最偏远的来凤县工作，为贫困山区奉献一生。60多年来，他尘封功绩，连儿女都不知情。2018年底，在退役军人信息采集中，他的事迹才被人们知晓。他的事迹感动了国人，被评为"时代楷模"，并被授予"共和国勋章"。"含章可贞。或从王事，无成有终"，张富清在平凡中始终保持着军人和共产党员的优秀品格，令人肃然起敬。

【2.7】

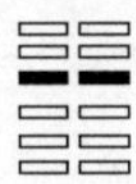

六四：括[①]囊[②]，无咎，无誉。

《象》曰："括囊，无咎"，慎不害也。

〖注释〗

①括：结扎，捆束。②囊：袋子。

〖译文〗

六四：扎紧口袋，没有灾祸，也没有赞誉。

《小象传》说："扎紧口袋，没有灾祸"，是说谨慎才没有祸害。

〖解说〗

括囊，这里比喻谨言慎行。若"六四"发生爻变，则上卦变为震卦，震为仰盂，容器，引申为口袋；下交互卦（二、三、四爻）变为艮卦，艮为手，为止；又坤为布，为闭户，故有"括囊"之象。"三多危，四多惧"，说的是三爻和四爻均位于人位，常处于是非之地。现在"六四"不中又无应，还靠近君位，"伴君如伴虎"，它只有谨言慎行，才能使别人的赞誉和诋毁都无法施展，从而避免灾祸。

〖智慧点津〗此爻揭示谨言慎行，可以防灾避祸。

〖案例解读〗杨修口无遮拦惹祸上身。杨修（175—219），字德祖，东汉末年文学家，太尉杨彪之子，曹操丞相府的主簿。他聪慧好学，才华横溢，"是时，军国多事，修总知外内，事皆称意"。但他多次口无遮拦，"恃才放旷，数犯曹操之忌"。有一次，曹操进军汉中，在斜谷界口骑虎难下。一个士兵来问夜间口令，曹操随口答道："鸡肋！"杨修知道后，就让随行军士收拾行装，准备返程。军士都很奇怪，纷纷问其原因。杨修说："鸡肋食之无味，弃之可惜，这就像我们现在的处境，进退两难。"曹操听说后恼羞成怒，以扰乱军心罪将杨修处死。

【2.8】

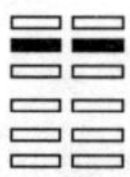

六五：黄裳①，元吉。

《象》曰："黄裳元吉"，文②在中也。

〖注释〗

①裳：下衣。古人称上体之服为"衣"，下体之服为"裳"。②文：文采，美德。

〖译文〗

六五：黄色的裙裤，大吉大利。

《小象传》说："黄色的裙裤大吉大利"，就像君子心怀美德。

〖解说〗

坤为地，土的颜色是黄色的；坤又为布，布可以用来做衣裳，故有"黄裳"之象。此外，黄色居五色之中，代表中，象征着中道。"黄裳"象征中庸谦下的美德。"文在中也"是说美丽的下衣隐藏在上衣的下面，用来比拟内在的美德。坤卦"六五"以柔爻居尊位，又处上卦之中，它恪守臣道，既具备中顺之德，又谦恭而能居下，极尽辅助之力，所以说大吉大利。

〖智慧点津〗此爻揭示和顺谦下则大吉。

〖案例解读〗长孙皇后母仪天下。长孙皇后是河南洛阳人，是唐太宗李世民的皇后，为人贤良无私，谦卑宽厚，著有《女则》《春游曲》等。为后期间，她从不干涉朝政，善于匡正李世民的过失，并保护忠正的大臣，帮助唐太宗成就了“贞观之治”。她“孝事高祖，恭顺妃嫔，尽力弥缝，以存内助”，堪称母仪天下的“千古贤后”，正所谓“‘黄裳元吉’，文在中也”。

【2.9】

䷁

上六：龙①战于野，其血玄黄②。

《象》曰：“龙战于野”，其道穷也。

〖注释〗

①龙：本爻“上六”是阴属，龙是阳属，因“上六”可与阳势均力敌，所以“上六”也可称“龙”。②玄黄：天之黑色，地之黄色，天地杂合的颜色。这里象征阴阳争斗造成天地混乱、乾坤莫辨的场景。

〖译文〗

上六：龙在旷野里争斗，流出黑黄色的血。

《小象传》说：龙在旷野里争斗，说明坤阴极盛，已经到了穷困的绝境。

〖解说〗

“上六”处坤卦之极，阴极阳生，坤阴一反柔顺从阳的本性，而与乾阳抗争，势必两败俱伤，血流遍野。坤道是臣道，当恪守柔顺之道，追随乾阳才有出路。现在它却想以阴极之阳逞刚于外，与乾阳之势相互争斗，必然穷途末路，异常凶险。

〖智慧点津〗此爻揭示居于臣属地位就要尽忠职守而不可越权，这样才可善始善终。

〖案例解读〗王莽篡汉被杀。西汉末年，外戚专权。王莽以谦卑节俭和礼贤下士的假仁假义，获得了世人的赞誉。随着地位的攀升，他逐渐暴露出取汉而代之的野心。他利用“汉德已衰，新圣将兴”之说，假托符命以新圣人自居，最终篡汉自立。然而，由于他实行“托古改制”，激发了各种社会矛盾，最终赤眉、绿林军相继揭竿而起，将其杀害，王莽政权由此被推翻。

【2.10】

用六①：利永贞。

《象》曰：“用六永贞”，以大终也。

〖注释〗

①用六：是指占到坤卦，六爻都是变爻，全部变为阳爻时的断语。

〖译文〗

用六：有利于永远守持正道。

《小象传》说：“用六永远守持正道”，可以使坤卦的臣道得到善终。

〖解说〗

坤卦六爻皆阴，柔顺有余，如果能济之以阳刚，改变其过于阴柔的性质则有利。这是因为过于阴柔无法持久正固，唯有变为阳刚，才能永远持守正固。“用六”即善于运用坤卦六爻的变化法则，如顺从承受天的法则，生成负载万物，是居于从属地位。因而，坤卦“用六”，就必须永远坚定地坚持纯正，才能获得有利的结果。

〖智慧点津〗此爻揭示做人应永远保持执着纯正。

〖案例解读〗苏步青“毕生事业一教鞭”。苏步青，浙江温州平阳人，中国科学院院士，中国著名的数学家、教育家。他在浙江大学和复旦大学辛勤耕耘70余载，创立了微分几何学派，在国内外享有盛誉。他引领复旦大学数学学科发展，培养一批又一批数学英才，“三代六院士”，留下“苏步青效应”的美谈。从1927年开始，他共撰写论文150多篇，出版专著和教材十多部。此外，他还始终坚持教学和科研相结合，致力于改革和发展中国的教育体制，对我国的教育事业和科学事业作出了杰出的贡献。

3. 屯（zhūn）卦第三——初为人师

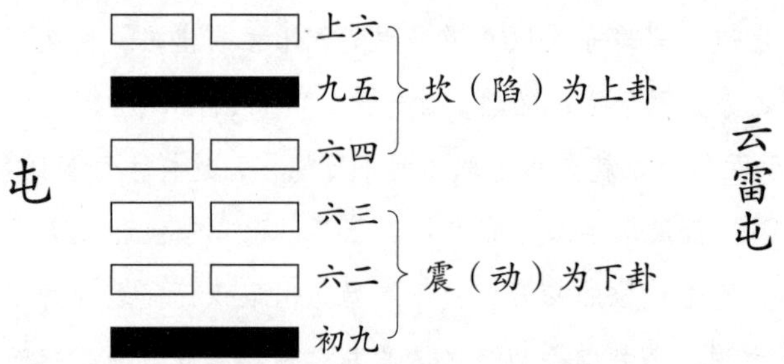

导读　万事开头难，只要肯登攀。教育工作者只有扎根教坛，不畏艰辛，才能从懵懂无知、惶恐茫然的教学新人，一步步淬炼为一名优秀教师。

卦体下震上坎。震为雷，喻动；坎为水（云雨），喻险；有宇宙初创，雷雨交加，万物艰险孕育之象。“屯”，原指草木初生，引申为阻碍、艰难。本卦主要阐释教师初为人师，处境艰难时的处世原则。

【3.1】

屯：元亨，利贞①。勿用有攸②往，利建侯③。

〖注释〗

①贞：守正。②攸：所。③侯：诸侯。

〖译文〗

屯卦象征初生：非常亨通，有利于坚守正道。不要急于发展，首先要建国封侯。

〖解说〗

“天地玄黄，宇宙洪荒。”盘古开天辟地，女娲造人，人类诞生并逐渐繁衍壮大。万物萌生，生机盎然，欣欣向荣，自然亨通无限。但艰难和生机并存，机遇和挑战同在，因而需要坚守正道。此时，若想锐意创建功业，则不可轻举妄动。只有礼贤下士、广纳人才，才能奠定诸侯基业，所以说“利建侯”。

【3.2】

《彖》曰：屯，刚柔始交而难生①。动乎险中②，大亨贞。雷雨之动满盈，天造草昧③，宜建侯而不宁。

〖注释〗

①刚柔始交而难生：乾卦纯是阳爻，代表阳刚；坤卦纯是阴爻，代表阴柔。从屯卦开始，阴阳两种爻象才混合成卦。上卦“坎”为险难，故言“刚柔始交而难生”。②动乎险中：指屯卦下卦震为动，上卦坎为险。③草昧：天地初开时的混沌状态，犹如创始。

〖译文〗

《彖传》说：屯，就是乾阳之气的刚爻和坤阴之气的柔爻始相交合而困难随之萌生。君子在艰险中谋求发展，只有坚守正道，才能亨通无限。雷雨交加，乌云闪电充满宇宙，这正是天地初创万物、草木蒙昧之时。在这样的情况下，国君应该封侯建国，而不能安居无事。

【3.3】

《象》曰：云雷，屯。君子以经纶①。

〖注释〗

①经纶：整理过的蚕丝，比喻治理国家的方略。

〖译文〗

《大象传》说：乌云翻滚、电闪雷鸣，象征着天地初创的苦难时期。君子效法此象，在事业开始之时即规划治国方略。

〖解说〗

水在天上为云。天地云雷闪动，积聚酝酿，尚未润泽大地，有郁结不通之象。教育工作者从中得到的启示是，在开学之初，就应着手制订好教学计划，从而在上课时更能有的放矢。

【3.4】

䷂

初九：磐桓①，利居贞，利建侯。

《象》曰：虽“磐桓”，志行正也。以贵下贱，大得民也。

〖注释〗

①磐桓：磐指大石，桓为树名，“磐桓”指大石压住草木，阻碍生长，比喻前进不得。

〖译文〗

初九：如同大石阻止了树的生长那样难于前进，有利于安居守正，有利于建功立业。

《小象传》说：虽然“如同大石阻止了树的生长那样难于前进”，但志向和行为纯正。尊贵者能够处于卑贱者之下，当然会得到百姓的拥戴。

〖解说〗

下卦为震，震为木；上交互卦（三、四、五爻）为艮，艮为山石，为停止，故有“磐桓，利居贞”之象。又阳爻为尊，阴爻为卑，下交互卦（二、三、四爻）为坤，坤为百姓，“初九”阳爻居于三阴百姓之下，所以又有“以贵下贱，大得民”之象。“初九”以阳爻居阳位刚强好动，但上既有二阴相阻，又有“六四”坎陷相应，故阳气不足，需要积蓄力量。“万事开头难”，在事物萌芽之初，“初九”如果想要建功立业，就应礼贤下士，不轻举妄动，才能渡过难关，有所作为。

〖智慧点津〗此爻揭示初为人师应目标专一，百折不挠。

〖案例解读〗张玉滚扎根山区育桃李。张玉滚是“全国优秀教师”“全国教书育人楷模”，现任河南南阳镇平县高丘镇黑虎庙小学校长。“前一秒劈柴生火，下一秒执鞭上课”，他长期扎根于该校，正如央广网所评：“他，十几年如一日坚守大山深处，只为改变山里娃的命运，托起大山的希望。他，虽然收入微薄，但17年资助学生多达300多名。从教的黑虎庙小学因交通困难，学生每学期的课本都是他靠着肩上的一根窄窄的扁担挑进大山的。而这一挑，就是5年。面对山里学校缺师少教的现实，他不得不把自己练就成语文、数学、英语、品德、科学样样精通的‘全能型’教师。”在他的坚守和治理下，该校各项工作开展得有声有色，他获得了人们的交口称赞，有道是“利居贞”，“大得民也”。

【3.5】

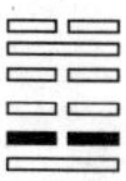

六二：屯如邅如①，乘马班如②。匪寇婚媾③，女子贞不字④，十年乃字。

《象》曰：“六二”之难，乘刚⑤也。“十年乃字”，反常也。

〖注释〗

①邅（zhān）如：进进退退的样子。②班如：就地回旋貌。③婚媾（gòu）：结婚，这里指阴阳结合。④字：出嫁。⑤乘刚：乘刚前省略了“柔”字。本爻“六二”是阴爻，是柔，居“初九”上，“初九”是阳爻，是刚，所以说“（柔）乘刚”。“（柔）乘刚”是女凌驾于男之上的象征，在《周易》解说中，通常会被认为不吉利。

〖译文〗

六二：困顿艰难，徘徊不前，驾着马车原地打转。不是前来抢劫，而是迎娶新娘。女子坚守正道不嫁人，十年后才许嫁。

《小象传》说：“六二”阴爻的艰难，是因为它处在“初九”阳爻之上。“过了十年才许嫁”，说明终于返归于常道。

〖解说〗

上卦为坎，坎为美脊马，为强盗。若“六二”发生爻变，则下卦变为兑卦，兑为少女。下交互卦（二、三、四爻）为坤，坤为十，故有爻辞诸象。“六二”以阴爻居阴位，力量柔弱，前有“六三”“六四”两个阴爻阻挡，后又乘凌“初九”阳刚，险难重重。然而其既中且正，与上卦的“九五”阴阳相应，终将结为夫妻，如能耐心守正待时，“九五”必会帮助其脱险。

〖智慧点津〗此爻揭示初为人师艰险重重，必须意志坚定，守正待时。

〖案例解读〗俞敏洪艰辛创办“新东方”。俞敏洪是“新东方”教育集团创始人，英语教学与管理专家。1991 年，他从北京大学辞职，在中关村第二小学租了一间平房当教室，开办英语培训班。他说：“那时，我感到特别痛苦，特别无助，四面漏风的破办公室，没有生源，没有教师，没有能力应付社会上的事情。同学都在国外，自己正在干着一个没有希望的事业……”然而，他始终坚信“人生的奋斗目标不要太大，认准了一件事情，投入兴趣与热情坚持去做，你就会成功”。后来，他通过采取与朋友合伙、拆分改制、国际融资等措施，一路披荆斩棘，终于使“新东方”在纽约证券交易所成功上市，并很快成为国际知名品牌。

【3.6】

䷂

六三：即①鹿无虞②，惟入于林中。君子几③，不如舍，往吝④。

《象》曰："即鹿无虞"，以从禽也。君子舍之，"往吝"穷也。

〖注释〗

①即：接近，追逐。②虞：古代管理山林的官名。③几：通"机"，机智。④吝：遗憾，危险。

〖译文〗

六三：追鹿没有向导，进入林中。君子机智，认为不如放弃追逐，如果一意孤行，会有危险。

《小象传》说："追鹿没有向导"，只顾在林中追逐野兽。君子放弃追逐，如果一意孤行，必然会有危险。

〖解说〗

上交互卦（三、四、五爻）为艮，艮为山林，下震为动，故有"入于林中"之象。又上卦为坎，坎为险陷，上交互卦艮为山，为停止，下交互卦（二、三、四爻）为坤，坤为顺，所以又有"君子几，不如舍"之象。"六三"以阴爻居于阳位，不正也不中，又与"上六"同是阴爻，也不相应，其力弱而急于求进，好比无虞人相助而入林逐鹿，只会徒劳无功，陷入迷途。如若当机立断，则可以重寻机会，舍而后得。

〖智慧点津〗此爻揭示初为人师应当认清形势，学会取舍。

〖案例解读〗胡适转专业。胡适是新文化运动的主将，他曾在专业选择上经历了一番痛苦的思考。1910年，他到美国留学，最开始是到康奈尔大学学习农业，但学得很吃力。30多种苹果，他要花两个半小时才能分辨出20种，远远不如班上的其他同学。胡适认识到，他并不适合学农学，如果自己一条路走到黑，难以取得大的成就。于是，他转而学习文学、历史、哲学，最终成为一代大家。

【3.7】

䷂

六四：乘马班如，求婚媾，往吉，无不利。

《象》曰："求"而"往"①，明②也。

〖注释〗

①往：爻自上到下为"来"，由下到上为"往"。②明：明智。

〖译文〗

六四：驾着马车原地打转去求婚，前进吉祥，没有什么不利。

《小象传》说："坚定不移地去追求"，这是明智之举。

〖解说〗

"六四"以阴爻居阴位，当位得正，上承刚正之君"九五"。但它阴柔力弱，尚不足以独自济难出险，故和"初九"正应，如同姻缘相合，以上求下，得到贤能辅佐。二者共同归顺"九五"，那么果断前行，必然大吉大利。

〖智慧点津〗此爻揭示初为人师，应当求贤脱困。

〖案例解读〗腾讯五兄弟各展所长铸辉煌。腾讯是目前我国拥有用户最多的互联网企业之一，它的创立离不开马化腾、张志东、许晨晔、陈一丹、曾李青五个人。1998年，马化腾与他的同学张志东"合资"注册了深圳市腾讯计算机系统有限公司，随后，他们又吸纳了三位股东：曾李青、许晨晔、陈一丹。马化腾是CEO（首席执行官），张志东是CTO（首席技术官），曾李青是COO（首席运营官），许晨晔是CIO（首席信息官），陈一丹是CAO（首席行政官）。"人心齐，泰山移。"他们各司其职，各显神通，因此才成就了如今的腾讯。

【3.8】

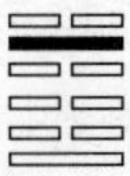

九五：屯①其膏②，小贞吉，大贞凶。

《象》曰："屯其膏"，施未光也。

〖注释〗

①屯：聚积。②膏：肥肉，油脂，引申为恩泽。

〖译文〗

九五：只顾自己囤积财富而不注意帮助别人，做小事坚持则吉祥，但做大事坚持则会有凶险。

《小象传》说："只顾自己囤积财富而不注意帮助别人"，这说明"九五"所施的恩泽尚未广大。

〖解说〗

上卦为坎，坎为水，为膏泽，"初九"得众阴之民归顺其下，故有"屯其膏"之象。"九五"以阳爻居阳位刚健中正处尊，又陷于上"坎"之中，以致步履维艰，有力难施。它虽与"六二"阴阳相应，可是"六二"阴柔，无力助其解困。在这种状况下，"九五"只有广施恩泽，才能凝聚人心，小事获吉。

〖智慧点津〗此爻揭示教育事业初见成效后，要与同事分享胜利果实。

〖案例解读〗四教师状告原学校，索要五千万元技术成果转化收益。据媒体报道：某高校退休教师徐某和三个同事在民事起诉状中请求法院判令学校将一项技术成果转化的部分收益五千多万元归还给自己和做研究的课题组成员，学校之前并没有给他们一分钱的奖励，反而扣发徐某三个月的工资。“财散则民聚，财聚则民散。”徐某和课题组为学校创造了巨大财富，学校如果过多“屯其膏”，不给予他们应得的分红，就会产生“大贞凶”之患。

【3.9】

䷂

上六：乘马班如，泣血涟如①。

《象》曰：“泣血涟如”，何可长也？

〖注释〗

①涟如：不断流泪的样子。

〖译文〗

上六：驾着马车原地打转，哭泣不止，血泪直流。

《小象传》说：“哭泣不止，血泪直流”，这种状况怎么能长久呢？

〖解说〗

上坎为水，“初九”至“九五”构成大离卦，离为目，故有“泣血涟如”之象。“上六”阴柔，位于屯卦之终极，与“六三”不成正应，未能获得应援，以致陷于孤立无援的绝境，因而忧惧交加，血泪涟涟。然而，“上六”若处困顿之极而思变通，中正慎行，那么终能冲破险阻。

〖智慧点津〗此爻揭示教育之路，道阻且长。教育工作者只有初心如磐，方可笃行致远。

〖案例解读〗张旭豪：“饿了么”的创业故事。2008年，上海交大硕士生张旭豪某晚和室友因肚饿叫外卖，但无人派送，这让他产生了创业的念头。他和几个同学一拍即合，决定创办餐饮外送企业。他们最初的启动资金全靠几个人东拼西凑，连学费都没能幸免，其间也经历了资金短缺和各种碰壁，可谓“泣血涟如”。然而，他们先从送外卖服务开始，再研发开通网络订餐平台，吸收饭店加盟，继而不断通过网站造势，以扩充创业本金，使业务规模不断扩大。

4. 蒙卦第四——蒙以养正

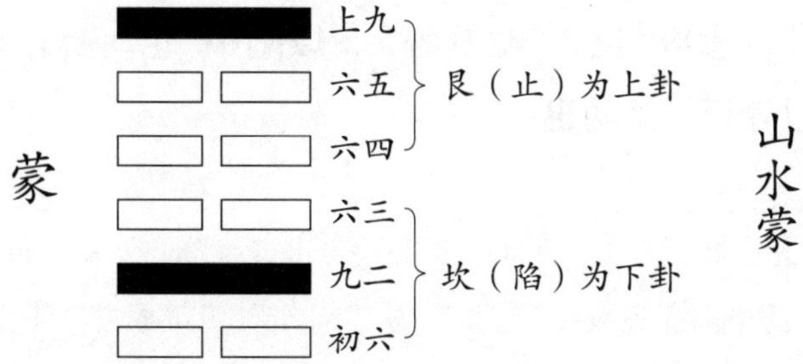

导读 “教育不是灌输，而是点燃火焰。”教育工作者只有善于启发学生，才能让他们启蒙开智，日有进步。

卦体下坎上艮。艮为山，喻止；坎为水，喻险。全卦为山下出泉，泉水渐明之象。又卦形为山下有险，停止不前，象征幼稚蒙昧。“蒙”，本义为覆盖，引申为蒙昧，又通“萌”，故兼喻幼稚无知。本卦主要阐释教师对学生如何启蒙的道理。

【4.1】

蒙：亨。匪①我②求童蒙③，童蒙求我。初筮④告，再三渎⑤，渎则不告。利贞。

〖注释〗

①匪：通“非”，不是。②我：指“九二”。③童蒙：幼稚蒙昧的人，这里指“六五”。④筮：占筮。⑤渎：亵渎。

〖译文〗

蒙卦象征启蒙：亨通。不是我去求蒙昧的儿童，而是蒙昧的儿童来求我。第一次卜筮求问神灵，神灵有问必答，如果一而再，再而三地没有礼貌地乱问，神灵便不予回答。有利于坚守正道。

〖解说〗

卦中两个阳爻为启蒙之师，四个阴爻为被启蒙者；“九二”为卦主，它与“六五”阴阳相应，具备启蒙的力量，因而无比亨通。当万物初生时，必然是幼稚蒙昧的，此时“建国君民，教育为先”，教育就成为当务之急。“礼，闻来学，不闻往教”，“不愤不启，不悱不发”，作为老师应对学生适时地加以引导，如此，启蒙工作才会事半功倍，可大可久。

【4.2】

《彖》曰：蒙，山下有险，险而止①，蒙。“蒙亨”，以亨行时中②也。“匪我求童蒙，童蒙求我”，志应③也。“初筮告”，以刚中④也。“再三渎，渎则不告”，渎蒙也。蒙以养正，圣功也。

〖注释〗

①山下有险，险而止：蒙卦上卦艮为山，为止，下卦坎为水，为险，故言“山下有险，险而止”。②时中：适时适中。③志应：“九二”与“六五”阴阳感应。④刚中：指“九二”既是阳爻，又居于下卦之中。

〖译文〗

《彖传》说：蒙昧，好像山下有危险，君子遇险阻而止步不前，这就是蒙卦。“蒙昧而能亨通”，是因为在亨通中行动，能够做到及时和中正。“不是我去求蒙昧的幼童，而是蒙昧的幼童来求我”，这是因为双方的心志相通。“第一次卜筮（喻求问请教），神灵会告诉他结果”，是因为幼童刚直存于心中。“对同一个问题，轻慢不敬地再三卜筮，就是亵渎神灵，神灵就不会告诉他结果”，是因为他滥问，就亵渎了启蒙教育的精神。启蒙的目的是涵养纯正无邪的品质，这是圣人施教的功业。

【4.3】

《象》曰：山下出泉，蒙。君子以果①行育德。

〖注释〗

①果：果断。

〖译文〗

《大象传》说：山下流出清泉，象征着蒙昧渐启。君子效法此象，要以果敢的行动培养美德。

〖解说〗

山下涌出清泉，清澈无比，自上而下，源远流长，正像幼童一样天真无邪，需要将这种美好不断保持和塑造。教育工作者从中得到的启示是，应当对学生从小启蒙发智，以培养他们良好的品德，引导他们成长为国家有用之才。

【4.4】

初六：发蒙，利用刑①人，用说②桎梏③，以往吝。

《象》曰：“利用刑人”，以正法也。

〖注释〗

①刑：有两解，其一是指典范，榜样；另一解是认为通“型”，有惩罚之意，这里取前者。②说：同“脱”。③桎梏（zhì gù）：古代的木制刑具，在脚称“桎”，在手称“梏”，相当于现在的脚镣和手铐。

〖译文〗

初六：启发蒙昧，利用典型的案例进行教育，可以解脱他的枷锁，否则长此以往就会陷入困境。

《小象传》说：“利用典型的案例进行教育”，这是为了端正法纪。

〖解说〗

下卦为坎水，坎为刑罚（法律的公平与水平具有相似之处），为枷锁；若“初六”发生爻变，则下卦变为兑卦，兑为毁折，为脱落，故有“利用刑人，用说桎梏”之象。“初六”处蒙卦之初，位置最下，以阴爻居阳位，不中不正，是最幼稚蒙昧的学童，需要刚中师长“九二”的教导。人在蒙昧之初，可塑性强，宜严加管教，必要时给予惩罚，可以使之回归正途。若姑息迁就，任其自由发展，则会“以往吝”，这正如孔子所说：“道之以政，齐之以刑，民免而无耻。道之以德，齐之以礼，有耻且格。”

〖智慧点津〗此爻揭示教育开始时应以典范引导。

〖案例解读〗张伯苓先生以身作则戒烟。我国著名教育家张伯苓，1919年之后相继创办南开大学、南开女中、南开小学。他十分注意对学生进行文明礼貌教育，并且身体力行，为人师表。一次，他发现有个学生手指被烟熏黄了，便严肃地劝告那个学生：“烟对身体有害，要戒掉它。”没想到那个学生有点不服气，调皮地说：“那您吸烟就对身体没有害处吗？”张伯苓对于学生的责难，深表歉意地笑了笑，立即唤工友将自己的吕宋烟全部取来，当众销毁，还折断了自己用了多年的心爱的烟袋杆，诚恳地说：“从此以后，我与诸同学共同戒烟。”从那以后，他再也没有吸烟。

【4.5】

䷃ **九二：包[①]蒙，吉。纳妇[②]，吉，子克[③]家。**

《象》曰：“子克家”，刚柔接也。

〖注释〗

①包：包容。②纳妇：娶媳妇。③克：胜任。

〖译文〗

九二：包容蒙昧，吉祥。娶媳妇，吉祥，儿子能够持家。

《小象传》说：“儿子能够持家”，这是说刚爻“九二”与柔爻“六五”互相接应。

〖解说〗

《周易》以阳爻包阴爻为包，阴为虚、阳为实，阴为暗、阳为明，阴为妇、阳为夫，故有“包蒙”和“纳妇”之象。又下交互卦（二、三、四爻）为震，震为长男，“二”为大夫之位，其采邑为家，所以又有“子克家”之象。在本卦中，“九二”和“上九”两个阳爻为启蒙之师，其他四个阴爻为蒙昧儿童。“九二”以刚爻居阴位而得中，是行“刚中”之教的师长，故能包容蒙昧的受教者。由于教导的对象众多，资质不同，不能强求一致，应当包容。“九二”“六五”两爻刚柔相应，师者“九二”教导尊者“六五”并助其为国治家，吉祥。人们求学，接受教育，被启蒙，实际上是为了修身，修身的目的是为了齐家，齐家是为了治国，治国是为了平天下，所谓“身修而后家齐，家齐而后国治，国治而后天下平”，教育的功用由此可见一斑。

〖智慧点津〗此爻揭示教育应当包容，有教无类。

〖案例解读〗孔子开创平民教育。“天不生仲尼，万古如长夜。”孔子，名丘，字仲尼，春秋末期鲁国人。他是我国古代著名的思想家、教育家，儒家学派创始人。他开创私学，广收门徒，主张“有教无类”，不分贫富贵贱，对各类学生一视同仁，因材施教，使得教育变成普惠大众、开慧启智的工具。他一生培育弟子三千，其中有七十二贤人，堪誉“万世师表”，深受人们的尊敬和爱戴。

【4.6】

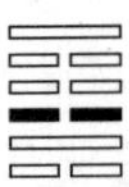

六三：勿用取①女，见金夫②，不有躬③，无攸利。

《象》曰：“勿用取女”，行不顺也。

〖注释〗

①取：通“娶”。②金夫：有钱的男人。③不有躬：指自己控制不住自己。“躬”，自己。

〖译文〗

六三：不要娶这种女子，她见到有钱的男子，就会丢掉自己的人格，娶她没有任何好处。

《小象传》说：“不要娶这种女子”，因为她的行为不合礼节。

〖解说〗

若“六三”发生爻变，则下卦变成巽卦，巽为长女；上交互卦（三、四、五爻）为坤，坤为腹，为自身，故有“取女”和“有躬”之象。“六三”以阴爻居阳位不中不正，虽然与“上九”的阳爻相应，却选择与自己紧邻的有钱人“九二”。如此见利忘义，她当然不会有好的结果。这一爻以女子贪财倚势为喻，来说明教育不能三心二意，朝三暮四，丧失信念，否则难以成就伟大的事业。

〖智慧点津〗此爻揭示教育应明确目标，不可见异思迁。

〖案例解读〗弈秋诲二人弈。《弈秋诲棋》选自《孟子·告子上》。书中说：“弈秋，通国之善弈者也。使弈秋诲二人弈，其一人专心致志，惟弈秋之为听；一人虽听之，一心以为有鸿鹄将至，思援弓缴而射之。虽与之俱学，弗若之矣。为是其智弗若与？曰：‘非然也。’”这则寓言告诉我们，学习只有端正态度、专心致志，才能学有所成；如果三心二意，必然一事无成。

【4.7】

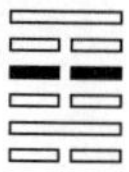

六四：困蒙，吝①。

《象》曰：“困蒙之吝”，独远实②也。

〖注释〗

①吝：遗憾。②实：阳刚。这里指象征刚明之师的“九二”和“上九”。

〖译文〗

六四：受困于蒙昧，让人遗憾。

《小象传》说：“困于蒙昧的遗憾”，是因为它疏远有真才实学的老师。

〖解说〗

上交互卦（三、四、五爻）为坤，坤为黑暗，故有“困蒙”之象。“六四”以阴爻居阴位，处于“六三”和“六五”两个阴爻之间，环境恶劣；又与两个阳爻相距甚远，得不到明师教化，因而蒙昧困顿。

〖智慧点津〗此爻揭示不从师向学的人，必然被蒙昧所困。

〖案例解读〗不懂装懂惹笑话。有个北方人，到南方去做官，刚到南方，肯定有许多事情弄不明白，如果虚心向别人请教，也许并不难懂。可他不想去问别人，觉得那样显得自己太无知，太没面子了。所以他宁肯不懂装懂，结果惹出许多笑话来。有一次，地方上一个乡绅请他去做客，大家聊得很开心，这时，仆人送上一盘菱角。他没有吃过菱角，又不好意思问，主人家又一再请他先尝，无奈，他只好拿起一只菱角，放到嘴里去嚼。主人看他连壳也没有剥就吃了，心里很诧异，问他：“这菱角是要剥了皮才好吃的，您怎么整个丢到嘴里去嚼呢？”他明知自己弄错了，却一本正经地说：“刚刚到南方来，有些水土不服，把菱角连壳都吃掉，为的就是清热解火。”主人摇摇头，说：“我们怎么没听说过呢？你们那儿这东西很多吗？”那人答道：“多得很哪！山前山后到处都是。”主人不禁哑然失笑。原来，菱角是长在水里的，而不是长在山上，那人正因为不懂装懂才闹了笑话。

【4.8】

六五：童蒙，吉。

《象》曰：“童蒙之吉”，顺以巽①也。

〖注释〗

①顺以巽：本爻“六五”是阴爻，居阳爻“上九”下，是柔顺从刚、儿童服从大人的形象。

〖译文〗

六五：幼童蒙昧，吉祥。

《小象传》说：“幼童蒙昧的吉祥”，这是因为他对老师恭顺而又谦逊。

〖解说〗

“六五”为上卦艮卦之主，艮为少男，所以说“童蒙”。若“六五”发生爻变，则上卦变为巽卦，“巽”通“逊”，有谦逊之意。“六五”居尊而柔善，又与“九二”刚中之师相正应，象征他能像幼稚的孩童那样谦虚求教，其智慧和学业必然日益精进。这也就是卦辞中所肯定的“童蒙求我”，当然会获得吉祥。

〖智慧点津〗此爻揭示受教育者越谦虚越受益，越易脱蒙。

〖案例解读〗吕蒙谦虚好学有建树。东汉末年，东吴能武不能文的武将吕蒙，被人戏称为“吴下阿蒙”。有一次，孙权开导他说：“你如今身居要职，不可以不学习。”他以军中事务繁多来推托。孙权又耐心劝道：“我不是要你去钻研经书做学者，只不过让你粗略地阅读，了解一些历史，增长见识罢了。”吕蒙从此开始学习，专心勤奋。没过多久，鲁肃路过其驻地，和吕蒙谈论兵法，吕蒙回答得井井有条，令鲁肃“刮目相待”，连忙感叹道：“老弟确非当日吴下阿蒙了。”后来，吕蒙接替鲁肃成为大都督，屡建战功。

【4.9】

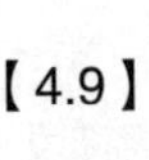

上九：击①蒙，不利为寇②，利御③寇。

《象》曰：“利用御寇”，上下顺也。

〖注释〗

①击：攻击。②寇：强盗。③御：抵御。

〖译文〗

上九：打击蒙昧，像强盗一样刚暴是不利的，而采取预防强盗的方式是有利的。

《小象传》说：“有利于采取预防强盗的方式”，说明师生上下和顺同心。

〖解说〗

上卦为艮，艮为手，故有“击蒙”之象；“上九”与“六三”相应，“六三”处下卦坎体，坎为险陷，引申为强盗，所以又有“寇”之象。“上九”以刚爻居蒙极，其教育学生过于严厉，好像把学生当成了敌人，结果会适得其反。此爻启迪教育者教育学生要注意方式方法，不能体罚或变相体罚他们；同时，击打学生的用意，在于启发、消除其蒙昧，防止他们将来成为盗贼。教育的目的是培养对国家和社会有用之才，而非危害国家、危害社会之寇。明确这一目的，施教者和受教者就会上下和顺，教学相长。

〖智慧点津〗此爻揭示启发蒙昧应注重方式方法。

〖案例解读〗宣恩县一教师体罚学生被判刑 3 年。2015 年 1 月 5 日，湖北省宣恩某中学教师梁某某在上课时，因怀疑学生董某某偷走了其他学生的饭卡，便让其蹲在讲台旁写检讨。由于董某某未写偷饭卡的内容，梁某某遂用右脚踢向董某某，致其脾脏破裂。经鉴定，董某某所受损伤程度属重伤二级，残疾等级为六级残疾。经宣恩县人民检察院提起公诉，被告人梁某某被一审法院以故意伤害罪判处有期徒刑 3 年，缓刑 4 年。

5. 需卦第五——静待花开

需

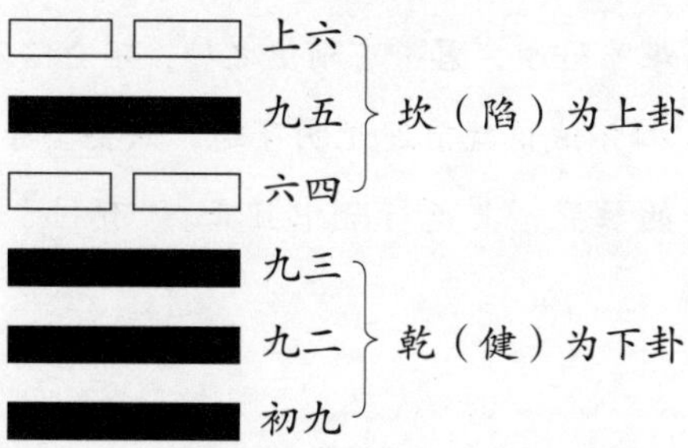

水天需

导读 每个孩子都是一颗花的种子，只不过每个人的花期不同。有的花，一开始就会很灿烂地绽放：有的花，则需要暂时的等待。教育工作者必须停留等待，才能静待花开。

卦体下乾上坎。坎为云（雨），乾为天，天空浮云积聚，即将降雨之象；又坎为险陷，乾为刚健，刚健之行者遇险须停留等待。“需”，本义为祈雨，引申为等待。本卦主要阐释教师在教学活动中如何等待的道理。

【5.1】

需：有孚①，光②亨，贞吉。利涉③大川。

〖注释〗

①孚：诚信。②光：光明。③涉：渡河。

〖译文〗

需卦象征等待：心怀诚信，前途光明而亨通，只要坚守正道，就可获得吉祥。有利于渡过艰难险阻。

〖解说〗

卦主“九五”以阳爻居于阳位，位尊居中，具有刚健中正之德，为有孚得正之象。“九五”虽身处坎陷之中，但能心存诚信，德行光明，耐心等待，终能战胜一切艰难险阻，故说“有孚，光亨”，“利涉大川”。

【5.2】

《彖》曰：需，须[①]也。险在前也，刚健而不陷[②]，其义不困穷矣。“需，有孚，光亨，贞吉”，位乎天位，以正中[③]也。“利涉大川”，往有功也。

〖注释〗

①须：等待。②险在前也，刚健而不陷：指上卦坎为险陷，下卦乾为刚健。③正中：指“九五”以阳爻居于阳位，既得位又居中。

〖译文〗

《彖传》说：需，指等待。前方有艰难险阻，君子有刚健之德，不会陷入危险之中，照理说不至于走向穷途末路。“等待，心怀诚信就前途光明亨通，只要坚守正道，就可获得吉祥”，因为“九五”处于天子的位置，其德行既中且正。“有利于渡过艰难险阻”，这是说行动会取得成功。

【5.3】

《象》曰：云上于天，需。君子以饮食宴[①]乐。

〖注释〗

①宴：安乐。

〖译文〗

《大象传》说：云气上升到天上，尚未下雨，象征着等待。君子效法此象，因此安于饮食娱乐。

〖解说〗

水在天上为云，还没有降雨，有等待雨水滋润之象。教育工作者从中得到的启示是，要善于等待，才能为学生创造一个宽松和谐的成长环境，实现教育的“静待花开”。

【5.4】

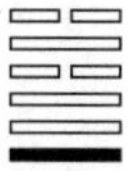

初九：需①于郊，利用恒，无咎②。

《象》曰："需于郊"，不犯难③行也。"利用恒，无咎"，未失常④也。

〖注释〗

①需：等待。②咎：灾祸。③犯难：冒险。④常：常道。

〖译文〗

初九：在郊外等待，有利于保持恒心，这样就不会有灾祸。

《小象传》说："在郊外等待"，说明"初九"并没有迎着艰难险阻前进。"有利于保持恒心，没有灾祸"，说明这样没有失去常理。

〖解说〗

"初九"距离上卦坎险最远，所以说等待于"郊外"。"初九"以阳爻居阳位当位，又与阴爻"六四"相应，故有刚勇上进之势。它动辄遇险，唯有安分守己，以恒常之心处之，才可以远离祸患。

〖智慧点津〗此爻揭示做事要有恒心，不可轻易涉险。

〖案例解读〗郭庆矢志坚守特殊教育。1997 年，郭庆毕业于江苏省如皋师范学校，同年分配到邳州市聋哑学校（今邳州市特殊教育中心）工作。多年来，她获得"全国模范教师""江苏省最美教师"等众多荣誉称号。谈到自己的学生时，她说："即使上天给这些孩子按下了静音键，我也要让他们发出最美的声音。"二十多年来，她用爱心和汗水铺路，每天成百上千次地带着孩子们练习发音，最终让数十名聋哑儿童开口说话，创造出人间奇迹。

【5.5】

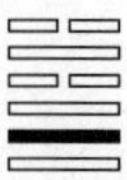

九二：需于沙，小有言①，终吉。

《象》曰："需于沙"，衍②在中也。虽"小有言"，以终吉也。

〖注释〗

①言：责难。②衍：原指水向四处漫延，引申为宽舒、坦然。

〖译文〗

九二：在沙滩上等待，虽略受责难，但最终吉祥。

《小象传》说："在沙滩上等待"，可见"九二"之心是宽舒的，虽"略受责难"，但最终吉祥。

〖解说〗

上卦为坎，坎为水，水近则有沙；下交互卦为兑，兑为口，故有“需于沙”和“言语”之象。与“初九”相比，“九二”稍接近险阻，自会听到一些责难的话。但它以阳爻居于阴位，具备刚中之才，能够涉险而静待不躁，最终获得吉祥。

〖智慧点津〗此爻揭示等待时应该坦然，不可急进，不可在乎闲言碎语。

〖案例解读〗张俊成不惧“流言”自学考上“北大”。张俊成是山西省长治市科技中等职业学校校长，曾是北京大学的一名保安。为了改变自己的现状，他向别人表达了自己想要考北京大学的心愿。很多人听说这事，都把它当一个笑话。大家都认为张俊成是痴心妄想，北京大学可是国内顶级学府，有的人考了多少年都考不上，何况他只是一个保安！可是张俊成没有理会这些流言蜚语。在别人喝酒、唱歌时，他都在看书，遇到不懂的问题，他总是虚心向他人请教。功夫不负有心人，1995 年，他参加了成人高考，顺利考上了北京大学法律系（专科），轰动全国，成为“北大保安成人高考第一人”，实现了人生的华丽转身。

【5.6】

九三：需于泥，致①寇至。

《象》曰：“需于泥”，灾在外也。自我“致寇”，敬慎不败也。

〖注释〗

①致：招致。

〖译文〗

九三：在泥泞中等待，招来了强盗。

《小象传》说：“在泥泞中等待”，说明灾祸还在身外。自己“招致强盗”，说明谨慎才能避免失败。

〖解说〗

上卦为坎，坎为泥水，为隐伏，为强盗，“九三”最接近它，故有“需于泥，致寇至”之象。“九三”以阳爻居阳位，刚猛躁进，随时有陷入困境、招来外敌的风险。此时它只有谨慎行事，才可保全自己，不致惹火烧身。

〖智慧点津〗此爻揭示临险应谨慎，妄进则惹祸。

〖案例解读〗女学生深夜遭歹徒持刀抢劫。2021 年，株洲攸县一男子晚上遇见一名下自习后独行回家的女学生，持刀抢走其一部手机并欲绑其带走未成功后逃离。结果，半小时后，他就被警方抓获。据受害学生陈述，晚自习结束放学后，她骑着自行车，手上拿着手机，在路过一个偏僻路段的时候，有一辆车先是尾随，然后开到她前面停下来，一个人从车上下来，一只手捂住她的嘴巴，一只手拿着刀威胁她不要出声，并抢走了她的手机。因为她不停地挣扎，嫌疑人就拿着绳子将她捆绑并准备把她拉上车。关键时刻，附近一处教职工宿舍里，刘亮老师忽然听到外面有人大喊“救命”，赶紧出门察看。他意识到女生身处险境，大吼一声：“你干什么！”持刀男子闻声，立即驾车惊慌而逃。为此，办案民警提醒，市民夜间出门一定要加强个人防范，与陌生人或障碍物保持必要的距离，尽量不要单独去阴暗偏僻的小路段。如果遇到意外，应大声呼喊并及时打电话报警。如此“需于泥，致寇至”，才可以做到“敬慎不败”。

【5.7】

六四：需于血①，出自穴。

《象》曰：“需于血”，顺以听也。

〖注释〗

①血：血泊。

〖译文〗

六四：在血泊中等待，又从洞穴中逃脱。

《小象传》说：“在血泊中等待”，是说“六三”能够顺应形势，听从变化。

〖解说〗

“坎”为水，为耳，为陷，故有“血”“穴”和“听”之象。“六四”处于坎险之下，所以有“需于血”之象。但“六四”以阴爻居于阴位，柔弱得正，不会轻举妄动，又向上依附“九五”尊位，不久就可以走出泥潭，“出自穴”。

〖智慧点津〗此爻揭示当遇到困难或陷入危险时，只有审时度势，才能化险为夷。

〖案例解读〗于漪公开课巧妙化解尴尬。于漪是全国著名中学语文特级教师，2019年被授予“人民教育家”国家荣誉称号。她特别善于处理课堂上的突发事件，有自己独特的教育风格和理念。有一次，她上公开课“记一辆纺车”，课堂上询问学生们：“你们喜欢这篇课文吗？”同学们异口同声地回答：“不喜欢！”这让随堂听课的二十几位老师十分惊讶，于老师也甚感意外，她稍作停顿，笑着说：“好吧，那就请你们说说不喜欢的原因吧！谁先说？”随后，在一系列的设问跟引导的过程中，她既激发了学生对于课文内容的思考，又水到渠成进入到这堂课的主题。于老师高超的课堂调控应变能力，让她最终巧妙化解了尴尬——“需于血，出自穴”，非常值得我们学习和借鉴。

【5.8】

九五：需于酒食，贞①吉。

《象》曰："酒食贞吉"，以中正也。

〖注释〗

①贞：正。

〖译文〗

九五：在美酒佳肴中等待，坚守正道可获吉祥。

《小象传》说："美酒佳肴中的吉祥"，是因为"九五"秉持中正的原则。

〖解说〗

上坎为水，为月，"月"在古代指肉，故有"酒食"之象。"九五"是需卦主爻，其已深入坎陷中间，难以自拔，但它阳刚中正，又高居君位，故能处变不惊，履险如夷，乐以待之。"饮食以养其气体，宴乐以和其心志"，君子"需于酒食"，并不是贪图享乐，醉生梦死，而是在困境中怡然自乐，以待时变。

〖智慧点津〗此爻揭示等待时要安贫乐道，恪守中正，以待时机。

〖案例解读〗张立勇从打工仔到"清华英语神厨"。张立勇因为家贫，高二即辍学开始了打工生涯，随后到清华大学食堂当厨师。但他心中有梦，利用每天给学生卖饭之前省出的8分钟，4年半时间，坚持背完了清华大学本科英语教材里所有的重点课文和单词，并以高分通过了大学英语四六级考试。2001年，他报考托福考试，当时托福总分677分，他取得了630分的成绩。"博观而约取，厚积而薄发"，他的这种勤勉精神正体现了"需于酒食，贞吉"的精蕴。

【5.9】

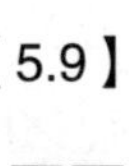

上六：入于穴①，有不速②之客三人来，敬之终吉。

《象》曰："不速之客来，敬之终吉。"虽不当位③，未大失也。

〖注释〗

①穴：古人穴居，穴代表居所。②速：召，请。③不当位：是指"上六"居"上"，高而无位，且柔乘刚。

〖译文〗

上六：进入洞穴中，有三个不请自来的客人到了，只要恭敬相待，最终可获吉祥。

《小象传》说："有三个不请自来的客人到了，只要恭敬相待，最终可获吉祥。""上六"所处位置虽然不当，但没有遭受重大损失。

〖解说〗

坎为穴。若“上六”发生爻变，则上卦变为巽卦，巽为顺入。下卦为乾，乾为三个阳爻，代表三个人或三个君子，故有“入于穴”“三人来”“敬之”之象。“上六”身居极险之境，与下卦的“九三”相应，“九三”连同下面的两个阳爻，勇往直前涉险，一拥而来，如“不速之客三人来”。“上六”以阴爻居于阴位，怀有柔顺之德，只有对他们以诚意恭敬相待，才能化险为夷。

〖智慧点津〗此爻揭示当遇到突发情况，贵在诚敬，以柔制刚。

〖案例解读〗科学课上的“不速之客”。据武汉市经济开发区科学教研员崔正杰介绍，他每年都要深入一线，不打招呼，直接“推门听课”200 多节。每次，大多数老师都是笑脸相迎，认为此举指导自己改进了教学，促进了自身的专业成长。该区某位优秀教师就说：“教研员亲自在课堂上给我们‘问诊’把脉，机会难得，只要我们拥有一颗谦恭之心，总会发现这样那样的不足，收获满满。”

6. 讼卦第六——校园纠纷

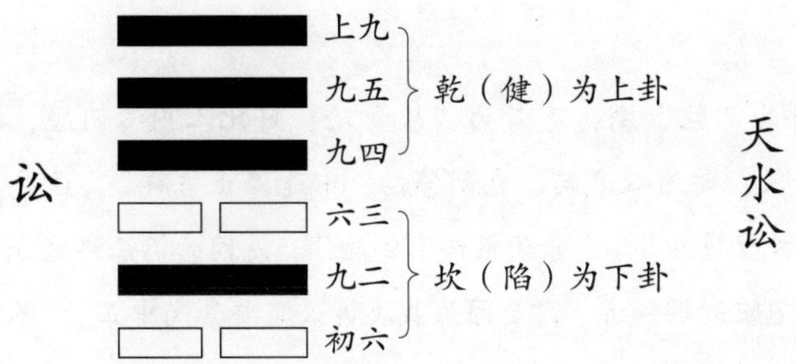

导读　“忍一时风平浪静，退一步海阔天空。”教育工作者只有公平、公正地处理师生矛盾，妥善解决家校纠纷，才能营造和谐平安的校园环境。

卦体下坎上乾。乾为天，坎为水，天体（如日月）自东向西转，水由西向东流，两者有背道而驰之象。又乾为刚健，坎为险陷，就像一个人内心险恶而外在蛮横，必然会引起争讼。“讼”，争也，从言从公，本义是指在法律的公正中辩诉。本卦应用在教育领域，主要阐释校园内息争止讼的智慧。

【6.1】

讼：有孚[①]，窒[②]惕[③]，中吉，终凶。利见大人[④]，不利涉大川。

〖注释〗

①孚：诚信。②窒：遏制。③惕：警惕。④大人：德高望重的调停者。

〖译文〗

讼卦象征打官司：要内心诚实，克制警惕，中途停止吉祥，坚持把官司打到底则有凶险。有利于拜见德高望重的调停者，不利于渡过艰难险阻。

〖解说〗

争讼之时人心背离，各执己见，此时双方若能适可而止，则“中吉”；否则逞强到底，容易两败俱伤，而且留下“一代官司九代仇”的遗患，故说“终凶”“不利涉大川”。争讼贵在谋划于始，息事宁人，只有做出公正的裁决，才能息争止讼。

【6.2】

《彖》曰：讼，上刚下险，险而健①，讼。“讼，有孚，窒惕，中吉”，刚来而得中②也。“终凶”，讼不可成也。“利见大人”，尚中正也。“不利涉大川”，入于渊也。

〖注释〗

①上刚下险，险而健：指上卦乾为刚健，下卦坎为险陷。②刚来而得中：指“九二”下来而居于下卦之中位。

〖译文〗

《彖传》说：讼卦，上卦为“乾”刚，下卦为“坎”险；好比人内心阴险，而外在刚健，就会引起争讼。“争讼，要内心诚实，克制警惕，中途停止吉祥”，这是因为“九二”之爻来到下卦险中而能坚守中道。“争讼最终有凶险”，是因为诉讼终究成不了什么大事。“有利于拜见德高望重的调停者”，是因为裁决诉讼需要崇尚中正。“不利于渡过艰难险阻”，是因为逞强就会陷入下“坎”深渊。

【6.3】

《象》曰：天与水违行，讼。君子以作事谋始①。

〖注释〗

①谋始：谋划于初。

〖译文〗

《大象传》说：天和水反向运动，象征着争讼。君子效法此象，在做事之初就周密谋划（以杜绝争讼之源）。

〖解说〗

天在上，自东向西运行，水在下，自西向东流动，两者背道而驰，有争讼之象。教育工作者从中得到的启示是，在做事之初就要周密谋划，以避免日后出现争端。

【6.4】

䷅

初六：不永所事，小有言①，终吉。

《象》曰："不永所事"，讼不可长也。虽"小有言"，其辩明也。

〖注释〗

①言：争论。

〖译文〗

初六：不长久缠讼，虽然稍稍有言语摩擦，但最终可获吉祥。

《小象传》说："不长久缠讼"，说明诉讼之事不可长久持续。虽然"稍稍有言语摩擦"，但其中是非曲直可以解释清楚。

〖解说〗

若"初六"发生爻变，则下卦变为兑卦，兑为口，故有"小有言"之象。"初六"以阴爻居阳位而不正，以柔弱之质居卑下之位，与"九四"刚强居上位者敌应而争讼，根本不是对手，何况中间又有"九二"阻碍。所以，在争讼之初，"初六"能度德量力，以柔克刚，虽然因为言语上的争辩而有轻微的灾患，但终能息争止讼，获得吉祥。

〖智慧点津〗此爻揭示争讼应尽早解释以求得化解。

〖案例解读〗"六尺巷"的故事。清康熙年间，张英担任文华殿大学士兼礼部尚书，家人在老家与邻里吴姓之间因宅基产生土地纠纷。张家人写信给张英，要求他出面解决。张英看了信，认为应该谦让邻里，在回信中写道："千里来书只为墙，让他三尺又何妨？万里长城今犹在，不见当年秦始皇。"家人阅罢，明白其中含义，主动让出三尺空地。吴家见状，深受感动，也主动让出三尺房基地，两家之间由此出现了一条六尺宽的巷子，"六尺巷"由此得名，并成为一段历史佳话。

【6.5】

䷅

九二：不克讼，归而逋①，其邑②人三百户，无眚③。

《象》曰："不克讼"，归逋窜也。自下讼上，患至掇④也。

〖注释〗

①逋（bū）：逃亡。②邑：城镇。③眚（shěng）：眼睛生翳，引申为灾祸。

④掇（duó）：拾取。

〖译文〗

九二：诉讼失败，回家后就立即逃跑，他镇上的三百户人家，因此没有祸患。

《小象传》说："诉讼失败"，回家后就立即逃跑。下级与上级相争，招来祸患会像俯身拾物一样容易。

〖解说〗

下卦为坎，坎为险陷，为隐伏，故有"逋"和"眚"之象。若"九二"发生爻变，则下卦变为坤，坤为大众，为国土，为闭户，故又有"邑人三百户"之象。"九二"是下卦坎卦的主爻，本性阳刚，争强好胜，急欲和高居君位的"九五"相争，是以下讼上的根源所在。然而，"九二"身陷在下卦坎险之中，地位和形势都不及"九五"，所以，它最终必然败讼。幸而"九二"居于下卦中位，能够恪守中道，最终明智及时抽身撤退，他镇上的三百户人家就不会有灾祸。

〖智慧点津〗此爻揭示身处于弱势地位，不可逞强争讼，应及时中止以避祸。

〖案例解读〗某高校教师中止与学校打官司。武汉某高校教师张某欲跳槽到另一所学校任教。由于服务期未到，与校方交涉，遭到严词拒绝。考虑到自身刚成家立业，打官司会耗费大量时间、精力和费用，同时还要承担败诉的风险，思前想后，最终放弃诉讼而安心从教，一家人倒也衣食无忧，平安无事。

【6.6】

六三：食旧德①，贞厉②，终吉。或从王事，无成。

《象》曰："食旧德"，从上吉也。

〖注释〗

①食旧德：古代做官的人，以采邑的税收生活，而且世袭。"旧德"指先祖的俸禄，"食旧德"是说前往因先祖遗德所得到的领地去就食。②厉：危险。

〖译文〗

六三：安享旧有的俸禄，坚守正道以防危险，最终吉祥。或者辅佐君王处理政务，不以成功自居。

《小象传》说："安享旧有的俸禄"，因为"六三"顺从居上位者而获吉。

〖解说〗

"六三"为三"公"之位（周代爵位有公、侯、伯、子、男五等）。"六三"以阴爻居阳位而不正，又在"九二""九四"两个刚爻之间，处于危险是非之地，进退两难，此时应顺上息讼。即使是完成君王委派的任务，也要谨守固有俸禄，尽忠职守，与人不争，有功不居。"六三"质本阴柔，居乾刚之下，只有避让、顺从"上九"，处柔守弱，灾祸才会自己消除，故说"从上吉"。

〖智慧点津〗此爻揭示不可逞强争胜，应安分守己，避讼以自保。

〖案例解读〗冯异事王不争功。刘秀称帝之前，颍川的冯异就忠心追随他，为他四处征战。每次大战之后，刘秀都要对将士们论功行赏。这时，各位将军总是争说自己的功劳，吵得面红耳赤，而冯异却常常一个人躲在树下休息，任凭刘秀评定。这样，大家就给他取了个雅号叫“大树将军”。刘秀因此很赏识和器重他，称帝后，赐封他为征西大将军、阳夏侯。

【6.7】

九四：不克讼，复即[①]命[②]，渝[③]，安贞，吉。

《象》曰：“复即命，渝”，“安贞”不失也。

〖注释〗

①即：就。②命：天命，即正理。③渝：改变。

〖译文〗

九四：诉讼失败，回心转意而归向正理，改变初衷而安守正道，吉祥。

《小象传》说：“回心转意而归向正理，改变初衷”，“安守正道”必无损失。

〖解说〗

若“九四”发生爻变，则上卦变为巽卦，巽为风，为天命。上交互卦为艮，艮为山，为坚守。下交互卦为震，震为雷，为动，故有“复即命，渝，安贞”之象。“九四”以阳爻居阴位，不中不正，与“初六”敌应，有以强凌弱、以上压下之势。但“初六”阴柔势弱，不想与之相争。因此“九四”虽然刚强好胜，但终究不能成讼，所以当“九四”回心转意归于正道，就不会有过失，终将吉祥。

〖智慧点津〗此爻揭示争讼无理，只要回头改正，就能心安理得。

〖案例解读〗“负荆请罪”的故事。战国时期，蔺相如因完璧归赵被封为赵国上卿，地位在大将廉颇之上。廉颇很不服气，私下对自己的门客说：“我出生入死，立了许多战功，而蔺相如只凭三寸不烂之舌，就官居我之上。假如让我遇见，我一定要当面羞辱他。”蔺相如听说以后处处忍让，故意装病在家不上朝，以免与廉颇产生冲突。有一天，蔺相如带着门客坐车出门，老远就看见廉颇的车马迎面而来，他连忙叫赶车的退到小巷里躲一躲，让廉颇的车马先过去。蔺相如的门客不服气，说蔺相如不该这样胆小怕事。蔺相如微笑着对他们说：“强大的秦国不敢来侵犯赵国，就因为有我和廉将军两人在。要是我们二人不和，秦国知道了，就会趁机来侵犯赵国。”这些话传到廉颇的耳朵里，让廉颇感到十分惭愧。于是，他连忙脱了上衣，背着荆条到蔺相如府上谢罪。从此，两人成为知心朋友，共同保卫赵国。

【6.8】

九五：讼，元①吉。

《象》曰："讼元吉"，以②中正也。

〖注释〗

①元：大。②以：因为。

〖译文〗

九五：能够裁决诉讼，大吉大利。

《小象传》说："能够裁决诉讼而大吉大利"，因为"九五"能以中正之道秉公执法。

〖解说〗

"九五"即卦辞中的"大人"。它以阳爻居阳位，处于上卦之中，既中且正，又兼居尊位，象征法官公平、公正、合理地判决诉讼，因而吉祥。如亚里士多德所说，"仲裁人要以衡平法为依据，法官要以法律为准绳。"他们"公其心"才能"万善出"。

〖智慧点津〗此爻揭示裁判诉讼，应以中正为本。

〖案例解读〗老师就是学生眼里的法官。某次课间，班上学习委员小娴告状说，班里小磊交作业时无缘无故打她。经老师调查，是小娴先叫小磊的外号，小磊才打了小娴，但是小娴对此拒不承认。后来，老师又找小磊的同桌小杨对质，他确认了小磊的说法。于是，老师便批评小娴说："身为班干部，不能乱喊别人的外号，更不能说谎。"小娴听了老师的话，使劲地点了点头。接着，老师又对小磊说："尽管小娴喊你的外号，你也不应该动手打人，君子动口不动手。"小磊说："我知道了，我以后再不打她了。"见他们都能认识到自己的错误，老师便让他们全部返回了教室。这场学生间冲突的解决，充分说明了教师在处理学生间关系时的权威性和重要性。

【6.9】

上九：或锡①之鞶带②，终朝三褫③之。

《象》曰："以讼受服"，亦不足敬也。

〖注释〗

①锡：同"赐"。②鞶（pán）带：古时依身份颁赐的佩玉皮带。③褫（chǐ）：剥夺。

〖译文〗

上九：或者得到赏赐的佩玉皮带，但在一天之内，又多次被剥夺。

《小象传》说："由于争讼而得到赏赐的佩玉皮带"，也是不值得尊敬的。

〖解说〗

乾为衣，为圆，故有“鞶带”之象。若“上九”发生爻变，则上卦变为兑卦，兑为毁折，为脱落，所以又有“褫”之象。“上九”以刚居讼极，具争强好胜之本性，与下卦“六三”相对，“六三”忍让而不争不讼，所以“上九”侥幸可以赢得诉讼。“终朝三褫之”，说明这种通过争讼而获得的高官厚禄，不仅不光彩，而且饱受谴责，非常凶险，终将失去。“上九”好讼成性，若不知悔改，终会身败名裂。

〖智慧点津〗此爻揭示逞强争讼到底，虽胜亦凶，有得必失。

〖案例解读〗孩子心脏病猝死，家长索赔 30 万。陕西某所中学，有一年春季从外地转来一个男生张某。学校体检时发现他有先天性心脏病，于是校方与其家长签订了相关责任书，并劝其早做治疗。然而，有一天，上体育课时，老师嘱咐他在队列旁边休息。但是，该生活泼好动，在俯身系鞋带后，起身站立过程中倒地。其间，体育老师拨打了 120 急救电话，救护人员到达现场后进行抢救，不幸的是，张某最终被宣告死亡。经鉴定，该生是因自身先天性心脏病而猝死。事后，该生父母要求学校赔偿 30 万元，但是法院认定学校尽到了相应的管理、救助和保护义务，主观上不存在过错，所以不应承担赔偿责任。由法院的最终判决来看，学校做到了勤勉尽责，该家长此举“以讼受服，亦不足敬也”。

7. 师卦第七——明师点兵

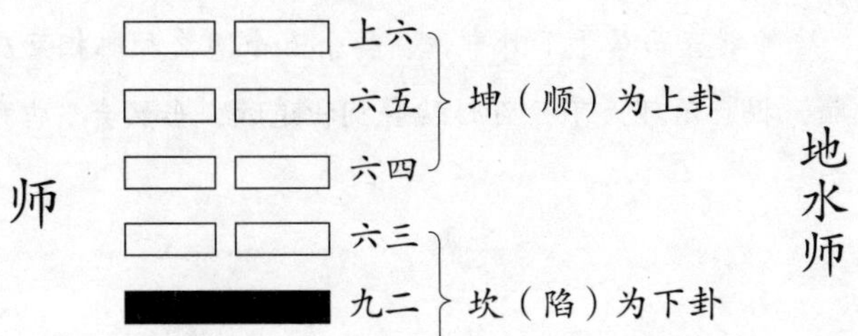

导读 “学校没有纪律便如磨坊里没有水。”教育工作者只有抓好课堂教学，善于调兵遣将，教育教学才能无往而不胜。

卦体下坎上坤。坤为地、为顺，坎为水、为险，呈地中有水，广大容众之象。本卦呈现一阳五阴之格局，“九二”作为本卦唯一阳爻，居下卦之中，似将领，上下五个阴爻顺而从之，似兵众；又“九二”在下指挥千军万马，“六五”以柔居上而任用之，有君主命将领出师之象。“师”，本义为二千五百人，有众多之义，引申为民众和军队。本卦应用于教育领域，主要阐释教师组织、调动学生参与教育教学活动的智慧。

【7.1】

师：贞①，丈人②吉，无咎。

〖注释〗

①贞：守正。②丈人：指德高望重的统帅。

〖译文〗

师卦象征军队：坚守正道，德高望重的统帅带兵吉祥，没有灾祸。

〖解说〗

“兵者，国之大事，死生之地，存亡之道，不可不察也。”行军打仗一要师出有名，为正义而战；二要精选良将，用人得当。只有这样，讨伐敌人才会攻无不克，战无不胜，吉祥而没有灾祸。

【7.2】

《彖》曰：师，众也。“贞”，正也。能以①众正，可以王矣。刚中而应②，行险而顺③，以此毒④天下，而民从之，“吉”又何“咎”矣。

〖注释〗

①以：让。②刚中而应：指下卦阳爻“九二”居于中位，和上卦阴爻“六五”相应。③行险而顺：师卦下坎为险，上坤为顺，故言“行险而顺”。④毒：治理。

〖译文〗

《彖传》说：师，就是兵多。“贞”，就是坚守正道。能够以正道率领众多的士兵，就可以称王于天下了。“九二”统帅刚直而居于下卦中位，其余五个阴爻和他相互应和，虽进行危险的战争仍能一帆风顺，据此治理天下，百姓就会拥护追随，当然会“吉祥”，又怎么会有“灾祸”呢？

【7.3】

《象》曰：地中有水，师。君子以容①民畜②众。

〖注释〗

①容：包容。②畜：蓄聚。

〖译文〗

《大象传》说：地中蕴蓄着水源，象征着兵源充足。君子效法此象，包容和蓄养百姓。

〖解说〗

大地中蕴蓄着水，就好像百姓中包含着士兵，有聚众、会师之象。古时候，寓兵于农，士兵平时耕作，战时才出征，“水不外于地，兵不外于民”。教育工作者从中得到的启示是，教师应该包容学生，畜积其过硬的本领，让他们逐步成人成才。

【7.4】

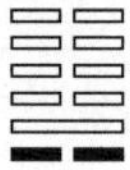

初六：师①出以律②，否臧③凶。

《象》曰："师出以律"，失律凶也。

〖注释〗

①师：军队。②律：纪律。③否臧：不善。

〖译文〗

初六：军队出发作战必须有严明的纪律，军律不良必有凶险。

《小象传》说："军队出发作战必须有严明的纪律"，否则就会有凶险。

〖解说〗

下卦为坎，坎为水，引申为水平、标准、整齐，故有"师出以律"之象。"初六"处师卦之始，阴柔居下，象征弱才为将，很难率军打仗。军队出发作战之始，主帅必须以严格的军纪，号令部下一切行动听从指挥，攻守才能进退自如。否则，军士一团散沙，无异于乌合之众，难以取胜。即使暂时打了胜仗，最终也必然遭遇凶险。同样，课堂也要有严明的纪律，才能保证教学活动和谐有序进行。

〖智慧点津〗此爻揭示严明军纪的重要性。

〖案例解读〗衡水中学的规章制度。衡水中学是全国著名中学，一直以高升学率被称为"高考工厂"，其"军事化管理"固然有许多负面的标签和备受争议的地方，但是它的精细化管理模式，仍有许多我们可以学习和借鉴之处。如教师每周一研，班会要求每周一次，并且邀请学生家长参与，每年春季举行80华里的远足活动……"没有规矩，不成方圆"，其高升学率，在很大程度上得益于严格的管理制度。

【7.5】

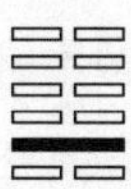

九二：在师中，吉，无咎。王三锡命①。

《象》曰："在师中，吉"，承②天宠也。"王三锡命"，怀③万邦也。

〖注释〗

①锡命：即"赐命"，颁命嘉奖。②承：接受。③怀：收服，安抚。

〖译文〗

九二：主帅身在军中指挥，吉利，没有灾祸。君王多次颁发命令，给予嘉奖。

《小象传》说："主帅身在军中指挥，吉利"，因为得到天子的恩宠。"君王多次颁发命令，给予嘉奖"，说明君王怀有安抚天下的宏大志向。

〖解说〗

古代军队分为左中右三军，主帅在中军大帐坐镇指挥，即“在师中”。“九二”在下卦的中位，是本卦唯一的阳爻和主爻，得到众阴簇拥，象征带兵的统帅。它还与至尊的“六五”阴阳相应，象征能够得到君王的嘉奖和提拔，这样当然吉祥，没有过错。

〖智慧点津〗此爻揭示统帅德才兼备的重要性。

〖案例解读〗黄传胜校长获多项殊荣。黄传胜，安徽省巢湖市人，大学本科学历，曾任巢湖市第二中学党委书记、校长。作为校长，他勇于实践，敢于创新，坚持教育改革，不断探索和实践教育思想，带领教职员工在短短的十几年时间内，解决了高中停办、初中划片招生、教师青黄不接、学校搬迁等许多难题，实现了弯道超越。为了提高教育教学质量，他狠抓严管，不断改进教学方式，依据新课程理念和“学习金字塔理论”，在省内率先创新“学案导学法”，课堂“六环节”教学模式，取得了良好的教学效果。由于他治校有方、育人得法，办学业绩显著，获得了“中国好校长”等多项荣誉称号。

【7.6】

䷆

六三：师或舆[①]尸，凶。

《象》曰：“师或舆尸”，大无功也。

〖注释〗

①舆：车，车厢。这里用作动词，意为车载。

〖译文〗

六三：军队出征，有时载尸而归，这是凶险之兆。

《小象传》说：“军队出征，有时载尸而归”，说明出师完全失败。

〖解说〗

“六三”与“六四”“六五”组成坤卦，坤为大舆，即为大车；又坤为阴暗，引申为死亡，故有“舆尸”之象。“六三”以阴爻居阳位不中不正，象征它缺乏统御才能，却又刚愎自用。它还处于下卦坎险之中，乘凌于“九二”阳刚之上，意味着它不听主帅指挥，如此轻率用兵，必然大败，凶险至极。

〖智慧点津〗此爻揭示统帅无能会损兵折将。

〖案例解读〗赵括“纸上谈兵”祸国亡身。战国时期，赵国大将赵奢之子赵括，从小熟读兵书，志大才疏，自以为天下无敌。公元前259年，秦军攻打赵国，廉颇率领赵军抵抗，在长平（今山西高平附近）坚守不出，使秦军无法获胜。后来，赵王中了秦军离间计，派赵括接替廉颇。赵括只知道根据兵书布阵，不知道变通，废除了廉颇的防御部署及军规，中了秦军的埋伏，结果四十多万赵军全军覆灭，他自己也被秦军箭射而亡。

【7.7】

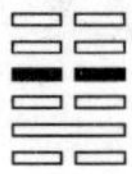

六四：师左次[1]，无咎。

《象》曰："左次，无咎"，未失常也。

〖注释〗

①左次：撤退驻扎。古代行军以"左"为退，"次"为驻扎两天以上。

〖译文〗

六四：军队暂时撤退驻扎，没有灾祸。

《小象传》说："军队暂时撤退驻扎，没有灾祸"，说明"六四"并没有违背用兵常道。

〖解说〗

"六四"以阴爻居于阴位，柔弱无力，又和"初六"无应无援，在力不足以克敌的情况下，见机选择暂时退守，以保存实力，这并不违背用兵常规，当然没有过错。"兵无常势，水无常形"，胜败乃兵家常事，所以爻辞说"未失常也"。

〖智慧点津〗此爻揭示统军应该根据战况随机应变，不可轻敌冒进。

〖案例解读〗汕头市教育局因台风发布全市学校停课的通知。2023年10月5日08时，台风"小犬"在台湾省屏东县登陆，受其影响，汕头市教育局当日13时发布全市停课的通知。通知要求全市托儿所、幼儿园、中小学校及校外教育培训机构，10月6日起停课。各地各学校在台风黄色、橙色、红色或者暴雨红色预警信号解除后，安排复课。该教育局此举，确保了师生安全，实乃"师左次，未失常也"。

【7.8】

六五：田[1]有禽[2]，利执言[3]，无咎。长子[4]帅师，弟子[5]舆尸，贞凶。

《象》曰："长子帅师"，以中行[6]也。"弟子舆尸"，使不当也。

〖注释〗

①田：通"畋"，打猎。②禽：鸟兽总名。③执言：声讨抓住。④长子：指"九二"。⑤弟子：指"六三"和"六四"。⑥中行：行中正之道。

〖译文〗

六五：田野有禽兽，利于捕获，不会有灾祸。委任德高望重的长者为军中主帅，必将战无不胜，委任无德小人将战败载尸而归，坚守正道可以防止凶险。

《小象传》说："委任德高望重的长者统帅军队，将战无不胜"，这是因为"九二"以中正之道行事。"委任无德小人将战败载尸而归"，这是用人不当所产生的恶果。

〖解说〗

上卦为坤，坤为地。如果"六五"发生爻变，则上交互卦变为艮，艮为手。同时，"九二"至"九五"变为大离卦，离为雉鸡，引申为猛禽，故有"田有禽，利执言"之象。下交互卦为震，震为长子，下卦坎卦为中男，坤卦为大舆和死亡，所以又有"长子帅师，弟子舆尸"之象。"六五"以阴爻居于至尊之位，柔顺、中庸，是能用师的明君。"田有禽，利执言"，比喻敌人来侵犯，应该予以打击。这是师出有名的正义之战，所以是有利的，没有灾祸。君王任命有才能的统帅"九二"指挥作战，这是正确的；而委任志大才疏的"六三""六四"参与军事指挥，就是用人不当，乃败亡之道。

〖智慧点津〗此爻揭示打仗应师出有名，慎选将帅。

〖案例解读〗许昌市公开选拔知名高中校长，摘掉18个校长"官帽"。2019年，许昌作为河南省唯一的中小学教育综合改革试点城市，实施了校长职级制改革，公开选拔知名高中校长，摘掉18个校长"官帽"。对于这18名问题校长，通过撤职、免职等形式，把他们从校长岗位降下来。此举既符合领导干部选人用人制度，又有利于调动校长工作的积极性和主动性。一个好校长就是一所好学校，一个校长的业务能力和管理水平，正如"长子帅师，弟子舆尸"一样，决定着一所学校的方向和未来。

【7.9】

䷆

上六：大君①有命，开国②承家③，小人④勿用。

《象》曰："大君有命"，以正功也。"小人勿用"，必乱邦也。

〖注释〗

①大君：国君。②开国：即分封诸侯，使有封邑。③承家：即分封大夫，使有采邑。④小人：指无德无才之人。

〖译文〗

上六：国君颁发诏令，有人被封为诸侯，有人被封为大夫，但是不要重用无才无德的小人。

《小象传》说："国君颁发诏令"，是为了论功行赏。"不要重用无才无德的小人"，因为小人必定祸乱国家。

〖解说〗

上卦为坤，坤为地，所以说分封土地为"开国承家"。"上六"处师卦终极，以阴爻居阴位而得位，象征战争结束，此时，君王应论功行赏。"小人"无才无德，即使立了军功，也只能给予物质奖赏，而不可以让其掌握实权，否则，必定会使国家动荡不安。

〖智慧点津〗此爻揭示战争结束后，君王应对有功之人论功行赏，同时要防止小人拥有实权。

〖案例解读〗抗疫表彰大会。在抗击新冠肺炎疫情斗争中，涌现出一大批可歌可泣的先进典型，为了隆重表彰在这一斗争中作出贡献的功勋模范人物，弘扬他们忠诚、担当、奉献的崇高品质，2020 年 9 月 8 日，全国抗击新冠肺炎疫情表彰大会在北京举行。在表彰大会上，钟南山被授予“共和国勋章”，张伯礼、张定宇、陈薇被授予“人民英雄”国家荣誉称号。大会还表彰了全国抗击新冠肺炎疫情先进个人、先进集体，全国优秀党员、先进基层党组织。

8. 比卦第八——亲师信道

比

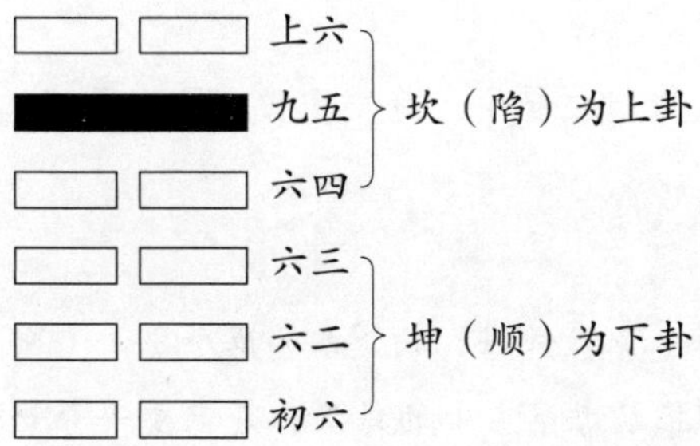

水地比

导读 “只有我们付出了真心，才能赢得孩子的爱心；只有我们付出了爱心，才能让孩子拥有阳光的一生。”教育工作者只有对学生满怀真心和爱心，才能让他们“亲其师，信其道”。

卦体下坤上坎。坎为水，坤为地，地上有水，亲密无间，呈互相亲比之象。卦形“九五”阳刚居中得正处尊位，上下五个阴爻与之亲附追随，故又有君临万邦之象。“比”，本义是夫妇并肩匹合，《说文》：“比，密也”；引申为并列、亲近、挨近、勾结等义；卦义为亲近、依附、辅助。本卦主要阐述师生相亲相辅、教学相长的道理。

【8.1】

比：吉。原①筮，元②永贞，无咎。不宁③方④来，后夫⑤凶。

〖注释〗

①原：推原考察。②元：开始。③宁：安宁。④方：方国。⑤后夫：指迟来依附的“上六”。

〖译文〗

比卦象征亲密无间，团结互助：吉祥。推敲考察占卜的结果，（如果所亲附者）一开始就有尊长之德、能够长久不变、坚守正道，就不会有灾祸。（经过战争）不安顺的邦国也来亲附了，姗姗来迟者有凶险。

〖解说〗

与人相亲相辅，有利于人们干事立业，当然吉祥。本卦卦主“九五”以中正居于至尊之位，具有良善、永远和正固之德，上下又有五个阴爻追随，就可以接受它们的亲比而“无咎”。相亲相辅贵在诚信，光明磊落，宜早不宜迟。如果晚来依附，说明诚信缺失，最终必然凶险，故卦辞说“不宁方来，后夫凶”。

【8.2】

《彖》曰：比，吉也。比，辅①也，下顺从也。“原筮，元永贞，无咎”，以刚中②也。“不宁方来”，上下应③也。“后夫凶”，其道穷也。

〖注释〗

①辅：辅助。②刚中：指“九五”阳爻居于上卦之中位。③上下应：指“九五”和“六二”彼此感应。

〖译文〗

《彖传》说：相亲相辅，吉祥。比，就是比辅，指下面的五个臣子（阴爻）顺从于上面的阳刚之君（阳爻“九五”）。“推敲考察占卜的结果，是只要一开始就亲辅有德之君，长久而守正，就不会有灾祸”，因为“九五”刚毅中正。“不安顺的邦国前来归附”，是指君臣上下呼应。“迟来归顺的人会有凶险”，因为他已走投无路。

【8.3】

《象》曰：地上有水，比。先王以建万国①，亲②诸侯。

〖注释〗

①万国：许多邦国。②亲：亲近。

〖译文〗

《大象传》说：地上有水，象征水与地亲密无间。古代贤君效法此象，建立众多邦国，亲近各地诸侯。

〖解说〗

地上布满水，水尽情地浸润着土地，土地坦荡地承载着水，“水得地而流，地得水而柔”，两者有亲密无间之象。教育工作者从中得到的启示是，应主动亲近、关爱学生，学生才会“亲其师，信其道”。

【8.4】

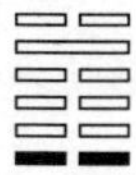

初六：有孚①比之，无咎。有孚盈缶②，终来有它③吉。

《象》曰："比之初六"，"有它吉"也。

〖注释〗

①孚：诚信。②缶：盛酒的瓦器。③它：为"蛇"的原字，这里有"其他"的意思。

〖译文〗

初六：心怀诚信地亲附，没有灾祸。诚信满满如同美酒盈缸，最终会有其他的吉祥。

《小象传》说："在开始阶段亲附的阴爻初六"，"会有其他的吉祥"。

〖解说〗

上卦为坎，坎为水，下卦为坤，坤为地、为腹，借为缶，故有"盈缶"之象。"九五"是比卦主爻（唯一的阳爻），卦中各阴爻都亲近、追随它，叫"有孚比之"。"初六"处比之始，地位低微，虽远离"九五"至尊，但虔诚如盈缶；"精诚所至，金石为开"，最后，它必然会得到"九五"的赏识和亲近，获得意外的吉祥。

〖智慧点津〗此爻揭示诚信是亲比的前提与基础。

〖案例解读〗徐焕杰：甘为点燃山区孩子心中明灯的使者。1996 年，从九江师专毕业以后，徐焕杰放弃到县城学校工作的机会，毅然决然地回到他曾经就读的屏峰中学，成为一名人民教师。从此，他把人生的坐标定在了为山区教育献身的轨迹上。他 20 多年如一日，扎根乡村，扎根于三尺讲台，用真情和汗水不断点燃屏峰山区孩子们心中的一盏盏明灯。他常说"山区的孩子朴实、可爱，我离不开他们"，"这里养育了我，这里需要我"，正是这一份真情、一份爱心、一份固守，让他先后荣获九江市"骨干教师"，湖口县"优秀教师"，江西省"最美乡村教师"等光荣称号。这正是爻辞"有孚盈缶，终来有它吉"的生动写照。

【8.5】

六二：比之自内①，贞吉。

《象》曰："比之自内"，不自失也。

〖注释〗

①内：内心。

〖译文〗

六二：相亲相辅，发自内心，坚守正道可获吉祥。

《小象传》说："相亲相辅，发自内心"，说明没有偏离正道。

〖解说〗

“六二”以阴爻居阴位，处下卦之中，既中且正，又与上卦的至尊“九五”阴阳正应，所以说“比之自内”。“六二”拥有中正之德，它与人亲近发自内心，坚持纯正的动机，必然吉祥。

〖智慧点津〗此爻揭示相亲相辅应发自内心。

〖案例解读〗霍懋征：“没有爱，就没有教育。”霍懋征是现代著名教育家，1956年被评为全国首批特级教师。她献身基础教育，无私奉献，关爱学生，把“没有爱，就没有教育”“爱每一个学生”渗透到其教育教学的各个角落。在她的眼里，“没有不可教育或教育不好的学生”，“相信人人都可以成才”。如她推荐“淘气鬼”何同学加入学校鼓号队，尽管他不是少先队员。当发现某个女孩子怕写作文时，她就在其作文中勾画出有进步的句子，然后在全班表扬……60多年间，她创造出没有让一个学生掉队的奇迹，没有体罚过一个学生，没有对一个学生发脾气，谱写了一曲曲爱的赞歌。

【8.6】

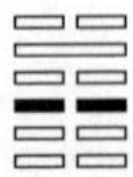

六三：比之匪①人。

《象》曰：“比之匪人”，不亦伤乎？

〖注释〗

①匪：非。

〖译文〗

六三：相亲相辅于行为不正当的人。

《小象传》说：“相亲相辅于行为不正当的人”，这难道不让人伤心吗？

〖解说〗

上卦为坎，坎为加忧、心病，引申为伤心，“六三”与之相邻，故有“伤”之象。“六三”以阴爻居阳位不中不正，既与“上六”阴阴相斥，又和刚正的“九五”无正应和比邻的关系，因而所要亲近的人，都不是志同道合的人，这怎能不让人伤心呢？孔子曰：“益者三友，损者三友。友直，友谅，友多闻，益矣。友便辟，友善柔，友便佞，损矣。”在日常生活中，我们只有擦亮眼睛，认清益友，远离损友，才能避免祸患。

〖智慧点津〗此爻揭示相亲相辅应慎重选择对象，不要胡乱交往。

〖案例解读〗15岁少年玩网游结交“女网友”被骗数万元。2018年9月27日，年仅15岁的少年付某向番禺警方报警，称其通过网游结识一“女网友”，被对方骗了20多万元。据付某称，2018年6月，他在某网络游戏平台上玩游戏，其间认识了一名“女网友”，因为两人在打游戏过程中聊天很投机，所以付某和该“女网友”交换QQ号并且添加好友进行闲聊。从6月到9月这3个多月里，“女网友”多次以“家庭困难”为理由向付某求助。付某通过支付宝向“女网友”合计转账20多万元，最终，付某的母亲发现儿子被骗。后来，犯罪嫌疑人邓某（即付某所认识的“女网友”）被依法刑事拘留。对此，警方一再提醒，广大家长应该经常加强对孩子的教育，健康上网，谨慎交友，避免孩子落入不法分子的圈套。

【8.7】

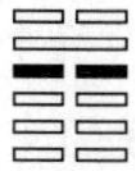

六四：外比之①，贞吉。

《象》曰：“外比”于贤，以从上②也。

〖注释〗

①之：指“九五”。②从上：指“六四”之臣顺从“九五”之君。

〖译文〗

六四：在外相亲相辅于贤明的君主，坚守正道可获吉祥。

《小象传》说：“在外相亲相辅于贤明的君主”，是说“六四”顺从尊上。

〖解说〗

“六四”以阴爻居阴位得正，与“初六”同性相斥，和外卦的“九五”中正之君最近，于是，转而向外面寻求，与“九五”相亲。这是执着于正道，所以吉祥。“德不孤，必有邻”，“与善人居，如入芝兰之室，久而不闻其香，即与之化矣”。

〖智慧点津〗此爻揭示应向贤明高尚的人或事学习。

〖案例解读〗云南师大附中访问团赴华师一附中取经。华中师范大学第一附属中学是湖北省首批示范高中，全国知名学校。该校在高考研究、校本课程开发、五育融合、心理健康教育、天文探索、航空后备人才培养等方面均有突出成就。2023年3月3日，云南师范大学附属中学一行11人赴该校进行访问交流。通过本次的学习交流，云南师大附中对华师一附中办学思路和运行模式有了初步的了解，并认为，华师一附中在顶层如何设计、中层如何统筹、基层如何实施等方面的宝贵经验值得学习、借鉴和推广。

【8.8】

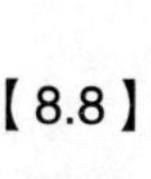

九五：显比。王用三驱①，失前禽，邑人②不诫，吉。

《象》曰：“显比之吉”，位正中也。舍逆取顺，“失前禽”也。“邑人不诫”，上使中也。

〖注释〗

①三驱：《礼记》中有“天子不合围”的说法，即天子狩猎，只由左、右、后三方驱赶禽兽，称作“三驱”，舍弃往前方逃的，只捕杀迎面来的，所以说“失前禽”，此即“象传”所言“舍逆取顺”。②邑人：此泛指普通百姓。邑是古代的居住点。

〖译文〗

九五：彰显仁德而获得民众的拥护，君王打猎三面驱围，网开一面，听任前方的禽兽逃掉，不赶尽杀绝。当地人也不害怕，吉祥。

《小象传》说：“彰显仁德而获得民众拥护是吉祥的”，是因为君王处正而得中。君王打猎网开一面，射杀迎面冲撞的野兽，不去射杀往前面跑的，“听任前方的禽兽逃掉”。所以“当地人并不害怕”，说明君王奉行中庸之道，让臣民不受惊扰。

〖解说〗

下卦为坤，坤为地，引申为田野。上爻互卦为艮，艮为山，田野和山构成了狩猎场所。艮又为狗，这是狩猎的猎犬。上卦为坎，坎为车，为马，为弓轮（弓箭）。坎又为猪，为血卦，用来象征被捕杀的野猪。因此，这是一幅形象生动的狩猎场景图。“九五”以阳爻居阳位刚健中正，是一位明智之君。它向众人彰显自己光明正大、宽容大度的德行，就会吸引其他的阴爻都来亲近依附，有“显比”之象。同时，“九五”君王用“三驱之礼”来狩猎，来者不拒，去者不追，所经过地区的老百姓不受惊扰，当然吉祥。

〖智慧点津〗此爻揭示亲比应光明正大，惩戒适度，不可强求。

〖案例解读〗川农大对18名学生考试作弊的行为谨慎处理。2019年11月，川农大都江堰分校相关科室负责人证实，小陈等18名同学被发现在考试中作弊。鉴于这18名同学认错态度良好，校方经过讨论，倾向于给初次犯错的学生一次改过自新的机会。学校责成学生处全面整理学校含有“开除学生学籍”的相关文件及规定，并在广泛征求意见的基础上，根据相关规章制度对此进行修改。最终，将按照新修订的“学生违纪处分条例”对18名考试作弊的学生进行处罚。

【8.9】

䷇

上六：比之无首[①]，凶。

《象》曰：“比之无首”，无所终也。

〖注释〗

①首：领先。

〖译文〗

上六：相亲相辅于人而不领先居首，有凶险。

《小象传》说："相亲相辅于人而不领先居首"，不会有好的结果。

〖解说〗

依照卦画爻位之序而言，初位为先，上位为后；依照《周易》身体取象而言，初爻一般为足、为尾，上爻为头、为首，故有"无首"之象，也即卦辞所说"后夫凶"。"上六"以阴爻居阴位而得位，居比卦之极，自恃位高而自傲，起初它不愿意亲比圣王"九五"，直到看见大家都纷纷亲附"九五"，自己陷入孤立的境地，这才被动地追随，说明毫无诚信可言。此时，已错失良机，所以结果必凶。

〖智慧点津〗此爻揭示相亲相辅，贵在最先。

〖案例解读〗禹帝杀防风氏。《国语·鲁语》记载："昔禹致群神于会稽之山，防风氏后至，禹杀而戮之。"就是说大禹召集各部族首领在会稽山会盟，防风氏部落首领晚到一步，禹就杀了防风氏首领，以杀一儆百。这就是《象传》所说的"后夫凶"的道理。

9. 小畜卦第九——学有小成

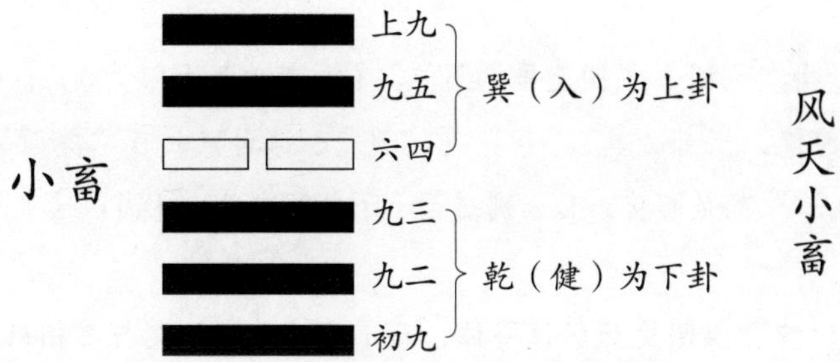

导读 "不积跬步，无以至千里；不积小流，无以成江海。"教育工作者只有不断加强学习，提高自己的道德素养和业务水平，才能更好地教书育人。

卦体下乾上巽。巽为风，乾为天，为风飘行天上、浓云被吹散而无雨之象。卦象为"六四"一个阴爻蓄聚上下五个阳爻，因为阴为小，阳为大，以阴蓄阳就是以小蓄大，故为小畜。"畜"，本义是将动物圈在栏圈里，用谷物饲养。又同"蓄"，有聚、止、养等义。《小畜》，卦义为小有蓄积。本卦主要阐述学生逐步积累自己的知识，培育自己的道德，学有小成的道理。

【9.1】

小畜：亨①。密云不雨，自我西郊②。

〖注释〗

①亨：亨通。②自我西郊：九二爻、九三爻、六四爻组成兑卦，兑为西方，乾为郊

外，故言之。

〖译文〗

小畜卦象征微小的蓄聚：亨通。乌云密布，从城外西郊吹来，却没有降雨。

〖解说〗

“合抱之木，生于毫末；九层之台，起于累土。”财富、知识和道德都是在点滴积累中不断聚集、壮大和丰盈的，所以卦辞说“亨”。“云行东，一场空；云行西，披雨衣”，风自西向东吹，乌云被吹散，而不能下雨，说明“巽”风蓄积，“乾”天云气不够，力量有限，能畜而不能长久，有暂时停顿之象。本卦呈现“一阴五阳”之格局，“六四”以阴爻居于阴位，为小畜之主，也为一阴蓄养五阳之主，蓄之不易。不过君子只要志存高远，刻苦修炼自己，终将厚积薄发、畅行无阻。

【9.2】

《象》曰：小畜，柔得位而上下应之①，曰小畜。健而巽②，刚中③而志行，乃“亨”。“密云不雨”，尚④往也。“自我西郊”，施未行也。

〖注释〗

①柔得位而上下应之：指“六四”以阴爻居于阴位，它和其他五个阳爻相应。②健而巽：小畜卦下卦为乾，为健，上卦为巽，“巽”通“逊”，谦逊，故言“健而巽”。③刚中：指“九五”和“九二”都是阳爻，且分别居于上下卦的中位。④尚：通“上”。

〖译文〗

《彖传》说：小畜，“六四”以阴爻居阴位得位，而上下的五个阳爻与之相应，所以称为小畜。如果心中刚健而又谦逊，那么志向终将实现，所以“亨通”。“浓云密布而终不降雨”，说明云气正上升聚积。“密云来自西郊上空”，说明雨水蓄积不够，还不能降下（暗指君子抱负尚未实施，未能惠泽大众）。

【9.3】

《象》曰：风行天上，小畜。君子以懿①文德②。

〖注释〗

①懿（yì）：美化。②文德：才艺与道德。

〖译文〗

《大象传》说：风飘行在天上，甘霖未降，象征着小有积蓄。君子效法此象，不断美化自己的才艺与道德，待日后大有作为。

〖解说〗

风在天上吹，水汽在天空中小有积蓄，有阴云密布却难降雨之象。教育工作者从中得到的启示是，应不断增强自己的才艺和道德，以便日后教育教学更游刃有余。

【9.4】

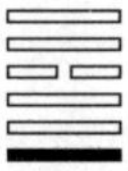

初九：复自道①，何其咎②？吉。

《象》曰："复自道"，其义吉也。

〖注释〗

①道：旧路。②咎：灾祸。

〖译文〗

初九：返归自己的正道上来，哪里会有什么灾祸呢？吉祥。

《小象传》说："返归自己的正道上来"，表明在事理上是吉祥的。

〖解说〗

"初九"以阳爻居阳位而得位，阳刚好动，动则阳刚之气上行，与本卦唯一阴爻"六四"相应，成正应关系。由于此爻位卑质弱，如为"六四"所蓄聚则会失去本身德性。所以"初九"返归自己原来应走的道路，没有过失而且吉祥。"初九"是小畜的初始，人要先回归本位，有所积累才能走向成功。

〖智慧点津〗此爻揭示回归本位才是人生由小到大蓄积的基础。

〖案例解读〗刘丁宁从港大退学重考北大。刘丁宁是连续两届辽宁省高考文科状元。她在2013年高考中，以668分的成绩同时收到北京大学和香港大学的录取通知。后来在父母的建议下，她进入香港大学就读。但一个月后，她决定退学，放弃高额奖学金回到高中复读。2014年夏天，她再一次走进高考考场，又一次以666的高分成为辽宁省高考文科状元，并如愿进入北京大学中文系。当有人问及退学原因时，她说，北京大学才是她的梦想，只有及时改变方向，选择适合自己的道路，才是对人生的最大尊重。

【9.5】

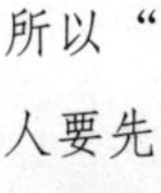

九二：牵①复②，吉。

《象》曰："牵复"在中③，亦不自失也。

〖注释〗

①牵：携手。②复：返回。③在中：阳爻"九二"居于下卦之中。

〖译文〗

九二：与"初九"一起回归正道，吉祥。

《小象传》说："与'初九'一起回归正道"，表明此时"九二"处于居中位置，不会有什么过失。

〖解说〗

"初九"与"九二"紧密相连。现在，"初九"和"六四"正应，它受"六四"吸引率先走上正道。"九二"被"初九"牵动，也一起走上正道，故有"牵复"之象。卦中，"六四"对下面三个阳爻有蓄止之势，但"九二"刚健居中位，与"初九"携手并进，当可突破阻碍，回归正道，因而吉祥。

〖智慧点津〗此爻揭示实现小有积蓄，应团结互助。

〖案例解读〗学区制改革让学校"抱团取暖，力促平衡"。2014年8月，广西梧州万秀区正式启动学区制管理改革工作。经过两年的探索实践，该区教育发展格局为之一新，有力地促进了义务教育均衡发展。具体来说，该区以地理位置相近、利于教育资源整合为原则，采用"1+X+Y"模式把辖区内46所中小学划分为7个学区。"1"是指1所较优质学校，即龙头校；"X"是指1至3所市区学校，与龙头校实行紧密型、一体化管理；"Y"是指3至5所农村学校，与龙头校、市区学校以"互动帮扶"的方式，加强交流、学习。"这样的方式，能够使先进的管理理念、教学理念和优秀师资等得以更合理地分配，村校、弱校与优质校间实现无缝对接，从而促进区域教育向合理化、规范化、系统化、优质化的方向发展。"这正所谓"牵复，吉"。

【9.6】

九三：舆说①辐②，夫妻反目。

《象》曰："夫妻反目"，不能正室也。

〖注释〗

①说：通"脱"，脱落。②辐：车轴。

〖译文〗

九三：车轮的辐条中途脱落，车不能行驶，好比夫妻失和吵闹。

《小象传》说："夫妻失和吵闹"，说明"九三"不能妥善处理好家庭关系。

〖解说〗

乾为车，为圆。上卦为巽，巽为木，车辐为木料制成。下交互卦为兑，兑为毁折，脱落，故有"舆说辐"之象。又上交互卦为离，离为目，上巽为妇，下乾为夫，妻压制夫，男女关系颠倒，所以又有"夫妻反目"之象。"九三"以阳爻居阳位，过刚不中，一味往前冲，但遭到"六四"柔爻阻挡，导致夫妻反目，就像车轮与车轴脱离。

〖智慧点津〗此爻揭示实现小有蓄积，不可刚躁盲进。

〖案例解读〗15岁少年难忍棍棒教育，给父母下药“出逃”。因为15岁的儿子小春成绩下滑太厉害，在靖江打工的曹某某夫妻实在放心不下，2016年元旦，他们专程将儿子从老家湖南岳阳接到身边，准备好好教育一番后再把儿子送回去。然而，棍棒教育之下，处于青春叛逆期的小春实在受不了，他制订了一个“出逃”计划。1月2日晚，小春买了助眠药物，掺入红糖水中，假装很乖巧地承认了错误，哄得父母很开心，父母将掺了助眠药物的红糖水喝下后呼呼大睡。计谋得逞，小春拿起父亲的身份证和现金，购买车票，登上了回老家湖南岳阳的车。家长“望子成龙”的愿望可以理解，但如此之举，极易造成“舆说辐”之害，应引以为戒。

【9.7】

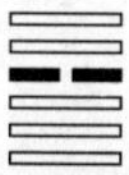

六四：有孚①，血②去惕③出，无咎。

《象》曰：“有孚惕出”，上合志也。

〖注释〗

①孚：诚信。②血：通“恤”，忧患。③惕：警惕和戒备。

〖译文〗

六四：心怀诚信，就能免除伤害与警惕，不会有灾祸。

《小象传》说：“心怀诚信，免除警惕”，表明“六四”与居上位的“九五”心志相同。

〖解说〗

坎为血，为加忧，为心病。“六四”处上交互卦离之中，离卦和坎卦卦象相反，反象取反义，故有“血去惕出”之象。“六四”为本卦之主，以唯一的阴爻，畜止五个阳爻，成为他们前进的阻力，当然担心会受到伤害。可是，它以阴爻居阴位得正，能以至诚之心、柔顺之道得到上方两个阳爻的信任和援助，因而能够避免伤害与忧惧，不会有灾祸。

〖智慧点津〗此爻揭示实现小有蓄积之后，心怀诚信可以避免忧患。

〖案例解读〗商鞅变法使秦国国富民强。战国时期，商鞅准备在秦国推行变法，但遭到秦国保守贵族的强烈反对，所幸，他得到秦孝公的信任和支持，才“血去惕出”。公元前356年和公元前350年，他先后两次推行以“废井田、开阡陌、实行县制，奖励耕织和战斗，实行连坐之法”为主要内容的变法，使秦国逐渐富强起来。

【9.8】

䷈

九五：有孚挛如①，富以②其邻。

《象》曰："有孚挛如"，不独富也。

〖注释〗

①挛（luán）如：手指弯曲紧握的样子。②以：和，连及。

〖译文〗

九五：心怀诚信，密切相连，和近邻共同富裕。

《小象传》说："心怀诚信，密切相连"，说明"九五"不独享富贵。

〖解说〗

上交互卦为离，离为火，为光明，象征内心充满诚信。若"九五"发生爻变，则上卦变为艮，艮为手，故有"有孚挛如"之象。上卦为巽，巽为风，为顺，为近利市三倍。"九五"比邻"上九"和"六四"，所以又有"富以其邻"之象。"九五"以阳爻居于阳位，至尊中正，能以诚信之德带领众阳信任"六四"，真诚接受它的畜止。"六四"柔顺处下，能忠心劝谏辅佐，两者心怀诚信，志同道合，定会合力突破阻碍，使大家由小畜而走向共同富裕。小畜卦表面上是"六四"以阴柔蓄养群阳，实质上是"九五"通过"六四"来蓄止天下。

〖智慧点津〗此爻揭示以诚待人、共同富裕的道理。

〖案例解读〗徐州：名师下乡送真经，结对帮扶面对面。开展党史学习教育以来，徐州市教育局机关党委引导党员干部深入一线、走进基层，真心实意地纳民意、解民忧，通过名师送培、城乡结对等方式，积极为乡村教师发展搭建平台，助力乡村教育发展，用实际行动确保党史学习教育取得扎实成效。2021 年，"名师行送培到乡"系列活动来到港务区，8 位市级优秀教师在课堂上传播先进的教学理念和方法，让当地教师受益匪浅。送培下乡的名师还与当地基层教师"结对子"帮扶，促进他们的教学水平进一步巩固提升，让每一位参培教师都能在解决"真问题"中得到"真发展"。

【9.9】

䷈

上九：既雨既①处②，尚德载③。妇贞厉，月几望④，君子征⑤凶。

《象》曰："既雨既处"，德积载也。"君子征凶"，有所疑也。

〖注释〗

①既：已经。②处：安居，停止。③载：满。④月几望：月亮接近圆满。⑤征：

行走。

〖译文〗

上九：密云已经降雨，阳气已被畜止，高尚的功德已经圆满。妇人应该坚守正道，以防危险，要像月亮将圆而不过盈。此时君子如果出外远行，必有凶险。

《小象传》说："密云已经降雨，阳气已被畜止"，说明功德的积累已经圆满。"君子如果出外远行，必遭凶险"，因为形势的发展变化让人疑虑。

〖解说〗

巽为长女，若"上九"发生爻变，则上卦变为坎卦，坎为雨，为月亮，为怀疑，故有爻辞诸象。"上九"为蓄止之终极，小畜之道亦以极盛。"六四"以诚信与五阳精诚团结，阴阳相合，共同蓄积力量饱和而降雨，功德已经圆满。小畜卦以阴畜阳，以柔制刚，如果妇人固守此道而不知变通，阳刚君子又不能认清形势，继续追求盛大，那么阴极盛，就像妻压制夫，最终会因阴阳抗衡，盛极必衰，异常凶险。

〖智慧点津〗此爻揭示小有蓄积应当适可而止，切忌盈满。

〖案例解读〗儿子考98分遭妈妈训斥。39岁的秦女士是杭州一所重点小学老师，儿子5岁上了小学，她对儿子的标准永远是100分。有时孩子考了98分，她都要训斥："我班上的孩子一半都考了100分，你为什么这么粗心，为什么考不到……"，秦女士觉得自己非常失败，教得了别人的孩子，自己的孩子却十分"愚钝"。笔者认为，十个手指有长短，孩子只要尽力就好。如果过度要求或苛责他们，小则让他们产生逆反心理，丧失学习兴趣；大则让他们滋生轻生的念头，酿成"征凶"之患。

10. 履卦第十——明礼慎行

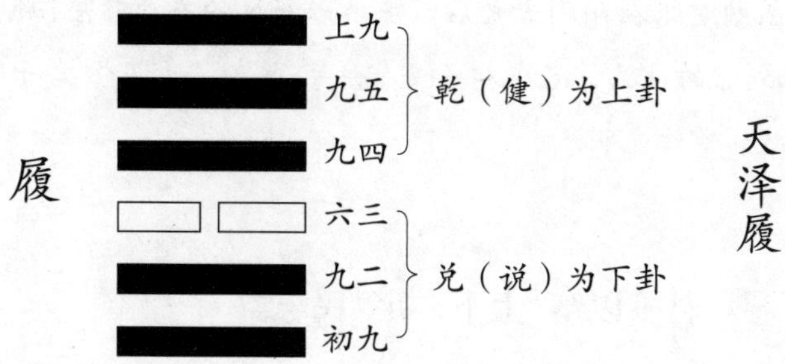

导读 "国将兴，必贵师而重傅。"教育工作者应上不负国家所托，下不负万民所望，恪守"学为人师，行为世范"的准则，心存敬畏，依礼而行。

卦体下兑上乾。乾为天，兑为泽，上天下泽，为尊卑有序之象。又乾为刚健、为虎。兑为口、为喜悦，有履虎尾不见伤之象。"履"，本义为鞋子，引申为履行、实践。

行动需要讲究礼仪，“履”便与“礼”相通，《左传》中说：“履者礼也，人之所行也。”本卦主要阐述师生处世应遵守各项礼节，谨慎行事的道理。

【10.1】

履：履①虎尾，不咥②人，亨。

〖注释〗

①履：踩踏。②咥（dié）：咬。

〖译文〗

履卦象征行走：跟在老虎后面踩到它的尾巴，老虎却不咬人，亨通。

〖解说〗

本卦上卦为乾，乾为刚健，引申为威严，有“虎”之象。下卦为兑，兑为口，有“咥”之象。下“兑”跟在上“乾”之后，所以用踩到老虎尾巴来比拟。“伸手不打笑脸人”，君子如果能和悦谦卑地做事，以“兑”柔克制“乾”刚，那么即使身处极端危险的境地，也将安然无恙，吉祥亨通。

【10.2】

《彖》曰：履，柔履刚①也。说②而应乎乾，是以“履虎尾，不咥人，亨”。刚中正，履③帝位而不疚，光明也。

〖注释〗

①柔履刚：“六三”阴爻在“九二”阳爻之上。②说：通“悦”，喜悦；下卦兑为悦。③履：占据。

〖译文〗

《彖传》说：行走，是指柔顺者跟在阳刚者之后。应该以和悦的态度顺应阳刚者，这样就能够“跟在老虎后面踩到它的尾巴，老虎却不咬人，亨通”。“九五”君子刚健中正，即使登临帝位也毫不愧疚，前途光明。

【10.3】

《象》曰：上天下泽，履。君子以辩①上下，定②民志。

〖注释〗

①辩：通“辨”，辨明。②定：安定。

〖译文〗

《大象传》说：上为苍天，下为湖泽，象征着行而有礼。君子效法此象，辨明上下等级秩序，安定百姓思想。

〖解说〗

上卦为乾（苍天），下卦为兑（湖泽），有上下、尊卑泾渭分明之象。教育工作者从中得到的启示是，应当明确师生界限，维护师道尊严。

【10.4】

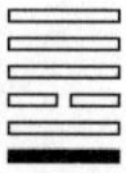

初九：素履①往，无咎。

《象》曰："素履之往"，独行愿也。

〖注释〗

①素履：白色无纹的鞋，象征行为清白。

〖译文〗

初九：清白行事，没有灾祸。

《小象传》说："清白行事"，说明"初九"独自实现自己的意愿。

〖解说〗

"初九"处履之初，相当于一个初涉世事、刚刚踏入社会的年轻人。它以阳爻居阳位得正，因而做事能安分守己，为人朴素无华，这样就不会有任何过失。

〖智慧点津〗此爻揭示处事应恪守本志，矢志不移。

〖案例解读〗于谦"两袖清风""独行愿"。于谦是明朝杰出的政治家、军事家，一生刚直不阿，清正廉洁，生活俭朴，深受人们的尊敬和爱戴。他曾经在河南、山西做官。按当时的规矩，地方官员每年都要到京城接受考察。一些贪官污吏为了保住自己的"乌纱帽"，纷纷搜刮老百姓的钱财向京城的上司送礼、行贿。于谦进京时，他的幕僚建议他买些土特产孝敬京城权贵。于谦听后，非常生气，他甩了甩两只宽大的袖子说："我就两袖清风！这就是我最好的礼物！"这正如《中庸》所言："君子素其位而行，不愿乎其外"，正如于谦诗中所说，"粉骨碎身浑不怕，要留清白在人间"。

【10.5】

九二：履道坦坦①，幽人②贞吉。

《象》曰："幽人贞吉"，中不自乱也。

〖注释〗

①坦坦：平坦，坦荡。②幽人：安静、恬淡的人。

〖译文〗

九二：行走在平坦的大道上，安静恬淡的人坚守正道可获吉祥。

《小象传》说："安静恬淡的人坚守正道可获吉祥"，说明"九二"行为中正而不被外物扰乱。

〖解说〗

若"九二"发生爻变，则下卦变为震卦，震为大途。下卦为兑，兑为泽，为幽静，所以有"坦坦"和"幽人"之象。"九二"以阳爻居于柔位，性格刚健、中庸，内心安静恬淡，亦如洁身自好、与世无争的隐士，其心志不被世俗扰乱，当然吉祥。

〖智慧点津〗此爻揭示处事应坦荡无私，幽静恬淡。

〖案例解读〗陈立群台江县民族中学丹心支教。陈立群曾担任浙江杭州学军中学校长，2019年被授予"时代楷模"称号。2016年，他退休后婉拒民办学校的高薪聘请，自愿担任贵州省黔东南苗族侗族自治州台江县民族中学校长，不拿一分钱工资、奖金和生活补助，"不为功利，不求功德，只为心愿"。这期间，他大胆改革学校积弊，使该校办学质量得到显著提升，受到师生和家长的广泛赞誉。这正是他"幽人贞吉，中不自乱"的真实写照。

【10.6】

六三：眇[1]能视，跛能履[2]，履虎尾，咥[3]人，凶。武人[4]为于大君[5]。

《象》曰："眇能视"，不足以有明也。"跛能履"，不足以与行也。"咥人之凶"，位不当也。"武人为于大君"，志刚也。

〖注释〗

①眇：一只眼瞎。②履：行走。③咥：咬。④武人：勇武之人。⑤大君：国君。

〖译文〗

六三：独眼而强行去看，跛腿而勉强行走，踩到虎尾而被它咬，有凶险。这就像勇武的人企图篡位称君。

《小象传》说："独眼而强行去看"，根本谈不上看清事物。"跛腿而勉强行走"，根本不可一起远行。"有被老虎咬的凶险"，说明"六三"居位不当。"勇武的人企图篡位称君"，说明他刚愎自用。

〖解说〗

下交互卦为离，离为目。上交互卦为巽，巽为股（大腿）。下卦兑为毁折，故有"目眇""腿跛"之象。又上卦为乾，乾为天，在人为君，在兽为虎。上爻为头，五爻为身，四爻为尾。"六三"为兑卦主爻，兑为口，为毁折，它又上临乾卦，紧邻

“九四”，故有“履虎尾，不咥人”之象。此外，下交互卦为离，离为甲胄，为戈兵，手持戈兵者即为武人。若“六三”发生爻变，则下卦变为乾，乾为君，所以又有“武人为于大君”之象。“六三”以阴爻居阳位不中不正，又乘刚于两个刚爻之上，却伏着与“上九”正应，想做国君。如此刚愎自用，不自量力，企图叛乱，当然凶险。

〖智慧点津〗此爻揭示处事应量力守分，逞强有凶。

〖案例解读〗华为辞退好高骛远的北大高才生。《任正非正传》一书记录了这样一个故事：有一位北大高才生，入职华为不到一个月，对企业所处的市场环境、采取的管理策略还没摸清，就洋洋洒洒给任正非写了一封“万言书”。这位“有心”的高才生原以为自己会被提拔、委以重任，可最后竟被公司辞退。笔者认为，作为一名新员工，连自己的工作都还不熟悉，更别提公司的运营模式、未来战略。这种好高骛远之举，只会让自己落得“履虎尾，咥人凶”的结局。

【10.7】

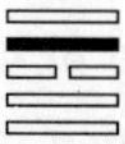

九四：履虎尾，愬愬①终吉。

《象》曰：“愬愬终吉”，志行也。

〖注释〗

①愬愬（shuò）：恐惧。

〖译文〗

九四：踩到虎尾，十分惊惧，终将获得吉祥。

《小象传》说：“十分惊惧，终将获得吉祥”，说明“九四”的志向能够施行。

〖解说〗

若“九四”发生爻变，则下交互卦变为震，震为雷，故有“愬愬”之象。“九四”以阳爻处阴位而不中不正，尾随在老虎“九五”之君的后面，当然危险。不过，它内刚而外柔，态度柔顺，保持惊惧谨慎，因而能够趋吉避凶。

〖智慧点津〗此爻揭示处事戒惧得吉。

〖案例解读〗高考状元的备考计划与实施。高考是莘莘学子人生中的一个重要“战场”，牵动着无数老师、学生和家长的心。众多高考状元科学备考，在战略上藐视高考，在战术上重视高考，积极备考，取得优异的成绩，其宝贵经验值得我们学习与借鉴。如制订一份合理的学习计划、培养良好的学习方法、注重知识点掌握和强化训练、保持良好的心态等。高考期间可能会遇到各种困难和挑战，我们只有保持冷静和乐观的心态，不要轻易放弃，高考才会“知己知彼，百战百胜”“愬愬终吉”。

【10.8】

九五：夬①履，贞厉。

《象》曰：“夬履贞厉”，位正当也。

〖注释〗

①夬：通“决”，果决，武断。

〖译文〗

九五：武断果决地行事，要坚守正道以防危险。

《小象传》说：“武断果决地行事，要坚守正道以防危险”，因为“九五”居位正当。

〖解说〗

“九五”以阳爻居于阳位，处君王至尊之位，具备阳刚中正之德。当履之时，他又在乾健之体，下属“九二”对其和悦顺从，唯命是听，使其容易独断专行。如果“九五”自恃刚明，乾刚独断，不听取他人意见而我行我素，长此以往必然凶险。

〖智慧点津〗此爻揭示处事切忌刚愎自用。

〖案例解读〗某省教育厅长草率决策被问责。2018 年 11 月 24 日，某省高考英语科目成绩公布后，考试成绩和加权赋分方式受到一些学生和家长质疑，引起社会广泛关注。经调查，此次高考英语科目加权赋分是一起因决策严重错误造成的重大责任事故。调查组认为，此次高考英语科目加权赋分依据不充分、决策严重错误，导致结果不公正、不合理。该省教育厅在没有进行充分的论证，没有进行集体研究的情况下，由主要负责人个人决定了这一事关全局和社会稳定的重大问题。而省教育考试院在多数人持不同意见的情况下，违规通过和执行了加权赋分的错误决定。最后，相关职能单位和有关责任人依规分别被追究责任。身居要位，手握重权者，就要懂得谨慎行使权力，这正所谓“夬履，贞厉”。

【10.9】

上九：视履考祥①，其旋②元吉。

《象》曰：“元吉”在上③，大有庆也。

〖注释〗

①考祥：考察吉凶。②旋：周旋，引申为圆满。③上：终，这里指“上九”位于履卦最高的爻位。

〖译文〗

上九：审视走过的足迹，考察祸福，其过程是圆满而大吉大利的。

《小象传》说：“上九”居上位而“大吉大利”，说明大有喜庆。

〖解说〗

下交互卦为离，离为目，为龟，为占卜，引申为考察吉凶，故有“视履考祥”之象。“上九”处履卦之终，好像一个人走完他生命的历程后，人们评定他一生的是非功过，要根据他的行迹来确定。一个人如果回顾一生（前面五个爻）行迹，能做到无怨无悔，就会大吉大利。由这一爻可以看出，君子只有平时不断反身修己，才能践履圆满。

〖智慧点津〗此爻揭示处事应考察过程、衡量结果。

〖案例解读〗著名教育家徐特立的一生。徐特立 1877 年出生于湖南善化，是我国著名的革命家和教育家。青年时期，他就酷爱读书，留下了“不动笔墨不读书”的名言。18 岁时，为了谋生，他在做医生还是当塾师之间选择了后者，从此开始了“一生都教书”的道路。他一生忠于党的教育事业，诲人不倦，先后创办梨江高等小学堂、长沙师范、五美小学、中央列宁师范，为我国的基础教育作出了巨大的贡献。他自身的革命精神、高尚的情操和优秀品质被人们誉为“没有字的教科书”，堪称“视履考祥，其旋元吉”。

11. 泰卦第十一——师生沟通

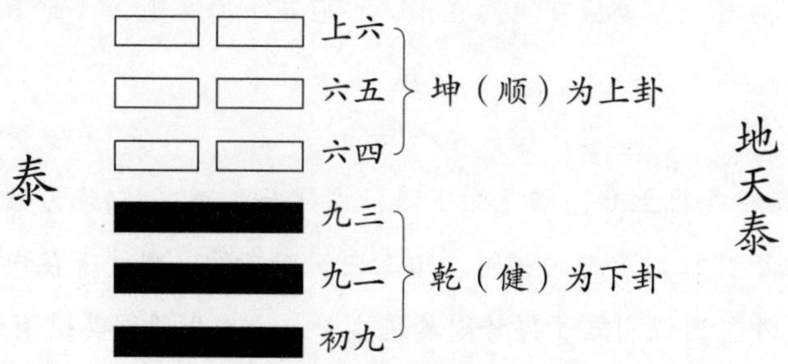

导读 “交流构筑师生友谊，沟通融化师生隔阂。”教育工作者只有与学生坦诚沟通，才能使彼此关系融洽，实现教学相长。

卦体下乾上坤。乾为天、为阳、为大，为君子。坤为地、为阴、为小，为小人。地气重浊而下降，天气轻扬而上升，成天地相交通泰之象。“泰”，本义是用净水泼身，去污驱邪，以祈吉祥和幸福。泰，卦义为通达、畅顺。本卦主要阐释师生应坦诚沟通，教学相长的道理。

【11.1】

泰：小[①]往大[②]来，吉，亨。

〖注释〗

①小：指坤阴，阴气。②大：指乾阳，阳气。

〖译文〗

泰卦象征通达：阴气往上升，阳气向下降，吉祥而亨通。

〖解说〗

“小往”是阴气往外，“大来”是阳气入内。本卦上“坤”下“乾”（与否卦相反），地在天上，好像不适当。但实际上，正因为天地上下密切交流、沟通，才形成安泰局面，所以，吉祥亨通。

【11.2】

《彖》曰：“泰，小往大来，吉，亨。”则是天地交[①]而万物通也，上下交而其志同也。内阳而外阴，内健而外顺，内君子而外小人。君子道长，小人道消也。

〖注释〗

①天地交：泰卦下（内）乾上（外）坤，坤为地，为下，为阴，为顺，为小人；乾为天，为上，为阳，为健，为君子。乾应在上而在下，坤应在下而在上，彼此上下交往，称为“天地交”。

〖译文〗

《彖传》说：“通泰，是指阴气往上升，阳气向下降，吉祥而亨通。”以此为准，天地交合因而万物畅通，君臣上下交往因而志向相同。阳在内而阴在外，刚健者在内而柔顺者在外，君子在内而小人在外。这说明君子得势则其道盛长，小人失势则其道消退。

【11.3】

《象》曰：天地交，泰。后[①]以财[②]成天地之道，辅相天地之宜，以左右[③]民。

〖注释〗

①后：君主。②财：通“裁”，制定。③左右：支配，统治。

〖译文〗

《大象传》说：天地阴阳二气相交，象征着上下沟通顺畅。君主效法此象，确立符合天地运行规律的制度，辅助天地的造化，从而支配天下百姓。

〖解说〗

天地阴阳二气相互交合，万物得以滋养，有亨通之象。教育工作者从中得到的启示是，要和学生打成一片，彼此沟通，从而形成教学相长的良好局面。

【11.4】

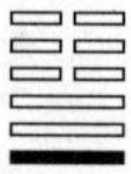

初九：拔茅茹①，以②其汇③，征吉。

《象》曰："拔茅，征吉"，志在外也。

〖注释〗

①茹：根相连，相互牵连的意思。②以：连及。③汇：类。

〖译文〗

初九：拔起了一根茅草，它的根系相连，共同向前进发吉祥。

《小象传》说："拔起了一根茅草，向前进发吉祥"，说明"初九"有在外建功立业的远大志向。

〖解说〗

若"初九"发生爻变，则下卦变为巽卦，巽为草木。"初九""九二"和"九三"都属于阳爻，故有"拔茅茹，以其汇"之象。"初九"处乾卦之初，以阳爻居阳位，又处坤乾上下交泰之时，阳气渐盛，必与"六四"相应，又可带动"九二""九三"分别与"六五""上六"相应，一阳动而三阳俱动，牵一发而动全身，呈君子并进之象。君子志同道合，正如茅草被连根拔起，带动同类。

〖智慧点津〗此爻揭示保持安泰应精诚团结，共同向外寻求发展。

〖案例解读〗新东方"三驾马车"一起创业。新东方"三驾马车"是指俞敏洪、徐小平和王强。新东方在创办之初，俞敏洪主要负责出国考试培训，徐小平负责留学、签证、移民和咨询，王强则主要负责基础英语培训。他们三人各司其职，各显神通，团结创新，披荆斩棘，终于使"新东方"由最初的教育培训班，发展成为知名国际教育品牌，实乃"拔茅茹，以其汇，征吉"。

【11.5】

九二：包荒①，用冯河②，不遐③遗④，朋亡⑤，得尚⑥于中行⑦。

《象》曰："包荒"，"得尚于中行"，以光大也。

〖注释〗

①包荒：挖空的匏瓜，比喻包容广大。包，通"匏"，指葫芦。荒，空。

②冯（píng）河：徒步过河，这里指有果敢的作风。③遐：远。④遗：遗弃。⑤朋亡：朋党消失。⑥尚：崇尚。⑦中行：行中正之道。

〖译文〗

九二：有海纳百川的博大胸怀，徒步涉河的气概，不遗弃远方贤哲的德性，不结党营私，这一切都得之于行事中正。

《小象传》说："有海纳百川的博大胸怀"，"这一切都得之于行事中正"，是因为君子光明正大。

〖解说〗

上卦为坤，为地，大地广阔无垠，故言"包荒""遐"。下交互卦为兑，兑为泽。兑卦和巽卦卦形相反，巽为木，以木作舟，可以渡河。反巽取反义，故言"用冯河"。若"九二"发生爻变，则下交互卦变为坎，坎为盗，故说"遗"。同时，下卦乾卦变为离卦，离为日，象征光明，如果内心光明就不会结党营私，故说"朋亡"。"九二"刚爻在柔位，内刚外柔，又处下卦之中，能以中正之道行事。它上与"六五"正应，为君臣相得之象。"九二"好比刚柔相济的中正大臣，刚健果断，且不结党营私。这种遵循中道、光明磊落的态度，占断必然是吉。

〖智慧点津〗此爻揭示保持安泰，应当宽广无私，光明磊落，果敢进取。

〖案例解读〗李斯特义收学员。有个姑娘要开音乐会，在海报上宣称自己是李斯特的学生。但实际上，她并不是李斯特的学生。演出前一天，李斯特找到这个女孩，女孩惊恐万分，抽泣着说，自己说谎是为了生计，并请求宽恕。在得知这个女孩的确是出于无奈之后，李斯特不但没有生气，反而要她把演奏的曲子弹给他听，并加以指点，最后爽快地说："大胆地上台演奏，你现在已是我的学生。你可以向剧场经理宣布，晚会最后一个节目，由老师来演奏。"到了音乐会最后，李斯特果然以老师的身份弹了最后一曲。

【11.6】

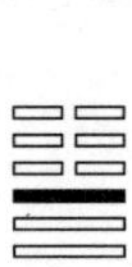

九三：无平不陂①，无往不复②，艰贞无咎。勿恤③其孚④，于食有福。

《象》曰："无往不复"，天地际⑤也。

〖注释〗

①陂（bēi）：倾危。②复：返回。③恤：担忧。④孚：诚信。⑤际：交界。

〖译文〗

九三：没有都是平地而没有斜坡的，没有只出去而不返回的，只要在艰难中能坚守正道，就没有灾祸。不要担心不能取信于人，在生活上会有福庆。

《小象传》说："没有只出去而不返回的"，这是因为"九三"处在天地交界地带。

〖解说〗

"九三"是下卦乾卦最后一爻，上临坤卦，乾与坤正好相反，犹如"平陂""往来"之间，故有"无平不陂"之象。下交互卦为兑，兑为毁折，为口，所以又有"艰""食"之象。"九三"以阳爻居阳位而得正，正处在泰卦上下二体乾坤的交接处，又位于阴阳二气的交合点，是阳刚极盛的临界点，也是由阳转阴的转折点。因此，"九三"特别要注意处"泰"防"否"。所以，君子必须觉悟，这是大自然的法则，只有在艰难困苦中不改初衷，才不会有灾祸。

〖智慧点津〗此爻揭示保持安泰应恪守诚信，警惕"泰极否来"。

〖案例解读〗唐玄宗执政后期，唐朝由盛转衰。唐玄宗即唐明皇李隆基。他继位后，励精图治，奋发图强，重用姚崇、宋璟等贤相，大规模整顿吏治，发展农业生产；大力提倡科举，完善官僚政治；对外出兵剿平边患，扩大大唐版图。在他的努力下，唐朝国力达到了顶峰，史称"开元盛世"。但是，在他统治后期，他却贪图享乐，整日沉迷于酒色，还重用奸佞的杨国忠、李林甫等小人，以致朝政混乱，最终引发"安史之乱"，使唐朝从此走向衰落。

【11.7】

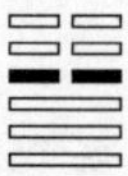

六四：翩翩①，不富②，以其邻③，不戒④以⑤孚。

《象》曰："翩翩不富"，皆失实也。"不戒以孚"，中心愿也。

〖注释〗

①翩翩：鸟疾飞轻盈的样子。②不富：阳爻为实，为富；阴爻为虚，为不富，这里指三个阴爻。③邻："六五"和"上六"两个阴爻。④戒：告诫。⑤以：和，带着。

〖译文〗

六四：像飞鸟从高处联翩下降，难保富有，连带着它的近邻上下二阴。它们都以诚相待（虚心求阳），不必互相告诫。

《小象传》说："像飞鸟从高处联翩下降，难保富有"，说明上卦三爻都阴虚失实。"以诚相待，不必互相告诫"，因为这是大家内心共同的意愿。

〖解说〗

"六四"已经超过"泰卦"的一半，原来的太平盛世将出现逆转，所以用鸟轻盈飞翔来比拟轻率冒进，不可能保有财富。"六四"以阴爻居阴位柔顺得正，又与"初九”阴阳相应，所以能够得到近邻“六五”“上六”的信任，率领他们各自下降以应，“六五”和“九二”，“上六”和“九三”上下交济，形成一派通泰之气。

〖智慧点津〗此爻揭示应互帮互助，齐心协力，才能保持安泰。

〖案例解读〗“蚂蚁抱团过火海”的故事。一位老农上山开荒，山上长满了茂密的杂草和荆棘。砍倒一丛荆棘时，老农发现荆条上有一个箩筐大的蚂蚁窝。荆条倒，蚁窝破，无数蚂蚁蜂拥而出。老农将砍下的杂草和荆棘围成一圈，点燃了火。风吹火旺，蚂蚁四散逃命，但无论逃到哪方，都被火墙挡住。蚂蚁占据的空间在火焰的吞噬下越缩越小，灭顶之灾即将到来，这时火墙中突然冒出一个黑球，先是拳头大，不断有蚂蚁粘上去，后来变得有篮球般大，地上的蚂蚁已全部抱成一团，向烈火滚去。外层的蚂蚁被烧得噼里啪啦，但缩小后的蚁球竟越过火墙滚下山去，躲过了全体灰飞烟灭的灾难。这个故事启发我们，人们行事只有“不戒以孚”，团结一致，才能渡过难关。

【11.8】

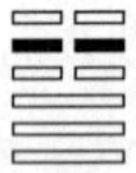

六五：帝乙归①妹②，以祉③，元吉。

《象》曰：“以祉，元吉”，中以行愿也。

〖注释〗

①归：嫁。②妹：少女的通称。③祉（zhǐ）：福泽。

〖译文〗

六五：商代帝乙把女儿嫁出，以此得到福泽，大吉大利。

《小象传》说：“以此得到福泽，大吉大利”，因为“六五”以中道实现了与“九二”结合的意愿。

〖解说〗

上交互卦为震，震为雷，下交互卦为兑，兑为泽，两者合而观之，交互卦为雷泽归妹，故有“归妹”之象。“六五”位尊而柔中，是泰卦的主体，又与下方刚健的“九二”相应，故能屈尊交下，像帝王下嫁贵女以配贤臣。两者阴阳交泰遂愿，可获福泽，当然吉庆。

〖智慧点津〗此爻揭示要想保持安泰，就要励精图治，选贤用能。

〖案例解读〗文成公主进藏。公元638年，吐蕃的松赞干布派遣使者向唐朝皇帝求亲，唐太宗答应把宗室之女文成公主嫁给他。贞观十五年（641），文成公主进入吐蕃，携带了大量的农书、史书、历法等典籍，促进了吐蕃经济、文化的发展，维护了边境的长期稳定。文成公主进藏和亲，既推广了中原文化，又播撒了汉藏友好的种子，这正如本爻爻辞所言“帝乙归妹，以祉，元吉”。

【11.9】

䷊ **上六：城复①于隍②，勿用师，自邑③告命，贞吝。**

《象》曰：“城复于隍”，其命乱也。

〖注释〗

①复：通“覆”，倒塌。②隍：城墙下的壕沟。③邑：城邑。

〖译文〗

上六：城墙倒塌在干涸的护城壕沟里，这时不可发动战争，要在自己的城邑中发布自行贬抑的文告，即使坚守正道也难免灾祸。

《小象传》说：“城墙倒塌在干涸的护城壕沟里”，说明国家已陷入混乱。

〖解说〗

若“上六”发生爻变，那么上卦坤就变为艮卦，艮为山，为停止，为门阙，故言“城覆于隍，勿用师”。艮卦卦形好像一只倒扣的碗，或者某容器的盖子，和覆的意象相吻合，故说“覆”。下交互卦为兑，兑为泽，为口，所以说“隍”“告命”。上卦为坤卦，坤为地，为兵众，所以又说“师”“邑”。“上六”已是泰卦的极点，盛极而衰的时刻，与下卦“九三”相应，大有天翻地覆、泰极否来之象。此时不可以兴师动众，否则会加速灭亡。命令本应该是从上至下传达，现在却是从城邑中发布，“自邑告命”说明君王的命令已无权威可言，朝廷政局已岌岌可危。

〖智慧点津〗此爻揭示居安不思危，则泰极而否来。

〖案例解读〗金山桥教育集团从辉煌到毁灭。从1995年创办寄宿学校开始到2004年的10年时间里，金山桥教育集团在各地办起十余所分校。“不做中国的哈佛，做世界的金山桥”，它在1999年至2003年连续多年成绩骄人，在业内和市场都有良好的口碑。然而，它一味地快速扩张，而忽略了管理中存在的一系列问题，最终引起资金链的断裂，导致破产，可谓“城覆于隍”。

12. 否卦第十二——师生隔阂

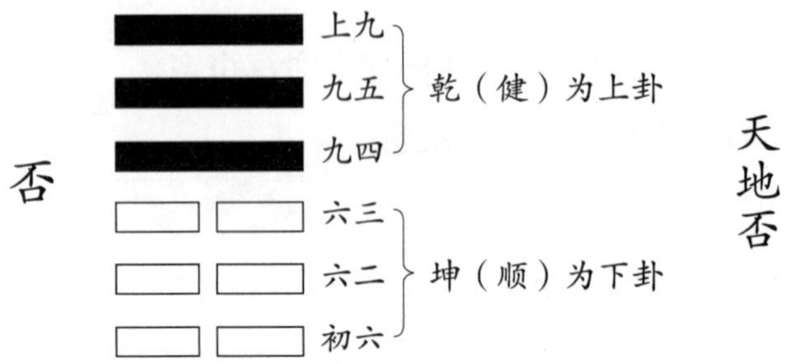

导读 “天地不交而万物不通。”美国教育家季洛特说：“教师的工作不仅仅是知识的传授，更重要的是处理好复杂的人际关系。教师必须要重视与学生的关系，要能夺得每个学生的心。”教育工作者只有处理好与学生的关系，才能赢得学生的心，取得良好的教学效果。

卦体下坤上乾。乾为天，为阳，为大，为君子；坤为地，为阴，为小，为小人。天气轻扬上升而不下降，地气重浊下降而不上升，成天地隔绝闭塞之象。犹如君臣、官民上下阻隔，无法沟通，则邦国难以治理，天下必乱。“否”，《说文解字》中说：“不也。从口从不。”“否”，卦义为阻隔、闭塞、不善。本卦主要阐释师生应消除隔阂的道理。

【12.1】

否①：否之匪②人，不利君子贞。大③往小④来。

〖注释〗

①否：卦名，意为闭塞。②匪：通“非”。③大：指乾阳，阳气。④小：指坤阴，阴气。

〖译文〗

否卦象征天下闭塞不通：否闭之世是没有人道的，不利于君子坚守正道。此时阳气往上升，阴气向下降。

〖解说〗

“大往”是阳气往外，“小来”是阴气入内，即乾体阳爻上往而居外卦，坤体阴爻下来而居内卦，以致阴阳分割，天地不交，这就是否卦。天旋地转，泰极而否，否极泰来。天地万物相交，则世道昌盛。天地上下隔绝不通，则世道衰落。在此闭塞、黑暗之时，小人得势，君子被排斥，此时君子即使坚守正道，也得不到任何利益。本卦是十二消息卦之一，代表阴长阳消的过程，有小人逐渐得势，君子日益消退之象。因而，君子处此乱世，应该收敛锋芒，韬光养晦。

【12.2】

《彖》曰："否之匪人，不利君子贞，大往小来。"则是天地不交①而万物不通也，上下不交而天下无邦也。内阴而外阳，内柔而外刚，内小人而外君子。小人道长，君子道消也。

〖注释〗

①天地不交：否卦下坤上乾，也就是内坤外乾。乾表天，坤表地，天上地下，故言"天地不交"。下文的下上、内外、阴阳、柔刚、小人君子等概念均由乾坤二卦而来。

〖译文〗

《彖传》说："否塞不是人间正道，对于守正的君子不利，阳气往外升，阴气向下降。"以此为准，天地阴阳不交合万物就不能畅通，君臣上下不能沟通，国家就会衰退灭亡。阴在内而阳在外，柔顺者在内而刚健者在外，小人在内而君子在外。这说明小人得势，其道盛长；君子失势，其道消退。

【12.3】

《象》曰：天地不交，否。君子以俭①德辟②难，不可荣③以禄。

〖注释〗

①俭：收敛。②辟：通"避"，躲避。③荣：以……为荣耀。

〖译文〗

《大象传》说：天地阴阳二气不相交，象征着时世闭塞不通。君子效法此象，收敛才德以躲避灾难，不以能谋求荣华富贵为荣。

〖解说〗

天地阴阳二气不能交合，万物生长不能得到通畅，有闭塞之象。教育工作者从中得到的启示是，应当教育学生崇尚节俭，不能相互攀比，形成奢侈之风。

【12.4】

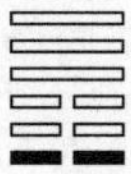

初六：拔茅茹①，以其汇②，贞吉，亨。

《象》曰："拔茅，贞吉"，志在君也。

〖注释〗

①茅茹：根部相连的茅草。②汇：类。

〖译文〗

初六：拔起一把茅草，根系相连而并出，君子坚守正道吉祥，亨通。

《小象传》说："拔起一把茅草，坚守正道吉祥"，说明君子志在辅佐君王。

〖解说〗

下爻互卦为艮，艮为手。下卦为坤，坤为众。若“初六”发生爻变，则下卦变为震卦，震为草木。“初六”“六二”和“六三”都以阴爻相连接，故有“拔茅茹，以其汇”之象。“初六”以阴爻居阳位，质弱而妄动，然而又处于上下否塞之初，阴阳相隔，不能通达。此时只有像“拔茅茹”一样牵引“六二”“六三”，静以守正才能得吉。“初六”此时宜于心向明君，守正待时，为国效力，故“贞吉”。

〖智慧点津〗此爻揭示在困厄时期，君子应坚守正道，合力守时待命。

〖案例解读〗“竹林七贤”。魏晋交替之际，司马氏和曹氏争夺天下，社会动荡不安，百姓生活在水深火热之中。当时的文人们不仅无法施展才华，而且时刻存在生命之忧。魏正始年间，嵇康、阮籍、山涛、向秀、刘伶、王戎及阮咸七人常聚在当时的山阳县（今河南辉县、修武一带）竹林之下，肆意酣畅，用清谈、饮酒、纵歌、佯狂等形式排遣内心的苦闷，宁可避世也不与世俗同流合污，世称“竹林七贤”。

【12.5】

六二：包承①，小人吉，大人否，亨。

《象》曰：“大人否，亨”，不乱群也。

〖注释〗

①包承：包容、奉承。

〖译文〗

六二：包容奉承，小人得吉，君子闭塞，可获亨通。

《小象传》说：“君子闭塞，可获亨通”，因为他们不与小人为伍。

〖解说〗

否卦卦体上乾下坤，天包容地，地承载天，故言“包承”。又本卦呈现三阴剥阳之势，有小人道长，君子道消之象，故又言“小人吉，大人否”。“六二”以阴爻居于阴位，当位得正，上与“九五”刚中之君相应。在此否塞之时，它能以坤顺阿谀奉承“九五”之君，对小人来说，无疑吉祥。对君子而言，只有坚守正道，不与小人成群结队，洁身自好才能亨通。

〖智慧点津〗此爻揭示在困厄时期，君子应隐忍自保以待机。

〖案例解读〗陶渊明辞官归隐田园。陶渊明，字元亮，又名潜，世称“靖节先生”。他是东晋杰出的诗人、辞赋家、散文家，被誉为“田园诗派之鼻祖”。他虽然怀抱经世济民的伟大志向，然而，他崇高的理想却与当时社会政治的黑暗格格不入。在先后担任江州祭酒、建威参军、镇军参军之后，他不愿与统治者同流合污，“不为五斗米折腰”，最后，毅然辞去了彭泽县令的官职，过上了“采菊东篱下，悠然见南山”的田园生活。在隐居期间，他写了大量脍炙人口的诗歌，对后世的诗歌发展产生了重要而深远的影响，这正如爻辞所言“大人否，亨”。

【12.6】

六三：包羞①。

《象》曰：“包羞”，位不当②也。

〖注释〗

①包羞：因包容而蒙受羞辱。②位不当：“六三”以阴爻而居阳位。

〖译文〗

六三：因包容而蒙受羞辱。

《小象传》说：“因包容而蒙受羞辱”，说明“六三”居位不正。

〖解说〗

“六三”以阴爻居于阳位，不中不正，当处于否塞之世时，则不能持守中正之道，而是阴谋伤害上卦的阳爻君子，并且急于向“上九”刚爻求应。但“上九”是守贞的正人君子，不愿与之同流合污，所以“六三”只能自取其辱。

〖智慧点津〗此爻揭示在困厄时期，小人不知羞耻，没有好下场。

〖案例解读〗毕振姬让县令主动辞官。清朝时，毕振姬曾任湖广布政使，为官以清廉著称。有一年，他拜祖返乡，听说高平当任县令多征粮税，百姓怨声载道。他听说高平县令要来见他，就特地让家人做了准备。县令来到毕府后，双方寒暄了一番，上桌就宴，按照他的安排，家人很有秩序地端上了四个盘子：第一盘是红枣，第二盘是黄梨，第三盘是蒸糕，第四盘是苹果。县令得知这是暗示自己“早离高平”，于是，回城不久，就灰溜溜地辞官了。

【12.7】

九四：有命①无咎，畴②离③祉④。

《象》曰：“有命无咎”，志行也。

〖注释〗

①命：天命。②畴：通“俦”，同类，众多。这里指下卦群阴。③离：借为“丽”，附丽，依附。④祉：福。

〖译文〗

九四：顺应天命，消除困厄，没有灾祸，大家志同道合，一起得福。

《小象传》说："顺应天命，消除闭塞，没有灾祸"，说明济否之志得以施行。

〖解说〗

上交互卦为巽，巽为风，为天命，故言"有命"。下卦为坤，坤为众多。上交互卦巽又为木，为近利市三倍（在市场交易中获得丰厚利润），故说"畴离祉"。"九四"处于闭塞过半，将要转为通泰之时，其柔中有刚，顺应"天命"救世，当然没有灾祸。"九四"是阳爻，紧邻下面三个阴爻，是他们共同依附的对象，阴爻自身无力扭转否塞的局面，所以"九四"主动承担自己的使命，带领三个阴爻齐心协力，共同遵循天道济否，一起得到福祉。

〖智慧点津〗此爻揭示在困厄时期，君子应团结一致，才能获得吉祥。

〖案例解读〗国家高技术研究发展计划（863 计划）出台。为了追赶世界先进水平，发展我国高新技术，1986 年 3 月，王大珩、王淦昌、杨嘉墀、陈芳允四位科学家向国家提出了"关于跟踪研究外国战略性高技术发展的建议"。党中央、国务院在充分论证的基础上，果断决策，于当年 11 月正式实施了"国家高技术研究发展计划"，简称"863 计划"。该计划的实施，极大地提高了我国自主创新能力和国家综合实力，为科教兴国奠定了坚实的基础，堪称"有命无咎，畴离祉"。

【12.8】

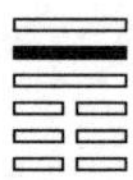

九五：休①否，大人吉。其亡其亡，系于苞桑②。

《象》曰："大人之吉"，位正当也。

〖注释〗

①休：停止。②苞桑：桑木的根，纠缠在一起，比喻坚韧牢固。

〖译文〗

九五：闭塞不通的局面将要停止，君子可以获得吉祥。时常居安思危，才能像系于桑树丛上那样牢固，安然无恙。

《小象传》说："君子可以获得吉祥"，说明"九五"居位正当。

〖解说〗

下交互卦为艮，艮为山、为止，在否卦，故言"休否"。上交互卦为巽，巽为风，为绳，为木，故有"系于苞桑"之象。"九五"阳刚中正而居尊位，值此否将转泰之时，有位有德，可摆脱闭塞的气运，重新恢复安泰。然而，此刻否境尚未摆脱，毕竟潜伏着危险。若“九五”发生爻变，则上交互卦变为坎，坎为险，故言“亡”。因而，君子必须时刻保持警惕之心，才能如系绑于丛生的桑树般稳固不动。“君子安而不忘危，存而不忘亡，治而不忘乱，是以身安而国家可保也”，教师只有常存忧患之心，才能让自己的职业生涯走得更远。

〖智慧点津〗此爻揭示排除闭塞，君子应时刻戒慎恐惧。

〖案例解读〗蔡元培主持北大教育改革。1916年，蔡元培执掌北京大学之前，北大校内官僚主义和封建主义气息特别严重，校政腐败，学风、教风、制度一塌糊涂。蔡元培就任北大校长之后，“不拘一格降人才”，倡导“兼容并包，思想自由”，推行“五育并举”的教育方针，大刀阔斧地进行了一系列卓有成效的改革，使北京大学一跃成为中国首等学府。这正是蔡元培时常抱持“其亡其亡，系于苞桑”的生动写照。

【12.9】

上九：倾①否，先否后喜。

《象》曰：“否”终则“倾”，何可长也？

〖注释〗

①倾：倾覆，倾倒。

〖译文〗

上九：倾覆否塞的局面，起初闭塞不通，后来通泰喜悦。

《小象传》说：“闭塞”到了极点必然要发生“倾覆”，怎么可能长久不变呢？

〖解说〗

若“上九”发生爻变，则上卦变为兑卦，兑为毁折，为脱落，为喜悦，故有“倾否”和“喜悦”之象。“上九”以刚爻处否卦之终，否卦发展至极而倾覆，所以说“倾否”。倾覆在先，所以说“先否”。等到否塞的局面倾覆之后，转为通泰，故说“后喜”。

〖智慧点津〗此爻揭示否极必泰来。

〖案例解读〗包瑞让琼中湾岭学校“起死回生”。包瑞是甘肃省岷县人，他从临洮师范学校毕业后，常年坚守在偏远的乡村学校。2016年，他远赴海南担任琼中黎族苗族自治县湾岭学校校长。初来乍到，校园里杂草丛生，荒丘起伏，道路泥泞，校舍门窗破损，墙砖裸露，而且学校大量优质生源流失，教师以工代教、年龄老化现象严重。为了改变这种状况，他积极向上级部门争取了4500多万元资金支持，多次派出教师赴外地学习。同时，改变了学校实行多年的平均分配制度，制定并实行了“多劳多得、优绩优酬”的绩效分配制度。这些举措使学校面貌发生了翻天覆地的变化，办学条件得到改善，呈现出欣欣向荣的可喜景象。

13. 同人卦第十三——师生同心

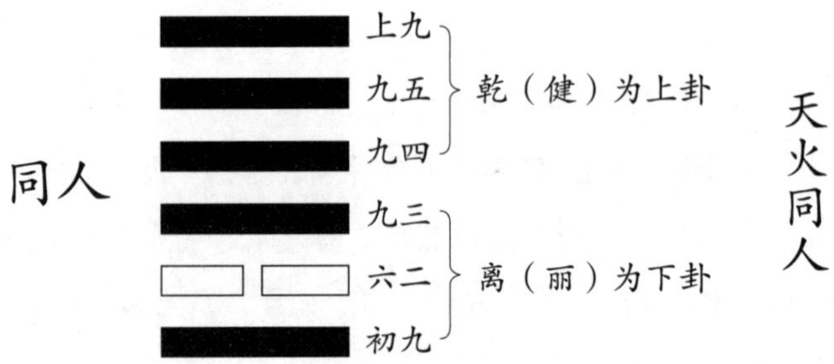

导读 “人心齐，泰山移”，教育工作者只有动员家庭、社会等各方面力量，与学校同心同德，群策群力，才能共同完成立德树人的教育任务。

卦体下离上乾。乾为天，离为日，有天日同明之象。又离为火，天体在上，火亦向上燃烧，方向相同。本卦呈现一阴五阳之格局，唯一的阴爻“六二”居下卦之中，为众阳爻想要亲附的对象。“九五”阳刚居中得位，“六二”阴柔居中得位，上下卦中爻刚柔相应，象征着上下同心。“同”，本义为众人在兴桩夯地时齐声喊号子，引申为会合。“同人”，卦义为聚集众人，进而和同于人。本卦主要阐述师生团结同心的道理。

【13.1】

同人：同人于野①，亨。利涉大川，利君子贞②。

〖注释〗

①野：荒野，郊外。②贞：守正。

〖译文〗

同人卦象征与人团结同心：在偏僻的荒野和别人聚集，亨通，有利于渡过艰难险阻，有利于君子坚守正道。

〖解说〗

“野”，说明和同的广度和宽度。“大道之行也，天下为公。”为了实现世界大同的理想，人们公而忘私，精诚团结，当然亨通无阻。君子内心“离”明而外表“乾”健，以正道和大家同心同德，自然可以突破一切艰险，实现自己宏大的志向，所以说“利涉大川，利君子贞”。

【13.2】

《彖》曰：同人，柔得位得中①而应乎乾，曰同人。同人曰："同人于野，亨，利涉大川。"乾行也。文明以健，中正而应②，君子正也。唯君子为能通天下之志。

〖注释〗

①柔得位得中：指"六二"以阴爻居于阴位且处于下卦中位。②文明以健，中正而应：指下卦为离，为文明；上卦为乾，为刚健。"六二"和"九五"彼此中正而又相应。

〖译文〗

《彖传》说：团结同心，"六二"以阴爻居于阴位且处于下卦中位，柔顺中正，而与上卦乾刚的中正之君"九五"相应，这就是同人卦。同人的卦辞说："在偏僻的荒野和别人聚集，就会亨通，有利于渡过艰难险阻。"这是因为上卦乾的刚健发挥了作用。本卦下离上乾，有文明刚健之象，"九五"和"六二"两者行为中正而又彼此应和，这是君子所遵循的正道。只有君子才能沟通天下人的意志。

【13.3】

《象》曰：天与火，同人。君子以类①族②辨物。

〖注释〗

①类：区分。②族：族类。

〖译文〗

《大象传》说：天和火相互亲和，象征着彼此志同道合。君子效法此象，以此来区分物类，明辨事物异同。

〖解说〗

天体健行在上，火性也向上燃烧，彼此亲和，有同心同德之象。教育工作者从中得到的启示是，应该根据不同学生的兴趣、资质等，因材施教，让他们扬长避短，得到更好的发展。

【13.4】

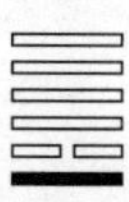

初九：同人于门，无咎①。

《象》曰：出门"同人"，又谁咎②也？

〖注释〗

①咎：灾祸。②谁咎：咎谁，责怪谁。

〖译文〗

初九：一出门便能与人和睦相处，没有什么灾祸。

《小象传》说：一出门便能与人和睦相处，又有谁会来怪罪你呢？

〖解说〗

若“初九”发生爻变，则下卦变为艮卦，艮为止，和门静止不动相同，故有“同人于门”之象。“初九”处于同人卦之始，象征刚出家门就与人和睦相处。它以阳爻居阳位得正，与“九四”同性相斥，不相应，象征中间没有私情存在，与人交往公正坦荡。“初九”又与“六二”比邻，故刚出门两人就不期而遇，这不是出于私意而主动求同，所以不会受到责怪。

〖智慧点津〗此爻揭示和同应打破门户之见。

〖案例解读〗春华学校取经仙源学校。河南省信阳市春华学校是信阳市优秀民办学校，国学教育是其办学特色。为了让学校各项工作更上一层楼，2018年11月，春华学校派出四名教师来到湖北省仙桃市仙源学校，就孝雅教育实践进行参观交流。这期间，他们实地参观了仙源学校班级文化、小学社团展示以及初中学生的激情跑操、旗语操等。座谈会上，双方就孝雅教育、传统文化教育等进行了深入探讨。此次仙源学校之行，堪称“同人于门”，他们受益匪浅。

【13.5】

六二：同人于宗①，吝。

《象》曰：“同人于宗”，吝道也。

〖注释〗

①宗：宗族。

〖译文〗

六二：只和宗族内部的人交好，必然会留下一些小的遗憾。

《小象传》说“只和宗族内部的人交好”，这是引起遗憾的根源。

〖解说〗

“六二”以阴爻居阴位，既中且正，它本当和五个阳爻和同相亲，但这里独与“九五”阴阳相应，象征只和同宗族内部的人交好，难免心系私情，留下遗憾。同人之道追求天下大同、大公无私，只有避免结党营私，才能使事业不断发展壮大。

〖智慧点津〗此爻揭示和同应排除个人私心。

〖案例解读〗某校领导违规招聘亲戚当老师。湘潭市工贸中专党委书记刘某强，在主持该校2014年教师招聘工作时，违反组织纪律，在其亲属报考该校时，未按要求申请回避，违反议事规则，致使其亲属在不符合报考资格的情况下通过资格审查。这种“同人于宗”——任人唯亲的行为违反了社会的公平正义，实乃“吝道也”。

【13.6】

九三：伏①戎②于莽③，升④其高陵⑤，三岁⑥不兴⑦。

《象》曰：“伏戎于莽”，敌刚也。“三岁不兴”，安行也？

〖注释〗

①伏：埋伏。②戎：军队。③莽：草丛。④升：登上。⑤陵：高地。⑥三岁：这里指多年。⑦兴：兴起，这里指出兵打仗。

〖译文〗

九三：在草丛埋伏军队，又登上高地察看形势，多年都不敢出兵打仗。

《小象传》说“在草丛埋伏军队”，说明敌人力量强大。“多年都不敢出兵打仗”，怎么能贸然前往呢？

〖解说〗

下卦为离，离为戈兵。下交互卦为巽，巽为顺从，为草木，故说“伏戎于莽”。若“九三”发生爻变，则下交互卦为艮，艮为高山，为停止，故言“高陵”“不兴”。“九三”以阳爻居阳位，过刚不中，欲与下方接近的“六二”交往。可是，“六二”与“九五”正应，为和同正道。“九三”又忌惮“九五”实力强大，所以不敢轻举妄动，只好伏兵在草丛中，不断地登上高处勘察军情。由于理不直，气不壮，力也不足，所以它多年都不敢出兵打仗，最终放弃冒险行动，从而避免了可能的灾祸。

〖智慧点津〗此爻揭示和同应当知机识务。

〖案例解读〗武汉为明高级中学“一年高考，三年备考”誓师大会。2019年4月13日，武汉为明高级中学高一级部在学校报告厅举行了“一年高考，三年备考”誓师大会，以此激励学生的昂扬斗志。会后，该校又下发了“阶段性目标计划书”，让学生真正积累、进步、跨越、圆梦。笔者认为，高考是一场持久战，岂能没有计划，没有组织，就仓促上阵？学子们在这三年里埋头学习，不断积累，可谓“伏戎于莽，升其高陵，三岁不兴”。但“养兵千日，用兵一时”，他们最后高考冲刺，是为了实现“三年”末尾的“大兴”。

【13.7】

九四：乘其墉①，弗克②攻，吉。

《象》曰：“乘其墉”，义弗克也。其“吉”，则困而反则也。

〖注释〗

①墉（yōng）：城墙。②弗克：不能。

〖译文〗

九四：登上城墙，又退下不进攻，吉祥。

《小象传》说："登上城墙"，出于仁义而放弃进攻。这样做能获得"吉祥"，是由于"九四"在困境时能及时醒悟，回归正道。

〖解说〗

"九四"以阳爻居阴位，不中不正，它想与"六二"亲和，却被"九三"像墙一般隔开。于是，就准备登上高墙，与"九五"争夺。不过，"九四"自知无理且无义，实力上又不能战胜"九五"，而只能以柔济刚、及时反省，所以最终放弃进攻，回归正道，因而能获得吉祥。

〖智慧点津〗此爻揭示和同代表正义，可以使人迁善改过。

〖案例解读〗中学主动清退不合理费用。2003 年，成都市金牛实验中学向初中三年级所有的学生主动退还了多收的补课费和杂费近 6 万元。据该校办公室主任张芸介绍，学校退还部分补课费的原因，在于成都市教育局等部门刚出台的文件中对中学毕业班补课制定了"三限"原则，比照规定，这个学校发现初三年级的补课学时为 180 学时，比文件规定的上限超出 45 学时。学校经过研究决定：向初中三年级近 500 名学生退还 45 学时的补课费，每名学生平均退还 58.5 元。同时，这份文件规定：学校凡收了借读费的就不允许再收杂费。遵照此规定，这个学校决定向全校 1500 余名学生退还已收取的杂费，平均每人退 60 元。该校通过这次自查自纠活动，既维护了政府部门文件的权威性，做到了令行禁止，又在学生及其家长心目中树立了良好形象，实乃"其吉，则困而反则也"。

【13.8】

九五：同人，先号咷①而后笑，大师②克③相遇。

《象》曰："同人"之"先"，以中直也。"大师相遇"，言相克也。

〖注释〗

①号咷：大哭大叫。②大师：大军。③克：战胜。

〖译文〗

九五：与人和睦相处，开始号啕大哭，后来欣喜欢笑，大军战胜敌人而会师。

《小象传》说：“与人和睦相处，开始号啕大哭”，说明这时内心守持中正。“大军会师”，说明“九五”在战争中获胜。

〖解说〗

下爻互卦为巽，巽为风，为哀号。若“九五”发生爻变，则上卦变为离卦，离为戈兵；上爻互卦为兑，兑为喜悦，故有“先哭后笑”及“战争”之象。“九五”以阳爻居阳位，刚健中正，本该与柔顺中正的“六二”阴爻正应和同，但中间却有两个刚爻层层阻隔。“九三”埋伏兵在草丛中，“九四”登上高墙意欲进攻，两者的共同目标都在夺取“六二”。“九五”起先不得和同，异常愤怒，“号啕”大哭，但最终取胜而与“六二”和同，所以破涕为笑。

〖智慧点津〗此爻揭示和同并非易事，必须付出艰辛的努力。

〖案例解读〗于敏“百日会战”铸就氢弹爆炸。1967 年 6 月 17 日，我国成功地爆炸了第一颗氢弹，举世震惊。然而，巨大成功的背后，离不开于敏和科研团队艰辛的努力。1965 年 9—11 月，一百多个日日夜夜，于敏经常半跪在地上分析堆积如山的计算纸，终于实现了氢弹原理的突破，形成了一套从原理、材料到构型基本完整的方案，最终促成氢弹的爆炸，真可谓“先号啕而后笑，大师克相遇”。

【13.9】

上九：同人于郊[①]，无悔。

《象》曰：“同人于郊”，志未得也。

〖注释〗

①郊：郊外，郊野。

〖译文〗

上九：在荒郊与人和睦相处，没有悔恨。

《小象传》说：“在荒郊与人和睦相处”，说明希望天下大同的愿望没有实现。

〖解说〗

乾为郊野。“上九”在本卦的最外面，乾卦之极，与本卦唯一的阴爻“六二”距离最远，又和“九三”敌应，无人与他和同，所以说“同人于郊，志未得也”。古代国都之外为郊，郊之外为野。“郊”，接近城市，说明和同的偏僻，没有同人于“野”的旷远无私。因而，和同难免有局限性，所以说“上九”壮志未酬，但毕竟自己也在同人之列，当然也不会后悔。

〖智慧点津〗此爻揭示和同应结成广泛的统一战线，团结一切可以团结的力量。

〖案例解读〗我国大力发展“老少边穷”地区。“老少边穷”地区是指革命老区，少数民族自治地区，陆地边境地区和欠发达地区。为了改变其贫穷落后的面貌，我国将更多的公共教育资源向这些地区倾斜，让他们能共享经济发展的成果。经过努力，这些地区在经济和教育等方面取得了显著进步，但与发达地区仍存在一定差距，和人民群众的期待仍有较大差距，仍需要继续努力。这正如爻辞所言“同人于郊，志未得也”。

14. 大有卦第十四——桃李天下

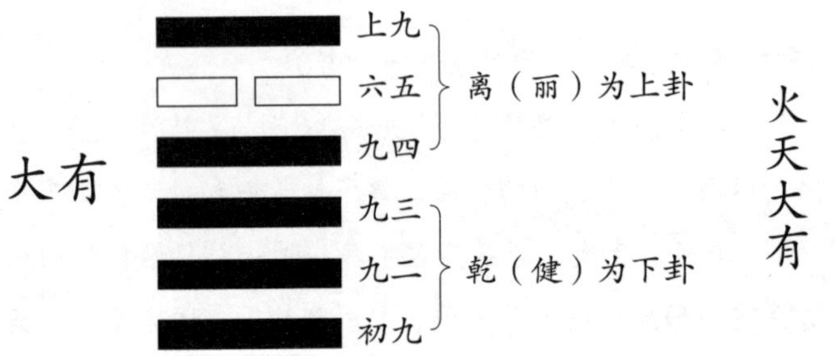

导读　春风化雨大地绿，桃李满园硕果香。教育工作者在取得非凡业绩时，应低调内敛，保持谦和。

卦体下乾上离。离为火、为明，乾为天，呈火在天上，光明普照四方之象。又卦体“六五”一阴处尊位、君位，而上下五阳与之刚柔相应，有广纳兼容之象。“有”，本义表示手中拿着肉，是持有的意思。“大有”，卦义为广大包容、大丰收。本卦主要阐释教师即使桃李满天下，也要保持谦和的道理。

【14.1】

大有：元①亨②。

〖注释〗

①元：盛大。②亨：亨通。

〖译文〗

大有卦象征富有：非常亨通。

〖解说〗

依照《周易》体例，阳爻为大，阴爻为小。“大有”是富有且受拥戴的状况，卦中指“六五”为上下五个阳爻所拥戴。本卦“六五”之君又居离卦中位，离为文明，具有光明德性，能够柔顺、谦虚地尚贤、任贤，因而能够长久保持光明亨通的状态。

【14.2】

《彖》曰：大有，柔得尊位[①]大中，而上下应之，曰“大有”。其德刚健而文明[②]，应乎天而时行，是以“元亨”。

〖注释〗

①柔得尊位：阴爻“六五”居于上卦尊位。②其德刚健而文明：本卦下卦为“乾”，为刚健；上卦为“离”，为文明。

〖译文〗

《彖传》说：富有，阴爻“六五”居于上卦中位和尊位，而且上下五个阳爻与它应和，所以叫“大有”。君子的德性刚健而又文明，能顺应天道而适时行事，所以说“非常亨通”。

【14.3】

《象》曰：火在天上，大有。君子以遏[①]恶扬善，顺天休[②]命。

〖注释〗

①遏：遏制。②休：美好。

〖译文〗

《大象传》说：太阳普照万物，象征着大有收获。君子受此启发，要遏止邪恶，弘扬善德，顺应天道，求得美好的命运。

〖解说〗

太阳照耀万物，有富有而盛大之象。教育工作者从中得到的启示是，教育学生应当摒弃假丑恶，弘扬真善美，顺应天道规律，完成肩上担负的重要使命。

【14.4】

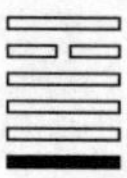

初九：无交[①]害，匪[②]咎；艰则无咎[③]。

《象》曰：大有“初九”，“无交害”也。

〖注释〗

①交：交往。②匪：通“非”，不是。③咎：灾祸。

〖译文〗

初九：不互相来往，产生祸害，没有什么过错；要不忘艰难困苦，才能免除灾祸。

《小象传》说：大有卦的“初九”爻辞揭示，“不互相往来，产生祸害”。

〖解说〗

上卦为离，离为火，为戈兵，故有“交害”之象。“初九”以阳爻居阳位而得位，处于最下，象征刚刚富有而地位低下的人。它既与本卦之主“六五”相距甚远，又与位置相对的“九四”不能相应，均不相往来，所以没有利害关系，不会产生祸害。人在富有之初，容易骄盈自满，胡乱交往，生命财产难以保全，因而只有在艰难中谨慎戒惧，才不会引起祸乱。

〖智慧点津〗此爻揭示富有之初应谨慎交往，不忘初心。

〖案例解读〗董仲舒“目不窥园”。据《汉书·董仲舒传》记载：汉代大儒董仲舒年少时读书非常刻苦，经常夜以继日，常常到黎明前才睡。他的书房紧靠着姹紫嫣红的花园，但他三年没有进去，甚至连一眼都没看过。有人劝他出去走走，不要老待在家里读书，他却回答：“我不去玩，只顾读书，就算我出去，也只是和其他人讨论诗书。”后来他成为当时有名的思想家、政治家。“无交害，匪咎；艰则无咎”，由此可见一斑。

【14.5】

九二：大车①以载，有攸②往，无咎。

《象》曰：“大车以载”，积中③不败也。

〖注释〗

①大车：牛车。②攸：所。③积中：把货物堆积在车中。

〖译文〗

九二：用牛车装载着财物，送到目的地，必然没有什么祸患。

《小象传》说：“用牛车装载着财物”，说明财物堆积于车中，不会倾覆。

〖解说〗

若“九二”发生爻变，则下卦成为离卦，离为牛，牛可负重致远，故有“大车以载”之象。“九二”以阳爻居阴位，有谦和之德。在下卦得中，能中道而行；又与上卦“六五”相应，象征得到信任，被委以大任，就像财物适度装载在大车中，能够稳健行驶，没有灾祸。

〖智慧点津〗此爻揭示坚守中正，大富无灾。

〖案例解读〗“上海市教育功臣”功不可没。2018 年，上海市有 8 名教育工作者被评为“上海市教育功臣”，9 人荣获提名。他们几十年如一日奋斗在教育战线上，皆在教育教学、教育科研或教育管理工作中有重大创造、创新，作出卓越贡献，并在全市、全国乃至国际上有较高知名度。他们在各自的岗位上兢兢业业，用爱和智慧点亮学生的人生，作出了不平凡的业绩，堪称“大车以载，有攸往”。

【14.6】

九三：公①用亨②于天子，小人弗克。

《象》曰："公用亨于天子"，小人害也。

〖注释〗

①公：这里指群臣。②亨：通"享"，享献，此指国宴。

〖译文〗

九三：群臣得到天子宴请招待，小人不能担当此任。

《小象传》说："群臣得到天子宴请招待"，小人若担当重任，必有祸害。

〖解说〗

按照《周易》爻位体例，通常情况下，初爻为庶民之位，第"二"爻为大夫之位，第"三"爻为公卿之位，第"四"爻为诸侯之位，第"五"爻为君王之位，最"上"一爻为宗庙之位。若"九三"发生爻变，则下卦变为兑卦，兑为口，引申为饮食，故有"公用亨于天子"之象。"九三"处在公卿之位，拥有巨大的权力和财富。这时，他要向"天子"作出物质上的贡献和精神上的敬意，才能保有自己的财富和地位。如果小人居于此位，就会中饱私囊，误国误民，害人害己。

〖智慧点津〗此爻揭示富有而有地位者应该回馈社会。

〖案例解读〗陈嘉庚捐资兴学。陈嘉庚先生是杰出的华侨领袖、著名实业家和教育家。17岁时，他随父亲到新加坡学习经商，以橡胶和胶制品业为主，鼎盛时期，其销售网遍及全球，成为驰名海内外的大实业家。虽然身居异邦，但他始终心怀乡国，倾资兴办教育等公益事业，如先后创办集美小学、集美中学、集美大学和厦门大学，为海内外培养了大量人才。中华人民共和国成立后，他被委任多种职务，直接参议国事，可谓"公用亨于天子"。

【14.7】

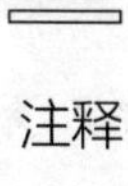

九四：匪其彭①，无咎。

《象》曰："匪其彭，无咎"，明辨晢②也。

〖注释〗

①彭：鼓声，借以形容盛大的样子。②晢：同"晰"，清晰，明智。

〖译文〗

九四：富有而不过盛，就没有灾祸。

《小象传》说："富有而不过盛，就没有灾祸"，这说明"九四"能够明辨事理。

〖解说〗

若“九四”发生爻变，则上交互卦变为震卦，震为鼓，为动，故有“彭”之象。上卦为离，离为目，为明，“九四”处离明之初，所以又有“明辨晢”之象。“九四”在全卦六爻中已经过中，象征富有过盛；其接近君王“六五”，伴君如伴虎。不过，它以阳爻居阴位，能够谦逊自处，自我抑制，不以富有凌人，所以不会有灾祸。

〖智慧点津〗此爻揭示富有时需克制。

〖案例解读〗曾国藩裁撤湘军。早在攻破天京（今南京）的十年前，也就是咸丰四年（1854），就有人对咸丰皇帝说：“曾国藩以侍郎在籍，犹匹夫耳。匹夫居闾里，一呼蹶起，从之者万余人，恐非国家之福也。”听完这话的咸丰帝脊梁骨直冒冷汗。但为了剿灭太平军，清廷被迫任命曾国藩任两江总督，督办江南军务。曾国藩组建湘军，日夜操练，使湘军战斗力非常强悍。1864年7月，湘军攻陷天京，夺取灭亡太平天国首功。随后，众人劝曾国藩称帝。但他主动裁撤三十万湘军，以体现对朝廷的忠心。此举，使他保护了自己和家族的安全。

【14.8】

六五：厥①孚②交如③，威如④，吉。

《象》曰：“厥孚交如”，信以发志也。“威如之吉”，易而无备也。

〖注释〗

①厥：其。②孚：诚信。③交如：相交。④威如：威严的样子。

〖译文〗

六五：上下诚信相交，威严自显，吉祥。

《小象传》说：“上下诚信相交”，这说明“六五”以自己的诚信来启发他人的心志。“威严自显的吉祥”，是因为“六五”平易近人，别人不需防备。

〖解说〗

上卦为离，离为火，象征着光明，引申为内心诚信坦荡。“六五”处离，离体中虚，与“九二”上下相应，故有“厥孚交如”之象。若“六五”发生爻变，则上卦变为乾卦，乾为君，君为威严，所以又有“威如”之象。“六五”是一卦之主，它以阴爻居于君位，柔而居中，五个阳爻都归附于他。它位尊而怀柔，以诚信的态度与众阳爻交往，使人感到平易而不戒惧，心悦诚服，“六五”的威信由此得以彰显。“六五”既能以诚信待下，又不失威严，因而吉祥。

〖智慧点津〗此爻揭示大有应以诚信为本，恩威并济，才能获吉。

〖案例解读〗全志敏：亦师亦友惹生爱。全志敏是浙江省特级教师，1995年大学毕业一年后到乐清市虹桥职业技术学校担任计算机教师。工作伊始，她对学生宽严相济，和他们相处模式为“亦师亦友”。师生时常一起参加各种文娱活动，每逢一些传统节日，她都会带着锡饼、粽子之类的食物，在寝室与大家分享。正是由于她秉承“教育要走进学生心里”的理念，广大学生都觉得“全老师对我们来说就和亲人一样”，“这种感觉让人很亲近”。这真是“厥孚交如，威如，吉”的生动典范。

【14.9】

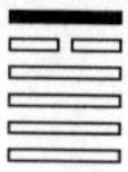

上九：自天祐[①]之，吉，无不利。

《象》曰：大有“上”[②]吉，“自天祐”也。

〖注释〗

①祐：通“佑”，指天神的佑助。②上：指“上九”高居上位。

〖译文〗

上九：得到来自上天的佑助，吉祥，没有什么不利。

《小象传》说：大有卦“上九”的吉祥，是因为“来自上天的佑助”。

〖解说〗

“上九”居于大有卦之终，有富有至极之象。它以刚爻居于阴位，具有刚明之德，能够以阳从阴，以刚顺柔，谦逊地辅佐光明之君“六五”。“日中则昃，月盈则食。”“上九”能富而不骄，慎终如始，顺应天道，故可长保富有。

〖智慧点津〗此爻揭示“自助者天助之”。

〖案例解读〗王阳明“龙场悟道”。王阳明（1472—1529），名守仁，字伯安，世称阳明先生，宁波余姚人，我国古代著名的思想家、政治家、教育家和军事家。明武宗正德元年（1506），他因反对宦官刘瑾，被廷杖四十，谪贬至贵州龙场当驿丞。在这荒无人烟的地方，他结合历年来的遭遇，日夜思考人生哲理。一天半夜里，他忽然有了顿悟，认为心是感应万事万物的根本，认识到“圣人之道，吾性自足，向之求理于事物者误也。”这就是著名的“龙场悟道”。“自立者人恒立之，自助者天助之”，清代名士王士祯称赞他“立德、立功、立言，皆居绝顶”，为“明第一流人物”，正是其一生的光辉写照。

15. 谦卦第十五——谦虚受益

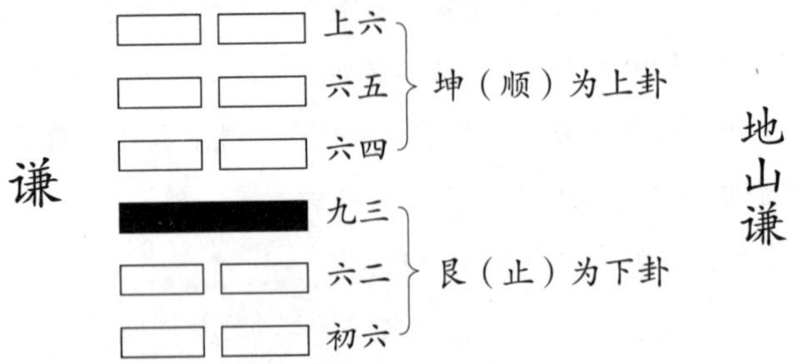

导读 “饱满的麦穗总低头，枯萎的麦穗高仰脸”。教育工作者只有谦逊谨慎、戒骄戒躁，才能成为人民满意的“四有”好老师。

卦体下艮上坤。坤为地，艮为山，山在地底，有以高下卑，降己升人之象。又内卦“艮”象征止，外卦“坤”象征顺，即内心知道抑止，外表柔顺，均有谦虚之象。“谦卦六爻皆吉，恕字终身可行。”“谦”的本义是用言语表达对他人的恭敬。“谦”，卦义为谦逊、退让。本卦主要阐述师生谦虚受益的道理。

【15.1】

谦：亨，君子有终①。

〖注释〗

①终：指善终。

〖译文〗

谦卦象征谦虚：亨通，君子能得到善终。

〖解说〗

下卦为艮，艮为山，为止，为终，故说“君子有终”。“满招损，谦受益。”君子一生谦虚，既能长进学业，又能增益道德，还可以理顺人际关系，驱灾避祸，所以说，谦虚会带来亨通。

【15.2】

《彖》曰：谦，“亨”。天道下济而光明，地道卑而上行。天道亏①盈而益谦，地道变盈而流谦，鬼神害盈而福谦，人道恶盈而好谦。谦尊而光，卑而不可逾②，君子之终也。

〖注释〗

①亏：减损。②逾：超越。

〖译文〗

《彖传》说：谦虚，“亨通”。天的法则是阳气向下普照万物而带来光明，地的法则是阴气居于低处而气息向上蒸腾。天的法则是亏损盈满的，补益虚缺的；地的法则是倾陷盈满的，流注低洼的；鬼神的法则是侵害盈满的，福佑谦虚的；人的法则是厌恶盈满的，喜欢谦虚的。谦虚的人居尊位时，其品德更加光大；下处低位时，常人也难以超越，只有君子才能得到善终。

【15.3】

《象》曰：地中有山，谦。君子以裒[①]多益寡，称[②]物平[③]施[④]。

〖注释〗

①裒（póu）：减少。②称：权衡。③平：公平。④施：施予。

〖译文〗

《大象传》说：高山低藏于地中，象征着谦虚。君子因此减损多余的而增益不足的，权衡财物，公平分配。

〖解说〗

山本来是高耸于地面的，现在却降到地下，有以高就卑之象。教育工作者从中得到的启示是，应一视同仁，公平、公正地对待每一位学生，让他们充分享有平等的受教育机会，全面和谐地发展。

【15.4】

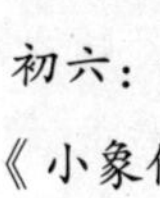

初六：谦谦[①]君子，用涉大川，吉。

《象》曰：“谦谦君子”，卑以自牧[②]也。

〖注释〗

①谦谦：非常谦虚。②牧：原意为放牧，引申为管理、培养和约束。

〖译文〗

初六：谦虚而又谦虚的君子，可以渡过一切艰难险阻，吉祥。

《小象传》说：“谦虚而又谦虚的君子”，能够以谦卑之道自我约束。

〖解说〗

上爻互卦为震，震为木；下爻互卦为坎，坎为水。木在水上，故有“用涉大川”之象。“初六”以柔爻居于谦卦之初，如同初涉世事的年轻人，容易锋芒毕露，不知深浅，因而需要以谦虚自励。“初六”又处于谦卦最底下，虽位卑但能恪守谦卑之道，即使前面遇到危难也会吉祥如意。

〖智慧点津〗此爻揭示谦虚品德应不断修炼。

〖案例解读〗季羡林“三辞桂冠”。季羡林曾任北大副校长，是著名文学家、史学家、教育家和社会活动家。晚年，各种荣誉接踵而至，“国学大师”“学界泰斗”“国宝”成了他的随身标签。为此，他忐忑不安，生前曾专门撰文“三辞桂冠”——一辞“国学大师”，二辞“学界泰斗”，三辞“国宝”。他谦虚地说自己永远只是个杂家，杂牌军，这种谦虚的态度令人肃然起敬。

【15.5】

六二：鸣①谦，贞吉。

《象》曰：“鸣谦，贞吉”，中心得②也。

〖注释〗

①鸣：有名，名声在外。②中心得：即“心得中”，心中获得中正。

〖译文〗

六二：谦虚的名声远播，坚守正道就可获得吉祥。

《小象传》说：“谦虚的名声远播，坚守正道就可获得吉祥”，这是因为“六二”的谦虚是发自内心的。

〖解说〗

上交互卦为震，震为雷声，“六二”上临震之主爻“九三”，故有“鸣谦”之象。“鸣谦”是谦虚得到共鸣。“六二”以阴爻居于阴位，在下卦中位，因而柔顺中正，象征谦虚的名声广扬于外，所以心怀中正就可获得吉祥。

〖智慧点津〗此爻揭示谦虚必须动机纯正，才能引起共鸣。

〖案例解读〗顾炎武虚怀若谷。顾炎武是明清之际的大学者、思想家，学识渊博，而且有谦虚之德。他经常对照别人检查自己，发现自己的问题：认为自己在探索自然与人世，在坚忍不拔的精神方面，不如王锡阐；在刻苦读书增长才干并能够探索深奥、洞察细微的东西方面，不如杨雪臣；在专门精研儒家三《礼》，成为具有高超见解的一代经师方面，不如张尔岐；在冷静地自处于各家学说之外独立思考以求更深见解方面，不如傅山；在条件艰苦还能独立攻读、无师自成方面，不如李容；在经历各种艰难险阻、随时适应环境变化方面，不如路安卿；在博闻强识无所不知方面，不如吴任臣；在文章能够雅正别人而又用心和善温厚方面，不如朱彝尊；在好学不倦，又能忠诚于自己的朋友方面，不如王宏撰……正是由于顾炎武虚怀若谷，善于取人之长，补己之短，才让他日有所成，学有建树，深受人们的敬仰。

【15.6】

☷ 九三：劳[1]谦，君子有终，吉。

《象》曰："劳谦，君子"，万民服也。

〖注释〗

①劳：功劳。

〖译文〗

九三：有功劳而又谦虚，君子能坚持到底，吉祥。

《小象传》说："有功劳而又始终谦虚的君子"，让大众都敬服。

〖解说〗

下交互卦为坎，坎为加忧，引申为辛劳和功劳；下卦为艮，艮为终止，故有"劳谦"和"有终"之象。"九三"是本卦唯一的阳爻，谦卦之主，以阳爻居于阳位，当位得正，故而十分吉祥。又其身处"坎"中，被上下群阴所包围，必定劳心劳力。"九三"此时肩负重任，身负众望，唯有谦虚不怠，才可使万民归心。

〖智慧点津〗此爻揭示谦虚在不居功自傲，可获善终。

〖案例解读〗"劳谦君子"陶行知。陶行知是我国著名教育家。他留美归来，不耽安逸，"捧着一颗心来，不带半根草去"，大力推行平民教育，天天布衣草履，以超前的眼光提出了"生活即教育"的理念，以及"六大解放"民主教学方法。同时，他作为救国会领袖人物，积极为抗日救国而奔走呐喊，受到人们的尊敬和爱戴。他劳碌一生，为我国的教育事业作出了不可磨灭的贡献，堪称"万民服"的"伟大的人民教育家"。

【15.7】

☷ 六四：无不利，撝[1]谦。

《象》曰："无不利，撝谦"，不违[2]则也。

〖注释〗

①撝：即"挥"，发挥。②违：背离。

〖译文〗

六四：发扬谦虚的美德，没有什么不利。

《小象传》说："发扬谦虚的美德，没有什么不利"，因为这样做没有违背法则。

〖解说〗

上交互卦为震，震为雷，为动，引申为发挥。"六四"以阴爻居于阴位，柔顺得正，又在上卦的最下位，象征谦卑。然而，它虽处近君危惧之地，但由于能发挥谦让的美德，所以没有什么不利。

〖智慧点津〗此爻揭示越谦虚越受益。

〖案例解读〗白居易改诗。据《冷斋夜话》载，白居易每写一首新诗，就先读给一位老妇人听。老妇人说理解了，他才定稿抄录；如果老妇人说不理解，他就反复进行修改，直到她能理解为止。正是白居易这种虚心求教的态度，使他的诗通俗易懂，在后世广为传诵。

【15.8】

六五：不富，以①其邻②，利用侵伐，无不利。

《象》曰："利用侵伐"，征不服也。

〖注释〗

①以：因为。②邻：指"六四"和"上六"两爻。

〖译文〗

六五：不富有，是因为邻国。有利于出兵讨伐，没有什么不利。

《小象传》说："有利于出兵讨伐"，是指征伐那些骄横而不可一世的人。

〖解说〗

上卦为坤，坤为民众、兵众；上交互卦为震，震为行动，若"六五"发生爻变，则上交互卦震变为离卦，离为戈兵，故有"侵伐"之象。《周易》以阳爻为实、为富，以阴爻为虚、为贫。"六五"阴虚不富，但它柔顺、谦虚，在至尊之位且得中，象征以德服人。谦虚并非柔弱可欺，苟延残喘，面对来自邻国盗寇引起的贫穷，就必须用兵征伐，这是迫不得已的正义之举。

〖智慧点津〗此爻揭示谦虚贵在以德服人，但对骄横不服者可以征伐。

〖案例解读〗康熙平定"三藩"之乱。"三藩"即平西王吴三桂、靖南王耿精忠和平南王尚之信。他们手握重兵，严重威胁着清朝的统治。1673年，康熙皇帝作出撤藩的决定。随即，"三藩"发动叛乱，康熙帝集中兵力攻打吴三桂，而对其他反叛者实行招抚，通过分化力量而孤立吴三桂。吴三桂病死后，其孙吴世璠继位。1681年，清军进入昆明，吴世璠自杀，"三藩"之乱最终被平定。

【15.9】

上六：鸣谦，利用行师①，征邑国②。

《象》曰："鸣谦"，志未得也。"可用行师"，征邑国也。

〖注释〗

①行师：出动军队。②邑国：周边的小国。

〖译文〗

上六：谦虚的名声远播，利于动用武力，征伐附近的小国。

《小象传》说："谦虚的名声远播"，但其安邦定国之志仍未实现。"可以动用武力"，征伐那些骄横不顺从的小国。

〖解说〗

"上六"和"九三"相应，"九三"是上交互卦震之主爻，震为动，故有"鸣谦"之象。又坤为国土，为兵众，"六二"到"上六"五个爻组成师卦，师为战争，所以又有"行师，征邑国"之象。"上六"以阴爻居于阴位，极端柔顺，又处于谦卦最上，是谦让之极，此时它谦虚的名声已经远播。在这种情势下，要实现安邦定国的志向，一味用谦道无济于事，必须发兵征讨，铲除那些骄横跋扈的叛逆者。

〖智慧点津〗此爻揭示谦虚并非退让，必要时可以动用武力。

〖案例解读〗周亚夫平定"七国之乱"。周亚夫是西汉名将、丞相周勃的次子，以"细柳屯军，治军严明"而闻名。汉景帝时期，御史大夫晁错提议削弱诸侯的势力，加强中央集权。这时，吴王刘濞、楚王刘戊等七个刘姓宗室诸侯王以"清君侧"为名，发动了叛乱。汉景帝任命周亚夫为太尉，负责平叛。周亚夫统率大军向东进攻力量最强盛的吴、楚两国。他命令大军坚守阵地，不准出击，暗地里却派出一支精锐部队，绕到后方，截断吴、楚两军的粮草供应。吴、楚两军大乱，周亚夫趁机发动进攻，很快将吴楚两军主力一举歼灭。其他各国的叛乱也在三个月内被镇压下去。

16. 豫卦第十六——课间娱乐

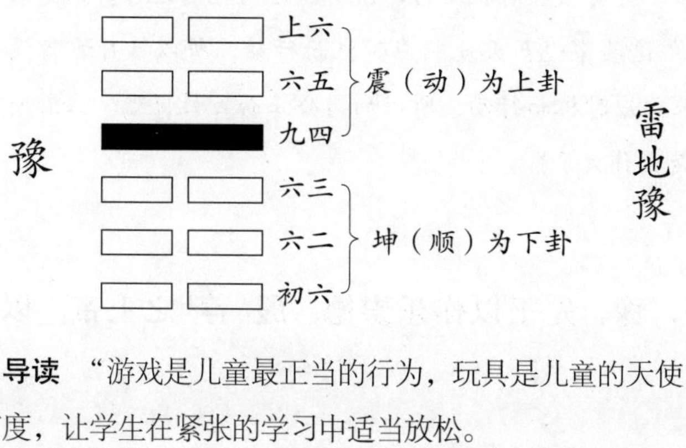

导读 "游戏是儿童最正当的行为，玩具是儿童的天使。"教育工作者要努力做到张弛有度，让学生在紧张的学习中适当放松。

卦体下坤上震。震为雷，为动，坤为地，为顺，有雷依时出，雷出地奋之象。全卦中唯有“九四”是阳爻，其他的阴爻都服从他，因而得志，心中喜悦。“豫”，本义指大象从容缓慢地度步，引申为犹豫、豫备和逸豫等义，卦义主要取逸豫。本卦主要阐释学生应在快乐中学习，在学习中快乐的道理。

【16.1】

豫：利建侯[1]，行师[2]。

〖注释〗

①建侯：建国封侯。②行师：出兵打仗。

〖译文〗

豫卦象征欢乐：有利于建国封侯，出兵打仗。

〖解说〗

本卦上卦“震”为诸侯，为行，下卦“坤”为大众，为顺，故说“利建侯行师”。以人事言，人人都乐于循理而动，必然可以建立公侯的基业，有利于用兵。

【16.2】

《彖》曰：豫，刚应而志行，顺以动，豫。豫，顺以动[1]，故天地如之，而况“建侯行师”乎？天地以顺动，故日月不过，而四时不忒[2]。圣人以顺动，则刑罚清而民服。豫之时义大矣哉！

〖注释〗

①顺以动：豫卦下卦为坤，为顺，上卦为震，为动，故言“顺以动”。②忒：差错。

〖译文〗

《彖传》说：豫卦，卦中“九四”阳爻和五个阴爻响应，因而得以实现志向，又能够顺应时机而行动，带来欢乐。豫卦顺应时机而行动，所以连天地的运行都是如此，更何况“封侯建国，出兵打仗”这些事呢？天地顺应时机而行动，所以日月运行没有差错，四季循环没有偏差。圣人顺应时机而行动，所以刑罚公正而百姓悦服。豫卦所蕴含的“顺时而动”的哲理，真是太伟大了！

【16.3】

《象》曰：雷出地奋，豫。先王以作乐崇德，殷[1]荐[2]之上帝，以配[3]祖考[4]。

〖注释〗

①殷：盛大。②荐：祭献。③配：配献。④祖考：祖先。

〖译文〗

《大象传》说：雷声轰响，大地震动，象征着欢乐。古代帝王效法此象，制礼作乐以尊崇功德，用丰盛的祭品祭祀上帝和祖先。

〖解说〗

《礼记·月令》云："是月（仲春之月）也，日夜分，雷乃发声，始电，蛰虫咸动，启户始出。"雷声在大地上轰响，大地为之振奋，有欢乐之象。教育工作者从中得到的启示是，应广泛开展各种文体活动，丰富学生课余文化生活，让他们快乐地成长。

【16.4】

䷏

初六：鸣豫①，凶。

《象》曰："初六鸣豫"，志穷凶也。

〖注释〗

①豫：和乐。

〖译文〗

初六：因欢乐而自鸣得意，必遭凶险。

《小象传》说："初六因欢乐而自鸣得意"，说明它享乐之志穷极，必遭凶险。

〖解说〗

"九四"为震卦主爻，震为雷，为动，"初六"和它阴阳相应，故有"鸣豫"之象。"初六"以阴爻居阳位，失位不正，是个十足的小人，但它自恃与"九四"相应，能够得到其支持和庇护，因而得意忘形，这样必然会遭到凶险。

〖智慧点津〗此爻揭示欢乐时不能得意忘形，否则乐极生悲。

〖案例解读〗"熊孩子"放鞭炮炸井盖。2021 年 2 月，白银市某商业街附近，曾某、滕某两名孩童放鞭炮，贪图刺激好玩，将点燃后的鞭炮扔进了下水道井盖内，结果引燃下水道内的沼气，导致爆炸发生，两人均受伤住院抢救。日常生活中类似例子不胜枚举，无数血的教训，我们应引以为戒。

【16.5】

䷏

六二：介①于②石，不终日，贞吉。

《象》曰："不终日，贞吉"，以中正也。

〖注释〗

①介：坚。②于：如。

〖译文〗

六二：品行坚贞如磐石不可动摇，（适度欢乐），不超过一整天，坚守正道吉祥。

《小象传》说："（适度欢乐，）不超过一整天，坚守正道吉祥"，这是因为"六二"能居中守正。

〖解说〗

下交互卦为艮，艮为山，为石。若"六二"发生爻变，则下交互卦艮变成离卦，离为日，此"离"消失，故有"不终日"之象。"六二"以阴爻居阴位，居中得正，又无应无比，象征他具有耿介如石的意志，懂得欢乐应适可而止，而不像上下各爻都沉溺于欢乐而不可自拔，因而可获得吉祥。

〖智慧点津〗此爻揭示应居安思危，警钟长鸣。

〖案例解读〗"温水煮青蛙"的故事。19世纪末，美国康奈尔大学科学家做了一个"水煮青蛙实验"：科学家将一个活生生的青蛙投入已经煮沸的开水中，这突如其来的高温刺激，使青蛙承受不了，立即奋力从开水中跳了出来，得以成功逃生。当科学家再度把青蛙先放入装着温水的容器中，然后慢慢加热，结果就不一样了。青蛙开始时因为水温舒适而在水中悠然自得。当水温逐渐升高到青蛙发现无法忍受的高温时，青蛙已经心有余而力不足了，最终被煮死在热水中。这个故事告诉我们：太舒适的环境往往潜藏着危险，在优越的环境中也要时刻保持警惕。

【16.6】

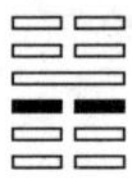

六三：盱[①]豫，悔。迟有悔。

《象》曰："盱豫有悔"，位不当也。

〖注释〗

①盱（xū）：仰视。

〖译文〗

六三：媚上求欢会有悔恨。如果醒悟太迟更增悔恨。

《小象传》说："媚上求欢会有悔恨"，这是由于"六三"居位不正。

〖解说〗

《说文解字》说："艮，很也。从匕目。匕目，犹目相匕，不相下也。"下交互卦为艮卦，艮引申为眼睛，故有"盱"之象。"六三"以阴爻居于阳位，不中不正，象征不正派的小人。"六三"又上接这一卦的主爻"九四"，因而仰视其脸色，谄媚讨好，自己得到安乐。然而，"常在河边走，哪有不湿鞋"，所以，"六三"必须立即悔改，否则悔之莫及。

〖智慧点津〗此爻揭示安乐不可苟求，应以正道追求。

〖案例解读〗高考舞弊被严肃处理。2020 年 5 月中旬，仝某在直播中自曝曾在高考时将往届生身份修改为应届生身份，并参加高考，最终被中央戏剧学院录取。教育部获悉后，立即要求山西省教育厅、有关高校和中学展开调查。经调查核实，仝某伪造应届生身份，于 2013 年参加了多所院校的专业课考试，并参加了当年高考，最终被中央戏剧学院歌剧表演专业录取。“乐不可极，极乐成哀；欲不可纵，纵欲成灾。”最终，仝某的毕业证被依法依规撤销，其他相关责任人也受到了严肃的处理。

【16.7】

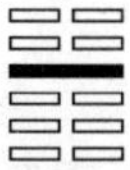

九四：由①豫，大有得。勿疑，朋盍②簪③。

《象》曰：“由豫，大有得”，志大行也。

〖注释〗

①由：由于。②盍：通“合”，会合，汇聚。③簪：一种用来束发的首饰。

〖译文〗

九四：人们靠他得到欢乐，大有所获。毋庸置疑，朋友们会像头发汇聚于簪子一样，聚集在他周围。

《小象传》说：“人们靠他得到欢乐，大有所获”，表明“九四”的志向可以充分实现。

〖解说〗

上交互卦为坎，坎为加忧，为心病；同时，下交互卦为艮，艮为停止、阻止，故说“勿疑”。若“九四”发生爻变，则全卦变为坤，坤为众多，可引申为朋友。群阴如同头发，“九四”如同发簪，统领群阴，故有“朋盍簪”之象。“九四”是本卦中唯一的阳爻，是重臣和主爻，得到上下众阴爻的呼应和悦服，成为朋友，所以“大有得”。“九四”又以阳爻居于阴位失正，难免功高震主让人猜疑。不过，只要它心怀诚信，致君泽民，必会与民同乐，得道多助。

〖智慧点津〗此爻揭示施乐于人必大有所获。

〖案例解读〗章红艳：“快乐琵琶夏令营”。章红艳是著名琵琶演奏家、教育家，中央音乐学院教授、博士生导师。多年来，她甘做孩子王，在“打开艺术之门”之“快乐琵琶夏令营”公益活动中，坚持不懈地为孩子们奉献着爱心，陪伴他们快乐地度过暑假。“独乐乐不如众乐乐”，正如她所说，“我的夏令营叫做快乐夏令营，每当看到孩子们的点滴进步，看到他们欢乐的笑脸，我们也收获了无穷无尽的快乐”。

【16.8】

☳☷

六五：贞疾，恒不死。

《象》曰："六五贞疾"，乘刚[①]也。"恒不死"，中未亡也。

〖注释〗

①乘刚：欺凌，指"六五"阴爻凌驾于"九四"阳爻之上。

〖译文〗

六五：占问疾病，将病很久却长寿不死。

《小象传》说："六五占卜有关疾病"，是因为它凌驾于阳爻"九四"之上。"长寿不死"，是因为它居中守正，所以不会灭亡。

〖解说〗

上交互卦为坎，坎为加忧，为心病。震为复出、返生，故有"贞疾，恒不死"之象。"六五"阴柔而居于至尊之位，既得到大臣"九四"的鼎力辅佐，又受到它的牵制与压力，不能为所欲为。"六五"柔弱无力，沉溺于声色犬马而难以自拔，下方又有强臣"九四"威逼，所以情势危险，像是得重病的人。不过，"六五"在上卦的中位，能够克制自己的骄奢之欲，善用中道，听从"九四"的劝谏，还没有丧失权威，不致迅速灭亡。

〖智慧点津〗此爻揭示居安思危，可避免灭亡。

〖案例解读〗叶志平未雨绸缪修补危楼。叶志平曾担任绵阳市安县桑枣中学校长。自从履职后，他就对学校的教学楼忧心忡忡。因为这座大楼存在许多安全隐患：楼梯栏杆松动摇晃，墙缝里填充的是以次充好的水泥纸袋，大楼的承重柱子也达不到教学楼的安全标准。然而，学校经费有限，这栋楼不能拆，那就只能"补"。从1997年起，叶志平连续几年对这栋楼的16个教室进行了加固、修葺。所幸，2008年汶川地震来临时，其他房屋大多受损惨重，而这座教学楼竟然安然无恙。

【16.9】

☳☷

上六：冥[①]豫，成[②]有渝[③]，无咎。

《象》曰："冥豫"在上，何可长也？

〖注释〗

①冥：黑暗，昏昧。②成：终。③渝：变。

〖译文〗

上六：昏昧沉溺于欢乐之中，但只要能及时改正，仍然可以免祸。

《小象传》说："昏昧沉溺于欢乐"到极点，这样的欢乐怎么能保持长久呢？

〖解说〗

"上六"以阴爻居于阴位，处于豫卦之终，象征沉溺在欢乐之中，故有"冥豫"之象。然而，它又位于震体的终极，震为动，引申为改变，故又有"成有渝"之象。"上六"乐极生悲，离灾祸已经不远。不过，它只要迷途知返，仍然能够免除祸患。

〖智慧点津〗此爻揭示乐极生悲，应改恶趋善，才可以长保安康。

〖案例解读〗"铁杵磨成针"的故事。李白是唐代的大诗人，少年时一直喜欢剑术，尚义任侠，到处游山玩水。有一次，他把书读到一半就扔到地上出去玩，忽然看见一个老妇人正拿着一根大铁棒在石头上磨，他感到十分好奇，于是问老妇人磨铁棒做什么。老妇人告诉李白，她要将铁棒磨成绣花针，只要天天磨，总能越磨越细，最后一定会成功。李白听后深受启发。从此，他改变放浪的行径，用功读书，终于成为著名的大诗人。

17. 随卦第十七——随机应变

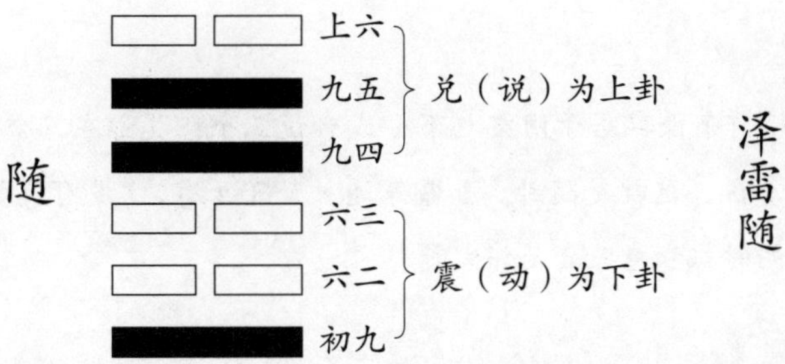

导读 叶圣陶先生曾说过："教师之为教，不在全盘授予，而在相机诱导。"教育工作者只有在课堂上善于随机应变，才能充分调动学生学习的积极性、创造性，提高教育教学的效率。

卦体下震上兑。兑为泽，为悦；震为雷，为动。震处兑下，有泽随雷动，动而喜悦，乐于相随之象。"随"，《说文解字》中说："从也。"《随》，卦义为跟从、相随。本卦主要阐释教师在教学中应随机应变的道理。

【17.1】

随：元①亨，利贞②，无咎③。

〖注释〗

①元：盛大，非常。②贞：守正。③咎：灾祸。

〖译文〗

随卦象征随顺：非常亨通，有利于坚守正道，没有灾祸。

〖解说〗

“三人行，必有我师焉；择其善者而从之，其不善者而改之。”随从之道在谦恭下士，彼此相互协作，故卦辞说“元亨”。但是追随他人必须遵守正道，依时顺势，择善而从，才会远离灾祸。

【17.2】

《彖》曰：随，刚来而下柔①，动而说②，随。大亨，贞，“无咎”，而天下随时。随之时义大矣哉！

〖注释〗

①刚来而下柔：随卦上卦为兑，兑为阴卦，为柔。下卦为震，震为阳卦，为刚。“震”在“兑”下，故言“刚来而下柔”。另外，震卦和兑卦都是阳爻在阴爻之下，也是“刚来而下柔”。②动而说：“说”通“悦”。随卦下卦为震，震为动。上卦为兑，兑为悦，故言“动而说”。

〖译文〗

《彖传》说：随卦，阳刚能前来谦卑居于阴柔之下（或者说三个阳爻都在三个阴爻之下），有所行动一定会使人喜悦，这就是随卦。非常亨通，坚守正道，“没有灾祸”，天下万事都在适时而行，随卦的时机和意义真是伟大啊！

【17.3】

《象》曰：泽中有雷，随。君子以向①晦②入宴息③。

〖注释〗

①向：接近。②晦：日落，夜晚。③宴息：安息，休息。

〖译文〗

《大象传》说：雷潜藏于湖泽深处休息，这是随卦的象。君子效法此象，按时作息，白天出去忙碌，夜晚就回家休息。

〖解说〗

“泽中有雷”即指雷在仲秋潜藏。据《礼记·月令》记载：“仲春，雷乃发声；仲秋，雷始收声。”随卦的卦象是泽水中有雷声，泽水随着雷震而动。教育工作者从中得到的启示是，教育观念、教学方式和教学方法要不断与时俱进，课堂上要随机应变，才能紧跟时代发展的步伐。

【17.4】

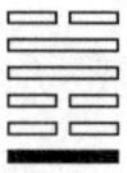

初九：官[①]有渝[②]，贞吉。出门交[③]有功。

《象》曰："官有渝"，从正吉也。"出门交有功"，不失也。

〖注释〗

①官：官吏，官职。②渝：改变。③交：交往。

〖译文〗

初九：官职有变动，坚守正道吉祥。出门与人交往能获成功。

《小象传》说："官职有变动"，坚守正道吉祥。"出门与人交往能获成功"，是因为没有迷失正道。

〖解说〗

下卦是震，震为动，为足。下爻互卦为艮，艮为门，故有"渝"和"出门"之象。"初九"以阳爻居阳位，当位得正，与"九四"敌应而无私系，当随之时，能坚守正道。"初九"又是下卦"震"的主爻，它先屈尊追随"六二"，然后"六二"才会追随它。以人事比拟，当官职有变动时，自己的思想就不得不变通，但仍然要坚守正道，才会吉祥。"读万卷书，行万里路"，学校之间经常开展"走出去，请进来"交流活动，有利于教师开阔眼界，提升专业素养，增强执教能力。

〖智慧点津〗此爻揭示追随应守正，变通而不违背原则。

〖案例解读〗教育部调整和完善"课后延时服务"政策。2017年，教育部印发了《关于做好中小学生课后服务工作的指导意见》，要求充分发挥中小学校课后服务主渠道作用。经过各地前期试点，2021年，教育部再次下发通知，要求推动课后服务全覆盖，确保城区义务教育学校全覆盖，有需求的学生全覆盖；课后服务结束时间原则上不早于当地普通的正常下班时间后半小时；课后服务质量必须进一步提高，切实解决好家长接送学生的困难问题。此举获得广大家长的支持和赞誉，堪称"官有渝，贞吉。出门交有功"。

【17.5】

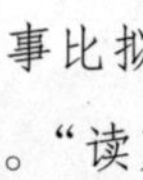

六二：系小子[①]，失丈夫[②]。

《象》曰："系小子"，弗兼与也。

〖注释〗

①小子：指年轻人"初九"。②丈夫：指成年人"九五"。

〖译文〗

六二：追随了下面的年轻人，却失去了上面的大丈夫。

《小象传》说："追随了下面的年轻人"，说明"六二"不能同时兼顾亲随。

〖解说〗

上爻互卦为巽，巽为风，为绳直；"初九"位卑为小子，"九五"位尊为丈夫，"六二"近"初九"而远"九五"，故有"系小子，失丈夫"之象。"六二"以阴爻居于阴位得正，但质柔不能独立自主，必须追随阳刚。它上与大丈夫"九五"阴阳相应，下和年轻人"初九"近邻相比，在两者不可兼顾时，于是就近选择了"初九"而舍弃了"九五"。这种目光短浅、舍本逐末的行为，有百害而无一利。

〖智慧点津〗此爻揭示追随不可贪图近利，因小失大。

〖案例解读〗"枪手"张某贪小利得不偿失。"考上普通本科给 4 万元，考上重点本科给 8 万元。"在巨大诱惑面前，张某铤而走险，在长春某中学考点代替一名考生参加 2016 年的高考。上午考语文，他蒙混过关。下午考数学时，他被监考老师识破，最终受到了法律的惩罚。

【17.6】

六三：系丈夫①，失小子②。随有求得，利居贞。

《象》曰："系丈夫"，志舍下③也。

〖注释〗

①丈夫：指"九四"。②小子：指"初九"。③下：指"初九"。

〖译文〗

六三：追随了上面的大丈夫，失去了下面的年轻人。随从于人有求必得，利于安居守正。

《小象传》说："追随了上面的大丈夫"，说明"六三"意在舍弃下面的年轻人。

〖解说〗

"九四"位尊为丈夫，"初九"位卑为小子，"六三"近"九四"而远"初九"，故有"系丈夫，失小子"之象。下爻互卦为艮，艮为山，为坚守，所以又有"居贞"之象。"六三"与"上六"无应，就依附邻近的阳爻"九四"，而舍弃下方的阳爻"初九"。"九四"阳刚，象征有实权的大臣，所以，"六三"追随他，"随有求得"。但"九四"以阳爻居于阴位，"六三"以阴爻居于阳位，两者都不中不正，难免有趋炎附势之嫌，因而爻辞戒以"利居贞"，要安居守正，否则将遇到凶险。

〖智慧点津〗此爻揭示追随应端正动机，结交德才胜己者。

〖案例解读〗周浩北大转读技校人生"开挂"。2008 年，周浩以青海省高考理科 660 分的高分考入北京大学。然而，就读的生命科学专业与自己的愿望背道而驰。绝望之际，他选择休学一年，随后，他又做出一个令人震惊的决定：他要从北大退学，去北京工业技师学院就读。由于对机械的无比热爱，在校期间，他刻苦钻研，勤学好问，很快就成为学校里最优秀的学生之一。2014 年（在校期间），他获得全国第六届数控技能大赛冠军。2018 年，在第一届全国技工院校教师职业能力大赛中，他又斩获机械类一等奖。此后，他在机械领域多次获得国家级大奖。“毫不后悔，很庆幸”，周浩在技校找到了自己人生的方向和价值，实乃“系丈夫，失小子，随有求得”。

【17.7】

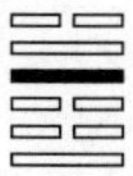

九四：随有获①，贞凶。有孚②在道③，以④明⑤，何咎？

《象》曰：“随有获”，其义凶也。“有孚在道”，明功也。

〖注释〗

①随有获：指“六三”追随“九四”，而“九四”有所收获。②孚：诚信。③道：正道。④以：因为。⑤明：内心光明坦荡。

〖译文〗

九四：被众人追随必有收获，要守正以防凶险。心怀诚信，合乎正道，做事光明磊落，有什么灾祸呢？

《小象传》说：“被众人追随必有收获”，这从义理上看是凶险的。“心怀诚信，合乎正道”，这是做事光明磊落的功效。

〖解说〗

上交互卦为巽，巽为木，为近利市三倍。又“九四”为“六三”所追随，故有“随有获”之象。“初九”至“九四”构成大离卦，离为火，为日，象征光明，内心光明即为“有孚”。下卦为震卦，震为大途，下交互卦为艮，艮为小径，所以又有“有孚在道，以明”之象。“九四”处于“九五”君主之下，是一位权臣，但它以阳爻居于阴位失正，又有“六三”追随，难免有功高震主之嫌。不过，“九四”只要心怀诚信，不背离正道，光明磊落，就不会有任何灾祸。

〖智慧点津〗此爻揭示被人追随应守正防凶。

〖案例解读〗副校长在征订教辅资料中拿回扣，一审获刑 5 年半。2021 年，南川某中学党委书记、副校长冯某因利用分管教学工作、负责征订教辅资料及教师管理工作的职务便利，收受他人贿赂 131 万余元，为他人谋取不正当利益，一审被南川区法院判处有期徒刑五年六个月，并处罚金三十万元。判决书中载明，南川区一书城老板邓某为了能向某中学销售教辅资料盈利，找到时任某中学党委书记兼副校长的冯某，承诺向冯某支付回扣，让他帮其在该校销售教辅资料。二人商量好后，邓某告知了该书城南平店员工王某，由王某按照定价的 8 折向某中学收取教辅资料款。2015 年 3 月至 2019 年 9 月，邓某在冯某的帮助下，向某中学销售了九个学期教辅资料，并支付给冯某人民币 127 万余元作为“回扣”。冯某从中分给王某，还以支付辛苦费名义分给年级老师部分费用后，个人实际获得人民币 74 万余元。“权为民所用，情为民所系，利为民所谋”，冯某不能端身正己，最后锒铛入狱，实乃其咎由自取。

【17.8】

九五：孚[①]于嘉[②]，吉。

《象》曰：“孚于嘉，吉”，位正中也。

〖注释〗

①孚：诚信。②嘉：善。

〖译文〗

九五：真诚地追随嘉言善行，吉祥。

《小象传》说：“真诚地追随嘉言善行，吉祥”，这是因为“九五”居位中正。

〖解说〗

上卦为兑，兑为悦，为羊，和嘉为美、善之意吻合，故有“嘉”之象。“九五”以阳爻居于阳位处尊得正，为众爻之随主。它既能以诚信刚中之德遵循善道，从善如流，又能和“六二”上下中正相应，象征君臣共同追求嘉言善行，当然可以信赖，非常吉祥。

〖智慧点津〗此爻揭示追随应当择善而从。

〖案例解读〗东莞市教育局局长带头读书：让阅读成为教育工作者的终生习惯。“当教育局局长这几年来，我常常思考：要求同事们做到的，我是否有做到；要求同事们不做的，我是否首先就不做。”曾经担任教育局局长的梁凤鸣坦言：“其身正，不令而行；其身不正，虽令不从。”“一个人会读书可以改变自己的命运，一群教师会读书就可以改变一所学校的命运，千千万万个会读书的老师就会改变无数个孩子的命运，进而改变国家、民族的命运。”在他的示范和带动下，全市广大校长、园长、教师踊跃加入读书小组，校园阅读蔚然成风。

【17.9】

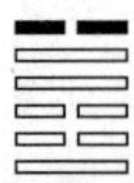

上六：拘系[①]之，乃从[②]维[③]之。王[④]用亨[⑤]于西山[⑥]。

《象》曰：“拘系之”，上穷也。

〖注释〗

①拘系：束缚。②从：同“纵”，释放。③维：捆绑。④王：周文王。⑤亨：同

“享”，祭祀。⑥西山：指在周都西方的岐山。

〖译文〗

上六：先拘禁束缚他，然后放掉他。周文王在岐山祭天，以感天动地。

《小象传》说：“先拘禁束缚他”，说明随从之道已经发展到穷途末路了。

〖解说〗

上卦为兑，兑为口，为西方，为羊，代表受祭者有口福；下交互卦为艮，艮为山，若“上六”发生爻变，则上卦变为乾卦，乾为君王，所以有“王用亨于西山”之象。“上六”以阴柔居于随卦之极，又乘刚无应，此时由“随”变为“不随”，路困途穷，于是就被“九五”“九四”重重束缚，难以摆脱。但随不可强迫，所以周文王用祭祀西山的至诚来感化他。

〖智慧点津〗此爻揭示无所追随时，应以诚信感化其心。

〖案例解读〗滕敏教育桀骜不驯的唐某某。滕敏是湖北省武汉市经济技术开发区官士墩中学班主任兼英语教师，武汉市“十佳班主任”。她班上有一名桀骜不驯的男生唐某某，学习成绩差，自卑、孤僻，经常和老师顶嘴，和同学们抬杠。经过深入了解，腾敏发现唐某某父母离异，他平常和爷爷奶奶一起生活。为了帮助唐某某，在学习上，滕老师经常询问其困惑，帮他分析原因，鼓励他进步；在思想上，滕老师时常与他促膝谈心，解除其心理上的疙瘩。与此同时，滕老师还及时发现其点滴特长，并多次在班级中予以表扬，以增强其信心。功夫不负有心人，经过三个月的努力，唐某某终于和同学们打成一片，学习成绩也有了明显提高。

18. 蛊卦第十八——整治积弊

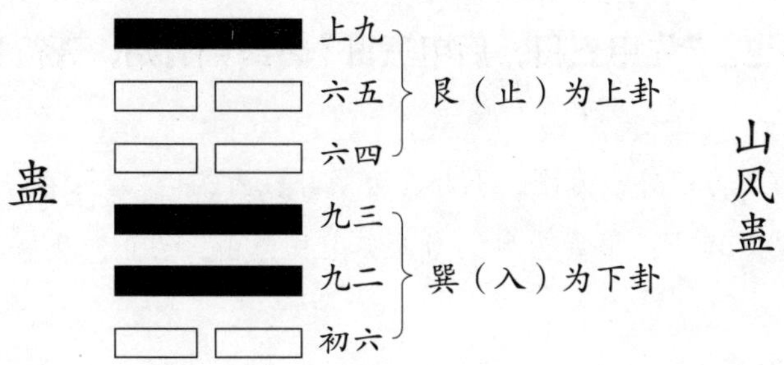

导读 “器久不用而虫生之，谓之蛊。人久宴溺而疾生之，谓之蛊。天下久安无为而弊生之，谓之蛊。”教育工作者要倡导健康的生活情趣，保持高尚的精神追求，自觉抵制、纠正各种不良风气，打造风清气正的教学环境。

卦体下巽上艮。艮为山，巽为风，山下有风，物皆散乱，流通不畅。又巽为长女，艮为少男，有“女惑男”之象。“蛊”，本义为养在器皿中的毒虫，引申为弊端、多事、混乱。本卦主要阐述学校及教师应整治校风、教风、学风积弊的道理。

【18.1】

蛊：元①亨，利涉大川。先甲三日，后甲三日②。

〖注释〗

①元：盛大，非常。②先甲三日，后甲三日：甲是十天干之首，象征事情的开始。在十天干中，甲的前三日是“辛”，同“新”，有自新之意；甲的后三日为“丁”，与“叮咛”的“叮”谐音，有叮嘱之意。

〖译文〗

蛊卦象征整治积弊：非常亨通，有利于渡过艰难险阻。在整治之前，要周密谋划，改过自新；在整治过程中，反复叮嘱，以便及时补救缺失。

〖解说〗

“随流易合污，合污必生蛊。”蛊卦旨在拨乱反正，中兴基业，冲破各种障碍，当然“元亨，利涉大川”。“先甲三日，后甲三日”，事前“自新”开创，尽力防患于未然；事后反复“叮嘱”观察，及时补救。又从“辛”到“丁”共七日，“七”是易卦爻数的循环周期。治蛊以甲日为治乱之始，经历七天终而复始、循环往复的过程而完成。

【18.2】

《彖》曰：蛊，刚上而柔下①，巽而止②，蛊。蛊，“元亨”，而天下治也。“利涉大川”，往有事也。“先甲三日，后甲三日”，终则有始，天行也。

〖注释〗

①刚上而柔下：蛊卦上卦艮为阳卦，为刚；下卦巽为阴卦，为柔，“巽”在“艮”下，故言“刚上而柔下”。②巽而止：下巽为风，为入，上艮为山，为止，故言“巽而止”。

〖译文〗

《彖传》说：除弊治乱，上卦为“艮”刚，为止，下卦为“巽”柔，为顺，所以说刚健居于柔顺上面，下级巽顺而上级停止，这就是蛊卦。除弊治乱“非常亨通”，于是天下大治。“有利于渡过艰难险阻”，这是因为有事要办。“开始的前三天和后三天”，说明事情终结后又有新的开始，这就是天道的运行法则。

【18.3】

《象》曰：山下有风，蛊。君子以振①民育②德。

〖注释〗

①振：振奋。②育：培育。

〖译文〗

《大象传》说：山下刮来大风，象征着蛊乱。君子效法此象，以此振奋民心，培育他们的道德。

〖解说〗

山下面刮来大风，会把草木果实吹得凌乱不堪；同时，山风回旋导致阻塞不通，形成瘴疠之气，因此有蛊乱之象。教育工作者从中得到的启示是，要努力整治班级中的歪风邪气，鼓舞班级士气，培育学生良好的品德。

【18.4】

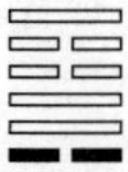

初六：干①父之蛊②，有子，考③无咎。厉④终吉。

《象》曰："干父之蛊"，意承考也。

〖注释〗

①干：树干，引申为矫正。②蛊：弊端。③考：指父辈。④厉：危险。

〖译文〗

初六：整治父辈的弊端，由能干的儿子来继承，父辈必无灾祸。即使遇到危险，最终必获吉祥。

《小象传》说："整治父辈的弊端"，说明其志在继承父辈的事业。

〖解说〗

下卦为巽，巽为木，故说"干"。苏轼曰："蛊之灾，非一日之故也，必世而后见，故爻皆以父子言之。"本卦谈治蛊以父子为喻。"初六"以阴爻居阳位失正，在"蛊"之初，败坏还不严重，容易挽救；其又位卑阴柔力弱，所以重振家业必然困难重重，但只要奋发勤勉，终会吉祥。

〖智慧点津〗此爻揭示整治积弊需要经过艰苦磨炼。

〖案例解读〗大禹十三年完成治水大业。上古时期，黄河泛滥，百姓困苦不堪。尧让鲧去治理，鲧采用堵截之法，造堤筑坝，花了九年时间，仍然没有把洪水治服。后来，舜接替尧当了部落联盟首领，让鲧的儿子禹去治水。禹吸取其父的教训，用开渠排水、疏通河道的办法，把洪水引到大海中去。大禹带领民众长期挖土、挑土，"三过家门而不入"，经过十三年的努力，终于成功消除水患。

【18.5】

䷑

九二：干母之蛊，不可贞①。

《象》曰："干母之蛊"，得中道②也。

〖注释〗

①贞：守正。②中道：刚柔适中的中正之道。

〖译文〗

九二：整治母辈的弊端，不可以过于固执守正。

《小象传》说："整治母辈的弊端"，应该采用刚柔适中的方法。

〖解说〗

"九二"以阳爻居阴位，处下卦之中，象征有才干的儿子。刚爻"九二"与柔爻"六五"相应，象征母子，因此有弥补母亲过失之象。面对母亲"六五"所造成的蛊事，他如果刚强直率加以解决，就会有伤母子之伦常大义，结果事与愿违，一事无成。这时，采取刚柔适中的办法，本着和顺的态度，委屈周全加以整治，才是正确的选择。

〖智慧点津〗此爻揭示整治积弊，应采取刚柔适中的稳妥手段。

〖案例解读〗儿子帮妈妈戒"麻瘾"。北京市延庆区沈家营镇的席女士，平时喜欢打麻将，常常因此顾不上给儿子做饭，和儿子抢桌子。为此，儿子小王泽没有和妈妈硬碰硬，而是与之签订了一份母子协议：妈妈每晚必须陪孩子学习半小时以上，自己则"不乱花钱，不骂人，每天做一件家务"。如今，妈妈已经完全戒掉了"麻瘾"，小王泽不仅有饭吃了，每天还会有人接送。自从戒"麻瘾"成功，母子二人的关系越来越亲密，彼此都感到由衷高兴。这正是"干母之蛊，不可贞"的体现。

【18.6】

䷑

九三：干父之蛊，小①有悔，无大咎②。

《象》曰："干父之蛊"，终无咎也。

〖注释〗

①小：稍微。②咎：灾祸，过错。

〖译文〗

九三：整治父辈的弊端，会稍微有一些懊悔，但不会有大的灾祸。

《小象传》说："整治父辈的弊端"，最终不会有灾祸。

〖解说〗

若"九三"发生爻变，则下卦变为坎卦，坎为加忧，为心病，故有"小有悔"之辞。“九三”以阳爻居阳位，过刚失中，为父亲的失败急躁善后，难免矫枉过正，因而多少会有懊悔。不过，“九三”在下卦“巽”中，有顺从的美德，而且当位得正，因而不会有大的过失。

〖智慧点津〗此爻揭示整治积弊要拿捏好分寸，不可刚强过度。

〖案例解读〗“铁腕”校长周钦治校。2018年7月，云南昭通彝良县教育局任命周钦为洛泽河镇毛坪中学校长。上任伊始，毛坪中学的状况让周钦感到意外：垃圾满校园、蚊虫满天飞、学生上课打瞌睡、老师无心上课，学生吸烟、玩手机、谈恋爱、打架，有的甚至随意殴打老师……为刮骨疗伤，他从改善硬件着手，改变校园容貌；抓师德师风，倡导教师要敢管、善管；整顿学生行为，让尊师重教的风气重回校园……经过一年的整治，该校教师风貌、学习氛围都发生了翻天覆地的变化，成为彝良县乡镇学校管理的典范，其他乡镇的学校还专门组织人员到校观摩学习。

【18.7】

䷑ **六四：裕①父之蛊，往见吝。**

《象》曰：“裕父之蛊”，往未得也。

〖注释〗

①裕：宽容。

〖译文〗

六四：宽容整治父辈的弊端，继续下去必然会出现憾惜。

《小象传》说：“宽容整治父辈的弊端”，继续下去难以达到整治的效果。

〖解说〗

“六四”以阴爻居阴位，过于柔弱，象征在整治父辈留下的积弊时，力度不够，宽容放纵。“六四”又与“初六”敌应无援，故说“往见吝”。父辈的错误如此宽大处理，长此以往，只会姑息养奸，必然留下遗憾。

〖智慧点津〗此爻揭示要严格整治积弊，不能过于宽容。

〖案例解读〗偷东西的小孩与他母亲。《伊索寓言》记载了这样一则故事：有一个小孩，他在学校偷了一块写字石板交给母亲。母亲不仅没有骂他，还说他能干。第二次，他偷回一件大衣交给母亲，母亲更加夸奖他。时间一天一天过去，小孩长大成小伙子了，胆子也越来越大。他开始去偷更大、更多的东西，最终被当场抓住，判为死刑。他母亲跟在后面，捶胸痛哭。这个故事告诉我们，对于学生所犯的过错不能姑息纵容，否则祸患无穷。

【18.8】

六五：干父之蛊，用①誉。

《象》曰："干父用誉"，承以德也。

〖注释〗

①用：得到。

〖译文〗

六五：整治父辈的弊端，得到人们的赞誉。

《小象传》说："整治父辈的弊端而得到赞誉"，是说儿子以美德来继承父辈的遗志。

〖解说〗

下交互卦为兑，兑为口，为说，"说"通"悦"。"六五"以阴爻居阳位，柔顺处尊居中，下应"九二"刚中之臣，能够任用贤能共同合理地治蛊。"六五"秉承善德，在继承优良传统的基础上革除以往的弊端，从而成就治蛊大业，获得广泛的赞誉。

〖智慧点津〗此爻揭示整治积弊，必须任用贤才。

〖案例解读〗卢飞若善治慢班。卢飞若是"广西教学名师"，广西师范大学马克思主义学院兼职硕士研究生导师。1988年，他到柳州市第二十中学任教，这所中学的前身是农场子弟学校，学生基础比较差，教学质量在全市比较靠后，别人都不愿意当班主任，卢飞若却主动要求担任。他细心地为每个学生制作成长记录本，记录他们遇到的困惑、取得的进步，还为他们绘制学习成绩曲线图，帮助他们端正学习态度，在他"耐心、爱心、宽容、智慧"的呵护下，他所带的班学习氛围越来越浓，成绩越来越好，1999年被评为柳州市优秀班集体。

【18.9】

上九：不事①王侯，高尚其事②。

《象》曰："不事王侯"，志可则③也。

〖注释〗

①事：侍奉。②事：行为，事业。③则：准则，这里指效法。

〖译文〗

上九：不为王侯效力，把这种（功成身退）的行为看得很高尚。

《小象传》说："不为王侯效力"，这种高洁的志向，可作为人们学习的准则。

〖解说〗

上卦为艮，艮为手，为停止。"上九"处蛊卦之终，意味着治蛊已成。"上九"又为艮卦主爻，与"九三"敌应，身居"六四""六五"之外，故有"不事王侯"之象。

此时他功成身退，超然物外，不再为王侯做事。如果一如既往，又将陷入名利之争，面临新的弊端。

〖智慧点津〗此爻揭示整治积弊完成之后，应功成身退。

〖案例解读〗李金初让贤李希贵。李金初是全国知名校长，是学者型、研究型的管理专家，长期致力于基础教育的改革与发展研究。在担任北京十一学校校长期间，他把“国有民办”体制改制的普通中学，打造成了全国师资一流、办学成绩享誉京城内外的基础教育改革名校。在离任之际，他请来了李希贵“掌舵”，让学校“更上一层楼”，继续走向辉煌。他以“本人平生无大志，只想办好一所学校”为人生志向，躬身践行，“志可则也”。

19. 临卦第十九——学校管理

临

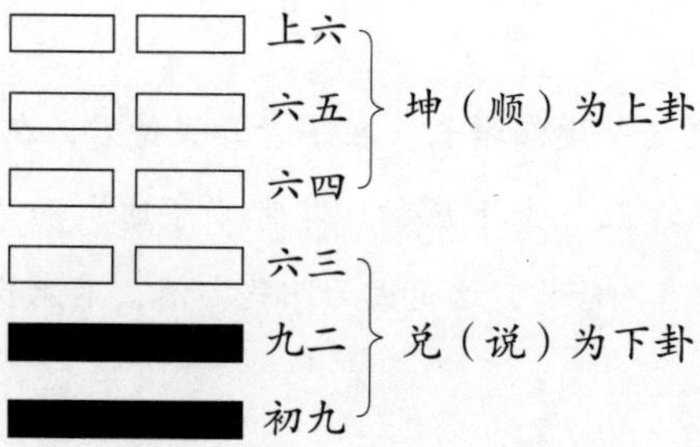

地泽临

导读 “管理是一门科学，领导是一门艺术。”教育工作者只有善于管理，才能密切师生关系，提高教育教学质量。

卦体下兑上坤。坤为地，兑为泽，泽上有地，地势高而泽势低，呈居高临下之象。又坤为顺，兑为悦，在上者柔顺以抚民，在下者和悦地承受，比喻君王亲临天下，治国安邦，上下融洽。“临”，本义是俯首察看，卦义为监视、督导、统治。本卦主要阐释学校如何管理教师，教师如何管理学生的道理。

【19.1】

临：元亨，利贞。至于八月有凶①。

〖注释〗

①八月有凶：八月为观卦，此时阴长阳消。又古历八月为秋，秋风肃杀，有“秋后问斩”之说，所以说“八月有凶”。

〖译文〗

临卦象征督导：非常亨通，有利于坚守正道。到了阴盛阳衰的八月会有凶险。

〖解说〗

“临”是十二消息卦之一，代表十二月。此时阳气渐长，二阳始生，阳爻由下向上逼迫阴爻，并逐渐发展壮大，所以说“元亨”。然而，阳气尚弱，不敌群阴，仍需潜藏守正，才能亨通，所以又说“利贞”。不过，阴阳相互消长，到了八月，又阴盛阳衰，就有凶险，故卦辞说“至于八月有凶”。

【19.2】

《彖》曰：临，刚浸而长，说而顺[①]，刚中而应[②]。大“亨”以正，天之道也。“至于八月有凶”，消不久也。

〖注释〗

①说而顺：临卦下卦为兑，为悦（“说”通“悦”）。上卦为坤，为顺，故言“说而顺”。②刚中而应：指“九二”阳爻和“六五”阴爻彼此中正相应。

〖译文〗

《彖传》说：居高临下监视，阳刚之气逐渐增长，在下者喜悦侍君，在上者柔顺待民，刚中之臣“九二”与柔顺之君“六五”上下应和。非常“亨通”而又行为端正，这是大自然的法则。“到了八月可能会有凶险”，这是因为阳气渐消，不能长久保持。

【19.3】

《象》曰：泽上有地，临。君子以教[①]思无穷，容[②]保民无疆。

〖注释〗

①教：教导。②容：包容。

〖译文〗

《大象传》说：地高泽低，象征着以上临下的督导。君子效法此象，不断教化百姓，同时永无止境地包容保护民众。

〖解说〗

大地居于泽之上，地高于泽，泽容于地，有居高临下之象。“木铎金声，滋兰树蕙。”教育工作者从中得到的启示是，要以高尚的德行感染学生，并不断地教育、包容他们，永无止境地保护他们。

【19.4】

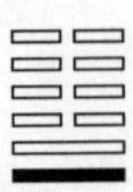

初九：咸[①]临[②]，贞吉。

《象》曰：“咸临，贞吉”，志行正也。

〖注释〗

①咸：通“感”，感化。②临：治理。

〖译文〗

初九：以感化之道治理民众，坚守正道吉祥。

《小象传》说：“以感化之道治理民众，坚守正道吉祥”，是因为“初九”意志行为端正。

〖解说〗

本卦六爻，两个阳爻在下，四个阴爻在上，阳刚盛长而与群阴相互感应，所以“初九”和“九二”爻辞都有“咸临”之象。“初九”以阳爻居阳位得正，心志纯正，待人不是以威制下，而是以德感其心。它与“六四”阴阳正应，相互真诚感召，这样就可以使自己的志向得以实现，最终获得吉祥。

〖智慧点津〗此爻揭示教育贵在人格感化。

〖案例解读〗“一件外套”的深情。据湖北省特级教师光哲清在《一件外套》一文中讲述：班上有一个叫小韬的小男孩，平时比较调皮、任性，经常不完成作业，总爱找理由和老师顶嘴……某个冬天，光老师在校门口值日，看见他穿衣单薄，便提醒他增添衣物，小心着凉，但他满不在乎，扬长而去。随即，光老师给小韬的妈妈发了一条短信，告知了此事。光老师进班正准备上课时，突然打了一个冷战。他下意识地看了一眼小韬，只见他被冻得嘴唇发紫，便对同学们说：“谁穿的衣服多一些，借一件给小韬穿吧！”话音未落，大家不约而同地大声叫着：“我借，我借……”光老师以此为契机，让大家写一篇作文，并对小韬同学的习作当场大力表扬，小韬同学感动得热泪盈眶，并发誓今后一定要改过自新，这真可谓“咸临，贞吉”。

【19.5】

九二：咸临，吉，无不利。

《象》曰：“咸临，吉，无不利”，未顺命也。

〖译文〗

九二：以感化之道治理民众，吉祥，没有什么不利。

《小象传》说：“以感化之道治理民众，吉祥，没有什么不利”，这时民众还没有顺从命令。

〖解说〗

“九二”以阳爻居阴位，“六五”则是以阴爻居阳位，两者位皆失正，因而出现被统御的民众“未顺命”的情景。不过，“九二”居于下卦的中位，与处于尊位的“六五”相应和，能以高尚的人格使“六五”中顺之君感动，协调好与群众的关系。“九二”又上临上交互卦坤，坤为众，为顺，故言“吉，无不利”。此外“九二”逼近上方集结的四个阴爻，他们不会心甘情愿地服从，所以“九二”要德威并重使其听命。

〖智慧点津〗此爻揭示教育应柔中带刚。

〖案例解读〗于永正：严师慈爱。作为名师，于永正平时和蔼可亲，但在教书上则是严格要求，苛责完美。例如，某次在南昌试教大型竞赛课“自己的花是让别人看的”时，于永正悉心帮助年轻老师明确“是”字为翘舌音，不是平舌音；“让”字为翘舌音，不是边音……“严是爱，松是害”，正因为长期如此，年轻老师在于永正的指导下茁壮成长，出类拔萃，“吉，无不利”。

【19.6】

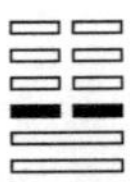

六三：甘①临，无攸②利。既忧之，无咎③。

《象》曰：“甘临”，位不当也。“既忧之”，“咎”不长也。

〖注释〗

①甘：甜，这里指花言巧语。②攸：所。③咎：灾祸。

〖译文〗

六三：用花言巧语统治民众，没有什么好处。如果知道忧惧改过，就没有灾祸。

《小象传》说：“用花言巧语统治民众”，说明“六三”居位不当。如果知道忧惧改过，“灾祸”就不会长久。

〖解说〗

下卦为兑，兑为口，为悦。“六三”上接坤卦，“坤”为土，其味甘，故有“甘临”之象。又本卦呈现阳长阴消，以阳逼阴之势，“六三”最先被逼退，却沉溺于安乐，所以说“无攸利”。“六三”以阴爻居阳位，不中不正，又处“兑”极，因而以甜言蜜语统治民众，当然不利。当然，如果“六三”能及时戒慎改过，就可避免灾祸。

〖智慧点津〗此爻揭示教育工作不可巧言令色。

〖案例解读〗家长承诺别开“空头支票”。有一篇作文的题目是《爸爸、妈妈请遵守您们的诺言》，内容大概是这样的：有一次，迁迁数学考了 100 分，妈妈答应他去动物园玩，结果没有兑现。还有一次期末考试，迁迁语文考了 95 分，爸爸答应送给他一辆自行车，结果也因“资金紧张”而“流产”。“口惠而实不至，怨灾及其身”，家长的“空头支票”既让孩子失去了对家长的信任，又导致他们养成了说谎的坏习惯，得不偿失。

【19.7】

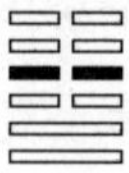

六四：至①临，无咎。

《象》曰："至临，无咎"，位当也。

〖注释〗

①至：到。

〖译文〗

六四：亲临现场治理民众，没有灾祸。

《小象传》说："亲临现场治理民众，没有灾祸"，说明"六四"居位正当。

〖解说〗

下交互卦为震，震为动，为足，足动即为行走。"六四"居于上下卦之间，"地"与"泽"的交接处，故说"至临"。"六四"以阴爻居阴位，当位得正，象征领导者能温和谦虚地亲近群众；"六四"又与下方的"初九"阴阳正应，能得到贤能之士的配合，因而没有灾祸。

〖智慧点津〗此爻揭示教育工作者应亲临第一线，注重调查研究。

〖案例解读〗肖盛怀：家访手记。肖盛怀是湖北省特级教师，参加工作近30年，迄今家访一千多次。家访让他受益匪浅，既了解了学生在家的学习、生活状况，又让家长得知子女在校的学习、思想情况，还让家校关系更加融洽，工作更加得心应手。"家访工作一举多得，让我们永远在路上，且歌且行……"

【19.8】

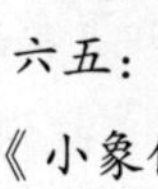

六五：知①临，大君之宜，吉。

《象》曰："大君之宜"，行中之谓也。

〖注释〗

①知：通"智"，智慧。

〖译文〗

六五：以智慧统治民众，伟大的君主应该如此，吉祥。

《小象传》说："伟大的君主应该如此"，是说"六五"奉行了中庸之道。

〖解说〗

若"六五"发生爻变，则上卦变为坎卦，坎为水，水遇到阻碍会主动转弯，流通自如，故有"智"之象。"六五"以柔爻居尊位，又在中位，与下方的"九二"阴阳相应，可见他既能够中道而行，又能委任下方的贤能之士，让他们辅佐自己统治天下，这正是伟大君王最适宜的统治态度，因而吉祥。

〖智慧点津〗此爻揭示应以智慧任用贤才。

〖案例解读〗李希贵的教师激励方案。李希贵作为当代著名教育家，在学校管理方面，非常注重组织成员的参与，突出组织成员的主体性，调动人的潜能和主观能动性，提炼总结了行而有效的教师激励方法。如把检查和评价分开，淡化和慎用评价；设置多种展示舞台，如“青年才俊”窗口，让青年教师交流经验，鼓励他们不断刷新自我，追求卓越，争做师德的表率、育人的模范、教学的专家；让每位教职工在合适的岗位发挥、展示特长；设置各项奖励办法，让教师充分施展自己的才能；通过媒体和社会活动，把优秀教师推向社会和大众……实践证明，这些激励方案收效显著，可谓“大君之宜”。

【19.9】

䷒

上六：敦①临，吉，无咎。

《象》曰：“敦临之吉”，志在内②也。

〖注释〗

①敦：厚。②内：指下卦，老百姓。

〖译文〗

上六：以厚道来统治民众，吉祥，没有灾祸。

《小象传》说：“以厚道来统治民众是吉祥的”，是因为君主的志向在治理好老百姓。

〖解说〗

上卦为坤，坤为地，为厚，故言“敦”。“上六”处于坤卦和临卦之极，地厚足以承载万物，是一个仁厚的长者。“上六”又以阴爻居阴位得正，虽和内卦兑泽的“六三”无应，然而能尊贤（“初九”和“九二”）以取善，心存仁厚以临民，同时恩泽下方，所以说“志在内也”，吉祥而没有灾祸。

〖智慧点津〗此爻揭示教育学生贵在敦厚、善良。

〖案例解读〗陶行知“四颗糖”教育王友。陶行知是我国当代著名的教育家，有许多教育学生的感人故事。有一次，学生王友用泥块砸自己班上的男生，陶行知发现并制止后，叮嘱他放学后到校长室去。放学后，陶行知来到校长室，王友早已等着挨训了。陶行知却笑着掏出一颗糖果送给他，说：“这是奖给你的，因为你按时来到这里，而我却迟到了。”王友接过糖果后，陶行知又掏出第二颗糖果放到他手里，说：“这也是奖励你的，因为我不让你打人时，你立即住手了，这说明你很尊重我，是一个懂事的孩子。”王友惊讶地看着陶行知。这时，陶行知又掏出第三颗糖果塞到他手里，说：“我调查过了，你用泥块砸那些男生，是因为他们欺负女生；你砸他们说明你很正直善良，且有跟坏人做斗争的勇气，应该奖励你啊！”王友感动极了，他流着眼泪后悔地说：“陶校长，我错了，我砸的不是坏人，而是自己的同学呀……”陶行知满意地笑了，他随即掏出第四颗糖果递过去，说：“为你正确地认识自己的错误，我再奖给你一块糖果。我的糖发完了，我们的谈话结束了，你可以离开了。”

20. 观卦第二十——观生察己

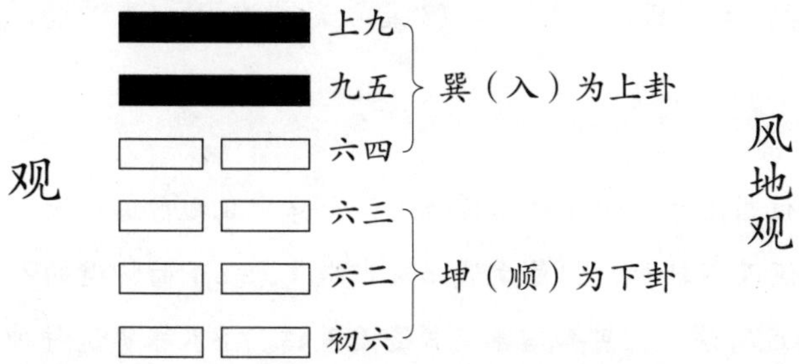

导读 “内行看门道，外行看热闹。”教育工作者只有善于观察，学会自我反思，教育教学才能有的放矢。

卦体下坤上巽。巽为风，坤为地，风行地上，遍及诸物，有君主巡视邦国、了解民情、施行德教之象。卦中在上者“九五”以中正之德示人，在下者（四个阴爻）以敬仰瞻上，人心顺服归从。“观”，即“觀”，本义为大眼猛禽瞪大眼睛察看，《说文解字》释为“审谛察看”。《观》，卦义为观察，省视，有展示和瞻仰之意。本卦主要阐释教师察己观生的智慧。

【20.1】

观：盥①而不荐②，有孚③颙若④。

〖注释〗

①盥：祭祀时用酒洒地以迎神。②荐：草垫子。这里通“献”，指进献、祭献。③孚：诚信。④颙（yóng）若：诚敬的样子。

〖译文〗

观卦象征观察：在祭祀时洒酒迎神，还未进献祭品，就表现出诚敬的样子。

〖解说〗

古人祭祀，先盥而后荐。盥礼初始盛美，仪式隆重，即使不献牲，人们虔诚之貌也已显露在脸上。“祭如在，祭神如神在”。本卦通过祭祀贵在虔诚而不在于祭品的丰厚，揭示出观的本质在由表及里，透过现象抓住事物的实质。

【20.2】

《彖》曰：大观在上，顺而巽[①]，中正以观天下，观。“盥而不荐，有孚颙若”，下观而化也。观天之神道，而四时不忒[②]。圣人以神道设教，而天下服矣。

〖注释〗

①顺而巽：观卦下卦为坤，为柔顺。上卦为巽（“巽”通“逊”），为谦逊，故言“顺而巽”。②忒：差错。

〖译文〗

《彖辞》说：宏大壮观者位居上方，他柔顺而又谦逊，秉守中正之德遍观天下，这就是观卦。“祭祀时，祭者灌酒而不献牲，但是虔诚而又肃敬”，在下面仰观的人就会受到教化。观察大自然神秘的运行法则，可知四季交替毫无差错。圣人根据这种神妙的规律来施行教化，就能使天下人顺服。

【20.3】

《象》曰：风行地上，观。先王以省[①]方[②]观民设教。

〖注释〗

①省：巡视。②方：邦国。

〖译文〗

《大象传》说：风吹拂在大地上，象征着观察。古代君王效法此象，从而巡视邦国，观察民情，施行教化。

〖解说〗

风吹拂大地而遍及万物，有在上者以道义观天下，在下者以敬仰瞻上之象。“君子之德风，小人之德草，草上之风必偃。”教育工作者从中得到的启示是，应当广泛地观察学生思想和学习动态，以反思教情、学情，从而使教育教学更有的放矢。

【20.4】

初六：童[①]观，小人[②]无咎，君子吝。

《象》曰：初六“童观”，小人道也。

〖注释〗

①童：孩童，这里喻指幼稚无知。②小人：指普通百姓。

〖译文〗

初六：像幼稚的儿童一样观察事物，这对普通百姓来说，没有害处，但对担任教化重任的君子来说，未免有憾惜。

《小象传》说：初六"像幼稚的儿童一样观察事物"，这是普通百姓的浅见之道。

〖解说〗

上交互卦为艮，艮为少男。"初六"为观卦初始之柔爻，柔为小，"初"亦小，故有"童观"之象。"童观"，这里指见识浅陋。"初六"以阴爻居阳位，位卑居下不正，距离"九五"遥远，因而，鼠目寸光，不能高瞻远瞩。这对普通百姓来说，没有过失，但对身负教化责任的人来说，则是遗憾。

〖智慧点津〗此爻揭示观察应目光长远，有远见卓识。

〖案例解读〗陈姓家长让女儿辍学打工。受到种种因素的影响，一些家长认为读书没有什么用处，难以养家糊口，纷纷让子女辍学，或在家务工，或出外学一技之长。笔者就有一位姓陈的乡亲，其女儿成绩尚可，当时考上了市里一所较好的高中。女儿非常想去读书，但是她父亲认为做服装行业来钱快，作为一个女孩子学历再高，最终也是找一个婆家嫁了完事。于是，还在暑期，她即在父亲的安排下南下广州，跟着亲戚学做衣服。这种"读书无用论"的"童观"之见，令人扼腕叹息。

【20.5】

六二：窥①观，利女贞。

《象》曰："窥观，女贞"，亦可丑也。

〖注释〗

①窥：从门缝中向外偷看。

〖译文〗

六二：由门缝中偷观景物，有利于妇女坚持正道。

《小象传》说："由门缝中偷观景物，有利于妇女坚持正道"，但对男子汉来说可就是一件丑事了。

〖解说〗

上交互卦为艮，艮为门，"六二"在内卦之中窥视外卦"九五"，故有"女窥观"之象。"六二"以阴爻居于阴位，柔弱黑暗，见识不广。它距离中正之君"九五"比较遥远，因而观看其光辉，眼花缭乱，看不清楚，好像是由门缝中偷看。这对于不出闺房、自守贞洁的女子来说，还算正常，但对在外办大事的男子而言，可就是一件丑事了。

〖智慧点津〗此爻揭示观察应视野开阔，纵览全局。

〖案例解读〗北京大学破格录取偏科生罗家伦。1917年北京大学入学招生考试，考生罗家伦，数学考了零分，作文却得了满分。阅卷老师胡适和校长蔡元培非常赏识他，“破格”把他招进北京大学。后来，罗家伦出任国立清华大学首任校长，成为我国著名的教育家、思想家和社会活动家。

【20.6】

䷓

六三：观我生①，进退。

《象》曰：“观我生，进退”，未失道也。

〖注释〗

①生：生活，行为。

〖译文〗

六三：观察审视自我行为，抉择进取或后退。

《小象传》说：“观察审视自我行为，抉择进取或后退”，这样做没有偏离观察的正道。

〖解说〗

上卦为巽，巽为风，风时而前进，时而后退，可引申为进退。“六三”上临巽卦，故有“进退”之象。又“六三”在下卦的最上方，与上卦紧临，处于可进可退的位置。因而，它反观自身的处境，来决定进退取舍，没有偏离正道。

〖智慧点津〗此爻揭示观察应有主见，根据自身的处境来决定进退取舍。

〖案例解读〗于漪：当蝴蝶飞进教室。有一次，著名特级教师于漪正在上语文课。突然，几只美丽的蝴蝶飞进教室，吸引了同学们的注意。她想，如果强行让大家把注意力回归课堂，还是会有学生心不在焉，根本收不到良好的教学效果。不如顺水推舟，趁机换个“蝴蝶”话题。于是，她首先让同学把蝴蝶赶走，然后以“蝴蝶飞进教室”为谜面，让大家猜一个词牌名。虽然蝴蝶被赶走让同学们颇感失望，但是一听要猜谜语，大家顿时又来了兴致。可大家苦思冥想仍然不得其解。这时，她微笑着说出了答案：“谜底是‘蝶恋花’，因为你们都是祖国的花朵呀！”同学们听后，纷纷发出会心的笑声。就这样，这节语文课得以顺利进行。课堂瞬息万变，各种情况都会发生，一个教师只有善于随机应变，“观我生，进退”，才能“未失道也”。

【20.7】

䷓

六四：观国之光①，利用宾②于王。

《象》曰：“观国之光”，尚宾也。

〖注释〗

①国之光：即一国的政德光辉，如政治清明、经济繁荣等。②宾：即“仕”，古代有德行的人，前往朝廷效力，天子以接待宾客的礼仪招待。

〖译文〗

六四：观察一国的政德光辉，有利于入朝辅佐君王。

《小象传》说：“观察一国的政德光辉”，这说明该国尊重贤明的宾客。

〖解说〗

下交互卦为坤，坤为国土。上交互卦为艮，艮为光明，故有“观国之光”之象。又巽为风，为利，四位是宾，五位是王，故说“利用宾于王”。“九五”之君既中且正，德高望重，是一位英明的领导者。“六四”以阴爻居阴位，居中守正，乃是国君身边的重臣。由于他最接近“九五”之尊，所以可以深入而全面地了解其施政情况。如果君王贤明，就极力辅佐他，为国效力；反之，则早作打算离开，所谓“邦有道则仕，邦无道则隐”。

〖智慧点津〗此爻揭示应观察国情和民情，从政为民分忧。

〖案例解读〗周洪宇：“人民代表为人民”。周洪宇曾担任全国人大代表。他一直关注教师权益，多次在全国两会上为教育权益呼吁，竭力为教育建言献策。如“教师应具有教育惩戒权（不含体罚、辱骂、打骂）”“建立独立的教育公务员制度”等。“代表”不为民做主，不如回家卖红薯，正如申纪兰生前所言：“人民代表就要代表人民的利益，要是代表自己，就不是人民代表了。”

【20.8】

䷓ **九五：观我生，君子无咎①。**

《象》曰：“观我生”，观民也。

〖注释〗

①咎：过错，祸患。

〖译文〗

九五：审视自我行为，君子就不会有灾祸。

《小象传》说：“审视自我行为”，首先要观察民风民情。

〖解说〗

“九五”以阳爻居于阳位，既中且正，是观卦的主爻，象征着一位贤明之君。他处于群阴之上，能够统观全局，体察民情，作为反观自己的借鉴。“天视自我民视，天听自我民听”，百姓民生是施政者的“晴雨表”。“九五”又是民众反观的对象，承担着教化民众的责任，他只有既外观体察民情，又内观反省自我，才能避免灾祸，百姓才能安居乐业。

〖智慧点津〗此爻揭示当政者观己要与观民相结合，检讨反省。

〖案例解读〗李情豪调研指导学前教育工作。2019年3月9日，湖北省人民政府督学，享受国务院特殊津贴专家李情豪教授深入到南宁市青秀区调研指导学前教育改革发展实验区工作。他先后走访调研了9所幼儿园，对各幼儿园的校园文化内涵、办学特色、户外环境、班级区域游戏环境、幼儿活动等方面进行了深入考察，并对各幼儿园校园文化的构建提出了全新的建议和宝贵的指导意见。“知屋漏者在宇下，知政失者在草野。”教育主管部门只有广泛地了解民情，才能更好地科学决策，更好地服务民生。

【20.9】

䷓

上九：观其①生，君子无咎。

《象》曰：“观其生”，志未平②也。

〖注释〗

①其：指“九五”之君。②平：安定。

〖译文〗

上九：观察君主的所作所为，这样君子才不会有灾祸。

《小象传》说：“观察君主的所作所为”，是因为君子忧国忧民的心志没有安定。

〖解说〗

若“上九”发生爻变，则上卦成为坎，坎为心志，为忧愁，故有“志未平”之象。“上九”阳爻居刚亢之位，象征“太上皇”，贵而无位，高而无民。一方面，“上九”亲近“九五”之君，常怀君王之忧；另一方面，“上九”又处于民众的目光注视之下，不可有任何失误的言行。所以，他只有时刻审身察己，观察社会民生，才能确保自身无咎。

〖智慧点津〗此爻揭示当政者既是监督者，又是被监督者，应时刻戒惧。

〖案例解读〗教育部督导“五项管理”。2021年5月，教育部召开全国中小学“五项管理”落实推进视频会。会议要求，将中小学生作业、睡眠、手机、读物、体质等“五项管理”纳入县域义务教育质量评价范围，纳入教育督导一号工程，确保有关要求落实到位，为学生身心健康成长提供有力保障。这就是“观其生，君子无咎”。

21. 噬嗑（hé）卦第二十一——依法执教

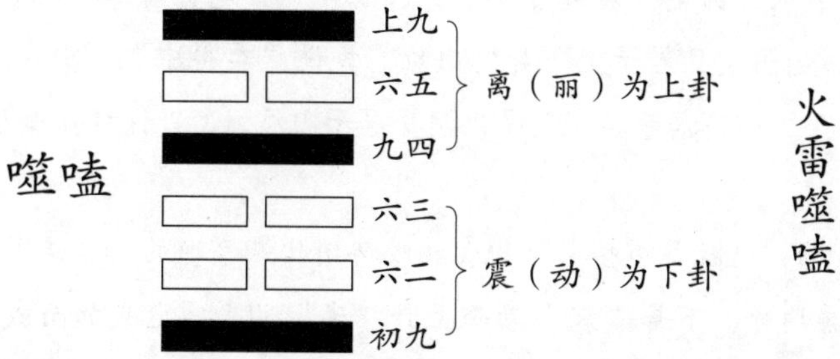

导读 “没有规矩，不成方圆。”教育工作者应遵纪守法，努力做一名让人民满意的好老师。

卦体下震上离。离为火，为明，震为雷，为动，有威明执法断狱之象。卦形似口中有物，“九四”如障碍横亘其中，如果口咬之，则嘴巴合拢，一切梗塞消除，变通畅。“噬”，啖，咬吃；“嗑”，话多。“噬嗑”，本义为咬食、说笑，引申为磨合，除去梗塞之物。本卦主要阐述教师应依法执教的道理。

【21.1】

噬嗑：亨。利用①狱②。

〖注释〗

①用：决断。②狱：讼狱，官司。

〖译文〗

噬嗑卦象征咬合：亨通。有利于审理案件。

〖解说〗

凡事不能通畅，必有阻塞之物。卦中“九四”如小人、社会不良分子，从中作梗，今用刑罚“噬”而“嗑”之，社会就可以风清气正，所以说“噬嗑，亨”。噬嗑之道贵在明威并重，明照则洞察秋毫，威震则莫敢不服。“六五”为治狱之主，它以阴爻居于尊位，且在上卦离体之中，象征能用中庸之道、威明之德执行刑罚，所以说“利用狱”。

【21.2】

《彖》曰：颐中有物，曰噬嗑。噬嗑而亨，刚柔分①，动而明②，雷电合而章③。柔得中④而上行，虽不当位⑤，“利用狱”也。

〖注释〗

①刚柔分：指本卦六爻中有三个阳爻和三个阴爻，他们数目相等。②动而明：噬

嗑卦下卦为震，为动；上卦为离，为明，故言“动而明”。③雷电合而章：“章”通“彰”，明显。震为雷，离为火，为电，震离合成一卦，故言“雷电合而章”。④柔得中：“六二”和“六五”都是阴爻且居于上下卦的中位，故说“柔得中”。⑤不当位：“六五”本是阴爻，本当在下，却高居上位，又是以阴爻居于阳位，所以说“不当位”。

〖译文〗

《彖传》说：嘴里有食物，这就是噬嗑卦。把食物咬碎消化是亨通的，这是因为卦中三个阳爻和三个阴爻刚柔均分，下卦“震”动而上卦“离”明，雷电交加而威明昭显。“六五”以阴爻占据中位并且向上运行，虽然居位不当，但“有利于审理案件”。

【21.3】

《象》曰：雷电，噬嗑。先王以明罚敕①法。

〖注释〗

①敕（chì）：整顿。

〖译文〗

《大象传》说：雷电交加，象征着咬合。古代帝王效法此象，从而严明刑法，整顿法令。

〖解说〗

离为火，为闪电。电闪雷鸣，雷电交击，有咬合之象。教育工作者从中得到的启示是，对于违反校纪校规的学生，必须严明纪律，依规处理。

【21.4】

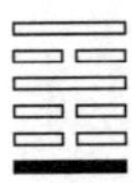

初九：屦①校②灭③趾，无咎。

《象》曰：“屦校灭趾”，不行也。

〖注释〗

①屦（jù）：鞋，这里用作动词，穿上、套上 。②校（jiào）：桎梏，这里指脚镣。③灭：遮住。

〖译文〗

初九：脚上套着刑具，遮住了脚趾，没有灾祸。

《小象传》说：“脚上套着刑具，遮住了脚趾”，是为了让“初九”不再作恶。

〖解说〗

下卦为震，震为动，为足，故言“趾”。震又为木，木材可以制作刑具，故言“校”。下交互卦为艮，艮为山，为停止。“初九”处震下，它和“九四”敌应，

“九四”位于上交互卦坎中，坎为陷，故有“屦校灭趾，不行”之象。初、上两爻以刑具为喻，相当于罪犯；“六二”“六三”“九四”“六五”四个爻则以食肉为喻，类似于执法者。“初九”处卦之初，象征初触刑罚，罪刑不大，所以只罚带脚镣，伤到脚趾。又由于它以阳爻居阳位，刚躁好动，所以必须小惩大诫，让它止恶于萌，这可说是“初九”的福气。

〖智慧点津〗此爻揭示对小的过错要适当惩罚，防患于未然。

〖案例解读〗3名中学生半夜偷自行车被民警当场抓获。2017年3月26日凌晨，3名中学生潜入十堰郧阳区一小区内盗窃自行车，被民警当场抓获。经查，此次是他们第三次趁周末到郧阳区盗窃，累计已盗窃6辆自行车。经突审，陈某、崔某、张某3人均系十堰城区一所中学的学生。因3人均系未成年人，民警已让其家长领回，并责令严加管教。

【21.5】

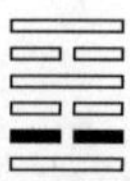

六二：噬肤①灭②鼻，无咎。

《象》曰：“噬肤灭鼻”，乘刚也。

〖注释〗

①肤：柔软的肉。②灭：浸没。

〖译文〗

六二：咬松软的腊肉，连鼻子也浸没进去，没有灾祸。

《小象传》说：“咬松软的腊肉，连鼻子也浸没进去”，说明“六二”乘凌在“初九”之上。

〖解说〗

下交互卦为艮，艮为肤（一阳在外），为鼻（如山高耸）。上交互卦为坎，坎为陷。若“六二”发生爻变，则下卦变为兑卦，兑为口，故有“噬肤灭鼻”之象。“六二”以阴爻居阴位得正，在下卦中位，象征柔顺中正的执法者。他处置罪犯，就像咬柔软的肉陷鼻那样深严。卦中“六二”位居刚爻“初九”之上，此时，罪犯犯错变本加厉，如果不对其采取相应的惩罚，将收不到惩戒的效果。不过，因为“六二”得中，量刑恰当，所以不会有过错。

〖智慧点津〗此爻揭示对违法违规行为应严肃处理。

〖案例解读〗沧州一教师收受学生家长礼品、礼金受到严肃处理。2021年8月，教育部公开曝光了第七批8起违反教师职业行为十项准则典型问题，其中沧州一起。河北省沧州市华北油田某学校教师曹某某先后收受学生家长海鲜、茶叶、水果等物品及现金1000元。曹某某的行为违反了《新时代中小学教师职业行为十项准则》第九项规定。

根据《中国共产党纪律处分条例》《事业单位工作人员处分暂行规定》《中小学教师违反职业道德行为处理办法（2018年修订）》等相关规定，给予曹某某党内警告处分、行政记过处分。

【21.6】

六三：噬腊肉①，遇毒。小吝，无咎。

《象》曰："遇毒"，位不当也。

〖注释〗

①腊肉：用风吹干坚硬的干肉。

〖译文〗

六三：像咬坚硬的腊肉，中了毒。小有不适，但没有灾祸。

《小象传》说："中了毒"，这是因为"六三"居位不正当。

〖解说〗

上交互卦为坎，坎为险陷，引申为毒，故有"遇毒"之象。"六三"以阴爻居阳位，不中不正，象征执法不能公正，引起罪犯反抗；就像咬坚硬又味浓的干肉，会有小的挫折。但"六三"向上既承顺"九四"，又有"上九"应援，终能清除障碍，不会有过错。

〖智慧点津〗此爻揭示应坚决排除障碍。

〖案例解读〗云南：家长放任孩子辍学被起诉。2020年1月，云南丘北县官寨乡人民政府起诉了两位家长，原因是这两位家长没有把适龄孩子送到学校。庭审中，通过法庭调查、举证质证、法庭辩论等环节，辍学学生的家长对自己没有履行法律义务，默许放任子女辍学的违法行为有了清醒的认识，纷纷表示愿意立即送子女返校读书。

【21.7】

九四：噬干胏①，得金矢②。利艰贞，吉。

《象》曰："利艰贞，吉"，未光也。

〖注释〗

①胏（zǐ）：有肉的骨头。②金矢：铜箭头。古代称铜为金。

〖译文〗

九四：咬带骨头的干肉，得到铜箭头。有利于在艰难中守正，吉祥。

《小象传》说："利于在艰难中守正，吉祥"，但是执法治狱之道尚未发扬光大。

〖解说〗

上交互卦为坎，坎为艰险，为豕，豕为猪。上卦为离，离为火，为雉，即野鸡，猪肉、野鸡经过处理后被做成干肉。坎又为弓矢，离又为戈兵，弓上有兵器，即箭头，故有爻辞诸象。“干胏”比“腊肉”还要坚硬，这里暗指罪犯负隅顽抗，案件难办，在这种困难的情况下，执法者必须像金属一般刚强，像箭一般正直，明察秋毫，坚守正道，最后才会吉祥。又由于“九四”以阳爻居阴位，不中不正，所以说，治狱之道还不够光明正大。

〖智慧点津〗此爻揭示判决重大案件，必须坚持正义，克服阻力。

〖案例解读〗家长酒后无理“校闹”被判刑。2020 年 9 月 15 日下午，被告人赵某酒后送孩子到定远县某幼儿园上学，在其孩子进入幼儿园教学楼后，赵某以自己的孩子在幼儿园被人欺负为由，要求进入教学楼找老师询问情况。幼儿园保安周某担心赵某酒后影响教学秩序和校园安全，便对赵某进行阻拦和劝解，引起赵某不满。赵某不听阻拦，对周某进行殴打。幼儿园老师吴某见状也上前将赵某拉开，并劝其尽快回去，赵某非但没有听劝，还两次用脚对正欲关门的周某的腹部和腿部进行踢踹，致其腿部受伤。法院经审理认为，被告人赵某已构成寻衅滋事罪，依法判处其有期徒刑一年六个月，缓刑二年执行。

【21.8】

六五：噬干肉，得黄金①。贞厉②，无咎。

《象》曰：“贞厉，无咎”，得当也。

〖注释〗

①黄金：黄铜。②厉：危险。

〖译文〗

六五：咬干肉，吃到一粒黄铜。坚守正道以防危险，没有灾祸。

《小象传》说：“坚守正道以防危险，没有灾祸”，说明“六五”的行为得当。

〖解说〗

若“六五”发生爻变，则上卦变为乾卦，乾为金，为刚健，故有“噬乾肉，得黄金”之象。“黄”在五色之中是中央之色，代表中央，象征中庸。“金”象征刚强，“黄金”象征刚中之德。“六五”是治狱之主，居于君位，它以阴爻居阳位，虽然失正，但它柔顺又守中，面对大案要案，如果能发扬刚中之德，谨慎用刑，就不会有过错。

〖智慧点津〗此爻揭示刑罚必须刚柔并济，礼刑齐用，公正决断。

〖案例解读〗湖南一高校一次性清退 22 名挂科生，40 名留级。2018 年 10 月，湖南某职业技术学院为全面从严治校，狠抓“校风、学风、教风”，对 2017—2018 学年经补考后学业成绩未达到要求的 22 名学生予以退学处理，另外 40 名学生留级。此举

"噬干肉""贞厉"，无疑给那些得过且过的大学生敲响了警钟。

【21.9】

上九：何[1]校灭[2]耳，凶。

《象》曰："何校灭耳"，聪[3]不明也。

〖注释〗

①何：通"荷"，负荷，扛。②灭：遮住。③聪：听觉。

〖译文〗

上九：肩扛着枷锁，遮住了耳朵，有凶险。

《小象传》说："肩扛着枷锁，遮住了耳朵"，说明"上九"积恶不改，不听忠告而获罪。

〖解说〗

上爻互卦为坎，坎为险陷，引申为枷锁、耳朵，它在"上九"之下，故有"何校灭耳"之象。"上九"居于本卦之极，是重罪受刑者，它以阳爻居阴位失正，罪大恶极，必然自取灭亡。

〖智慧点津〗此爻揭示犯罪到了极点，终将灭亡。

〖案例解读〗美国校园枪击案。2018 年 2 月 14 日下午 2 点左右，美国佛罗里达州帕克兰布高中发生一起校园枪击案件。执法当局指出，19 岁的枪手尼古拉斯·克鲁兹曾经由于"纪律原因"被这所学校开除，情人节当日他戴着防毒面具，在校内开枪扫射，在他遭警方逮捕前，已杀害 17 人。"恶积而不可掩，罪大而不可解"，克鲁兹最终受到了法律的严惩。

22. 贲（bì）卦第二十二——师生礼仪

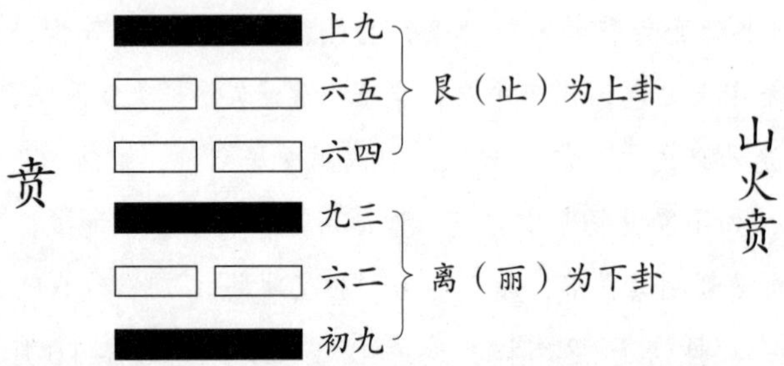

导读 "爱美之心，人皆有之。"教育工作者应以身作则，为人师表。同时，要教育学生做到心灵和仪表并美，学业和品德兼修。

卦体下离上艮。艮为山，为止，离为火，为明，为山下有火，文彩交相辉映之象。“贲”，《说文解字》中说：“饰也。”卦义为文饰、修饰，喻指文明教化。全卦下卦侧重从“文”的角度谈文饰从属于实质，上卦侧重于从“质”的角度谈文饰返归于实质。本卦主要阐述师生应注意个人形象，文明守礼的道理。

【22.1】

贲：亨。小利有攸[1]往。

〖注释〗

①攸：所。

〖译文〗

贲卦象征文饰：亨通。前往则有小利。

〖解说〗

“人靠衣装马靠鞍。”装饰能让我们的生活更加美好。本卦内“离”明外“艮”止，以文明的制度，使每个人行为有分寸，这就是社会生活中必要的装饰。所以，人们依礼而行，必然亨通无比。不过“贲”只是装饰，虽然美化，但不可喧宾夺主，舍本逐末，所以，只是“小利有攸往”。

【22.2】

《彖》曰：贲，“亨”。柔来而文刚[1]，故“亨”。分刚上而文柔[2]，故“小利有攸往”。刚柔交错，天文也。文明以止[3]，人文也。观乎天文，以察时变。观乎人文，以化成天下。

〖注释〗

①柔来而文刚：阴卦“离”居下而文饰上面的阳卦“艮”，或者指“六二”文饰“初九”和“九三”。②刚上而文柔：上面的阳卦“艮”文饰下面的阴卦“离”，或者指“上九”文饰“六五”和“六四”。两者说的都是阳刚和阴柔彼此文饰。③文明以止：贲卦下卦离为文明，上卦艮为止，故言“文明以止”。

〖译文〗

《彖传》说：文饰，“亨通”。阴柔的离卦下来文饰阳刚的艮卦，所以说“亨通”。分出了阳刚的艮卦向上去文饰阴柔的离卦，所以说“前往则有小利”。日月星辰刚柔交错，这是大自然的文饰。用文明制度来约束人，这是人类的文饰。圣人观察大自然的文饰，可以洞察时序的变迁；观察人类社会的文饰，可以教化并成就天下之人。

【22.3】

《象》曰：山下有火，贲。君子以明庶①政，无敢折②狱。

〖注释〗

①庶：众多。②折：判决。

〖译文〗

《大象传》说：山下燃烧着火焰，草木流光溢彩，象征着文饰。君子效法此象，像火一样明察各种政务，不能用修饰的方法轻率判决案件。

〖解说〗

山下有火，火光映照层峦，草木百兽，呈现出光彩耀眼之象。教育工作者从中得到的启示是，要加强校园文明礼仪教育，规范学生行为。同时，要让学生自觉遵守校纪校规，不违背国家的方针政策，不触碰法律的底线。

【22.4】

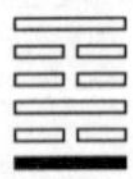

初九：贲①其趾②，舍车而徒③。

《象》曰："舍车而徒"，义④弗⑤乘也。

〖注释〗

①贲：修饰。②趾：脚趾。③徒：徒步，步行。④义：通"宜"，道理。⑤弗：不。

〖译文〗

初九：修饰自己的脚趾头，甘愿放弃乘车而徒步行走。

《小象传》说："甘愿放弃乘车而徒步行走"，因为"初九"在道义上不该乘车。

〖解说〗

按照《周易》体例，初爻作为身体取象一般为足，为脚趾。"初九"和"六四"相应，"六四"位于下交互卦坎之中，坎为破车，若"初九"发生爻变，则下卦为艮，艮为阻止，故有"舍车而徒"之象。"初九"处贲卦之初，所以文饰程度最轻，只是简单装饰一下脚趾，可以说是朴素无文。"初九"以阳爻居阳位得正，虽位卑低下，但不慕虚荣，洁身自好，拥有朴素之美。

〖智慧点津〗此爻揭示文饰应质朴。

〖案例解读〗爱因斯坦着装朴素。爱因斯坦是现代物理学的开创者和奠基人。他一生潜心科学研究，从不讲究穿着。有一次，比利时国王和王后慕名邀请他前去做客，他们按约定时间派司机前去接他。大约半小时后，司机开着空车回来了。原来爱因斯坦穿着破旧的衣服去赴约，而司机以貌取人，没有认出他来。

【22.5】

六二：贲其须。

《象》曰："贲其须"，与上[①]兴[②]也。

〖注释〗

①上：指居上的阳爻"九三"。②兴：兴起，兴旺。

〖译文〗

六二：修饰自己的胡须。

《小象传》说："修饰自己的胡须"，是说"六二"与它上面的"九三"共同兴起。

〖解说〗

"九三""六四""六五""上九"四个爻组成颐卦，颐为面颊、腮帮，胡须在腮帮之下，故有"贲其须"之象。"六二"以阴爻居于阴位，柔顺中正，与上方阳刚得正的"九三"异性相吸，一起行动，得以兴盛。"九三"如脸面，"六二"如胡须，"阴随阳而动，文附质而行"，两者志同道合，才能共建功业。

〖智慧点津〗此爻揭示文饰不可以脱离实质而存在。

〖案例解读〗海派名家进校园。2022 年 9 月，上海市闵行区古美路街道举行学区化办学"海派名家进校园"签约仪式，6 位海派名家与辖区内 11 所中小学结对签约。艺术家们将从书法、国画、篆刻等不同领域，将艺术融入教学日常，提升中小学生的艺术素养。古美路中小学的师生在名家助力之下，接受传统文化的滋养和传统艺术的熏陶，享受到更具高雅格调的校园文化，实现"与上兴也"的愿景。

【22.6】

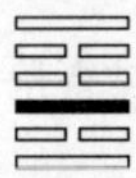

九三：贲如，濡如[①]，永贞吉。

《象》曰："永贞"之"吉"，终莫之陵[②]也。

〖注释〗

①濡如：光泽的样子。②陵：通"凌"，侵犯。

〖译文〗

九三：修饰得光泽柔润，永远坚守正道，便可获得吉祥。

《小象传》说："永远坚守正道"的"吉祥"，是说终究没有人能欺凌它。

〖解说〗

下交互卦为坎，坎为水，为陷溺，"九三"身处其中，故有"贲濡"之象。"九三"被上下两个阴爻装饰得光泽柔润，然而不能沉溺其中不能自拔，要永远坚守正道，才能吉祥。文饰应适可而止，不可以使“文”凌驾于“质”之上。

〖智慧点津〗此爻揭示文饰不可过度，掩盖实质。

〖案例解读〗公开课走秀“华而不实”。如今许多公开课已经变成“奢华花哨”的走秀课：老师是“导演”，学生是“道具”，课堂把学生步步套入预定的“埋伏圈”，学生一次又一次被彩排，每一个环节都尽善尽美……最终，学生在“声光电”中，如看电影一样，画面华丽，但一无所获。因此，我们必须反思这种过度“包装”而引起的浪费资源的短视行为，让公开课发挥应有的作用。

【22.7】

䷕

六四：贲如皤①如，白马翰如②。匪③寇，婚媾④。

《象》曰：“六四”当位，疑也。“匪寇，婚媾”，终无尤也。

〖注释〗

①皤：白色。②翰如：飞快奔跑的样子。③匪：非。④婚媾：结婚。

〖译文〗

六四：打扮得全身素白，骑着一匹雪白的骏马，飞快地往前奔驰。他们不是来抢劫的，而是前来求婚的。

《小象传》说：“六四”阴爻所处的位置，让人疑虑重重。“他们不是抢劫的，而是前来求婚的”，说明最终没有过失。

〖解说〗

若“六四”发生爻变，则下交互卦为巽卦，巽为白。下交互卦为坎，坎为美脊马，为隐伏，为强盗。本卦下卦为“离”，侧重讲文饰；上卦为艮，艮为止，贲终返素，重在谈质朴。“六四”以阴爻居阴位得正，故文饰非绚丽，而是自然、真诚，有返璞归真之象。“六四”本与“初九”阴阳正应，心心相印，相互装饰，“九三”如强盗隔在中间阻拦，也难拆天作之合，所以没有过错。

〖智慧点津〗此爻揭示文饰应以实质为本，文质相配。

〖案例解读〗唐宋“古文运动”。骈文又称骈体文，以双句为主，讲究对仗的工整和声律的铿锵，注重修辞和运用典故，始于汉末，盛行于南北朝时期。然而，由于刻意追求辞藻的华丽，反而影响内容的表达，产生诸多流弊。唐代的韩愈、柳宗元和宋代的欧阳修等为了革除这些弊端，大力倡导“古文运动”，推崇质朴典雅的古文，扭转了文坛风气。

【22.8】

六五：贲于丘园，束帛[①]戋戋[②]，吝，终吉。

《象》曰："六五之吉"，有喜也。

〖注释〗

①束帛：五匹一束的绢。②戋戋（jiān）：轻少。

〖译文〗

六五：装点山丘田园，用一束微薄的丝绢，虽显吝啬，但最终可获吉祥。

《小象传》说："六五的吉祥"，说明有喜事来临。

〖解说〗

上卦为艮，艮为山丘，上交互卦为震，震为树木，故有"贲于丘园"之象。古代贤士多隐居田园，这里指艮山外的"上九"。"六五"以柔爻居尊位，具有仁厚之德。国君不去装饰豪华的都市，而去简单装饰内在朴实的山丘林园，说明他崇尚简朴。同时，"六五"之君以薄礼来请贤人"上九"出山，他赠送的礼物，虽寒酸和吝啬，但由于君臣都有质朴之德，所以最终会带来吉祥。

〖智慧点津〗此爻揭示文饰重在实质，贵在简朴。

〖案例解读〗林睿校长"节俭"言传身教。自2008年担任乐东县民族中学校长后，林睿将自己节俭的作风在学校里进行言传身教。他以点带面，倡导师生养成节俭习惯。一度电、一滴水、一张纸，乃至绿色出行，事事显见节俭，处处有关美德。由于他事事以俭为荣，处处以俭养德，整个校园节俭蔚然成风，成为该校一张靓丽的名片，此实乃"束帛戋戋，吝，终吉"。

【22.9】

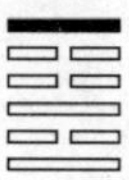

上九：白[①]贲，无咎。

《象》曰："白贲，无咎"，上[②]得志也。

〖注释〗

①白：朴素，不文饰。②上：指"上九"居于全卦最上位。

〖译文〗

上九：打扮朴素，没有灾祸。

《小象传》说："打扮朴素，没有灾祸"，因为这完全符合"上九"朴素无华的心志。

〖解说〗

《杂卦传》曰："贲，无色也。"所以说"白贲"。"上九"下乘重阴，所以说"得志”。“上九”不中不正，和“九三”无应，本应有咎，但其处贲卦之极，贲极而剥，归于朴素，文极返质，重为“白贲”，故终能“无咎”。“丹漆不文，白玉不雕”，“上九”能持“白”自守而得其志，所以没有什么祸害。

〖智慧点津〗此爻揭示文饰的最高境界在于返璞归真。

〖案例解读〗爱因斯坦穿旧大衣的故事。爱因斯坦没有成名时，生活非常艰苦，在衣着上十分朴素。有一天，他走在街头，碰见了一个熟人。那人见他穿得很寒酸，就问他：“你怎么穿得这么破啊？”爱因斯坦笑着说：“没关系的，这里没有人认识我。”几年以后，爱因斯坦成为世界著名的科学家。那位熟人再次遇见他，惊讶地问道：“你怎么还是穿得这么破？”爱因斯坦依然笑着回答说：“我不需要买新衣服了，反正这里的每个人都认识我。”这正好诠释了“人生最低的境界是平凡，其次是超凡脱俗，最高是返璞归真的平凡”。

23. 剥卦第二十三——防微杜渐

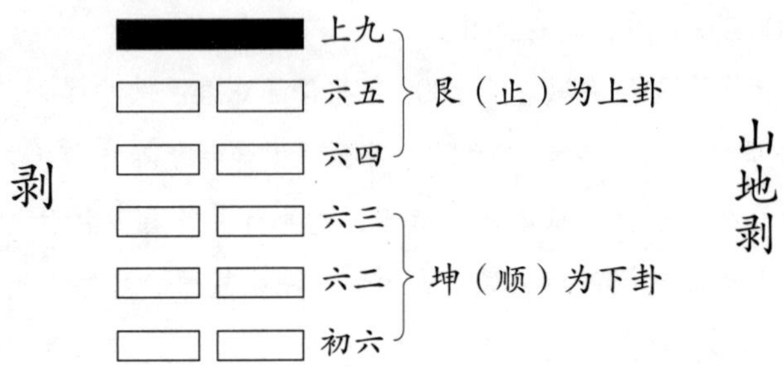

导读 “好习惯养成了，一辈子受用；坏习惯养成了，一辈子吃亏。”教育工作者应抓早抓小，防微杜渐，培养学生良好的学习与生活习惯。

卦体下坤上艮。艮为山，坤为地，为高山附于地，有山崩倒塌落为平地之象。卦形五阴在下，一阳在上，五阴逼一阳，有阴盛阳衰，小人得势，君子困顿之象。“剥”，《说文解字》中说：“裂也。从刀从录。录，刻割也。”卦义为剥落、销蚀。本卦主要阐释教师应教育学生防微杜渐，养成良好行为习惯的道理。

【23.1】

剥：不利有攸①往。

〖注释〗

①攸：所。

〖译文〗

剥卦象征剥落：不利于前去行事。

〖解说〗

“千里之堤，溃于蚁穴。”阴爻象征小人，阳爻象征君子，剥卦正值“君子道消，小人道长”之时，君子应当懂得顺应时势，适可而止，谨言慎行，才能避免不利形势的伤害，所以说“不利有攸往”。

【23.2】

《彖》曰：剥，剥也，柔变刚[①]也。“不利有攸往”，小人长也。顺而止[②]之，观象也。君子尚消息[③]盈虚，天行也。

〖注释〗

①柔变刚：本卦六爻中只有“上九”是阳爻，其他五个阴爻欲消灭它。②顺而止：剥卦下卦为坤，为顺，上卦为艮，为止，故言“顺而止”。③消息：阳爻增长阴爻减少称作“息”，阴爻增长阳爻减少称作“消”，故言“消息”。十二消息卦中，复、临、泰、大壮、夬、乾为六阳息卦；姤、遁、否、观、剥、坤为六阴消卦，他们象征一年四季循环运行。

〖译文〗

《彖传》说：剥，剥落，指阴柔逐渐增长，侵蚀消灭阳刚的“上九”。“不利于前去行事”，因为爻象表明小人的势力正猖獗。这时君子要顺应时势，停止行动，这是观察卦象得到的启示。君子崇尚消亡生长、盈满亏虚的规律，这是大自然运行的法则。

【23.3】

《象》曰：山附于地，剥。上以厚[①]下安宅[②]。

〖注释〗

①厚：敦厚。②安宅：安居。

〖译文〗

《大象传》说：高山受侵蚀颓落而依附于地，象征着剥落。位居高位的人效法此象，敦厚地对待在下的老百姓，使他们安居乐业。

〖解说〗

高山崩颓而附着于地，有剥落之象。教育工作者从中得到的启示是，要敦厚地对待学生，办好人民满意的教育。

【23.4】

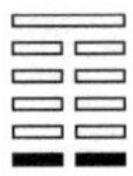

初六：剥床以①足②，蔑③贞，凶。

《象》曰："剥床以足"，以灭下也。

〖注释〗

①以：及，到。②足：床腿。③蔑：通"灭"，毁灭、消灭。

〖译文〗

初六：剥蚀床体先从床腿开始，蚀灭正道，会有凶险。

《小象传》说："剥蚀床体先从床腿开始"，说明已经损害了下面的根基。

〖解说〗

卦形上实下虚，如床，故爻辞多以床取象。床乃安身之所，象征国家，"初六"相当于国之根基。"初六"以阴爻居于阳位，失正无应，处剥卦之始，床腿剥落，象征根基损坏，如果掉以轻心，必然凶险。

〖智慧点津〗此爻揭示剥落应防微杜渐。

〖案例解读〗从大学生到阶下囚。2010年，毕业不久的重庆某大学生郑某（在外租住），由起初不偷不拿只蹭"邻居"免费网，发展到偷牛肉、水果，顺走U盘和指甲刀，后来发展到偷现金……最终被抓现行。"勿以恶小而为之"，"恶不积不足以灭身"，如果他能事先克制自己，就不会陷入牢狱之灾。

【23.5】

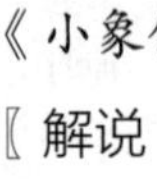

六二：剥床以辨①，蔑贞，凶。

《象》曰："剥床以辨"，未有与②也。

〖注释〗

①辨：床板的下方，床脚的上方，相当于床头。②与：帮助。

〖译文〗

六二：剥蚀到了床头，蚀灭正道，非常凶险。

《小象传》说："剥蚀到了床头"，这是因为"六二"没有他人的帮助。

〖解说〗

阴阳相应为"有与"，"六二"和"六五"都是阴爻，互不相应，没有援助，故说"未有与"。"六二"剥落由下而上，已到床身，邪恶更进一步地侵蚀正道，愈加凶险。这是因为"六二"以阴爻居阴位，晦暗不明，又和上方"六五"敌应无助。此时，"六二"孤立无援，只得以自身的中正静观其变，以躲避难以预知的险难。

〖智慧点津〗此爻揭示剥蚀加剧之时，应守正防凶。

〖案例解读〗偷工减料建学校，坪斜梁掉房报废。1988年12月，某市杨庄乡柏村学校，因年久失修，被市教育局定为危房。由市、乡资助和该村群众集资共5万余元，新建该村学校。张某某、范某某、范某某、李某某承包了该项工程。他们在一无施工图纸，二无技术力量，三无施工许可证的情况下，盲目组织施工。在建房过程中，不顾工程质量，不抓管理，偷工减料，中饱私囊，致使坪斜梁掉，工程报废，给国家和人民群众造成严重损失。最后，人民法院依法判决张某某有期徒刑3年；范某某有期徒刑2年；范某某有期徒刑2年；李某某有期徒刑1年。这就是“剥床以辨，蔑贞，凶”的道理。

【23.6】

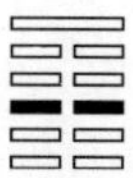

六三：剥之，无咎。

《象》曰：“剥之，无咎”，失①上下也。

〖注释〗

①失：脱离，断绝。

〖译文〗

六三：虽被剥落，却没有什么灾祸。

《小象传》说：“虽被剥落，却没有什么灾祸”，这是因为“六三”不与上下两个阴爻为伍。

〖解说〗

“六三”身处五个阴爻中间，独与“上九”阳刚相应，是能见贤思齐而不与上下二阴结党营私的君子，所以说“失上下”。在众阴剥阳之时，“六三”“含阳待复”，不与众阴同流合污，所以没有灾祸。

〖智慧点津〗此爻揭示在剥落之时，更应洁身自好。

〖案例解读〗朱自清宁死不吃美国救济粮。朱自清是我国现代著名的散文家、诗人、民主战士。晚年身患严重的胃病，薪水微薄，养家困难，更无钱治病。一天，吴晗请他在《抗议美国扶日政策并拒绝领美援面粉宣言》书上签字，他毅然签了名并说：“宁可贫病而死，也不领取这种侮辱性的施舍。”随后，他在日记中写道：“此事每月须损失六百万法币，影响家中甚大，但余决定签名，因余等既反美抗日，自应直接由己身做起。”两个月后，他因贫病交加，不幸去世。

【23.7】

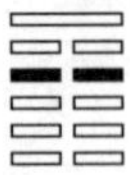

六四：剥床以肤①，凶。

《象》曰："剥床以肤"，切近②灾也。

〖注释〗

①肤：床面。②切近：接近。

〖译文〗

六四：睡床剥蚀已达床面，有凶险。

《小象传》说："睡床剥蚀已达床面"，是说"六四"已经接近凶险。

〖解说〗

"六四"居艮体，艮为表面（一阳在外），为肤，所以说"剥床以肤"。剥蚀从床脚、床头，至此已达床面，说明灾祸已经迫近"六五"之君，必然凶险。

〖智慧点津〗此爻揭示剥蚀临身，当有所警觉。

〖案例解读〗"讳疾忌医"的故事。扁鹊是战国时的名医，他有一次去见蔡桓公，对蔡桓公说："您有病了，现在病还在皮肤里，若不赶快医治，病情将会加重！"桓公听了笑着说："我没有病。"十天以后，扁鹊又去见桓公，说："您的病已经发展到肌肉里，再不医治就会加重。"桓公不理睬他。过了十天，扁鹊又去见桓公，说："您的病已经转到肠胃里去了，再不从速医治，就会更加严重了。"桓公仍旧不理睬他。又过了十天，扁鹊去见桓公时，望了他一眼，转身就跑。桓公觉得很奇怪，于是派人去追问。扁鹊回答："病在皮肤、肌肉、肠胃的时候，不论针灸或是服药，都还可以医治；病若是到了骨髓里，那还有什么办法呢？现在桓公的病已经深入骨髓，我也无法替他医治了。"五天以后，桓公浑身疼痛，赶忙派人去请扁鹊，而扁鹊早已逃到秦国。桓公不久就死掉了。

【23.8】

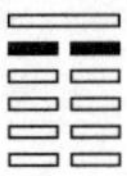

六五：贯鱼①，以②宫人③宠，无不利。

《象》曰："以宫人宠"，终无尤④也。

〖注释〗

①贯鱼：贯穿在一起的鱼。②以：率领。③宫人：后宫的嫔妃。④尤：过失。

〖译文〗

六五：像串鱼一样率领嫔妃承宠于君主，没有什么不利。

《小象传》说："率领嫔妃承宠于君主"，说明"六五"最终没有什么过失。

〖解说〗

鱼为阴美之物，这里指群阴嫔妃，“六五”是阴爻，故以此比拟。若“六五”发生爻变，则上卦变为巽卦，巽为鱼，为绳，故有“贯鱼”之象。“六五”以阴爻居尊位，是众阴之长，这里相当于“皇后”。它下和“六二”无应助，上和“上九”相比邻。在剥极将复之时，“六五”皇后率领后宫的嫔妃，像一串鱼似的，依名分次序，承受君王“上九”的宠爱。也就是说，“六五”能依附和归顺“上九”，约束群阴，不使进逼，率领同伴从善，所以最终没有过失。

〖智慧点津〗此爻揭示剥落之时，应守护硕果，含阳待复。

〖案例解读〗马皇后掌管后宫井然有序。马皇后，名秀英，安徽宿州人，是明朝开国皇帝朱元璋的结发妻子。她聪慧仁慈，俭朴爱民，不仅对外胸怀天下，体恤民情，护卫臣工，对内也是事无巨细，事必躬亲。作为皇后，她在后宫大权独揽，但能以身作则，“虽敝不忍易”。“妃嫔宫人被宠有子者，厚待之。”此外，她还“勤于内治，暇则讲求古训。告六宫，以宋多贤后，命女史录其家法，朝夕省览”。如此，整个后宫和谐相处，被她治理得井井有条，实乃“贯鱼，以宫人宠，无不利”。所以《明史》称赞她“母仪天下，慈德昭彰”。

【23.9】

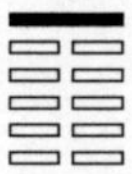

上九：硕①果不食，君子得舆，小人剥庐②。

《象》曰：“君子得舆”，民所载也。“小人剥庐”，终不可用也。

〖注释〗

①硕：大。②庐：房屋。

〖译文〗

上九：硕大的果实没有被摘吃，君子摘取则驱车济世，小人摘取则家破人亡。

《小象传》说：“君子摘取则驱车济世”，是由于得到百姓的拥戴和承载。“小人摘取则家破人亡”，是说小人终究是不可以任用的。

〖解说〗

上卦为艮，艮为山，为果实，“上九”孤阳独存，故有“硕果不食”之象。又上交互卦为坤，坤为民众，为大车。艮为停止，为房舍，卦形好像房屋，故说“庐”。此外，阳爻“上九”为君子，众阴为小人，所以又有“君子得舆，小人剥庐”之象。“上九”处剥卦之终，是唯一未被群阴剥落的阳爻，可以说是硕果仅存，没有被小人吃掉。但正是这一粒果仁，蕴含着星火燎原的生机和活力。君子得之，就可以驱车济世，得到百姓的拥戴，如果是阴险的小人得之，出现在上位，就必然国破家亡。历史上的小人往往在陷害忠良、祸国殃民后，受到应有的惩罚。

〖智慧点津〗此爻揭示剥落至极，只有依靠君子，才能力挽狂澜。

〖案例解读〗仰孝升扎根山区 38 年育桃李。仰孝升是陕西省山阳中学副校长，特级教师，“全国劳动模范”，首届“西部红烛两代师表奖获奖者”。1983 年，他从陕西师范大学物理系毕业后，回到家乡陕西省山阳县中学成为一名高中物理教师。当时一起分配到山阳中学的有 5 个人，山区环境艰苦，收入微薄，在随后的几年里，其他 4 人相继离开，去了条件优越的大城市。面对外界各种诱惑，年轻的仰孝升成为名副其实的“留守者”，这一留就是整整 38 年。38 年间，他扎根祖国西部山区，始终践行陕西师范大学“西部红烛精神”，投身祖国西部基础教育事业，在平凡的岗位上教书育人，为孩子们播种希望，为山区教育撑起一片蓝天。

24. 复卦第二十四——改过自新

复

地雷复

导读 “人非圣贤，孰能无过。过而改之，善莫大焉。”教育工作者要不断地用正确的世界观、人生观和价值观对学生进行引导，让他们不断迁善改过，成为“四有”新人。

卦体下震上坤。震为雷，为动。坤为地，为顺，雷在地中，有“一阳来复”春回大地之象。又动则顺，动在顺中，万物循序运动，前途不可限量。“复”，《说文解字》中说：“往来也。”卦义为返回、恢复。本卦主要阐释学生改过自新的道理。

【24.1】

复：亨。出①入②无疾③，朋④来无咎。反复其道⑤，七日来复⑥。利有攸往。

〖注释〗

①出：阳刚上长。②入：阳刚返复。③疾：疾病。④朋：朋友，这里指递增而来的

同性阳爻。⑤反复其道：阴阳此消彼长，此长彼消的天道运行规律。⑥七日来复：阴阳交互往复变化，以七日为一周期。

〖译文〗

复卦象征复归：亨通。阳气生长，返回没有害处，朋友渐次到来没有灾祸。返转复归遵循着一定的规律，七天为一个周期。前往是有利的。

〖解说〗

复卦为“初九”一阳萌生于众阴之下，阳刚日益增长，孕育无限生机和活力，所以卦辞称“亨”。阳气出而往外或入而守内，都合于时宜而没有疾患，故说“出入无疾”。它又为十二消息卦之一，由一阴始生在五月的姤卦，逐步上升，经过全部变成阴的十月的坤卦，再到一阳复来的十一月的复卦，前后经过七个卦（姤、遁、否、观、剥、坤、复），刚好七个爻，将一爻看作一日，历经“七日”，所以说“七日来复”。复卦正值君子道长之时，因此“利有攸往”，即利于积极进取而有所作为。

【24.2】

《彖》曰：复，“亨”。刚反①，动而以顺行②，是以“出入无疾，朋来无咎”。“反复其道，七日来复”，天行③也。“利有攸往”，刚长也。复，其见天地之心④乎！

〖注释〗

①刚反：指阳爻“上九”从上位返回到下位，成为“初九”，呈现一阳回复之势。反，通“返”。②动而以顺行：复卦下卦震为动，上卦坤为顺，故言“动而以顺行”。③天行：天道。④天地之心：天地运行的规律。

〖译文〗

《彖传》说：复归，“亨通”。“初九”阳刚又返回，运动而顺应规律往上行，因此“出入没有疾病，朋友渐次到来没有灾祸”。“万物返转复归有一定规律，七天会重新开始”，这是大自然的运行法则。“利于有所前往”，这是因为从“初九”开始，阳刚之道日益向上生长。复归，大概就体现了天地循环往复，主宰万物的规律吧！

【24.3】

《象》曰：雷在地中，复。先王以至日①闭关，商旅不行，后②不省方③。

〖注释〗

①至日：冬至之日。②后：君主。③省方：巡视邦国。

〖译文〗

《大象传》说：雷在地中潜藏，象征着阳气复归。古代君王效法此象，在阳气初生的冬至这一天关闭城门，商人、旅客不出行，君王也不到四方去巡察。

〖解说〗

冬至天气寒冷至极，雷会进入地泽中休息；此时一阳萌生，阳气微弱，万物应以休养生息为主。但是，过了冬至，白天逐渐变长，微弱的阳气也开始慢慢变强，大地呈现出新的生机和希望。教育工作者从中得到的启示是，要培养学生善心，涵养其美德。同时，要善用激励法则，让其美德不断发展，“星星之火，可以燎原”。

【24.4】

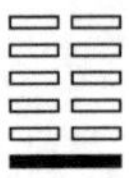

初九：不远复，无祗①悔，元吉。

《象》曰：“不远之复”，以修身也。

〖注释〗

①祗：大。

〖译文〗

初九：走得不远就返回到正道，没有大的悔恨，只会大吉大利。

《小象传》说：“走得不远就返回到正道”，这是因为“初九”善于修身改过。

〖解说〗

下卦为震，震为足，为动，引申为行走及返回等行为。复卦的前面一卦是剥卦，两者首尾相连，相继出现，间隔时间不长，所以有“不远复”之象。“初九”以阳爻居于阳位，居位得正，是全卦唯一的阳爻和主爻。在一阳来复之际，“初九”系全卦生机于一身，志在上升，但阳刚之力尚且微弱，因而必须安守贞静，以静养动，乘时而起。所以，他在错误的道路上没走多远就认识到自己的错误，并迅速回到正确道路上来了。这种“过，则无惮改”的精神，无疑不会有大的懊悔，而会大吉大利。

〖智慧点津〗此爻揭示当意识到自身错误时，应及早修身改过。

〖案例解读〗徐悲鸿勇于认错。徐悲鸿早年画了一幅《东坡春江水暖诗意》。有一次，他拿这幅画参加展览，一位观众忽然上前对他说：“先生，你这幅画里的鸭子画错了，你画的是麻鸭，雌麻鸭尾巴哪有这样长的？”众人一看，原来是徐悲鸿画中的麻鸭尾羽卷曲如环。那人又说：“雄鸭羽毛鲜艳，尾巴卷曲是有的，但雌性麻鸭羽毛麻褐色，尾短，您画错了。”徐悲鸿听了这话，赶忙承认是自己疏于写生，深深致谢而退。

【24.5】

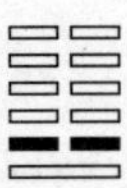

六二：休①复，吉。

《象》曰：“休复之吉”，以下仁②也。

〖注释〗

①休：美，善。②仁：这里指率先回复于阳的“初九”。

〖译文〗

六二：美好的复归，吉祥。

《小象传》说：“美好的复归，吉祥”，这是因为“六二”能够主动亲近下面“初九”的仁德。

〖解说〗

若“六二”发生爻变，则下卦变为兑卦，兑为说，“说”通“悦”，故有“休复”之象。“六二”以阴爻居于阴位，柔顺中正，下比“初九”阳刚，因而能主动亲而向下，谦逊地归向于他，心悦诚服地向阳刚复归，以尊道辅仁，所以吉祥。

〖智慧点津〗此爻揭示恢复正道，应当礼贤下士。

〖案例解读〗“引路人”黄老师让马立翠坚定返乡从教。马立翠是山东省菏泽市郓城县黄集镇西张庄小学校长，毕业于山东艺术学院美术教育专业。她坦言最终选择当老师，主要是高中时期受“引路人”黄老师的影响。“黄老师给了我特别多的关注和温暖，让我这个原先可能大学都考不上的学生有了信心。”在黄老师的鼓励下，马立翠在学习上开始努力赶超，并把成为一名老师的理想埋进了心底。“我想成为一束光去照亮村里的孩子，这是我从教的初衷。”从 2012 年回到家乡任教至今，她扎根农村教育一干就是十多年。她千方百计留住年轻教师，为农村娃播下种子，点亮希望，实乃“休复，吉”。

【24.6】

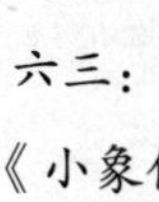

六三：频[①]复，厉，无咎。

《象》曰：“频复之厉”，义[②]无咎也。

〖注释〗

①频：同“颦”，皱眉。②义：理应。

〖译文〗

六三：愁眉苦脸地复归正道，虽有危险，却没有灾祸。

《小象传》说：“愁眉苦脸地复归正道，虽有危险”，从改过自新来看没有灾祸。

〖解说〗

若“六三”发生爻变，则下交互卦变为坎卦，坎为险陷，引申为加忧，为心病，故有“颦复”之象。“六三”以阴爻居阳位，不中不正，又与“初九”无比无应，只能勉强复归于正道。它还处在内卦“震”动之极，摇摆不定，所以频频犯错。不过，在君子道长之时，它能改过自新，当然没有过失。

〖智慧点津〗此爻揭示恢复正道应当果断、坚决。

〖案例解读〗“亡羊补牢”的故事。从前，有个人养了几只羊。一天早晨，他去放羊，发现少了一只。原来羊圈破了个窟窿，夜里狼从窟窿钻进去，把那只羊叼走了。街坊劝他说：“赶快把羊圈修一修，堵上那个窟窿吧。”他却说：“羊已经丢了，还修羊圈干什么呢？”第二天早上，他去放羊，发现羊又少了一只。原来，狼又从窟窿钻进去，把羊叼走了。他很后悔自己没听从街坊的劝告，便赶快堵上了那个窟窿，修好了羊圈。从此以后，他的羊再也没丢过。

【24.7】

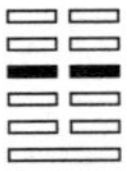

六四：中行①独复。

《象》曰：“中行独复”，以从道也。

〖注释〗

①中行：中途，中道。

〖译文〗

六四：走在中途，独自返回。

《小象传》说：“走在中途，独自返回”，是为了遵从正道。

〖解说〗

“六四”以阴爻居阴位，当位得正，处在五个阴爻中间，所以说“中行”。它又独与“初九”正应，和众阴爻一同出行而中途独返，所以说“独复”。它特立独行，唯道是从，正可谓“正其义（谊）不谋其利，明其道不计其功”。

〖智慧点津〗此爻揭示恢复正道必须坚持中正之道。

〖案例解读〗布鲁诺坚持“日心说”。布鲁诺是意大利文艺复兴时期伟大的思想家，近代科学的先驱者。他一接触到哥白尼的《天体运行论》，就认定它是科学的真理，并决定为之奋斗至死。由于他勇敢地宣扬和捍卫哥白尼的“日心说”，反对“地心说”，被罗马宗教裁判所判为“异端”。1592 年，罗马教廷采用欺骗手段，将他逮捕入狱，并关了八年。期间，他虽然饱受各种折磨和诸多威逼利诱，但始终坚贞不屈。公元 1600 年 2 月 17 日，布鲁诺被活活烧死在罗马鲜花广场。

【24.8】

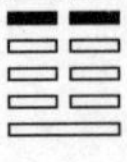

六五：敦①复，无悔。

《象》曰：“敦复，无悔”，中②以自考③也。

〖注释〗

①敦：敦厚，诚恳。②中：中正。③自考：自我考察。

〖译文〗

六五：敦厚笃实地复归，没有悔恨。

《小象传》说："敦厚笃实地复归，没有悔恨"，是因为"六五"能够以中道自我反省。

〖解说〗

上卦为坤，坤为地，天高地厚，故有"敦复"之象。"六五"以柔爻居尊位，中庸柔顺。当此复归的时刻，能够笃实诚恳地返回正道，当然不会有悔恨。

〖智慧点津〗此爻揭示恢复正道，应该不断敦厚从善。

〖案例解读〗徐溥储豆律己。徐溥是明代内阁首辅和文渊阁大学士。在求学期间，他仿效古人，不断检点自己的言行，在书桌上放了两个瓶子，分别贮藏黄豆和黑豆。每当心中产生一个善念，或是说出一句善言，做了一件善事，便往瓶子中投一粒黄豆；相反，若是言行有什么过失，便投一粒黑豆。开始时，黑豆多，黄豆少，他就不断地深刻反省并激励自己；渐渐黄豆和黑豆数量持平，他就再接再厉，更加严格地要求自己；久而久之，瓶中黄豆越积越多，黑豆渐渐显得微不足道。直到他后来为官，还保留着这一习惯。

【24.9】

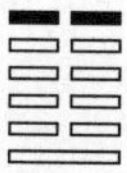

上六：迷复，凶，有灾眚①。用行师，终有大败，以②其国君，凶；至于十年，不克③征。

《象》曰："迷复之凶"，反君道也。

〖注释〗

①眚（shěng）：眼睛生翳，引申为灾祸。②以：连及。③克：能。

〖译文〗

上六：迷途不返，有凶险，有灾祸。如果行军作战，最终将有大败，危及国君；以至于十年不能再出兵征战。

《小象传》说："迷途不返，有凶险"，因为"上六"违背了君王之道。

〖解说〗

上卦为坤，坤为死，为众，为国土，为十，故有"灾眚""大败""师""国君""十年"诸象。"上六"以阴柔而居复卦之终，距离"初九"阳刚最远，象征到最后还不能迷途知返，天灾人祸相继而来，必然凶险。这时如果有军事行动，必然大败，甚至会累及国君。

〖智慧点津〗此爻揭示若迷途不知返，必然凶险。

〖案例解读〗微电影《迷途》劝人改过从善。该影片主要讲述了两位无知的高中生，由于家庭教育的缺失，走上了犯罪的道路，最终在检察官的教导下迷途知返的故事。它告诫青少年应该明辨是非，谨慎交友，拒绝一切不良诱惑，以免误入歧途，害人害己。

25. 无妄卦第二十五——正心诚意

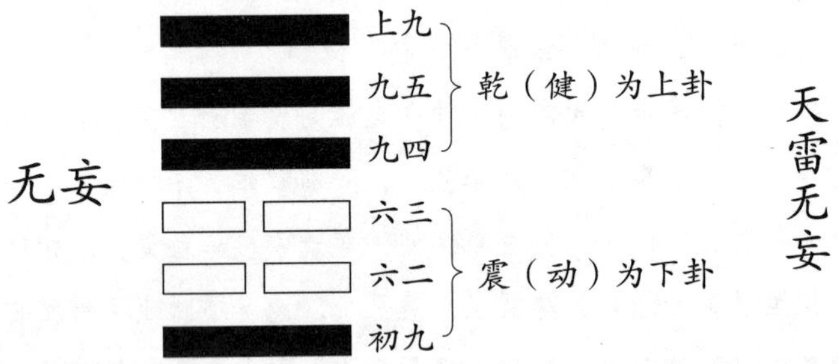

导读 “耳无妄听，目无妄顾，口无妄言，心无妄虑”。教育工作者只有遵循教育教学规律，时刻保持正心、正念、正行，教育教学才会硕果累累。

卦体下震上乾。乾为天，震为雷，有天下打雷，万物警惕而不胡作非为之象。“妄”，胡乱，虚妄。《无妄》，卦义为不虚伪，不妄言妄行。本卦主要阐释教师应正心诚意的道理。

【25.1】

无妄：元亨，利贞。其匪①正，有眚②，不利有攸③往。

〖注释〗

①匪：通“非”，不。②眚（shěng）：眼睛生翳（yì），引申为灾祸。③攸：所。

〖译文〗

无妄卦象征不妄为：非常亨通，有利于坚守正道。如果言行不守正道就会遭灾，不利于有所行动。

〖解说〗

“惟天下之大诚，然后能立天下之大本”。本卦内卦“震”是动，外卦“乾”是健，又“九五”和“六二”均居中且正，而且阴阳相应。如此行动而刚健，合乎天道，自然非常亨通。然而，如果动机不纯正，将有灾祸，前进不利。

【25.2】

《彖》曰：无妄，刚自外来而为主于内①。动而健②，刚中而应③，大亨以正，天之命也。“其匪正有眚，不利有攸往”，无妄之往，何之矣？天命不佑，行矣哉！

〖注释〗

①刚自外来而为主于内：“初九”阳爻从外卦乾“一索”而得，成为内卦之主，故言“刚自外来而为主于内”。②动而健：无妄卦下卦为震，为动，上卦为乾，为健，故言“动而健”。③刚中而应：“九五”为阳爻，居于上卦之中，又和阴爻“六二”相应，故言“刚中而应”。

〖译文〗

《彖传》说：不妄为，阳刚的“初九”从外部来到内部而成为一卦之主。“震”动而又“乾”健，“九五”和“六二”各居上下卦的中位，并且互相支援，坚守正道而非常亨通，这就是天理。“如果言行不守正道就会遭灾，不利于前去行事”，这是说在没有虚妄之时而背离正道前行，又能走到哪里去呢？上天不保佑，还能行得通吗？

【25.3】

《象》曰：天下雷行，物与①无妄。先王以茂②对③时④，育万物。

〖注释〗

①与：都。②茂：通“懋”，勤勉。③对：配合，顺应。④时：时序，时机。

〖译文〗

《大象传》说：雷在天下运行，万物都心怀敬畏而不敢妄为。古代帝王效法此象，勤勉配合四季时序，顺应天命以培育万物。

〖解说〗

天下雷动，人们都受到惊吓而不敢胡作非为。教育工作者从中得到的启示是，要遵循教育规律，抓住时机，顺应学生的天性，对其因材施教，让其自然成长。

【25.4】

☰
☳

初九：无妄，往吉。

《象》曰：“无妄”之“往”，得志①也。

〖注释〗

①得志：遂愿。

〖译文〗

初九：不妄想妄为，前往行事就会吉祥。

《小象传》说："不妄想妄为"地"前行"，就可以实现自己的愿望。

〖解说〗

下卦为震，震为足，为动，足动即为行走，故有"往"之象。"初九"以阳爻居阳位，当位得正，处无妄之初，是一位起步就不妄为的刚毅君子。它和"九四"敌应，象征没有虚妄之举；又居震之初动，能按照天道规律而行动，且前遇两个阴爻，阳爻遇阴爻则通，所以前进吉祥。

〖智慧点津〗此爻揭示无妄初心，方得善终。

〖案例解读〗历史老师用"一辈子"备课。苏霍姆林斯基《给教师的一百条建议》中讲述了这样一个故事：一个在学校工作了33年的历史教师，上了一堂非常出色的观摩课。一位听课的教师问他："您的每一句话都具有极大的感染力，请问，您花了多少时间来准备这堂课？"那位教师回答："这节课我准备了一辈子。而且，一般地说，每堂课我都准备了一辈子。但是，直接针对这个课题的准备，我花了约15分钟。"由此可见，一个教师只有秉持一颗无妄之心，精心备好每一堂课，才能获得满堂喝彩，实现"无妄，往吉"。

【25.5】

六二：不耕获，不菑①畬②，则③利有攸往。

《象》曰："不耕获"，未富也。

〖注释〗

①菑（zī）：新开荒地。②畬（yú）：耕种多年的熟田。③则：就。

〖译文〗

六二：不耕种就不想收获，不开荒地就不想种熟地，这样就有利于前往。

《小象传》说："不耕种就不想收获"，是说空想不能带来财富。

〖解说〗

"初九"至"九五"构成风雷益卦。益卦下交互卦为坤卦，坤为田地，为牛。上卦为巽，巽为木，可指用木头制成的耕田农具；下卦为震卦，震为足，为动，足动即为行走。上交互卦为艮，艮为山，为果实，为手，故有手握犁耙、驱牛耕田之象，所以说"不耕获，不菑畬"。"六二"以阴爻居阴位，柔顺中正，又上与尊爻"九五"相应交好，因而能够顺应天道，不期望不劳而获，不期望刚开垦的土地就能成为良田，如此才能称得上无妄，才能有利于向前进发。

〖智慧点津〗此爻揭示无妄就是不存非分之想，顺其自然。

〖案例解读〗“守株待兔”的故事。《韩非子·五蠹》记载：“宋人有耕者，田中有株，兔走触株，折颈而死。因释其耒而守株，冀复得兔。兔不可复得，而身为宋国笑。”这则寓言故事告诉我们：不要心存侥幸，只想不劳而获。只有靠自己的辛勤劳动，才能创造美好的生活。

【25.6】

䷘

六三：无妄之灾，或系[①]之牛，行人之得，邑人[②]之灾。

《象》曰：“行人”得牛，“邑人灾”也。

〖注释〗

①系：拴。②邑人：当地居民。

〖译文〗

六三：发生了意想不到的灾难，如同有人把一头牛拴在村边道路旁，被过路人顺手牵走，当地居民却因此而遭受意想不到的灾难。

《小象传》说：“过路人”顺手把牛牵走，“当地居民却因此被怀疑而遭受意想不到的灾难”。

〖解说〗

上交互卦为巽，巽为绳直；下交互卦为艮，艮为鼻。“初九”和“六二”“六三”“九四”四个爻组成一个放大的离卦，离为牛，故有“系牛”之象。又“六三”处于三才之中的人位，且在震卦顶端，震为动，为行。所以又有“行人之得”之象。“六三”以阴爻居阳位不中不正，又处于震动之极，急欲和“上九”相应，因而躁动不安，这种不正当的私欲违背了无妄的原则，所以会出现爻辞中的情景。因而，“六三”只有平时修正言行，超然物外，才能避免这种“无妄之灾”。

〖智慧点津〗此爻揭示虽然不妄为，但也可能因偶然因素而遭灾。

〖案例解读〗南京某小学生被高空抛物砸伤。2019年6月19日，南京一名10岁小学生在放学路上，经过东宝路的时代天地广场，突然被高空中坠落的一件不明物体砸中头部，跌倒在地。所幸，该女孩经医院抢救已经脱离生命危险，而她的经历，也正是“无妄之灾”的体现。

【25.7】

䷘

九四：可贞[①]，无咎。

《象》曰：“可贞，无咎”，固[②]有之也。

〖注释〗

①贞：正。②固：本来。

〖译文〗

九四：能够坚守正道，就没有灾祸。

《小象传》说："能够坚守正道，就没有灾祸"，是说这是"九四"本身所固有的品德。

〖解说〗

下交互卦为艮，艮为山，为止，故说"可贞"。"九四"以阳爻居阴位失位不中，下与"初九"敌应，又靠近"九五"之君，本来容易动辄得咎。然而，它以刚爻处柔位，刚而能柔，守谦不妄为，所以能坚守无妄正道，没有灾祸。

〖智慧点津〗此爻揭示守正不妄为，可以免过。

〖案例解读〗杨震"暮夜却金"。据范晔《后汉书》记载：东汉时，杨震在荆州做刺史时，发现王密才华出众，便将他举荐给朝廷。王密后来做了昌邑县令。后来杨震调任东莱做太守，上任途中路过了王密任职的昌邑县。王密知道后前去拜见，夜深临别时，拿出金条以感谢杨震的提携之恩，遭到杨震坚决拒绝。王密又以三更半夜无人知晓为由，劝杨震收下，但杨震以"天知，神知，你知，我知"严厉斥责。王密顿时满脸通红，赶紧离开了。杨震"可贞，无咎"之精神，实乃今日无数从政为官者之镜鉴。

【25.8】

九五：无妄之疾，勿药有喜①。

《象》曰："无妄"之"药"，不可试也。

〖注释〗

①有喜：病愈。

〖译文〗

九五：没有妄为却得了疾病，不必忙乱服药，自可病愈。

《小象传》说："没有妄为而患病"所用的"药"，是不可以随便试服的（因为病会自行消除）。

〖解说〗

若"九五"发生爻变，则上交互卦变为坎卦，坎为加忧，为心病，故有"疾"之象。又上交互卦为巽，巽为草木，引申为草药。下交互卦为艮，艮为山，为停止，所以又有“勿药”之象。“九五”以阳爻居阳位，处尊而又刚健中正，是本卦之主；它与下卦中正的“六二”贤臣相应，可谓无妄之至，上下合作，国泰民安。君子只要坚守纯正，真诚待人，正如无病不可以服药，病会不治而愈。如果因小事而兴师动众，小题大做，只会自取其害。

〖智慧点津〗此爻揭示真诚不造作，无妄自愈。

〖案例解读〗郭橐（tuó）驼种树。据柳宗元在《种树郭橐驼传》中所述：郭橐驼患了脊背弯曲的病，平常只能弯腰行走。他最擅长种树，他种的树没有不存活的，有许多达官贵人都去礼请他。有人问他：“您种树有什么诀窍呢？”他说：“我种树没有什么诀窍，就是有耐心。我将树种下之后就不管它了，不像有的人在家里种了一两棵树，就天天去侍弄它，等也等不及，希望它快点儿长大，今天去摸摸，明天将叶子弄弄，结果，三天不到树就死了。”他的这种“顺木之天，以致其性”“勿动勿虑，去不复顾”的植树观，实乃“无妄之疾，勿药有喜”的生动写照。

【25.9】

䷘

上九：无妄，行有眚①，无攸利。

《象》曰：“无妄”之“行”，穷②之灾也。

〖注释〗

①眚（shěng）：灾祸。②穷：穷途末路。

〖译文〗

上九：没有妄为，盲目行动会有祸患，没有什么好处。

《小象传》说：“没有妄为而盲目行动”，是说“上九”因穷途末路而要遭灾。

〖解说〗

若“上九”发生爻变，则上卦变为兑卦，兑为毁折，引申为灾祸，故有“眚”之象。“上九”处于无妄之终，乾体之极，阳刚健行，已经无路可走。此时如果逞强，物极必反，无妄就成为有妄，有害无利。

〖智慧点津〗此爻说明无妄应乐天知命，逞强有凶。

〖案例解读〗高占伟的“神童训练计划”。高占伟是一个普通的打工仔，他望子成龙心切，在儿子4岁半的时候就制订了一个“超级神童训练计划”：三年里要学完小学六年的全部课程；初步掌握三门外语……孩子在长期超负荷的高压下身心俱疲，最后导致多种语言混淆、失语、痴呆……由此可见，教育工作者在教育学生时，只有尊重其成长规律，善于引导，才能做到“顺其自然，无为而教”，从而避免“穷之灾也”。

26. 大畜卦第二十六——学有大成

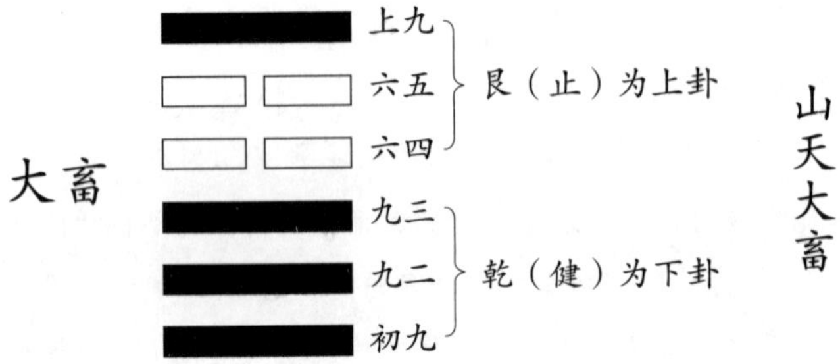

导读 “水之积也不厚，则其负大舟也无力。”要给学生一碗水，自己得有一桶水。教育工作者只有不断提高自己的学识与德行，才能以识服人、以德育人，让学生长成参天大树。

卦体下乾上艮。艮为山，为笃实，乾为天，为刚健，有大山包容苍天之象。卦形“乾”健被“艮”止所阻止，阻止的对象大，阻止的力量也大，因此有大的积蓄。“畜”，本义是将动物畜养在栏圈里，作为食物的储备；又同“蓄”，有聚、止、养等意。《大畜》，卦义为大量畜养积聚，包括知识、道德、学问和财富。本卦主要阐述学生如何蓄积德智才能学有大成的道理。

【26.1】

大畜：利贞。不家食①，吉。利涉大川。

〖注释〗

①不家食：不在家里吃饭，引申为让贤能的人吃皇粮。

〖译文〗

大畜卦象征大量地蓄养积聚：有利于坚守正道。不要让贤能的人在家吃饭，要让他们食禄于朝，把才能贡献给国家，这样便可以获得吉祥，渡过艰难险阻。

〖解说〗

“十年树木，百年树人”，知识、道德和财富，需要日积月累，所以我们要脚踏实地，永远坚守正道。一个人才德兼备，不应在家中独善其身，而应贡献社会，兼济天下，“学成文武艺，货与帝王家”。故说“不家食，吉”。君子才德丰盈，自会战胜一切艰难险阻，故又说“利涉大川”。

【26.2】

《彖》曰：大畜，刚健笃实辉光①，日新其德。刚上而尚贤②，能止健③，大正也。“不家食，吉”，养贤也。“利涉大川”，应乎天也。

〖注释〗

①刚健笃实辉光：大畜卦下卦为乾，为刚健；上卦为艮，为笃实，“九三”“六四”“六五”“上九”四个爻形成离卦，离为日，故言“刚健笃实辉光”。②刚上而尚贤：指“上九”居于最高位，能礼贤下士，尊重贤者。③能止健：倒语，意为健而（能）止。大畜卦下卦乾为健，上卦艮为止，故言“能止健”。

〖译文〗

《彖传》说：大畜，君子刚健厚实，如天光山气相映生辉，德行天天有新的境界。“上九”阳刚居上而尊重贤才，并能蓄积刚健者，这是伟大的正道。“不在家里吃饭，吉利”，说明君主能尚贤养贤。“有利于渡过艰难险阻”，这是因为顺应了自然规律。

【26.3】

《象》曰：天在山中，大畜。君子以多识①前言往行，以畜②其德。

〖注释〗

①识：记住。②畜：通“蓄”，蓄积。

〖译文〗

《大象传》说：天被包藏在山里，象征着大量蓄积。君子效法此象，因此多记取先贤的嘉言善行，来积累自己的德行。

〖解说〗

天很大，但被包容在山里面，可见包容、积蓄之大。《周易程氏传》云：“人之蕴畜，由学而大，在多闻前古圣贤之言与行，考迹以观其用，察言以求其心，识而得之，以蓄成其德。”教育工作者从中得到的启示是，应该常从古圣先贤和传统文化经典那里获得教益，提高自己的品德修养。

【26.4】

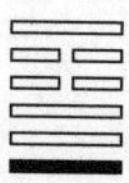

初九：有厉①，利已②。

《象》曰：“有厉，利已”，不犯灾也。

〖注释〗

①厉：危险。②已：停止。

〖译文〗

初九：有危险，利于暂时停止。

《小象传》说："有危险，利于暂时停止"，是说不要冒险前进。

〖解说〗

本卦内"乾"健外"艮"止，内卦的"初九""九二"两个阳爻，都被外卦的两个阴爻所阻挡。"初九"处乾体且以阳爻居于阳位，易躁动贸然行事。但是因为阳德卑微，德智畜积不足，若是急功近利前往与"六四"相应，必定被其阻止而招致灾祸，所以爻辞告诫"有厉，利已"。古语道"先育其德，再成其道"，便是此意。

〖智慧点津〗此爻揭示蓄积之初，德智不足，切忌贸然展露拳脚。

〖案例解读〗苏秦早年游说各国受挫。苏秦是战国时期著名的纵横家，早年拜鬼谷子为师。学成后，他急于游说各国，想成就一番功业。但遭到各国国君的拒绝，他只好狼狈而归，还受到兄嫂的冷落和讥笑，实乃"有厉""犯灾"之举。所幸，他从此闭门苦读，以锥刺股，一年后才学大有长进。于是，他重新出游，使燕、韩、魏、齐、楚、赵六国最终同意共同对抗秦国。苏秦为纵约长，兼佩六国相印，使秦国十五年不敢东出函谷关。

【26.5】

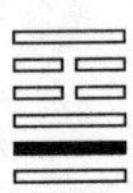

九二：舆说①辐。

《象》曰："舆说辐②"，中无尤③也。

〖注释〗

①说：通"脱"，松脱。②辐：车轴。③尤：过错。

〖译文〗

九二：车子脱离轮轴，不能前进。

《小象传》说："车子脱去轮轴，不再前进"，这是因为"九二"能坚守中道，所以没有冒进的过失。

〖解说〗

下卦为乾，乾为天，下交互卦为兑，兑为毁折，故有"舆说辐"之象。"九二"也是刚健进取之才，如车一样，本来是要向前运转行走的，但被相应的"六五"所阻止，又其在内卦得中，不偏激，能见机行事，主动停止不前，以反身修德，畜势待发，当然不会有过失。

〖智慧点津〗此爻揭示实现大有蓄积，应当审时度势，适时停止和开始。

〖案例解读〗上课时突然飞来一只大马蜂。有一次，老师正在给五年级学生讲作文，讲得正兴起时，忽然，学生中出现一阵骚动。“老师，飞来一只大马蜂！”一个胆小的小女孩尖叫道。其他学生个个慌了神。有的吓得在屋里乱跑，有的干脆躲到了课桌底下，还有几个胆大的男生，拿起书拍打起马蜂来。马蜂受到惊吓，四处逃窜，东躲西藏……整个教室炸开了锅。眼看课没法继续下去，老师灵机一动，微笑着对孩子们说：“同学们，都趴在课桌上，老师给你们讲个故事好吗？”老师的号召很快得到孩子们的响应，他们一个个乖乖地坐了下来，趴在桌上兴致勃勃地听起了老师的故事。最后，故事讲完了，孩子们意犹未尽，连马蜂是什么时候飞走的也浑然不觉。

【26.6】

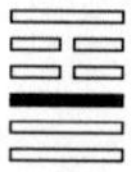

九三：良马逐[①]，利艰贞。日闲[②]舆卫[③]，利有攸往。

《象》曰：“利有攸往”，上合志也。

〖注释〗

①逐：奔驰。②闲：即“娴”，学习，训练。③舆卫：驾车和防卫。

〖译文〗

九三：良马竞相奔驰，利于在艰难中坚守正道。只有每天娴熟地掌握了驾车和防卫的技能，前往做事才有利。

《小象传》说：“前往做事有利”，是因为“九三”与“上九”志同道合。

〖解说〗

下卦为乾，乾为马，为白天，为金车。上交互卦为震，震为动，为逐。下交互卦为兑，兑为沼泽，为艰险，故有爻辞诸象。“良马”是指乾卦的三个刚爻，象征贤才。“九三”经历“初九”“九二”的磨练阶段，至此德智已经有了相当的蓄养，像一匹经过训练的“良马”，可以向前奔驰。“九三”与“上九”都阳刚激进，志同道合，犹如“良马逐”。可是，“九三”以阳爻居阳位，过于刚健冒进，有陷入危险的可能；所以，它必须能够警惕艰险，坚守正道，才会有利。

〖智慧点津〗此爻揭示应不断自我磨炼，谨慎小心。

〖案例解读〗陶侃搬砖的故事。陶侃是东晋有名的将军，在平定了苏峻之乱以后，因功封了大官，过起了养尊处优的生活。日子一久，他觉得不能再这样荒废身体和心志。于是，他每天早晨把一百块砖从屋内搬到院子里，晚上又把它们搬回屋内。邻居看在眼里，觉得他好像在做虚功。于是有人好奇地问他原因。陶侃回答说：“我刚刚在中原打完仗，现在却过着安逸的生活。不每天搬砖的话，以后再打仗恐怕就很难胜任了。”由此可见，一个人平时只有“利艰贞，日闲舆卫”，才能“利有攸往”。

【26.7】

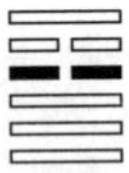

六四：童牛①之牿②，元吉。

《象》曰："六四元吉"，有喜也。

〖注释〗

①童牛：未长角的小牛，这里指"初九"。②牿（gù）：装在牛角上的横木，以防止牛触伤人。

〖译文〗

六四：小牛角上套上防止顶人的横木，大吉大利。

《小象传》说："六四大吉大利"，是说有喜事来临。

〖解说〗

上卦为艮，艮为少男；上交互卦为震，震为木，这里象征装在牛角上的横木。若"六四"发生爻变，则上卦变为离卦，离为牛，故有"童牛之牿"之象。又下交互卦为兑，兑为口，为悦，故有"有喜"之象。"初九"阳刚好动，"初生牛犊不怕虎"，急于向外寻求发展，但"六四"立即对他进行蓄止。这样既保护其阳刚，又防止其伤人，止恶于萌，所以大吉，值得欣喜。

〖智慧点津〗此爻揭示蓄积应防恶于萌。

〖案例解读〗"孟母三迁"的故事。孟子，名轲，战国时期思想家、教育家，儒家学派的代表人物。他小时候很贪玩，好模仿。他家原来住在坟地附近，他常常玩筑坟墓或学别人哭拜的游戏。孟母认为这样不好，就把家搬到集市旁边，孟子又模仿别人杀猪和做生意的游戏。孟母认为这个环境也不好，又将家搬到学堂附近。从此，孟子安心学习礼节和知识，终于成为一代大儒，被后人称为"亚圣"。

【26.8】

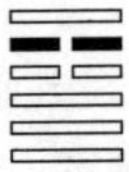

六五：豮豕之牙①，吉。

《象》曰："六五之吉"，有庆也。

〖注释〗

①豮（fén）豕：阉割去势的猪。

〖译文〗

六五：阉割过的公猪的牙齿，不会伤人，因而吉祥。

《小象传》说："六五的吉祥"，是指福庆来临。

〖解说〗

猪性刚躁，常以利齿咬人，阉割后则牙齿犹存而凶性已除，温顺无比，更有益于圈养和增肥。“初九”如刚性初生、以角顶人的牛犊，“九二”就像以牙伤人的公猪。“六五”柔中而居尊，对“九二”能以柔制刚，有效蓄止，因而吉祥可庆。

〖智慧点津〗此爻揭示蓄积应当正本清源，抓住根本。

〖案例解读〗教育部：坚决执行师德师风铁律，公开曝光8起师德违规案例。2021年4月，教育部公开曝光了8起违反教师职业行为十项准则典型问题，包括课堂上歧视侮辱学生、诱导学生参加有偿补课、体罚学生等问题。教育部重申了对师德违规问题“零容忍”的坚决态度，坚决执行师德师风铁律，把“害群之马”及时清除出教师队伍。此举有利于扼杀师德师风歪风，正所谓“豮豕之牙，吉”。

【26.9】

上九：何①天之衢②，亨。

《象》曰：“何天之衢”，道大行也。

〖注释〗

①何：同“荷”，承受，肩负。②衢（qú）：四通八达之路。

〖译文〗

上九：承荷通天大道，亨通。

《小象传》说：“承荷通天大道”，是说“上九”的畜德之道大为通行。

〖解说〗

“上九”位于天位，为艮卦主爻，似扁担扛物；又上交互卦为震，震为大涂（通“途”），即宽阔大道，故有“何天之衢”之象。“上九”为本卦的终极之爻，他经过对前面乾体三个刚爻的蓄止、蓄养，至此自身的素养德行、物质的积累都已达到顶峰，可谓功德圆满。此时，他可以自由通行，大展宏图。

〖智慧点津〗此爻揭示蓄极而通，本领已成，应大展宏图。

〖案例解读〗姜子牙施展抱负。姜子牙，姜姓，吕氏，名尚，字子牙，号飞熊，古代杰出的军事家与政治家，被尊为“百家宗师”。他十二岁上昆仑山，学艺六十年。学成后，他辅佐周文王姬昌振兴西岐，辅佐周武王姬发消灭商纣，为周朝作出了不可磨灭的贡献。

27. 颐卦第二十七——养身养德

颐

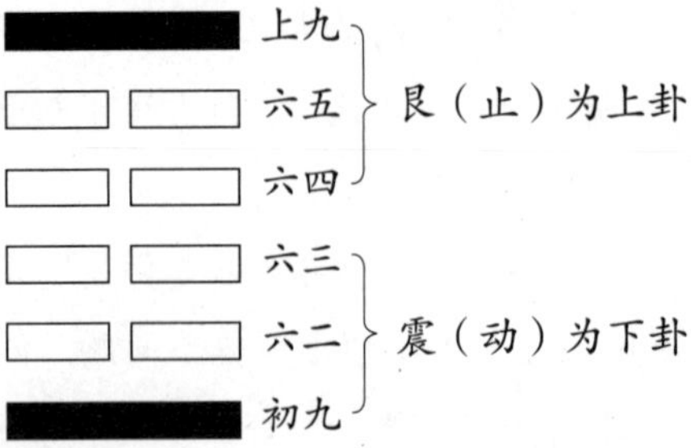

山雷颐

导读 “每天锻炼一小时，健康工作五十年，幸福生活一辈子。”教育工作者要教育学生“文明其精神，野蛮其体魄”，让他们永葆身心健康。

卦体下震上艮。艮为山，为止；震为雷，为动。有咀嚼进食之象。卦形似口，外实内虚，实者养人，虚者为人养。“颐”，本义是下巴，引申为颐养，卦义为养育。本卦主要阐述师生颐养身心的智慧。

【27.1】

颐：贞吉。观颐，自求口实①。

〖注释〗

①口实：口粮。

〖译文〗

颐卦象征颐养：坚守正道吉祥。观看万物颐养的情况，就知道人要自食其力，谋取口中食物。

〖解说〗

“观颐”，观察天下万物的颐养之道，包括“养人之道”和“自养之道”，都必须坚守正道。颐养下卦三爻，属于震体，震为动，象征口动不停、好吃贪食，侧重讲养身，因此爻辞多凶；上卦三爻，属于艮体，艮为止，侧重讲养德，因此爻辞多吉。

【27.2】

《彖》曰：颐①，“贞吉”，养正则吉也。“观颐”，观其所养也。“自求口实”，观其自养也。天地养万物，圣人养贤以及万民，颐之时大矣哉②！

〖注释〗

①颐：颐养。②颐之时大矣哉：颐养之道，在自然界是“天地养万物”，在社会上是“圣人养贤以及万民”。由此可见，适时的颐养，意义重大。

〖译文〗

《彖传》说：颐养，“守正吉利”，是说君子坚守正道养生就吉祥。“观看嘴巴”，是说要观察他人的养生之道。“自己谋求口中食物”，是说观察他怎样养活自己。天地养育万物，圣人则养育贤才以及百姓，颐卦之时所蕴含的道理，真是很重要啊！

【27.3】

《象》曰：山下有雷，颐。君子以慎①言语，节②饮食。

〖注释〗

①慎：谨慎。②节：节制。

〖译文〗

《大象传》说：山下春雷响动，万物萌芽，象征着颐养。君子效法此象，谨慎说话，节制饮食，以修身养性。

〖解说〗

山下雷声轰响，有颐养之象。口的作用主要有二：一是饮食，二是言语。教育工作者从中得到的启示是，应当教育学生不要胡乱说话，饮食上要注重营养平衡，不挑食，不暴饮暴食，从而保持身心健康。

【27.4】

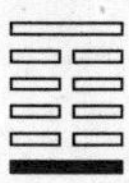

初九：舍①尔②灵龟③，观我④朵颐⑤，凶。

《象》曰：“观我朵颐”，亦不足贵也。

〖注释〗

①舍：丢掉，舍弃。②尔：你的，这里指“初九”。③灵龟：古人认为龟不食，而且长寿，又能预知吉凶，所以称“灵龟”。④我：指“六四”。⑤朵颐：鼓动两腮咀嚼食物。

〖译文〗

初九：舍弃神龟自养的美德，却贪看我鼓动两腮进食，有凶险。

《小象传》说：“贪看我鼓动两腮进食”，是说“初九”丧失正道的行为并不值得尊重。

〖解说〗

全卦是一个放大的离卦，离外实内虚，有如乌龟，故有“灵龟”之象。下震为动，所以又有“朵颐”之象。本卦“初九”“上九”两个阳爻指养人者，中间四个阴爻有被养、求养之义。“初九”以阳爻居阳位而得正，本来是有养生正道的，完全可以像灵龟那样以内质自养而不求养于外食。然而它主动与“六四”的小人相应，犹如以阳刚之实求养于阴虚，放弃以气自养的正道。“临渊羡鱼，不如退而结网”，这种贪于口腹之求的舍本逐末的行为，不值得尊重，所以有凶险。

〖智慧点津〗此爻揭示颐养应自力更生，勿贪婪而羡慕他人，否则将有凶险。

〖案例解读〗中学教师下海创业失败后吸毒贩毒落网。20 世纪 80 年代，纪某曾是西安某中学的一名教师，眼见别人赚得盆满钵溢，于是下海经商，没想到生意遭受巨大挫折。后来，他开始吸毒、贩毒，虽然赚了很多钱，但最终受到了法律的严惩。

【27.5】

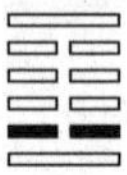

六二：颠颐，拂①经②于丘③颐，征凶。

《象》曰：“六二征凶”，行失类也。

〖注释〗

①拂：违背。②经：常，常理。③丘：高地，指高居上位的“上九”。

〖译文〗

六二：颠倒向下求养，又违背常理，向上寻求供养，前往就有凶险。

《小象传》说：“六二前往就有凶险”，是因为“六二”的行动脱离同类。

〖解说〗

上卦为艮，艮为山丘，故有“丘颐”之象。“六二”以阴爻居阴位，居中得正，本来应该遵循养生正道，自力更生。但它资质柔弱，不能够自我供养，必须求助于阳刚。如果它寻求在下方的“初九”供养，就违背常理，因为自古以来，都是在上位者供养在下位者，所以说“颠颐”“拂经”。无可奈何，它又想乞食卦主“上九”供养。但“上九”位高权重，而且与之无应，没有供养“六二”的义务，加之途中有“六三”“六四”“六五”阻挡，所以前往有凶，故爻辞说“拂经于丘颐，征凶”。

〖智慧点津〗此爻强调求养必须依循常理，不可违背原则。

〖案例解读〗大学生“啃老”七年被赶出家门。2014 年，北京某大学生毕业后一直闲在家里等吃喝，还将一名女网友带回家长期同居。面对父母的劝说，他称父母有义务养自己。万般无奈之下，被啃老长达 7 年的父母将儿子诉至海淀法院，并申请强制执行，赶独生子出门。“滴自己的汗，吃自己的饭，自己的事自己干，靠人靠天靠祖上，不算是英雄好汉”，一个人只有自力更生，才能够走得更远。

【27.6】

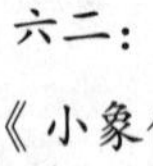

六三：拂颐，贞①凶。十年勿用，无攸利。

《象》曰：“十年勿用”，道大悖②也。

〖注释〗

①贞：守正。②悖（bèi）：背离。

〖译文〗

六三：违背颐养之道，要坚守正道以防凶险。十年都不可能有作为，没有什么好处。

《小象传》说："十年都不可能有作为"，是因为"六三"与颐养的正道大相径庭。

〖解说〗

中间互坤为偶数，为十，故有"十年"之象。"六三"以阴爻居阳位，不中不正，而且在下卦"震"动之极，与"上九"相应，象征贪婪之辈为达到求养目的，不择手段。由于其求养的手段不正当，最终会有凶险，以致十年得不到供养，没有任何好处。

〖智慧点津〗此爻揭示求养必须采取正当的手段。

〖案例解读〗江西一名中学教师违规违纪被处罚。景德镇某中学教师邱某胡乱收费、违规补课等举报内容在抖音、微博等多个平台发布后，当地教体局迅速成立调查组展开调查。经调查组核实，该教师2022—2023学年度上学期收取班费高至每位学生1000元；暑期在校外违规补课，并由家委会主要成员收取补课费每位学生4800元。事后，有关部门给予邱某撤销党内职务、调离教师岗位等处理。"君子爱财，取之有道"，该教师"拂颐，贞凶。十年勿用，无攸利"，由此可见一斑。

【27.7】

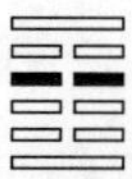

六四：颠颐，吉。虎视眈眈①，其欲逐逐②，无咎。

《象》曰："颠颐之吉"，上施光也。

〖注释〗

①眈眈：注视。②逐逐：迫切。

〖译文〗

六四：颠倒向下求养，吉祥。就像老虎扑食那样，威猛地注视着"初九"，欲望迫切，没有什么灾祸。

《小象传》说："颠倒向下求养，吉祥"，这是说"六四"居上而能下施光明恩德。

〖解说〗

若"六四"发生爻变，则上卦变为离卦，离为目。上卦为艮，艮为山，为停止，引申为专注。山里有虎，合而观之，故有"虎视眈眈"之象。"六四"以阴爻居于阴位，资质柔弱，虽然在上卦处于养人的地位，却连自己也不能养，只好颠倒向下求养于"初九"。由于它违背、颠倒了以上养下的颐养正道，所以说"颠颐"。然而"六四"毕竟当位得正，和“初九”阴阳正应，它能够以贵下贱，访求贤士“初九”，共同经世济民，所以说“吉”。“六四”当位居于艮止，象征它所求在道，以德自养。“六四”如猛虎逐食一样，主动地向“初九”求贤自辅，自养其德，施惠于大众，故说“无咎”“上施光也”。

〖智慧点津〗此爻揭示颐养应求贤自辅，乐于向善。

〖案例解读〗梅兰芳拜观众为师。梅兰芳是我国著名的京剧大师，善于虚心求教，不仅拜名画家齐白石为师，还拜普通观众为师。有一次，他在演出京剧《杀惜》时，在众多喝彩叫好声中，无意中听到有个老年观众说“不好”。演出结束后，他来不及卸妆更衣，就找到那位老人，恭恭敬敬地对老人说：“说我不好的人，是我的老师。先生说我不好，必有高见，定请赐教，学生决心亡羊补牢。”老人指出：“阎惜姣上楼和下楼的台步，按梨园规定，应是上七下八，博士为何八上八下？”梅兰芳恍然大悟，连声称谢。以后，梅兰芳经常请这位老先生观看他演戏，请他指正，称他为“老师”。

【27.8】

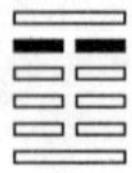

六五：拂经①，居贞吉，不可涉大川。

《象》曰：“居贞之吉”，顺以从上②也。

〖注释〗

①拂经：违背常理。②上：指居于上位的“上九”。

〖译文〗

六五：违背颐养常理，但安居守正可获吉祥，不能够渡过艰难险阻。

《小象传》说：“安居守正的吉祥”，说明“六五”顺从了贤者“上九”。

〖解说〗

上艮为止，上交互卦为坤，坤为河流，故有“居贞”和“涉川”之象。“六五”以柔爻居尊位不正，阴虚无实，既不能自养，又不能养天下，只好求助于阳刚的“上九”；这样做，违反常理。不过，“六五”有柔顺之德，又处于上卦艮体之中，能够安居守中，以阴承阳，顺从于贤能的“上九”，必然吉祥。“六五”阳刚不足，尚未能兼养天下，故爻辞说“不可涉大川”。

〖智慧点津〗此爻揭示君主应在大臣辅佐下安世济民，守正安居。

〖案例解读〗汉昭帝依赖霍光辅政。西汉中期，汉武帝穷兵黩武，导致民不聊生。汉昭帝继位之时年仅8岁，遵照武帝遗诏，由大将军霍光辅佐，“政事一决于光”。他在位期间，听从霍光的建议，勤于政务，把国家大事管理得井井有条。在经济上，实行休养生息政策，减轻了农民的负担。在政治上，处理了上官桀等人的叛乱，维护了国家的稳定。在民族关系上，缓和了与匈奴的关系，让百姓过上了安稳日子，从而开启了“昭宣中兴”的局面。

【27.9】

上九：由①颐，厉②吉，利涉大川。

《象》曰：“由颐，厉吉”，大有庆也。

〖注释〗

①由：顺从，依靠。②厉：危险。

〖译文〗

上九：天下百姓都依靠他获得颐养，谨慎防危可获吉祥，有利于渡过艰难险阻。

《小象传》说：“天下百姓都依靠他获得颐养，谨慎防危可获吉祥”，指君子大获福庆。

〖解说〗

中间互坤为大众，为百姓；下面“四阴”民众依赖“上九”供养，故说“由颐”。“上九”处于颐卦之终，阳实已足，既养己又养人，既养体又养德，最得颐养之正道，是颐道大成的象征。它身负救世济国重任，难免功高震主，需要谨慎防危，故爻辞告诫“厉吉”。又“坤”古作“巛”，通“川”，阳爻遇见阴爻则通，可济民生之艰难，所以爻辞又说“利涉大川，大有庆也”。

〖智慧点津〗此爻揭示供养天下应谨慎防危。

〖案例解读〗陶行知：中国平民教育的“拓荒者”。陶行知是我国著名教育家。留美回国后，他致力于平民和乡村教育，决意要靠自身的力量去改变农村的教育面貌，希望万千贫民有可能去接受教育。为此，他创办了晓庄师范和育才学校。其间，他虽然自己生活艰苦，但经常为募集资金而四处奔波。他以“捧着一颗心来，不带半根草去”的赤子之心，与劳苦大众休戚与共，为人民教育事业鞠躬尽瘁，奋斗终生，作出了不可磨灭的贡献，实乃“由颐，厉吉，大有庆也”。

28. 大过卦第二十八——非常手段

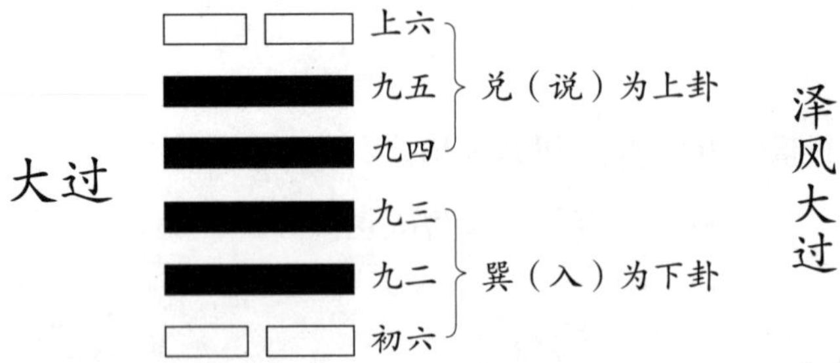

导读 “盖世必有非常之人，然后有非常之事；有非常之事，然后有非常之功。”教育工作者要勇于面对不利环境，坚持职业操守，义无反顾，矢志不渝。

卦体下巽上兑。兑为泽，巽为木，有水淹没木之象。卦形四个阳爻两个阴爻，阳过度旺盛。全卦有如房屋的脊梁，栋梁中间强壮，两端柔弱，栋梁不堪屋顶的重压，以致中央向下弯曲，所以又有大厦将倾之象。“大”，阳也，《周易》以阳为大，阴为小；“过”，度也，经由。“大过”，即阳之过，指大为超越常态，意味着发生了重大变故。本卦主要阐释教师在阳刚大过之时，应采取非常手段的道理。

【28.1】

大过：栋①桡②，利有攸③往，亨。

〖注释〗

①栋：屋正中最高的横梁。②桡：弯曲。③攸：所。

〖译文〗

大过卦象征阳刚极为过分：房屋的栋梁受重压而弯曲，利于前去行事，亨通。

〖解说〗

全卦中央四个阳爻，上下两个阴爻，中间强盛而上下柔弱，有如房屋的脊梁，中强而本末弱，因此弯曲，所以说“栋桡”。阳爻为实，为阳刚，能够肩负重任，所以堪称“栋”；阴爻为虚，为柔弱，这里可比拟为无法负荷的初、上两爻，故说“桡”。本卦下卦“巽”是顺，上卦“兑”是悦，卦中的“九二”和“九五”君子，既能阳刚得中用事，又能柔顺喜悦待人：因而，在“大过”之时，能够特立独行，力挽狂澜，前行有利而且亨通。

【28.2】

《彖》曰：大过，大者过也。“栋桡”，本末弱①也。刚过而中②，巽而说③行。“利有攸往”，乃“亨”。大过之时大矣哉！

〖注释〗

①本末弱：指最下的“初六”和最上的“上六”都是阴爻，故称“弱”。②刚过而中：刚，指阳爻，本卦有四个阳爻，超过两个阴爻，“九二”和“九五”分别居于上下卦的中位，故称“刚过而中”。③巽而说：大过卦下卦为巽，巽为谦逊，“巽”通“逊”；上卦为兑，兑为说，“说”通“悦”，故言“巽而说”。

〖译文〗

《彖传》说：大过，指阳刚太过分了。“栋梁弯曲”，是因为其头尾两端柔弱。四个阳爻超过两个阴爻，而“九五”和“九二”都分居上下卦的中位，谨守中道，谦逊而和悦地办事。“有利于前往”，获得“亨通”。大过卦所蕴含的时势意义真是太伟大了！

【28.3】

《象》曰：泽灭木，大过。君子以独立不惧，遁世①无闷。

〖注释〗

①遁世：避世隐居。

〖译文〗

《大象传》说：泽水淹没了树木，象征非常过分。君子效法此象，超然独行，无所畏惧，隐身避世也不烦闷。

〖解说〗

树木本应在泽水滋养下茁壮成长，但是如今它竟然被泽水淹没，有灭顶之灾、大过之象。教育工作者从中得到的启示是，在学生遇到重大危险或灾难来临时，应挺身而出，勇于担当。

【28.4】

初六：藉①用白茅②，无咎。

《象》曰：“藉用白茅”，柔在下也。

〖注释〗

①藉：铺垫。②白茅：草名，柔软洁白。古时祭祀时，将祭品放在洁白的茅草上，表示洁净和恭敬。

〖译文〗

初六：恭敬地用白茅垫着祭品，没有灾祸。

《小象传》说："恭敬地用白茅垫着祭品"，是因为"初六"柔顺而居于阳爻之下。

〖解说〗

下卦为巽，巽为谦恭，为草木，故称"茅"。"初六"居下并以柔弱上承阳刚的"九二"，所以有"藉用白茅"之象。"初六"以阴爻居于阳位失正，位卑力弱，不能有所作为。在阳刚盛大的"大过"之初，它只有处"巽"知顺，极端柔顺，戒惧谨慎，才能避免咎害，确保万无一失。

〖智慧点津〗此爻揭示在阳刚大过之时，要特别谨慎才能避祸免灾。

〖案例解读〗龚建群：从负债大学生到餐饮大亨。龚建群是湖南"旺府"创始人，大三时，他向亲朋好友借来四十万元，开起了地板厂，结果血本无归。几年后，经过充分的市场调查，他在长沙开了一家名为"辣得香"的家常菜馆，这便是如今"旺府"餐饮的前身。他说："选址的时候，我特意安排一个人在那蹲点了两天，记录有多少个人进来，甚至精确到旁边餐馆煲仔饭卖了多少份。得到这些数据后才放心，才敢盘下这家店。"现在，他已还清了一切债务，并且在湖南开设多家分店，声名鹊起。

【28.5】

九二：枯杨生稊①，老夫得其女妻②，无不利。

《象》曰："老夫女妻"，过以相与③也。

〖注释〗

①稊（tí）：新生的枝芽，这里喻指"初六"。②女妻：年轻的妻子。③相与：相配。

〖译文〗

九二：枯萎的杨树长出新芽，老年男子娶了位年轻的妻子，没有什么不利。

《小象传》说："老年男子娶了位年轻的妻子"，说明虽然阳刚过度，却仍能与阴柔结合。

〖解说〗

巽为木，故说"枯杨"，这里比喻阳刚的"九二"；阴柔过于幼弱，所以用嫩枝、幼妻来比喻"初六"。下交互卦为乾，乾为阳刚，为夫，"九二"和"初六"两个爻比邻，所以有"老夫得其女妻"之象。"九二"以阳爻居阴位，处于刚过之始，和上面的阳爻"九五"敌应，而与下面的阴爻"初六"亲近，可以借助其阴柔来弥补自身阳刚过盛之弊，就像枯木逢春，没有什么不利。

〖智慧点津〗此爻揭示在阳刚大过之时，应以柔济刚。

〖案例解读〗广西大力引进年轻教师到乡村任教。在我国，乡村教师紧缺、老龄化严重是个严峻的问题。据广西教育厅统计，截至2018年，全区共计培养全科师范生1.46万名（含在校生），91个县（市、区）累计补充特岗教师6.85万名。此外，近年来，广西每年通过传统教师公招渠道招聘的1.3万至1.5万名教师中，有一半被输送到了乡村。这些年轻老师给学校输入了“新鲜血液”，带来了无限的生机和活力，实乃“枯杨生稊”。

【28.6】

䷛ **九三：栋桡，凶。**

《象》曰：“栋桡之凶”，不可以有辅[①]也。

〖注释〗

①辅：帮助，这里指支撑。

〖译文〗

九三：栋梁向下弯曲，有凶险。

《小象传》说：“栋梁向下弯曲，有凶险”，是因为“九三”阳刚极盛，不能对其辅助。

〖解说〗

下卦为巽，巽为木，代表栋梁。若“九三”发生爻变，则下卦变为坎卦，坎为陷，为弓轮，引申为栋梁往下弯曲或者凹陷，故有“栋桡”之象。“九三”“九四”两爻在卦的中央，如同“栋梁”。“九三”以阳爻居阳位，过刚不中，就像栋梁下弯，有塌陷之患。它虽与“上六”相应，但上有“九四”和“九五”两个阳爻阻隔，且其刚愎自用，所以“上六”虽然有心辅助，但也无济于事，因而凶险。

〖智慧点津〗此爻揭示蓄积德智，应不断自我磨练，谨慎小心。

〖案例解读〗特级教师钱永昌的成长之路。钱永昌，2006届福建师范大学学科教学（物理）硕士，厦门外国语学校教研室副主任，中学物理高级教师，福建省特级教师。他自述其从普通教师成长为名师，学习提升是途径，树立标杆是动力，教学展示是关键，教育科研是引领。“莫问收获，但问耕耘”，一个优秀的教师只有不断地在课堂内外淬炼，经常地学习和反思，“良马逐，利艰贞，日闲舆卫”，才能“利有攸往”。

【28.7】

䷛ **九四：栋隆[①]，吉。有它[②]，吝。**

《象》曰：“栋隆之吉”，不桡乎下也。

〖注释〗

①隆：向上隆起。②它：指意外情况。

〖译文〗

九四：栋梁向上隆起，吉祥。假如有意外变故，还是会有麻烦。

《小象传》说："栋梁向上隆起，吉祥"，是由于"九四"本身能使栋梁不再向下弯曲。

〖解说〗

"九四"以阳爻居阴位，能够使刚柔相对平衡，就像使栋梁高高隆起，能承载重荷，可获吉祥。此时，如果它再追求与阴爻"初六"相应，就会打破阴阳平衡，变得过于柔和，滋生牵连之患。因而，"九四"远离"初六"负累，方可平安无事。

〖智慧点津〗此爻揭示在阳刚大过之时，应敛刚用柔，排除不良干扰。

〖案例解读〗班级管理的"严"与"松"。林春在《刍论班主任在班级管理中的"严"与"松"》一文中提出，班主任在班级管理过程中应"严"与"松"结合，做到"温而厉，威而不猛，恭而安"。具体来说，第一，"温而厉"，爱中带严。第二，"威而不猛"，严中有爱。第三，"恭而安"，严松有度。在班级管理工作中，一味地"松"，一味地退让反而显示班主任是个优柔寡断、无原则之人，甚至会让学生无所适从。但一味地"严"，则会让班主任在学生中失去亲和力。所以，班主任在班级管理过程中，一定要有自己的原则和底线，注意权衡"严"与"松"两者的利弊关系，才能达到班级管理的最佳效果，否则"有它，吝"。

【28.8】

九五：枯杨生华[①]，老妇[②]得其士夫[③]，无咎无誉。

《象》曰："枯杨生华"，何可久也？"老妇士夫"，亦可丑也。

〖注释〗

①华：花。②老妇："上六"。③士夫：指年轻的丈夫"九五"，与"老夫""九二"相对。

〖译文〗

九五：枯萎的杨树盛开鲜艳的花朵，老妇嫁给了年轻的丈夫，没有灾祸，也不值得称赞。

《小象传》说："枯萎的杨树盛开鲜艳的花朵"，怎么能够长久呢？"老妇嫁给了年轻的丈夫"，这种婚配是让人羞愧的。

〖解说〗

阳和杨谐音，阳爻为丈夫，阴爻为妇女、为花朵，“九五”和“上六”比邻，故有“枯杨生华，老妇得其士夫”之象。“九五”以阳爻居阳位，阳刚过盛，和“九二”敌应，不得已而与上方的“上六”亲近。但“上六”身处大过卦终极，以阴爻居阴位，如同已到垂暮之年的衰老妇人，“九二”与“上六”的结合，只能获得暂时的功效。就像枯萎的杨树开花，只会昙花一现，凋落而无结果。

〖智慧点津〗此爻揭示在阳刚大过之时，不可采取非常手段，只有正当才能长久。

〖案例解读〗七旬老太姚某以集资建校名义非法募集5亿余元。据中国长安网，2018年8月31日报道：8月29日，西安市中级人民法院就西安物业管理专修学院非法集资建校一案进行审判。经查，2008年8月至2016年9月，以校长姚某为首的团队，借集资建校的名义，通过各种手段，向社会公众承诺高额利息，非法募集资金5.14万余元，被害群众达8809名。“枯杨生华，何可久也？”“多行不义必自毙”，等待他们的是法律的严惩。

【28.9】

上六：过涉灭顶[①]，凶，无咎。

《象》曰：“过涉”之“凶”，不可咎也。

〖注释〗

①灭顶：水淹没头顶。

〖译文〗

上六：过河时水淹没头顶，有凶险，但不应责怪。

《小象传》说：“过河而有凶险”，说明知不可为而为，不应责怪。

〖解说〗

按照《周易》体例，上爻身体取象一般为首（头）；又上卦为兑卦，兑为泽，上交互卦为乾，乾为首，“上六”居“兑”泽和乾卦之上，故有“过涉灭顶”之象。“上六”还以柔爻居于阴位，质柔才弱，又乘凌四阳之上，终不得过而有祸。大过卦是非常之时，“上六”肩负解危之重责，纵然前有万丈深渊，也不能苟且偷生，而应赴汤蹈火，舍生取义，即使失败了，也不该责怪。正如朱熹在《周易本义》中说：“处过极之地，才弱不足以济，然于义为‘不咎’矣。盖杀身成仁之事，故其象占如此。”

〖智慧点津〗此爻揭示在阳刚大过之时，应临危不惧。

〖案例解读〗谭千秋以躯护生铸师魂。2008年5月12日汶川地震发生的一瞬间，四川省德阳市东汽中学教师谭千秋，没有独自逃跑，而是让孩子们先走，自己张开双臂趴在课桌上，用肉身护住4个没来得及跑的孩子。最后，4个孩子安然无恙，而他却不幸遇难。“生，亦我所欲也；义，亦我所欲也。二者不可得兼，舍生而取义者也。”他用自己宝贵的生命诠释了爱与责任的师德灵魂。

29. 坎卦第二十九——教育风险

习坎

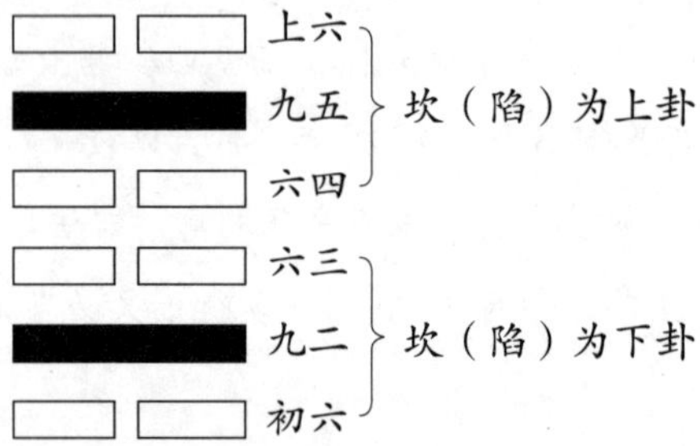

坎为水

导读 “人的生命似洪水奔流，不遇着岛屿和暗礁，难以激起美丽的浪花。”教育工作者只有心怀诚信，坚强乐观，才能劈波斩浪，一往无前。

卦体下坎上坎。坎为水，为险，两坎相重，有险阻重重之象。“坎”，本义指凹陷的土坑。《坎》又名《习坎》，卦义为陷坑，险难。本卦主要阐释教师应识别、防范与治理教育风险，懂得化危为机、化险为夷的道理。

【29.1】

习坎：有孚①，维②心，亨。行有尚③。

〖注释〗

①孚：诚信。②维：束缚，维系。③尚：赞扬。

〖译文〗

坎卦象征重重险陷：保持内心诚信，亨通。勇敢前行必然会得到人们的赞扬。

〖解说〗

“习”本指小鸟反复练习飞翔，有重复的含义。“习坎”，象征重重艰难险阻。卦形上下皆坎，可见险陷之深；卦中二阳（“九二”和“九五”）均陷在二阴中，阴虚阳实，象征心中实在，有诚信。君子心怀诚信，熟习险难，才能自由出入于水而不致陷溺，成就济险、出险之功，故说“行有尚”。

【29.2】

《象》曰："习坎"，重险也。水流而不盈[①]，行险而不失其信。"维心，亨"，乃以刚中[②]也。"行有尚"，往有功也。天险，不可升也；地险，山川丘陵也。王公设险以守其国。险之时用大矣哉！

〖注释〗

①盈：盈满。②刚中：指"九二"和"九五"两个阳爻分别处于上下卦的中位，故称"刚中"。比喻一个人有刚健、中正之德。

〖译文〗

《彖传》说："习坎"就是重重险陷。水流入陷坑而不盈满，君子遇险却不失诚信。"内心保持诚信，亨通"，因为"九二"和"九五"均以刚爻居于中位，具有刚健中正之德。"勇敢前行必然会得到人们的赞扬"，是说前往必可建功。天险像天一样高不能攀，地险是指高山大河和丘陵。王公贵族设置险要，是用来守卫他们的国家。这种"险"能因时而用的功效真是巨大啊！

【29.3】

《象》曰：水洊[①]至，习[②]坎。君子以常德行，习教事。

〖注释〗

①洊（jiàn）：再，接连。②习：从事。

〖译文〗

《大象传》说：水流相继而至，象征着重重的艰险。君子效法此象，恒久修行积德，并反复从事教化育人的工作。

〖解说〗

上、下卦都为坎，坎为水，水流不断，有重险之象。教育工作者从中得到的启示是，应以社会主义核心价值观为指导，以"学高为师，身正为范"为准则，认真钻研教材、教法，潜心教书育人，为国家培养栋梁之材。

【29.4】

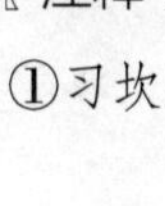

初六：习坎[①]，入于坎窞[②]，凶。

《象》曰："习坎入坎"，失道凶也。

〖注释〗

①习坎：重坎，意思是坎坑之中又有坎坑。②窞（dàn）：小而深的穴。

〖译文〗

初六：面临重重险陷，落入陷坑的深处，有凶险。

《小象传》说：“落入重重险陷的深处”，是说“初六”迷失正道而遭遇凶险。

〖解说〗

“初六”以阴爻居于阳位，柔弱失正，处于重坎之下，故有“入于坎窞”之象。它不仅自身柔弱无力，而且上方没有“六四”应援，加之疏远“九二”，因而不能与它们同舟共济，无法走出险境，所以凶险异常。

〖智慧点津〗此爻揭示人们不可深陷于险中，以致不能自拔。

〖案例解读〗少年遇溺险身亡。2018 年，广东佛山三水巡警中队民警接到报案，说有小孩落水。民警迅速赶到现场，和街坊们一起进行救援。经过半个小时的努力，终于将溺水者成功救上了岸。此时他没有生命体征，民警没有放弃，对溺水者实施按压、心肺复苏等急救措施，十分钟后，奇迹出现了，这个人有了呼吸。据了解，溺水者是一位 15 岁的少年，当时他和几个朋友相约到江边玩耍，不慎跌落江中，原本就不懂水性的他被水流冲走，渐渐失去意识。这就是“习坎，入于坎窞，凶”的道理。

【29.5】

䷜

九二：坎有险①，求小得②。

《象》曰：“求小得”，未出中也。

〖注释〗

①坎有险：指“九二”深陷上下两坎之中。②小得：小的收获。

〖译文〗

九二：在坑穴中遇有危险，可以先谋求小的收获。

《小象传》说：“先谋求小的收获”，说明“九二”尚未走出险境。

〖解说〗

下交互卦为震，震为动，上交互卦为艮，艮为止，“九二”以阳爻居阴位失正，进退两难，上下又被两个阴爻包围，无法脱险。但它阳刚得中，能够奋发有为，践行中道，逐步化解困难，积小胜成大胜。

〖智慧点津〗此爻揭示脱险应先求小得，逐步化解。

〖案例解读〗山田本一马拉松夺冠秘密。山田本一是日本著名马拉松运动员，曾在 1984 年和 1987 年的国际马拉松比赛中两次夺得世界冠军。他在自传中透露了成功的秘密：每次比赛之前，他都要记下沿途比较醒目的标志。比赛开始后，他就奋力地向第一个目标冲去，到达第一个目标后，他又向第二个目标冲去。40 多公里的赛程，被他分解成几个小目标——“求小得”，跑起来就轻松多了。

【29.6】

六三：来之坎坎①，险且枕②，入于坎窞，勿用。

《象》曰：“来之坎坎”，终无功也。

〖注释〗

①坎坎：前后皆险，坑坎连着坑坎。②枕：通“沈”，深。

〖译文〗

六三：往来进退都处在重重陷坑之中，落入陷坑的深底，在这种情况下，不可轻举妄动。

《小象传》说：“往来进退都处在重重陷坑之中”，是说妄动终不能成功脱险。

〖解说〗

“六三”以阴爻居阳位，不正不中，而且处于上下两个坎卦的中间，前后皆险，进退两难。此时，它如果贪功冒进，必定会越陷越深。

〖智慧点津〗此爻揭示处险不可妄动，应先求自保以待变。

〖案例解读〗石达开兵败大渡河。在“天京事变”后，石达开“毕其功于一役”，远征云南、贵州。在渡过金沙江，抵达大渡河岸时，军队急需砍树造筏才能渡河。但一切准备停当后，军队被暴雨和涨水阻拦三日，因此被追兵赶上。同时清军已调兵遣将，在大渡河沿岸作好了周密的布控。石达开军队孤军深入，人困马乏，被困数月后，最终粮草断绝，全军覆没，其遭遇正如“来之坎坎，终无功也”。

【29.7】

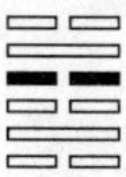

六四：樽①酒，簋②贰，用缶③，纳④约⑤自牖⑥，终无咎。

《象》曰：“樽酒，簋贰”，刚柔际⑦也。

〖注释〗

①樽：盛酒的器皿。②簋：古代盛黍稷的竹盘。③缶：朴素的瓦器。④纳：送进。⑤约：简单。⑥牖（yǒu）：窗户，引申为从窗户递送。⑦刚柔际：“六四”和“九五”两者相交，刚柔相济。

〖译文〗

六四：一樽薄酒，两盘淡食，用瓦器盛着，从窗户递送这些简单的东西，最终没有灾祸。

《小象传》说："一樽薄酒，两盘淡食"，是说在艰险之时，"六四"和"九五"能够坦诚交往，刚柔相济。

〖解说〗

下交互卦为震，震为木，为竹。上坎为水，故有"樽酒簋"之象。又"九二""六三""六四""九五"四个爻形成一个放大的离卦，离中空虚，所以又有"缶"和"牖"之象。"六四"阴柔无力，下和"初六"无应无援，又处上下两个"坎"险之中，属于近君之臣而无济天下之险之才，乃为臣处险之道。但"六四"以阴爻居阴位柔顺得正，能以虔诚和柔顺上承中正之君"九五"，获得它的保护。本来君臣之间的分际非常严格，但在险难之时，忠臣"六四"可以将简单的食物递给君王，省去一切繁文缛节；只要开诚布公，君臣和衷共济，就可以共同脱离险境。

〖智慧点津〗此爻揭示脱险应诚信求援。

〖案例解读〗蚂蚁和大象的故事。有一部动画片叫《蚂蚁和大象》，讲的是动物遇险和求助外援的故事。蚂蚁不小心，站在水中央的叶子上靠不了岸，大象见状，用长鼻子把蚂蚁救上了岸。蚂蚁说："大象先生，如果您今后遇到了麻烦，我也会来救你的！"大象哈哈大笑："你那么小，怎么能救我呢？"没有想到，后来大象掉进了陷阱，怎么都爬不上来。它悲伤地大叫求援，森林里的动物都无计可施。蚂蚁知道后，找来了千千万万的蚂蚁，把陷阱的边缘弄成了一个斜坡，帮助大象从陷阱里爬了出来。

【29.8】

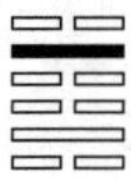

九五：坎不盈，祇①既平，无咎。

《象》曰："坎不盈"，中未大也。

〖注释〗

①祇：借为"坻"，小丘。

〖译文〗

九五：坑里的水还未满溢，小丘已经铲平，没有灾祸。

《小象传》说："坑里的水还未满溢"，说明"九五"中正之道尚未光大。

〖解说〗

"九五"在上卦"坎"的中央，水还在流入，没有满溢，险难将尽，陷坑尚未完全填满，所以爻辞说"坎不盈"。但"九五"以阳刚居尊位，肩负拯救天下艰难的责任，只要其继续发扬中正之道，那么积蓄危险的小丘将被铲平，险情解除，所以没有灾害。

〖智慧点津〗此爻揭示脱险应坚守中正，才能化险为夷。

〖案例解读〗大四男生机智逃出传销虎穴。2018年12月22日，宜春警方通过微信沟通，迅速解救了一位被骗入传销组织的大四学生李某。在此几天前，李某被同学骗至武汉市江夏区，在发现被骗入传销组织后，他开始想办法自救。22日17时许，趁“公司”开会的时机，李某找到机会向同学发送微信位置，并请求同学帮助其报警。同学收到信息后，立即向老师反映，学院老师迅速报警求助。接警后，宜春警方立即与武汉警方取得联系，迅速成功解救李某。随后，李某在警方的保护下安全踏上了开往宜春的火车。该学生正是因为能秉持阳刚中正之德，因此“坎不盈”而“祇既平”，顺利逃出虎穴。

【29.9】

䷜

上六：系①用徽纆②，寘③于丛棘④，三岁⑤不得，凶。

《象》曰：“上六”失道，凶“三岁”也。

〖注释〗

①系：捆绑。②徽纆（huī mò）：绳索，两股为纆，三股为徽。③寘：即“置”，放置，此处指囚禁。④丛棘：监狱，周代监狱四周墙上遍插荆棘。⑤三岁：泛指多年。

〖译文〗

上六：用绳索重重地捆绑住，投进监狱，多年不能解脱，非常凶险。

《小象传》说：“上六”违背了处险的正道，所以凶险“将持续多年”。

〖解说〗

上卦为坎，坎为险陷，引申为监狱、荆棘。若“上六”发生爻变，则上卦变为巽卦，巽为绳子，故有“系”和“丛棘”之象。“上六”以阴爻居阴位，柔弱无力，又处在坎陷之极，乘凌于“九五”阳刚之上，有“失道”之象，因而无力自拔，异常凶险，就像用绳索重重束缚，放置在荆棘丛中，多年都不能走出。

〖智慧点津〗此爻揭示在险境中勿轻举妄动，否则将愈陷愈深，无法自拔。

〖案例解读〗一高校学生身陷“校园贷”泥潭。2016年，长沙某高校学生小罗为了实现自己寒假旅行的计划，通过“校园贷”网络平台，借了六千元钱的旅行资金，可从此却落入了还债的梦魇。他借的六千块钱，短短一个月连本带利竟然变成了近十万！对此，有关专家和民警表示，大学生一定要树立正确的消费观，认清自己的购买力和偿还能力，理智选择正规的途径贷款。否则很容易深陷“系用徽纆，寘于丛棘”的境地。

30. 离卦第三十——善于依靠

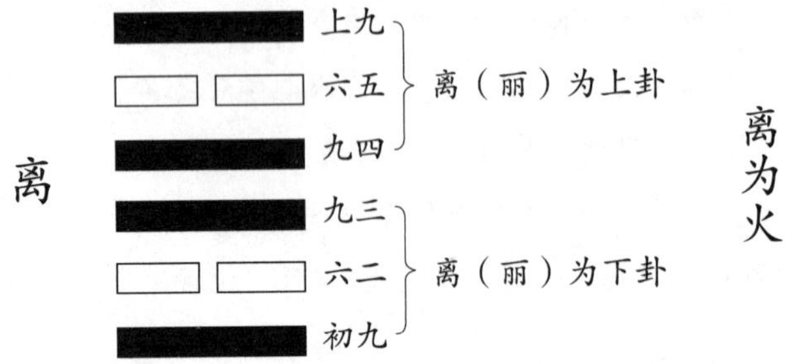

导读 “教师应当像全世界的太阳，站在高处，从哪里他都能同时对所有的人普照教学的光芒，而且同时能发出同样的光，均匀地照亮每一个人。”教育工作者只有立足三尺讲台，求真求善求美，才能赢得学生的拥戴，成为他们的指路明灯。

卦体下离上离。离为火，为日，为明，有大光明之象。卦形是中间的一个阴爻，附着于上下的两个阳爻，如同火内虚外实，必定附着在燃烧的物体上。“离”，本义指鸟儿被网罩住，引申为不可脱开、依附之义。本卦主要阐释师生要善于相互依靠，教学理论和教学实践要相互依存的道理。

【30.1】

离：利贞，亨。畜[①]牝牛[②]，吉。

〖注释〗

①畜：畜养。②牝牛：母牛。

〖译文〗

离卦象征依附：有利于坚守正道，这样必然亨通。畜养柔顺的母牛，可以获得吉祥。

〖解说〗

“一个篱笆三个桩，一个好汉三个帮。”天地间的物体，必定要附着在某种物体上，才能够存在，但附着的对象必须正当。母牛是非常温顺的动物，卦辞中用母牛比喻柔顺的德性。人与人之间要相互依附，只有拥有母牛般柔顺之德，才能吉祥。

【30.2】

《彖》曰：离，丽也。日月丽乎天，百谷草木丽乎土。重明[①]以丽乎正，乃化成天下。柔丽乎中正[②]，故“亨”，是以“畜牝牛，吉”也[③]。

〖注释〗

①重明：离卦下离上离，离为火，为日，为明，故为“重明”。②柔丽乎中正：离

卦的“六二”和“六五”都是柔爻且居中位。③畜牝牛，吉：“六二”和“六五”均为阴爻，代表中及阴柔的特性，也代表雌性，故“畜牝牛，吉”。

〖译文〗

《彖传》说：离是附丽、依附的意思。太阳月亮高悬天空照耀大地，百谷草木依附大地而生长。君子通过持续不断地光明而依附于正道，于是教化成就天下。“六二”在下卦居中且正，柔顺而能依附于中正，所以“亨通”，因此“畜养柔顺的母牛，吉祥”。

【30.3】

《象》曰：明[①]两作[②]，离。大人以继明照于四方。

〖注释〗

①明：太阳。②作：兴起。

〖译文〗

《大象传》说：太阳接连不断地升起，高悬天空，象征着“依附”。伟大的人物效法此象，以连续不断的光明照耀四方。

〖解说〗

太阳悬挂于高空，照彻万物，有依附之象。教育工作者从中得到的启示是，应不断燃烧自己，照亮学生，照亮世界，照亮未来。

【30.4】

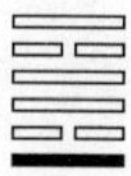

初九：履[①]错然[②]，敬之，无咎。

《象》曰：“履错之敬”，以辟[③]咎也。

〖注释〗

①履：鞋子，这里引申为脚步。②错然：杂乱无章。③辟：通“避”。

〖译文〗

初九：步履错乱无序，恭敬谨慎地对待，不会有灾祸。

《小象传》说：“步履错乱无序，恭敬谨慎地对待”，这样是为了避免灾祸。

〖解说〗

按易例取象，初爻处全卦最下，在身体为足，故说“履”。“初九”以阳爻居阳位，阳刚好动，在依附之初，方向未定，横冲直撞，导致脚步有些错乱，可能陷入危险。因而它只有谨慎行事，才能躲避灾难。

〖智慧点津〗此爻揭示依附应慎择对象，善始才能善终。

〖案例解读〗张扬转专业“一波三折”。张扬是四川某高校英语专业的学生，当年高考录取工作结束后，被调剂到英语专业，但“管理梦”一直活跃在他心头。到了大二，他抓住转专业的机会，果断“跳”到土地资源管理专业。但很快发现，无机化学、高等数学等这些课程太难了，他根本“嚼不动”。考虑再三，他又转回英语专业。此番折腾下来，他多了十多门功课要补修。试想一下，如果他当初在转专业前对自身、学校、新旧专业有一些细致了解，谨慎一点，不轻率判断，又怎会苦尝今日之“一波三折”的咎害呢？

【30.5】

☲☲ **六二：黄离，元[①]吉。**

《象》曰：“黄离，元吉”，得中道[②]也。

〖注释〗

①元：大。②得中道：“黄”是土色，土在五行的中央，所以黄色被称为正中之色，象征中正之道。

〖译文〗

六二：附着在黄色上，大吉大利。

《小象传》说：“附着在黄色上，大吉大利”，这是因为“六二”坚守中正之道。

〖解说〗

黄色为土地的颜色，土为中，“六二”在内卦的中位，因而附着于中色。“六二”又以阴爻居阴位，当位得正，具备中正的德性，正如《彖传》所言“柔丽乎中正”，非常吉祥。

〖智慧点津〗此爻揭示依附应遵循中正之道。

〖案例解读〗严寅贤“用教育家的情怀做教育”。严寅贤是北京市一零一中学原副校长、全国教育系统劳动模范、全国优秀教师。他自述自己一辈子视教书为本职，以育人为天职。对学生投入完全的耐心和责任心，悉心关注每一位学生的内心，守护他们精神世界的成长与进步。正如他在其散文《杏坛读书絮语》中所言：“读书教书写书，淡泊宁静致远；启智铸魂育人，吾辈永世无憾！”严寅贤潜心教书育人，业绩斐然，正所谓“黄离，元吉”。

【30.6】

☲☲ **九三：日昃[①]之离[②]，不鼓缶而歌，则大耋[③]之嗟，凶。**

《象》曰：“日昃之离”，何可久也！

〖注释〗

①昃（zè）：日偏西。②离：明，这里指依附。③耋（dié）：七八十岁的老人。

〖译文〗

九三：夕阳西下，挂在天边，不敲击瓦缶高歌，否则将空有年老的嗟叹，有凶险。

《小象传》说："夕阳西下，挂在天边"，此景怎么可以长久呢？

〖解说〗

离为日，代表太阳。在下卦三个爻中，"初九"代表早上，"六二"代表中午，"九三"代表黄昏。"九三"处下卦离体之终，前明将尽之时，故有"日昃"之象。若"九三"发生爻变，则下卦变为震卦，震为动，为鸣，为木，似缶。下交互卦变为艮卦，艮为手。上交互卦为兑，兑为口，所以又有"鼓缶而歌"和"嗟"之象。阳爻"九三"过刚失中，其处于日薄西山之际，难以长久"附丽"于物。"安时而处顺，哀乐不能入"，这时，我们只有乐观处世，才能避免悲伤嗟叹之凶。

〖智慧点津〗此爻揭示依附应顺其自然，乐命知天。

〖案例解读〗退休十年特级教师感悟。"岩石"是一位在教育战线上耕耘了多年的特级教师。他在其《退休十年的杂想》一文中，告诫我们该如何树立科学、正确的生活观、生存观、价值观，并用这些观念实现自己的价值。如"首先把自己的事情管好，少给子女添麻烦也就是贡献"，"自己经营好自己的丰富多彩、舒心安逸的晚年生活"，"不以物喜，不以己悲"，我们每个人的心境只有不随外在环境而起伏不定，才是安身立命的正道。

【30.7】

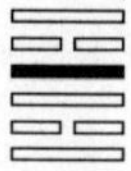

九四：突如其来如[1]，焚如，死如，弃如。

《象》曰："突如其来如"，无所容也！

〖注释〗

①如：语尾助词，……的样子。

〖译文〗

九四：突然间出现一片光芒，如烈火焚烧，一瞬间又烟消灭亡，舍弃净尽。

《小象传》说："突然间出现一片光芒"，说明难以长容于天地。

〖解说〗

若"九四"发生爻变，则上交互卦变为震卦，震为雷，电闪雷鸣具有突发性。上卦为离，离为火。上交互卦为兑，兑为毁折，故有爻辞诸象。"九四"处于上下两"离"（太阳）的交接处，有烈焰焚烧之象。它身居重臣之位，急欲以自己的阳刚，突然向上进逼"六五"之君，如火焰之燎人，有强宾逼主之势，这必然引起君王的猜忌和防范。

“九四”以阳爻居阴位，不中不正，它的这种错误行为违反了离卦光明附丽以正的原则，众叛亲离，必然会落得“死如，弃如”的悲惨结局。

〖智慧点津〗此爻揭示依附不可张狂逼主，否则必有凶险。

〖案例解读〗学生放火烧班主任家门。2013年8月，柳城县某中学两名学生，因调皮捣蛋被学校停课，心怀怨恨之下纠集另一名学生，朝班主任家大门泼洒汽油后点火焚烧。所幸，小区门卫及时赶到救火，才没有造成严重后果。三名嫌疑人很快被柳城县公安局刑侦大队抓获并刑事拘留。“突如其来如，无所容也”，三人最终受到了法律的严惩。

【30.8】

六五：出涕[①]沱若[②]，戚[③]嗟若，吉。

《象》曰：“六五”之“吉”，离[④]王公也。

〖注释〗

①涕：眼泪，鼻涕。②沱若：泪多的样子。③戚：忧伤。④离：通“丽”，附丽，依附。

〖译文〗

六五：泪水滂沱不停地流，悲伤叹息，吉祥。

《小象传》说：“六五”的“吉祥”，是因为他依附于王公。

〖解说〗

上卦为离，离为目；上交互卦为兑，兑为口，为泽，目下出水，故有“涕沱”和“戚嗟”之象。“六五”以柔爻居君位，被“九四”强臣所逼，以致忧伤哀泣。然而，“六五”身居尊位，且居上体离卦之中，具备明智处理政务的能力。他虽然处境危险，但能时刻戒惧，所以能化险为夷，最终吉祥。

〖智慧点津〗此爻揭示依附于尊位，心存戒惧，可以趋吉避凶。

〖案例解读〗杜长明：教师当常怀敬畏之心。杜长明是重庆市清华中学特级教师。他认为教师一定要常怀敬畏之心，必须对学生的可持续发展心存敬畏，必须对学生这个鲜活的生命体心存敬畏，必须对非教育现象保持高度警惕。总之，教师的敬畏之心是对真理的敬畏，对生命的敬畏，对自然的敬畏。正是心怀这一颗敬畏之心，让他在教育的沃土里不断生根、发芽，长成参天大树。

【30.9】

上九：王用出征，有嘉折首，获匪[①]其丑[②]，无咎。

《象》曰：“王用出征”，以正邦也。

〖注释〗

①匪：不，非。②丑：类，随从。

〖译文〗

上九：君王出师征讨，有丰功伟绩，斩杀敌方首领，俘虏其下属，没有过错。

《小象传》说："君王出师征讨"，是为了端正邦国，治理天下。

〖解说〗

若"上九"发生爻变，则上卦变为震卦，震为足，为动，故有"出征"之象。上卦为离，离为甲胄，为兵戈。上爻为首，上交互卦为兑，兑为毁折，故又有"折首"之象。"上九"处"离"明之极，是国君"六五"所信赖的大臣，既能明察又阳刚果断。因而，它可以被委以重任，出师征讨尚未顺服的奸佞。

〖智慧点津〗此爻揭示依附之道的最高运用在铲除魁首。

〖案例解读〗教师有偿补课被通报。2018年，安徽铜陵不断加强有偿补课治理工作，出台了《铜陵市禁止在职中小学教师从事有偿补课的规定》，各地各校认真贯彻落实，成效十分明显。但仍有个别教师顶风违纪，对法律和规定置若罔闻。经查实，该市一中数学教师巩某德、十五中语文教师潘某、十中英语教师王某兵三位教师分别在住宅楼地下室、家中、校外，组织学生有偿补课。最后，该市教育局依据相关规定，对以上教师作出警告、清退违规所得财物、年度考核不合格、扣发年度奖励性绩效工资和一次性工作奖励等处理。

31. 咸卦第三十一——师生感通

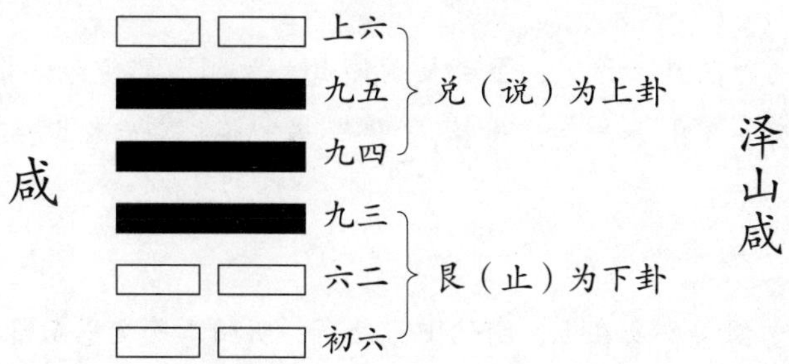

导读 "教育就是一棵树摇动另一棵树，一朵云推动另一朵云，一个灵魂唤醒另一个灵魂。"教育工作者只有虚怀若谷，以高尚的德行感化学生，学生才会"亲其师，信其道"。

卦体下艮上兑。兑为泽，艮为山，山上有泽，泽性下润，而山体上承，虚怀容受，彼此感应；又兑为悦，为少女 ，艮为止，为少男，少男谦下笃实追求少女，少女喜悦回应，有男女相感之象。“咸”，本义指全民皆兵，武装御敌，有全、都、皆之义；又通“感”，卦义为感应。“感”字去掉心，以象征无心的感应，因为万物皆有感应，只有无心之感，才是真情实感。本卦主要阐释师生如何感应的道理。

【31.1】

咸：亨，利贞。取[①]女吉。

〖注释〗

①取：通“娶”，娶妻。

〖译文〗

咸卦象征感应：亨通，有利于坚守正道。娶妻可以获得吉祥。

〖解说〗

本卦以上为《周易》“上经”，由本卦开始为《周易》“下经”。上经以创造宇宙万物的天地开始（主要论述天道），下经则以人伦发端的男女关系说起（主要论述人事）。“精诚所至，金石为开。”男女相互感应，进而爱慕，心心相印，因而亨通。但动机必须纯正，既喜悦又适可而止，婚姻才会吉祥。

【31.2】

《彖》曰：咸，感也。柔上而刚下[①]，二气感应以相与[②]。止而说[③]，男下女，是以“亨，利贞。取女吉”也。天地感而万物化生，圣人感人心而天下和平。观其所感，而天地万物之情可见矣！

〖注释〗

①柔上而刚下：指上卦兑为阴卦，为柔，下卦艮为阳卦，为刚。②相与：相处。③止而说：咸卦下卦为艮，为止，上卦为兑，为说，“说”通“悦”，为喜悦，故言“止而说”。

〖译文〗

《彖传》说：咸，指感应。温柔少女在上，刚健少男处下，阴阳二气交感而情投意合。笃实而喜悦，少男谦下追求少女，所以说“亨通，有利于坚守正道。娶妻可以获得吉祥”。天地阴阳二气交感而万物得以化育生长，圣人感化人心而天下太平。观察这些交感的现象、天地万物的情状就可以知道了！

【31.3】

《象》曰：山上有泽，咸。君子以虚受[①]人。

〖注释〗

①受：接受，容纳。

〖译文〗

《大象传》说：山上有湖泊，山泽通气，象征着互相感应。君子效法此象，要虚怀无私、容纳感化他人。

〖解说〗

山上有湖泊，水土相互滋润，有彼此感应之象。教育工作者从中得到的启示是，应虚心向书本、同事、学生及周围的人学习，不断提高自己的业务水平。

【31.4】

䷞

初六：咸①其拇②。

《象》曰："咸其拇"，志在外也。

〖注释〗

①咸：感应。②拇：大脚趾。

〖译文〗

初六：感应发生在大脚趾上。

《小象传》说："感应发生在大脚趾上"，说明"初六"有意向外追求。

〖解说〗

本卦六爻，都是以人体感应的部位来比喻，从下到上依次为"拇""腓""股""心""脢""辅颊舌"。"拇"是指大脚趾。初爻为足，最初的感应，来自大脚趾。"初六"是咸卦最下一爻，所以取象为大脚趾。"初六"与外卦的"九四"相应，想去追求"九四"。虽然大脚趾已有感应，但仍然微弱，不足以使全身移动，想前进欲罢不能，此时，"初六"应当等待时机，静观其变。

〖智慧点津〗此爻揭示感应尚浅，不要急于求成，应顺其自然。

〖案例解读〗于永正：第一印象很重要。已故江苏省特级教师于永正曾说："第一节课，如果开头的一段话热情洋溢，板书的第一个字让学生为之赞叹，第一次朗读让学生为之感动，用丰富的表情和机灵的眼神吸引住学生，得体的幽默让孩子笑起来，充满爱意的一次抚摸让学生感到亲切，教学方法的变化让学生感到有趣，那么，你就成功了。如果这样，而且今后也不懈怠，我敢说，你绝对成功了。"由此可见，教师的第一节课至关重要。"咸其拇，志在外也"，教师只有树立好"第一印象"，以后的教学活动才可以顺利展开。

【31.5】

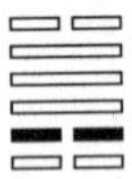

六二：咸其腓①，凶，居吉。

《象》曰："虽凶，居吉"，顺不害也。

〖注释〗

①腓（féi）：小腿肚。

〖译文〗

六二：感应发生在小腿肚上，有凶险，安居不动可获得吉祥。

《小象传》说："虽然有凶险，安居不动可获得吉祥"，说明"六二"顺应事物发展趋势，可以避灾远祸。

〖解说〗

下爻互卦为巽，巽为股（大腿），腓为腿的一部分，故有"腓"之象。下卦为艮卦，艮为山，为止，故言"居"。"初六"是大脚趾，在上方的"六二"，就相当于腿肚。当人走动时，腿肚先动，脚才跟着动，象征妄动有凶。幸而"六二"以阴爻居阴位，又在下卦的中位，虽然与"九五"相应，但由于它柔顺中正，并不会妄动强求，所以能够获得吉祥。

〖智慧点津〗此爻揭示感应不可妄动强求，应安居待时。

〖案例解读〗"不愤不启，不悱不发"的教学原则。"不愤不启，不悱不发"是《论语·述而》中的名句，体现了启发性的教学原则。其大意是："不到学生努力想弄明白，但仍然想不透的程度时，先不要去开导他；不到学生心里明白，却又不能完善表达出来的程度时，先不要去启发他。"教育工作者只有领悟"居吉"之道，抓住时机启发学生，相互感应，才能实现教学相长，达到"顺不害"的教学效果。

【31.6】

九三：咸其股①，执②其随，往吝。

《象》曰："咸其股"，亦不处也。"志在随人"，所执下也。

〖注释〗

①股：大腿。②执：执意。

〖译文〗

九三：感应发生在大腿上，一味地跟随着别人任意妄动，如此前往会受到羞辱。

《小象传》说："感应发生在大腿上"，说明不能安居不动。"心志在盲目地跟随他人"，是说"九三"的追求非常低下。

〖解说〗

下交互卦为巽，巽为股，为风，风吹草偃，表示整齐、顺从，引申为跟随，故言“股”和“随”。下卦为艮卦，艮为山，为止，为手，故又言“执”和“处”。“九三”在相当于腿肚的“六二”的上方，相当于大腿。大腿自己不能走路，总是跟随着下方的脚趾与腿肚行动，没有主动能力。如果他跟随阴柔的小人“初六”“六二”妄动，与“上六”相应，就会被羞辱。

〖智慧点津〗此爻揭示感应应有主见，不可随波逐流。

〖案例解读〗钟芳蓉报考北大考古专业。2020年，湖南耒阳留守女孩钟芳蓉，以高考676分的优异成绩夺得全省文科第四名，最终她决定报考北京大学考古专业。面对众多质疑，她表示这是自己心仪的专业和爱好，主要受到“敦煌女儿”樊锦诗的影响，与“钱途”和“冷门”无关。“选择为考古献身，也希望找到心灵的归处”。我们祈愿她“志之所趋，无远弗届，穷山距海，不能限也”。

【31.7】

䷞

九四：贞吉，悔亡。憧憧①往来，朋②从尔③思。

《象》曰：“贞吉，悔亡”，未感害也。“憧憧往来”，未光大也。

〖注释〗

①憧憧：心神不定的样子。②朋：和“九四”相应的“初六”。③尔：你。

〖译文〗

九四：坚守正道可获吉祥，没有悔恨。心神不定地与朋友交往，朋友会理解你的想法。

《小象传》说：“坚守正道可获吉祥，没有悔恨”，说明“九四”还没有因感应不正而遭灾。“心神不定地与朋友交往”，说明感应之道还没有发扬光大。

〖解说〗

下交互卦为巽，巽为风，为进退；若“九四”发生爻变，则上卦变为坎卦，坎为心志，故有“憧憧往来，朋从尔思”之象。“九四”在“九三”的大腿上方，“九五”的背肉下方，相当于心脏。人的心神是行动的指挥官，所以“九四”是咸卦的主爻。“九四”以阳爻居阴位不正，本来有悔，因而感应万物心神不定，犹豫不决，私欲重重，当然就只能得到少数人的赞成。“九四”与“初六”阴阳相应，它若是心中无私欲，便会发乎情而止乎礼，与“初六”两情相悦。因此，“九四”必须坚持纯正，才会吉祥。

〖智慧点津〗此爻揭示感应应光明无私。

〖案例解读〗沈献忠廉洁从教不褪色。沈献忠是湖北省小学语文特级教师，首届潜江市名师，现任教于潜江市田家炳实验小学。参加工作 30 多年来，尽管家庭拮据，但他从不向学生强行销售各种所谓的学习资料，或变相向学生家长索要礼品，抑或在校外办班搞“创收”，或搞有偿家教……某次，其子女依学校规定，可享受相关减免，但他主动把指标让给了他人。问及缘由，他淡然地说：“困难的学生多得是，他们比我更需要，我们当教师的要以身作则，不能搞特殊化。”

【31.8】

九五：咸其脢[①]，无悔。

《象》曰：“咸其脢”，志末也。

〖注释〗

①脢（méi）：背脊肉。

〖译文〗

九五：感应发生在脊背的肉上，没有悔恨。

《小象传》说：“感应发生在脊背的肉上”，说明“九五”的志向还很浅薄。

〖解说〗

“九五”爻位相当于人体后背的位置，背脊肉的位置比心脏稍高，所以有“咸其脢”之象。背脊是人身体最难感应的部位，对万物无动于衷，所以虽然说不上有什么凶险，但是也算不上吉祥，只是无悔而已。“九五”以阳刚居于尊位，态度高傲，对“六二”的主动追求漠不关心，难免志向特别浅薄。“圣人感人心而天下和平”，君王理应以中正之心，与外在广大世界沟通，以宽广、博大的胸怀包容、感化天下百姓，并以人心向背来衡量其治国理政的得失。只有如此，君王百姓才能皆大欢喜而“无悔”。

〖智慧点津〗此爻揭示人与人之间应以心换心，不可孤僻设限。

〖案例解读〗桂贤娣：“因生给爱十法”。桂贤娣是湖北省武汉市汉阳区钟家村小学特级教师，全国模范教师。从教 30 多年来，她在教学中总结出了“情感育人法”“因生给爱十法”，深受教育界称道。“因生给爱十法”具体指：一、体弱生爱在关心。二、病残生爱在得体。三、过失生爱在信任。四、屡错生爱在耐心。五、向师生爱在珍惜。六、背师生爱在主动。七、个性生爱在尊重。八、普通生爱在鼓励。九、进步生爱在赏识。十、后进生爱在鞭策。“以心交心，方能成其久远”，这正如爻辞所言，“咸其脢，无悔”。

【31.9】

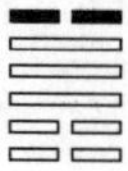

上六：咸其辅颊①舌。

《象》曰："咸其辅颊舌"，滕②口说也。

〖注释〗

①辅颊：面颊。②滕：本义指水向上腾涌，引申为张口放言。

〖译文〗

上六：感应发生在口舌上。

《小象传》说："感应发生在口舌上"，说明"上六"不过是夸夸其谈而已。

〖解说〗

上卦为兑卦，兑为口，为悦，故有"辅颊舌"之象。"上六"以阴爻居阴位，处咸卦之极和"兑"卦之终，象征小人以甜言蜜语取悦于人。"真者，精诚之至也。不精不诚，不能动人。"这种玩弄口舌、巧言令色之人，最终必然毫无吉利可言。

〖智慧点津〗此爻揭示感应贵在真诚，不可用花言巧语哄骗人。

〖案例解读〗刘老师因学校口惠而实不至而辞职。刘老师是江苏省某工学院的一位青年教师。2013年，他从海外留学归来，当年为该学院招聘简章中住房、安家费和科研奖励政策等福利待遇的吸引而选择入职。但是，入职之后，这些许诺的福利待遇却一再缩水——住房没有，只能提供过渡性住房，房屋的租金还一涨再涨，科研经费也大打折扣……为此，刘老师提出了辞职。"治国兴邦，人才为本"。一个单位不但要用事业留人，用感情留人，更要用政策留人。只有形成识才、爱才、敬才、用才之风，才能让我们的事业薪火相继，才能让我们的未来无往不胜。

32. 恒卦第三十二——学贵有恒

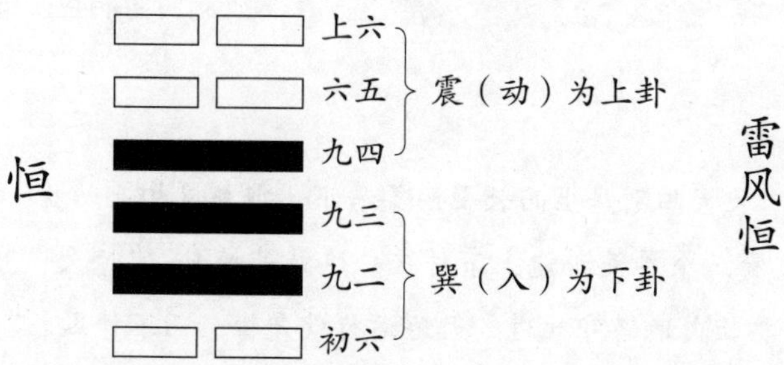

导读 "锲而舍之，朽木不折；锲而不舍，金石可镂。"教育工作者只有始终如一地关心和热爱学生，始终如一地学习各种知识，始终如一地探索教育教学规律，才能在教育的沃土上培育出绚丽的花朵。

卦体下巽上震。震为雷，巽为风，风雷激荡，交相为用，有宇宙常新之象。又震为长男，为动，巽为长女，为顺，“男主外，女主内”，夫唱妇随，犹如夫妇同心持家，天长地久，因此卦名为恒。“恒”，《说文解字》中说：“常也。”卦义为长久、持久。本卦主要阐释师生学习要有恒心的道理。

【32.1】

恒：亨，无咎，利贞，利有攸[①]往。

〖注释〗

①攸：所。

〖译文〗

恒卦象征长久：亨通，没有灾祸，有利于坚守正道，有利于前去行事。

〖解说〗

“人有恒心万事成，人无恒心万事崩”，可见恒心能给我们带来亨通，当然没有灾祸。君子修养恒德，动机必须纯正，而且持之以恒，才能无往不利。

【32.2】

《彖》曰：恒，久也。刚上而柔下[①]，雷风相与[②]，巽而动[③]，刚柔皆应[④]，恒。“恒：亨，无咎，利贞”，久于其道也。天地之道，恒久而不已[⑤]也。“利有攸往”，终则有始也。日月得天而能久照，四时变化而能久成，圣人久于其道而天下化成。观其所恒，而天地万物之情可见矣。

〖注释〗

①刚上而柔下：指上卦震为阳卦，为刚，下卦巽为阴卦，为柔。②相与：相助。③巽而动：恒卦下卦为巽，为入，上卦为震，为动，故言“巽而动”。④刚柔皆应：指“初六”和“九四”，“九二”和“六五”，“九三”和“上六”彼此阴阳相应。⑤已：停止。

〖译文〗

《彖传》说：恒，指永久。长男阳刚居上而长女阴柔居下，雷与风相互助益，谦逊而又有所作为，卦中三个刚爻和三个柔爻都能上下呼应，这就是恒卦。“恒久：亨通，没有灾害，利于守正”，君子要长久地恪守此道。天地运行就是恒久而不停歇。“利于有所前往”，因为万物发展循环不止，终而复始。日月高悬天空，所以能永照万物；四季交替变迁，所以能永久生成万物。圣人长久坚持此道，从而把全天下的人都教化成功。君子只要能洞察宇宙间一切事物的永恒规律，就可以了解天地间万物瞬息万变的情状。

【32.3】

《象》曰：雷风，恒。君子以立①不易②方③。

〖注释〗

①立：树立。②易：改变。③方：正道。

〖译文〗

《大象传》说：风雷每天在大自然交加，象征着恒久。君子效法此象，立身处世，不论遭遇任何事变，都不变改变自己的原则和方向。

〖解说〗

雷借风加强，风借雷增速，“雷风相与”，这是自然常理。教育工作者从中得到的启示是，教书育人应始终坚持初心，不改变自己的原则和操守。

【32.4】

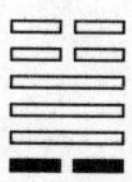

初六：浚①恒，贞凶，无攸利。

《象》曰：“浚恒之凶”，始求深也。

〖注释〗

①浚（jùn）：疏通，深挖。

〖译文〗

初六：深挖追求恒久之道，如此坚持下去就会有凶险，没有什么好处。

《小象传》说：“深挖追求恒久之道的凶险”，是因为“初六”刚开始就急求深入。

〖解说〗

“初六”至“六五”五个爻组成一个放大的坎卦，坎为水。下卦为巽，巽为风，为顺入。巽下坎上，故有“浚恒”之象。“初六”以阴爻居阳位失正，质柔而志刚，又处于巽卦主体，因而盲目地追求与“九四”相应。殊不知上卦“九四”刚强震动于上，根本不会理会它，加之中间又有“九二”“九三”两个阳爻阻挡。在这种情势下，“初六”如果不顾一切强求深入，即使动机纯正，也有凶险，前进不会有利。

〖智慧点津〗此爻揭示求恒也不可冒进的道理。

〖案例解读〗“画画与卖画”的故事。阿道夫·门采尔是19世纪德国伟大的素描大师，也是欧洲杰出的画家和版画家。有一天，一位青年画家向他请教说：“我常常能一天画一幅画，可卖出它却总要一年的时间。”门采尔微笑着说：“年轻人，你可换着试一下。你把一天画出的画用一年时间去画，看能不能把一年的卖画时间缩短为一天。”这个故事告诉我们，急于求成、走捷径反而会一事无成，产生“浚恒之凶”。

【32.5】

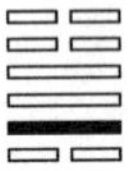

九二：悔亡①。

《象》曰：九二“悔亡”，能久中②也。

〖注释〗

①亡：消失。②中：指“九二”居于下卦的中位。

〖译文〗

九二：悔恨消失。

《小象传》说：九二“悔恨消失”，是由于它能长久地坚守中正之道。

〖解说〗

“九二”以阳爻居阴位不正，本应有悔，但它在下卦的中位，又与尊爻“六五”正应，能谨守中正之道，这样就会使后悔消失。“九二”以刚中之德而与“六五”相应，故爻辞说其“悔亡”。

〖智慧点津〗此爻揭示守恒贵在持中不偏。

〖案例解读〗黄翌青学习讲究“劳逸结合”。黄翌青是武汉市2013年理科状元，毕业于武汉外国语学校。在分享自己的学习方法时，他首推“劳逸结合”。平时在学校里他总是既能学又能玩，高效完成学习任务后，课余时间他积极参加各类社团活动，是环保社团和欧美社团的积极分子。一般情况下，他很少熬夜，晚上十点多就“打烊”收工。“文武之道，一张一弛”，最终，清华大学向他伸出了橄榄枝，实乃其“久中”的生动注解。

【32.6】

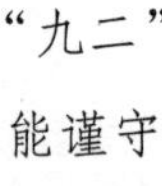

九三：不恒其德，或承①之羞，贞吝。

《象》曰：“不恒其德”，无所容也。

〖注释〗

①承：蒙受。

〖译文〗

九三：不能长久保持他的美德，就可能蒙受别人施加的羞辱，需要坚守正道以防憾惜。

《小象传》说：“不能长久保持他的美德”，说明“九三”没有恒心，不被人容纳。

〖解说〗

下卦为巽卦，巽为风，为进退，不果，故说“不恒其德”。“九三”以阳爻居于阳位得正，但过刚不中，又与“上六”相应，以致不安现状，躁动上进，不能坚守恒常德性，难免会蒙受羞辱，有道是“人而无恒，不可以作巫医。”

〖智慧点津〗此爻揭示人贵有恒，否则将遭受羞辱。

〖案例解读〗《这下面没有水，再换个地方挖》。1983 年，高考语文全国卷作文题为一幅漫画，画上有一个嘴叼香烟，左手拿铁锹，右臂搭着毛巾，裤脚挽得很高的人，正迈开步子向前走去。他的身后留下四五个深浅大小不相同的洞穴，而最深的那个，几乎和地下水只有一寸之隔，只需再挖一锹就可以大功告成。如《孟子》所言，“有为者辟若掘井，掘井九轫而不及泉，犹为弃井也”。由此可见，“人若无恒，万事不成”，“不恒其德，或承之羞”。

【32.7】

九四：田①无禽②。

《象》曰：久非其位，安得“禽”也？

〖注释〗

①田：通“畋”，狩猎。②禽：泛指飞禽和走兽。

〖译文〗

九四：打猎没有捕到禽兽。

《小象传》说：长久地在不适宜打猎的环境中打猎，又怎么能够捕获到“禽兽”呢？

〖解说〗

若“九四”发生爻变，则上卦变为坤卦，坤为田地。它和“初六”阴爻相应，阴爻为虚，且前有“九二”“九三”阻拦，故有“田无禽”之象。“九四”以阳爻居阴位，既不得正又不得中，因此纵然恒久，也不会有成就，狩猎不会有任何收获。

〖智慧点津〗此爻揭示恒而不当，劳而无获。

〖案例解读〗孟母断机杼。孟子小时候很贪玩，有一天，他从学堂逃课回了家。孟母这时候正在家中纺布，见到提前回家的孟子后，二话不说，当着他的面将纺织用的梭子弄断了。孟子跪问原因，孟母告诉他，梭子断了就没有办法再织布，你学习知识如同织布一样，要重视一点一滴的积累，持之以恒，否则就会前功尽弃。听完孟母的一席话，孟子顿时如梦初醒，从此刻苦勤学，终于成为“亚圣”，避免了“田无禽”的结局。

【32.8】

六五：恒其德，贞。妇人吉，夫子[①]凶。

《象》曰："妇人贞吉"，从一而终也。"夫子"制义[②]，从妇凶也。

〖注释〗

①夫子：丈夫。②制义：根据事理而确定不同的原则。

〖译文〗

六五：常久地保持柔顺服从的美好品德，坚贞不移。妇人守此道吉祥，男人守此道有凶险。

《小象传》说："妇人坚贞不移可获吉祥"，是说妇人一生应顺守一个丈夫。"丈夫"则必须衡量事理，因事制宜，如果像妇人那样盲目顺从，就会遭遇凶险。

〖解说〗

"六五"阴柔为妇女，"九二"阳刚为夫子，两者阴阳相应，有"从一而终"之象。"六五"以阴爻居于阳位，又与下卦居中的阳爻"九二"相应，象征它能坚守柔顺、服从之德，在操守上应从一夫而终其身，故"妇人贞吉"。然而，由于男女使命不同，职责不同，角色不同，分工不同，所以，大丈夫应以阳刚去决断、衡量事理，如果长期盲目服从，就会有凶险，有道是"明者因时而变，知者随事而制"。

〖智慧点津〗此爻揭示恪守恒德应学会变通，因事制宜。

〖案例解读〗邓小平提出"一国两制"构想。"一国两制"即"一个国家，两种制度"，是中国政府为实现国家和平统一而提出的一项基本国策。它是指在一个中国的前提下，国家的主体坚持社会主义制度，香港、澳门、台湾保持原来的资本主义制度长期不变。"一国两制"构想是由邓小平同志创造性地提出的，充分展示了原则性和灵活性高度统一的变通艺术。

【32.9】

上六：振[①]恒，凶。

《象》曰："振恒"在上，大无功也。

〖注释〗

①振：通"震"，震动。

〖译文〗

上六：躁动不安于恒久之道，有凶险。

《小象传》说："躁动不安于恒久之道"，又高居上位，终将一无所成。

〖解说〗

"上六"处于恒卦之极，震体之终，好动不止，故有"振恒在上"之象。它以阴爻居于阴位，资质柔弱，好变而不能守恒，无法坚守恒久之道，所以凶险。

〖智慧点津〗此爻揭示摇摆不定会有凶险。

〖案例解读〗邯郸市教育局废除"禁止学生到外地读中学"政策。2021 年 6 月，邯郸市教育局发出紧急通知，提出"邯郸生源无特殊情况，一律不得到邯郸市以外地区高中和初中学校就读，凡是私自到外地就读的学生，一律不予办理学籍转移手续"。此举遭到了广大家长的纷纷质疑、投诉。7 月 9 日，邯郸市教育局根据有关部门的政策规定，立即废止"紧急通知"，并做好政策解读和说明工作，自觉接受媒体和舆论监督。从而避免了人力和物力浪费，平息了社会矛盾。

33. 遁卦第三十三——以退为进

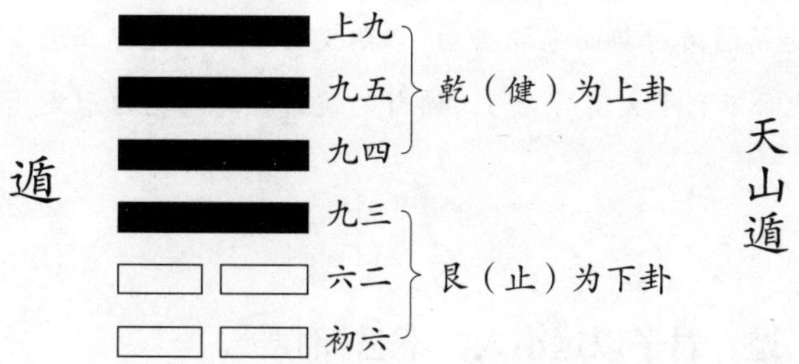

导读 "识时务者为俊杰，通机变者为英豪。"教育工作者只有善于退出课堂教学的中心，才能让学生在老师的合理引导下，自主获取知识，杜绝"有教无学"的现象。

卦体下艮上乾。乾为天，艮为山，呈现天下有山、山势逼天、山高天退之象。两个阴爻小人势力在逐渐增长，君子不得不退避。"遁"，本义指用盾掩护着逃跑，卦义为隐退、避让。本卦主要阐释教师适时退避的道理。

【33.1】

遁：亨，小利贞①。

〖注释〗

①贞：守正。

〖译文〗

遁卦象征退避：亨通，阴爻柔小，利于坚守正道。

〖解说〗

“识时务，知进退，善其身。”退避并非无原则地消极退让，而是一种以退为进的智慧。从卦象上看，阴长阳消，小人渐盛，君子退避；从爻意来看，阴爻和阳爻都指退避的君子。不过，阳刚的“九五”在君位，既中且正，与下方的“六二”阴阳相应，有救世之心，仍然可以亨通。此时，君子如果坚守纯正，虽然不能大有作为，但还可以尽量做自己力所能及的小事。

【33.2】

《彖》曰：“遁，亨”，遁而亨也。刚当位而应①，与时行也。“小利贞”，浸②而长也。遁之时义大矣哉！

〖注释〗

①刚当位而应：指“九五”以阳爻居于阳位，和“六二”相应。②浸：逐渐。

〖译文〗

《彖传》说：“退避，亨通”，是说必先退避而后能亨通。“九五”阳刚中正得位，与阴柔“六二”上下相应，这是随着时势而采取行动。“阴爻柔小利于坚守正道”，这是因为阴气渐浸生长（君子此时不利于大有作为）。遁卦的这种适时而退的意义真是太伟大了！

【33.3】

《象》曰：天下有山，遁。君子以远小人，不恶①而严②。

〖注释〗

①恶：憎恶。②严：严于律己。

〖译文〗

《大象传》说：天底下大山耸立（山逼天退），象征着退避。君子效法此象，要疏远小人，虽不表现出憎恶之情，但要严格自律，与之划清界限。

〖解说〗

天底下大山耸立，山再高也无法企及天，有退避之象。“人而不仁，疾之已甚，乱也。”教育工作者从中得到的启示是，应当远离各种歪风邪气和不良恶习，洁身自好。

【33.4】

䷠

初六：遁①尾②，厉③，勿用有攸④往。

《象》曰：“遁尾”之“厉”，不往何灾也？

〖注释〗

①遁：退避。②尾：末尾。③厉：危险。④攸：所。

〖译文〗

初六：退避不及落在后面，有凶险，不宜冒险前进。

《小象传》说："退避不及落在后面有凶险"，如果不冒险前进，又怎么会有灾祸呢？

〖解说〗

下卦为艮卦，为静止，因此，内卦三爻主要阐述的是不可隐遁的静止，爻辞依次说"勿往""执革"和"系遁"。上卦为乾卦，为刚健，所以外卦三爻侧重于健行而利于隐遁，爻辞分别说"好遁""嘉遁"和"肥遁"。上爻为首，初爻为足，为尾。"初六"以阴爻居阳位失正，在遁卦之初，优柔寡断，丧失遁退的最佳时机，落在末尾；在小人得势的时刻，当然危险。此时，"初六"应暂停脚步，静观时局变化。"最危险的地方也就是最安全的地方"，在退避不及之时，呆在原地不动，更是一种良策。

〖智慧点津〗此爻揭示当退避落后有危险时，妄动则更凶。

〖案例解读〗小作坊坚持做"油纸伞"的故事。有一个小作坊世世代代做油纸伞，随着时代的发展，同行们纷纷开始做洋伞了，小作坊调整不及时，落在了后面，一度没有收入，非常拮据。但此时即使再做调整也不能抢占任何市场份额了，只好继续做油纸伞。后来，油纸伞被人们看作是精美的工艺品和装饰品，于是，小作坊的生意又好了起来。

【33.5】

六二：执①之用黄牛之革②，莫③之胜④说⑤。

《象》曰："执用黄牛"，固志也。

〖注释〗

①执：捆绑。②革：坚硬的皮革。③莫：没有。④胜：能够。⑤说：通"脱"，解脱。

〖译文〗

六二：用黄牛皮绳捆缚，谁也难以解脱。

《小象传》说："用黄牛皮绳捆缚"，是说"六二"有坚定不移的意志。

〖解说〗

下卦为艮，艮为手；下交互卦为巽，巽为绳子，故有"执"之象。在逃避之时，全卦唯此爻毫无遁避之意。"六二"以阴爻居阴位，处遁卦下卦之中，既中且正，上与

“九五”中正之君相应，如同一个忠心不二的臣子，恪守人臣之道。“六二”柔顺竭诚追随“九五”，意志坚定，共扶危局，就像用坚韧结实的黄牛皮革捆缚，无法解脱。

〖智慧点津〗此爻揭示应坚守正道，矢志不移。

〖案例解读〗黄文秀舍身忘我倒在扶贫第一线。黄文秀于北师大硕士毕业后，任职于百色市委宣传部，派驻乐业县新化镇百坭村第一书记。她一心为民，把扶贫路当“长征路”——“不获全胜、决不收兵”。为了保护村里群众的生命财产安全，早点回村部署抗洪，在明知前方有危险的情况下，她毅然连夜赶回百坭村，途中不幸遭遇山洪而壮烈牺牲。她用生命诠释了一个共产党员的初心和使命，并被中宣部追授“时代楷模”称号。

【33.6】

九三：系①遁，有疾②厉③，畜臣妾④吉。

《象》曰：“系遁之厉”，有疾惫也。“畜臣妾吉”，不可大事也。

〖注释〗

①系：系累。②疾：病。③厉：危险。④臣妾：指奴隶。古代奴隶男称臣，女称妾。

〖译文〗

九三：心怀系恋，未能退避，就像疾病缠身那样危险。此时畜养仆人和侍妾，可获吉祥。

《小象传》说：“心怀系恋未能退避，会有危险”，就像疾病缠身那样使人疲惫不堪。“畜养仆人和侍妾可获吉祥”，是说“九三”此时不可能有什么大作为。

〖解说〗

下交互卦为巽，巽为绳子；下卦为艮，艮为少男，为童仆，故有“系遁”和“臣妾”之象。“九三”以阳爻居阳位，当位得正，本可以顺利地逃离；然而，它向上和“上九”敌应无援，向下又被两个阴爻拖累，以致隐遁迟疑不决，就像患病一样危险。在这种情况下，畜养奴婢，潜藏志向，吉利。

〖智慧点津〗此爻揭示退避不可被外物牵连。

〖案例解读〗刘备新野兵败，带百姓逃亡。据《三国志·蜀书·先主传》记载：“琮左右及荆州人多归先主。比到当阳，众十余万，辎重数千两，日行十余里，别遣关羽乘船数百艘，使会江陵。或谓先主曰：‘宜速行保江陵，今虽拥大众，被甲者少，若曹公兵至，何以拒之？’先主曰：‘夫济大事必以人为本，今人归吾，吾何忍弃去！’”刘备在新野兵败后，带领当地十多万百姓一同出逃，行动迟缓，损失惨重。

【33.7】

九四：好①遁，君子吉，小人否。

《象》曰：“君子好遁”，“小人否”也。

〖注释〗

①好：喜好，眷恋。

〖译文〗

九四：心有眷恋而毅然退避，君子可获吉祥，小人却做不到。

《小象传》说：“君子心有眷恋而毅然退避”，而小人却做不到。

〖解说〗

“九四”与“初六”阴阳相应，大有亲近之象。然而，“九四”是遁卦之中居于阴位的阳爻，乃是一位能预见和把握退隐时机的君子。在应当隐遁时，他处于上卦“乾”体之中，能够刚健果断，毅然忍痛割爱，毫不犹豫地隐去，所以称作“好遁”。君子能够做到这一点，可获吉祥；然而，小人就做不到。

〖智慧点津〗此爻揭示退避应断然排除眷恋。

〖案例解读〗刘伯温和李斯之不同命运。“不义而富且贵，于我如浮云。”明朝开国名臣刘伯温一生辞官隐居多次，避免了宦海纷争，怡然自乐。与此相反，秦朝丞相李斯却贪恋富贵，与赵高联手制造了沙丘政变，最终被赵高陷害而惨遭腰斩之刑，夷灭三族。这正如爻辞所说“好遁，君子吉，小人否”。

【33.8】

九五：嘉①遁，贞吉。

《象》曰：“嘉遁，贞吉”，以正志也。

〖注释〗

①嘉：善，美好。

〖译文〗

九五：美好的退避，能坚守正道，可获吉祥。

《小象传》说：“美好的退避，坚守正道可获吉祥”，是因为“九五”能端正自己的志向。

〖解说〗

“九五”阳刚中正，与下卦柔顺中正的“六二”相应，两者密切配合，退避行止有度，故说“嘉遁”。“九五”高居尊位，却不贪恋权位，能及时全身而退，最终带来吉祥，为遁卦最善之爻。

〖智慧点津〗此爻揭示退避应及时、得体，秉持中正。

〖案例解读〗叶翠微卸任杭州二中校长。叶翠微是全国知名校长，2000年至2017年通过全国竞聘出任浙江省杭州第二中学校长。在执掌该校期间，他推崇“人性教育”，还师生以自由，塑学校以品格，“高境界做人，高水平学习，高品质生活”，深受师生的尊敬和爱戴。2017年，他创下该校毕业生230多人进入北大、清华、浙大，学科竞赛多次摘金的佳绩……而恰恰在这个时候，他提出卸任该校校长职务。问及原因，他说：“我这时候主动退休，是对二中负责，这样做既是一种传承，也能给年轻人机会。我何乐而不为！二中要薪火相传，弦歌不断呀。”这正所谓“嘉遁，贞吉，以正志也”。

【33.9】

䷠

上九：肥①遁，无不利。

《象》曰：“肥遁，无不利”，无所疑也。

〖注释〗

①肥：通“飞”，远走高飞。

〖译文〗

上九：高飞远退，没有什么不利。

《小象传》说：“高飞远退，没有什么不利”，说明“上九”退隐时没有任何疑虑。

〖解说〗

“上九”处于遁卦之终，乾卦之极，既向上健行无阻，又向下与二阴无应无系，说明其进退没有拖累、牵挂，能够高飞远遁，没有任何的不利与疑虑。以人事比拟，“上九”位于“九五”的君位之上，相当于崇高脱俗的隐士，能够悠然自得，安度隐退，故言“肥遁，无不利”。

〖智慧点津〗此爻揭示退避应进退由心，超然物外。

〖案例解读〗范蠡辞官从商传佳话。春秋末期，范蠡在成功辅佐越王勾践复国后，认为勾践“只可共患难，不能共享乐”，便辞官归隐。其间三次经商成巨富，三散家财，被后人尊称为“商圣”。“忠以为国，智以保身，商以致富，成名天下”，“范蠡三迁皆有荣名”，其“肥遁”之吉由此可见一斑。

34. 大壮卦第三十四——校园欺凌

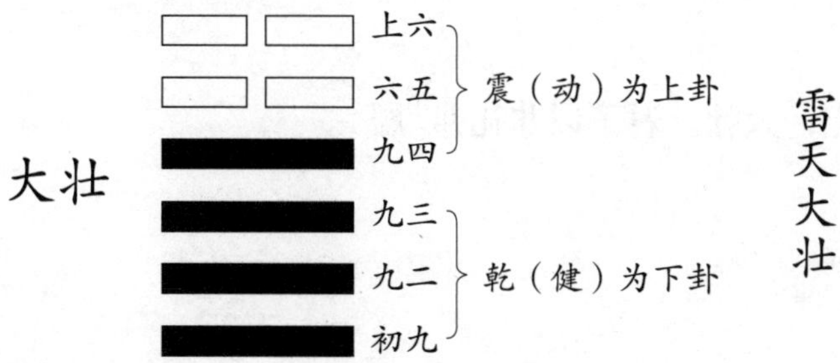

导读 校园欺凌要不得，共建美好创和谐。教育工作者要教育学生谦让为怀，不恃强凌弱，坚决杜绝校园打架、斗殴等暴力事件的发生。

卦体下乾上震。震为雷，乾为天，有雷在天上，声势壮盛之象。卦象四阳壮盛，威猛至极。《大壮》，义为大者壮盛。大，指阳爻；壮，本义为高大、肌肉壮实，引申为强健。本卦主要阐释学生之间不可盛气凌人、相互欺侮的道理。

【34.1】

大壮：利贞①。

〖注释〗

①贞：守正。

〖译文〗

大壮卦象征十分强盛：有利于坚守正道。

〖解说〗

大壮卦连续四个阳爻，象征君子不断壮大，当然亨通，无往不利。然而，"大壮则止"，此时君子应当遵守礼制，"非礼勿视，非礼勿听，非礼勿言，非礼勿动"，才能积极而有所作为。否则，就有陷于横暴的可能，害人害已，故说"利贞"。

【34.2】

《彖》曰："大壮"，大者壮也。刚以动①，故壮。"大壮，利贞"，大者正也。正大，而天地之情可见矣。

〖注释〗

①刚以动：大壮卦下卦为乾，为刚，上卦为震，为动，故言"刚以动"。

〖译文〗

《彖传》说："大壮"是说刚大者强而有力。刚健而善动，所以称为壮。"刚大有力，利于坚守正道”，是指刚大者必须正直。阳刚者守正又强大，那么天地万物的情状就可以知道了。

【34.3】

《象》曰：雷在天上，大壮。君子以非礼弗①履②。

〖注释〗

①弗：不。②履：践行。

〖译文〗

《大象传》说：震雷响彻天空，象征着十分强盛。君子效法此象，不合礼仪的事不做。

〖解说〗

震雷在天空中轰响，声势浩大，有强壮之象。教育工作者从中得到的启示是，工作中要遵守《新时代中小学教师职业行为十项准则》和《中小学教师职业道德规范》，如潜心教书育人、关心爱护学生、坚持言行雅正、坚守廉洁自律、积极奉献社会等，努力成为有理想信念、有道德情操、有扎实学识、有仁爱之心的合格教师。

【34.4】

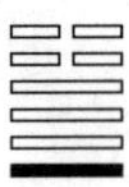

初九：壮于趾①，征凶，有孚②。

《象》曰：“壮于趾”，其“孚”穷也。

〖注释〗

①趾：脚趾。②孚：诚信。

〖译文〗

初九：脚趾强盛，若急于行动则凶险无疑。

《小象传》说：“脚趾强盛”，贸然前进，必然穷困。

〖解说〗

依据《周易》体例，按照身体取象，初爻一般为脚趾。“初九”以阳爻居于阳位，处于大壮卦之初，位卑力弱，不足以带动全身。但它自视过高，莽撞前行，无疑会给自身带来凶险。“初九”又上与“九四”阳阳敌应，如果逞能妄动，必然无路可走。

〖智慧点津〗此爻揭示壮大也应当量力，不可轻举妄动。

〖案例解读〗两名中学生起冲突，一脚踢裂脾脏。小鑫与小菲是黑龙江省海伦市某中学初二学生。一天，他们在学校组织劳动的过程中，因碰撞而发生口角，相互辱骂起来。事后，小鑫恼羞成怒，用脚猛踢小菲腹部数下，扬长而去。经诊断，小菲脾被踢破裂，须做摘除手术。经海伦市人民检察院起诉，小鑫以故意伤害罪被判处有期徒刑二年零八个月，缓刑四年，赔偿人民币 18 万元。“冲动是魔鬼”，这正体现了“壮于趾，征凶，有孚”的爻旨。

【34.5】

䷡ **九二：贞[①]吉。**

《象》曰：“九二贞吉”，以中[②]也。

〖注释〗

①贞：正。②中：中正，指“九二”居于下卦之中。

〖译文〗

九二：坚守正道可获吉祥。

《小象传》说：“九二坚守正道可获吉祥”，是因为它阳刚居中。

〖解说〗

“九二”以阳爻居阴位失正，但在“大壮”之时，它在下卦的中位，能刚中用柔，以中道克制自己过刚的行为，且与“六五”阴阳相应，互为辅助，因而能安守中正之道，“贞吉”。

〖智慧点津〗此爻揭示壮大应适度、中正。

〖案例解读〗教师手记：给批评施点“柔”，加点“蜜”。据《当代家庭教育报》2013 年 12 月 26 日刊载：一学生向班主任反应，她新买的字典不见了。而且还说，字典扉页上有个“玉”字。班主任了解情况后，让这名学生不要声张，他帮她找。班主任来到教室，在逐一检查中，发现一名女生的字典扉页上写着一个“璧”字，而且显然是在原来的“玉”字上面改的。他当时迟疑了一下，这名女生顿时满面通红。但这位班主任并没有表现出什么，而是继续检查其他学生的字典。后来，这位班主任了解到那名女生平时品德很好，但家境贫寒，母亲抱病卧床。了解了这些情况后，他自己花了 11 元钱买了一本字典，并在扉页处精心写了一个“玉”。然后，当着全班同学宣布说，某某同学的字典找到了，是其他班同学捡到的。数年后的一天，这位教师收到了一封信，里面夹着 11 元钱。信里，这名学生向老师承认了错误，并衷心感谢老师对她的爱护。批评是一门艺术，这位班主任没有“狂风暴雨”，而是“温柔”“甜蜜”，让学生在润物细无声中反省自己的过失，并惠及终身。

【34.6】

九三：小人用壮，君子用罔①，贞厉②。羝羊③触藩④，羸⑤其角。

《象》曰："小人用壮"，"君子罔"也。

〖注释〗

①罔：通"亡"，无。②厉：危险。③羝（dī）羊：公羊。④藩：篱笆。⑤羸：通"累"，拘系，缠绕。

〖译文〗

九三：小人恃强好胜，君子却不会这样做，他们会坚守正道以防危险。就像强壮的公羊用角顶触篱笆，角被缠挂住进退不得。

《小象传》说："小人恃强好胜"，"君子却不会这样做"。

〖解说〗

上交互卦为兑，兑为羊，为毁折。若"九三"发生爻变，则下交互卦变为离卦，离为罗网，故有"羝羊触藩，羸其角"之象。"九三"以阳爻居于阳位，又处乾健之极，且和"上六"相应，因此极为强壮。当此之时，小人只会恃强妄动，结局如同公羊用自己的角去顶触篱笆墙，导致其角为篱笆所卡，陷入进退两难的境地；而君子却履刚用柔，以不用而行大用，保其壮而成其壮，吉祥亨通。

〖智慧点津〗此爻揭示不可利用壮大，盛气凌人。

〖案例解读〗五名女子掌掴一名女生。据网载，2023年6月11日，山西省长治市某中学，女子董某某因为怀疑郎某某跟其他的同学说她的闲话，伙同其他四名女子在课间休息时间，将郎某某拽到厕所中，轮流掌掴，而其他人竟然拿着手机将视频拍摄。而在视频中，这名女生全程不敢反抗，直至嘴角流血。"羝羊触藩，羸其角"，他们的施暴恶行已受到校纪校规的严惩。

【34.7】

九四：贞吉，悔亡。藩决①不羸，壮于大舆②之輹③。

《象》曰："藩决不羸"，尚往也。

〖注释〗

①决：冲破。②舆：车。③輹（fù）：辐条。

〖译文〗

九四：坚守正道吉祥，悔恨消失。就像篱笆被撞开了一个缺口，而羊角不被缠绕，又如大车的轮辐坚固耐用。

《小象传》说："篱笆被撞开了一个缺口，而羊角不被缠绕"，说明君子要积极进取。

〖解说〗

上交互卦为兑，兑为毁折。阳爻遇阴爻则通，"九四"前遇二阴，畅通无阻，故有"藩决不羸"之象。若"九四"发生爻变，则上卦变为坤卦，坤为大车，其下有三个阳爻，所以又有"壮于大舆之輹"之象。"九四"处于本卦四个阳爻之终位，非常壮大。它以阳爻居阴位，失位无应，不中不正，本来有悔。不过，正因为其以刚爻居柔位，能够以柔济刚，持正而行，故如"藩决不羸"畅行无阻。它只有坚持纯正，才能吉祥，可使后悔消除。

〖智慧点津〗此爻揭示壮大应中庸，更要坚守纯正。

〖案例解读〗诸葛亮"七擒七纵"孟获。三国时期，蜀汉西南边境时常遭受以孟获为首的少数民族侵扰，诸葛亮为稳固蜀汉后方，决定亲自点兵讨伐。但他深知，动用武力固然可以迅速征服他们，但终究难以得到当地人的信服。于是，他通过"七擒七纵"孟获，让其心悦诚服。诸葛亮善于恩威并施，正如爻辞所言"壮于大舆之輹"，从而维护了蜀汉西南地区的稳定。

【34.8】

六五：丧羊于易[①]，无悔。

《象》曰："丧羊于易"，位不当也。

〖注释〗

①易：通"埸"，即场、田畔、边界。

〖译文〗

六五：在田边丢失了羊，无须悔恨。

《小象传》说："在田边丢失了羊"，是因为"六五"所处的位置不恰当。

〖解说〗

本卦是一个放大的兑卦，兑为羊，为毁折。震为大路，为埸，所以说"丧羊于易"。"六五"处在连续四个阳爻之上，无力阻挡其上升，而且首当其冲被其驱走，象征力量逐渐衰弱，羊在自己的田边丢失。但"六五"又柔居中位，有刚相济，又与"九二"相应，可以中和平衡群阳，避免用壮而受伤。所以此时它如能顺其自然，即使丢失了羊，也不会有大的悔恨。

〖智慧点津〗此爻揭示壮大后开始衰退，顺其自然可以无悔。

〖案例解读〗乡村公办学校的衰弱。据调查，湖北仙桃市三伏潭镇有35个行政村，20世纪80年代，人数最多的村小足有六七百名学生，现在，许多村小都撤销了，而且联片合村办学后，最多的村小也只有400多人，并且还呈现逐年下降趋势。出现这种“丧羊于易”的现象，与民办中小学校兴起以及城市化进程加快等密不可分。对于其今非昔比的命运，我们应理性看待。

【34.9】

上六：羝羊触藩，不能退，不能遂①，无攸利。艰则吉。

《象》曰：“不能退，不能遂”，不详②也。“艰则吉”，咎不长也。

〖注释〗

①遂：进。②详：通“祥”，吉祥。

〖译文〗

上六：强壮的公羊因顶触藩篱而被挂住了角，既不能后退，也不能前进，没有什么利益。但只要艰苦奋斗就可获得吉祥。

《小象传》说：“既不能后退，又不能前进”，是因为遭遇不祥。“只要艰苦奋斗就可获吉祥”，是说这样灾难就不会长久。

〖解说〗

“上六”与“九三”正应，“九三”是羝羊，“上六”是藩篱。“上六”以柔爻居阴位，体质柔弱，处于大壮卦之终和震动之极，求进心切，恃强盲动，前无可进之路，后有阳爻断路，进退两难如“羝羊触藩，不能退，不能遂”。所幸“上六”得位，能够以柔弱之躯与命运对抗，忍耐以等待时机，否极必会泰来。

〖智慧点津〗此爻揭示壮极必衰，君子应当隐忍以待时机。

〖案例解读〗“山叶”公司走出困境。在全球各地，“山叶”公司因乐器而闻名。起初，它的业务扩张都离不开原有的特长，发展得风生水起。但随后该公司大举借贷，涉足许多不熟悉的领域，使公司陷入不能自拔的泥坑，很快出现债务危机，可谓“羝羊触藩，不能退，不能遂，无攸利”。幸而公司领导人悬崖勒马，重新调整经营策略，仍然专注于乐器这项核心业务，没过多久，公司就走出困境，重新占领了原来失去的市场，实乃“艰则吉，咎不长也”。

35. 晋卦第三十五——学有所进

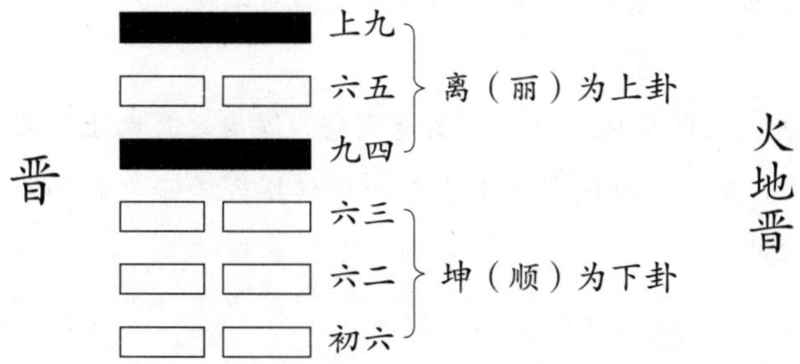

导读 “世界是你们的，也是我们的，但是归根结底是你们的。你们青年人朝气蓬勃，正在兴旺时期，好像早晨八九点钟的太阳。希望寄托在你们身上。”教育工作者要鼓励学生志存高远，不断追求进步。

卦体下坤上离。离为火，为日，为明，坤为地，为柔顺，因而有太阳徐升大地，普照万物之象。“晋”，《说文解字》中说：“进也。”它的基本义是前进、向上。本卦主要阐释师生“日有所进，月有所变，终有所成”的道理。

【35.1】

晋：康侯①用锡②马蕃庶③，昼日三接④。

〖注释〗

①康侯：有两解，其一是指能安邦定国的诸侯；另一解是认为即周武王之弟康叔，因其曾封侯于康，故称“康叔”。②锡：通“赐”，赏赐。③蕃庶：许多。蕃，盛。庶，多。④三接：多次接见。

〖译文〗

晋卦象征晋升：才干出众的诸侯得到天子赏赐的众多车马，并且在一天之内被多次接见。

〖解说〗

“不想当将军的士兵，不是好士兵。”本卦上“离”明，下“坤”顺，诸侯柔顺而光明，忠于职守，治国有功，必然会得到天子的赏赐、褒奖和提拔，从而飞黄腾达。

【35.2】

《彖》曰：晋，进也。明出地上，顺而丽①乎大明②，柔进而上行③，是以“康侯用锡马蕃庶，昼日三接”也。

〖注释〗

①顺而丽：晋卦下卦为坤，为顺，上卦为离，为丽，为依附，故言“顺而丽”。②大明：太阳。③柔进而上行：指下卦坤中三个阴爻以柔顺之道进取上升。

〖译文〗

《彖传》说：晋，就是升进。太阳从地上升起，高悬天空，柔顺之臣向上依附于大明之君，以柔顺之道不断进取上升，所以说“才干出众的诸侯得到天子赏赐的众多车马，并且在一天之内被多次接见”。

【35.3】

《象》曰：明出地上，晋。君子以自昭①明德。

〖注释〗

①昭：展示。

〖译文〗

《大象传》说：太阳升出地面，象征着升进。君子效法此象，应该充分展示自己光明的德行。

〖解说〗

太阳从大地上冉冉升起，有前进、晋升之象。“君子之学必日新，日新者日进也。不日新者必日退，未有不进而不退者。”教育工作者从中得到的启示是，应该不断加强自身修养，充分展示自己独特的教学风格和人格魅力，从而实现自己的人生价值。

【35.4】

䷢

初六：晋如①，摧②如，贞吉。罔③孚④，裕⑤无咎。

《象》曰：“晋如，摧如”，独行正也。“裕无咎”，未受命也。

〖注释〗

①如：语尾词，……的样子。②摧：摧毁，挫败。③罔：无。④孚：信。⑤裕：宽容，坦然。

〖译文〗

初六：升进之初就遇到挫折，坚守正道吉祥。在不能取信于人的时候，能坦然以对则没有什么灾祸。

《小象传》说：“升进之初就遇到挫折”，说明“初六”是独自坚守了正道。“能坦然以对则没有什么灾祸”，是因为它尚未获得任命。

〖解说〗

若“初六”发生爻变，则下卦变成震卦，震为动，为行。下交互卦为艮，艮为山，为止，这一动一止就形成了一些人想进又进不得、彼此拥挤的局面，所以有“摧如”之象。上交互卦为坎，坎为艰险，为心忧。下卦为坤，坤为包容，为宽广，所以又有“罔孚，裕无咎”之象。“初六”以阴爻居阳位不当位，处晋卦之始，位卑力弱，加之上面有“六二”“六三”两个阴爻阻碍其升进之路，所以受到巨大的挫折。不过，“初六”和“九四”毕竟阴阳相应，只要“初六”坚守纯正，坦然待时，最终仍会取信于人，获得吉祥。

〖智慧点津〗此爻揭示晋升必须动机纯正，坦然面挫。

〖案例解读〗苏轼基层历练获擢升。苏轼是北宋著名文学家，“唐宋八大家”之一。宋英宗很赏识他，想提拔重用。然而，宰相韩琦却主张让苏轼先从较低的官职做起，经过磨炼之后再交给重任，这样才能得到众人的信服。英宗采纳韩琦的意见，让苏轼在史馆任职。苏轼知道后，不但不生气，反而觉得韩琦的做法很有道理。后来，苏轼果然被提拔为翰林学士、礼部尚书等。

【35.5】

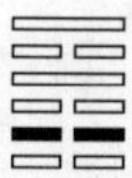

六二：晋如，愁如，贞吉。受兹①介②福，于其王母③。
《象》曰：“受兹介福”，以中正也。

〖注释〗

①兹：这。②介：大。③王母：祖母，这里指“六五”。

〖译文〗

六二：升进之时充满忧愁，坚守正道可获吉祥。获得极大的福泽，来自高位的祖母。《小象传》说：“获得极大的福泽”，这是因为“六二”居中守正。

〖解说〗

上交互卦为坎，坎为加忧，为心病，故有“愁如”之象。“六五”位尊属阴，所以又有“王母”之象。“六二”上临坎途，与“六五”又阴阴不能相应，因而愁容满面。不过，“六二”以柔爻居于阴位，既中且正，只要坚守纯正，仍然会得到“六五”的福荫。

〖智慧点津〗此爻揭示晋升应以中正为本，忧虑不足为患。

〖案例解读〗俞敏洪三次高考的故事。俞敏洪是新东方教育科技集团董事长，曾在1978年和1979年两次参加高考，都名落孙山。起初他心灰意冷，郁郁寡欢，可谓“晋如，愁如”。但很快他就从阴影中走出来，怀抱着“不断面对失败的人，成功的机会比普通人多得多”的信念，更加勤奋地学习，终于在1980年又一次参加高考，并收到了北京大学的录取通知书，实乃“受兹介福，于其王母”。

【35.6】

䷢ **六三：众允①，悔亡。**

《象》曰：“众允”之志，上行也。

〖注释〗

①允：赞同。

〖译文〗

六三：得到大众的赞同，悔恨消失。

《小象传》说：“得到大众的赞同”，这是因为“六三”志向上进。

〖解说〗

下卦为坤，坤为柔顺，为众人；若“六三”发生爻变，则下交互卦变为巽卦，巽为风，为顺入；上交互卦变为兑卦，兑为口，为言，故有“众允”之象。“六三”以阴爻居于阳位，不中不正本有悔。但“六三”上和“上九”相应有辅，下与“初六”和“六二”两个阴爻志同道合，一同上进，这样得到大家的拥护，前进的道路顺利畅通，原有的后悔就消失了。

〖智慧点津〗此爻揭示晋升要取信于民，拥有群众基础。

〖案例解读〗熊虎从教师到“督学”。熊虎仁厚善施，才华横溢，业务精湛，是荆门市教育界的“一支笔”。在基层摸爬滚打二十多年，先后做过教师、中层干部、校长。每到一处，都得到同事或领导的信服和赞誉。2018年，他又受上级领导的重托，组建市教育局教育质量评估中心，并担任主任。“德艺周厚，则名必善焉。”他的上行成功就在于“众允”之志。

【35.7】

䷢ **九四：晋如鼫鼠①，贞厉。**

《象》曰：“鼫鼠贞厉”，位不当也。

〖注释〗

①鼫（shí）鼠：一种较大田鼠，专门偷吃田中粮食，贪婪而害怕人类，这里喻指“九四”无才无德。

〖译文〗

九四：升进如同贪婪的田鼠一样，应坚守正道以防危险。

《小象传》说："贪婪的田鼠，应坚守正道以防危险"，这是因为"九四"地位不当。

〖解说〗

下交互卦为艮，艮为山，为石，为鼠，故有"鼫鼠"之象。"九四"以阳爻居于阴位，不中不正，却晋升到高位，其贪婪和不学无术如同田鼠。它嫉贤妒能，处上互坎险之中，坎为险陷，既对下面的三个阴爻升进形成阻碍，又向上咄咄逼近于"六五"之君；因而它只有坚守正道，才能防止危险。

〖智慧点津〗此爻揭示晋升不可投机取巧、贪得无厌。

〖案例解读〗丁谓溜须谄寇准。据《宋史·寇准传》记载：起初，丁谓做参知政事时，对宰相寇准特别恭谨。有一次，中书省聚餐时，羹汤弄脏了寇准的胡须，丁谓连忙起身为他擦拭掉了汤水。寇准性格率直，看不惯丁谓的故意讨好之举，笑着说："参知政事，是国家的重臣，是为官长捋胡子的吗？"丁谓非常羞愧，从此对寇准的排斥之意日益加深。后世以"溜须"指代阿谀奉承，就是从这件事来的。后来，丁谓当权后，便排挤寇准，多次将其贬官。丁谓坏事干尽，最终也没有落得好下场。

【35.8】

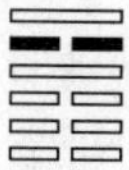

六五：悔亡，失得勿恤[①]。往吉，无不利。

《象》曰："失得勿恤"，往有庆也。

〖注释〗

①恤：忧虑。

〖译文〗

六五：悔恨消失，不必为得失而忧虑。勇往直前吉祥，没有什么不利。

《小象传》说："不必为得失而忧虑"，说明勇往直前必然会有吉庆。

〖解说〗

上交互卦为坎，坎为加忧，为心病，故有"恤"之象。"六五"以阴爻居阳位不正，本来应当后悔，同时有得失之患；但"六五"又柔居尊位，处"离"卦之中，具有光明磊落的态度，加之下面大众又服从（"坤"为大众，为顺从），如此便使想象中的后悔消失，前进吉祥，没有什么不利。

〖智慧点津〗此爻揭示晋升应光明磊落，勿患得患失。

〖案例解读〗朱志宏：教书育人不计得失。朱志宏是福建工程学院教师，教书育人具有一种宽广的胸怀和无私的情怀。为了配合学院引进高层次人才，他不计个人得失，主动让出系主任的职位，让出重大科研项目负责人的地位。不仅如如其高尚的人格和精湛的技艺，一直深受师生的尊敬和爱戴，这正是"失得勿恤""往有庆"的生动诠释。

不仅如此，他还积极培养青年教师人才，帮助他们迅速成长。从事教学和科研 30 多年来，虽然获奖无数，但他说自己最大的收获是能够为产业发展出力。

【35.9】

䷢ **上九：晋其角①，维用伐邑②，厉吉无咎，贞吝。**

《象》曰："维用伐邑"，道未光也。

〖注释〗

①角：牛、羊、鹿等头上长出的坚硬的东西。②邑：城邑。

〖译文〗

上九：升进到了顶点，就像钻进角尖。像征伐城邑那样，虽然危险，但可转危为安，将不会产生灾祸。要坚守正道以防憾惜。

《小象传》说："征伐城邑"，说明晋升之道尚未发扬光大。

〖解说〗

《周易》爻辞以身体取象，上爻一般为首，角位于头上，且坚硬无比。上卦为离，离为甲胄，为戈兵；下卦为坤，坤为国土，故有"伐邑"之象。"上九"刚强处晋极，已经到了进无可进的地步。所以，用动物头上的角来象征。这种刚强适合讨伐叛乱的城邑，虽然危险，但结果吉祥。不过，镇压叛乱，说明自己的王道之政不够光明正大。

〖智慧点津〗此爻揭示晋极需自我克制，适可而止。

〖案例解读〗"星空琴行"因盲目扩张致资金链断裂而倒闭。近年来，教育培训市场需求旺盛，受到众多投资人的青睐，但在资本的热捧下，不少培训机构盲目扩张，最终导致资金链断裂。全国钢琴教学连锁机构星空琴行就是其中的典型。它于 2012 年成立，一度被视为行业的一匹黑马，给素质教育培训行业注入了新鲜血液，其门店覆盖全国许多座城市。根据公开资料显示，2013 年、2014 年、2015 年，经过一系列数千万美元融资，它可谓"家底丰厚"，但这家公司却走上了盲目扩张的道路。2015 年，星空琴行升级为"星空联创"，打出了六艺学馆、星空炫舞、蓝姐姐、美丽直达四个招牌，授课范围除了钢琴外，还增加了舞蹈、绘画等艺术培训。然而，一哄而上的市场不可避免存在泡沫，培训机构融资后烧钱扩张，加上同质化竞争激烈，资金难以迅速回笼，导致该企业资金链断裂，最终携款"跑路"，人去楼空。这真是"晋其角，贞吝"的生动写照。

36. 明夷卦第三十六——用晦而明

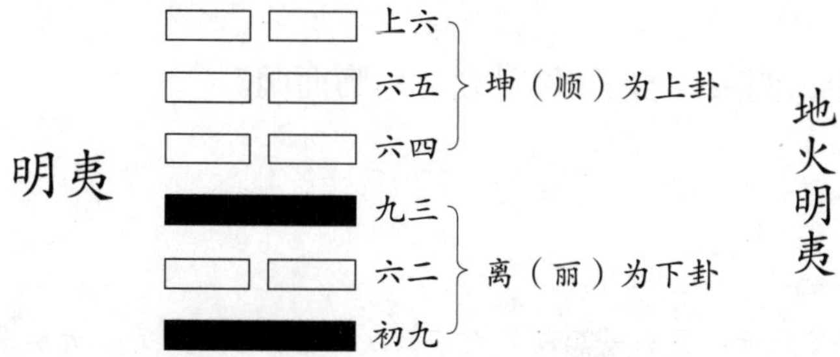

导读 “黑夜给了我黑色的眼睛，我却用它来寻找光明。”教育工作者当身陷困境时，既要坚守自己的节操，又要顺应时势，保全自己，以待机谋求突破。

卦体下离上坤。离为日，为明，坤为地，为暗，有日入地中，光明受损之象。“夷”，本义指背弓带箭之人，又通“痍”，创伤。卦义为光明熄灭、受伤，喻为晦藏其明。本卦主要阐释教师在遇到障碍之时应着意创设情境并巧妙突破的道理。

【36.1】

明夷：利艰贞①。

〖注释〗

①贞：守正。

〖译文〗

明夷卦象征光明陨落：有利于在艰难中坚守正道。

〖解说〗

“黑暗总会过去，黎明终会到来”。太阳落入地中，象征光明、贤者被黑暗所遮蔽、创伤。此时，君子只有坚守正道，收敛锋芒，隐忍自励，韬光养晦才会有利。

【36.2】

《象》曰：明入地中，“明夷”。内文明而外柔顺①，以蒙大难，文王以之。“利艰贞”，晦其明也。内难而能正其志，箕子②以之。

〖注释〗

①内文明而外柔顺：指明夷卦下（内）卦为离，为文明，上（外）卦为坤，为柔顺。②箕子：商朝暴君纣王的叔叔，向纣王谏言，不被采纳，反而被囚禁。

〖译文〗

《象传》说：太阳没入地下，这就是“明夷”卦。君子内心明智而外现柔顺，因此而蒙受大难，周文王就是这样度过危难的。“有利于在艰难中坚守正道”，是说君子要隐藏他的光明。君子身陷磨难仍能端正自己的志向，箕子就是这样做的。

【36.3】

《象》曰：明入地中，明夷。君子以莅①众，用晦而明。

〖注释〗

①莅：治理。

〖译文〗

《大象传》说：太阳落下地面，象征着黑暗。君子效法此象，管理民众，大智若愚，深藏智慧而不显。

〖解说〗

太阳没入地下，有光明被遮蔽之象。教育工作者从中得到的启示是，教育或管理学生要“难得糊涂”——让学生自主地合作探究，自己发现和改正错误，从而完成教育教学目标。

【36.4】

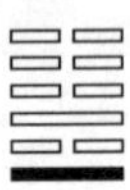

初九：明夷于飞，垂其翼。君子于行，三日①不食。有攸往，主人有言②。

《象》曰：“君子于行”，义不食也。

〖注释〗

①三日：泛指多日。②言：责怪。

〖译文〗

初九：光明受损时飞翔，翅膀低垂。君子急于退避远走，几天都没有吃饭。到了所去的地方，又受到主人的责备。

《小象传》说：“君子急于退避远走”，是因为“初九”坚持道义而不愿再食这份俸禄。

〖解说〗

下卦为离，离为雉，故有飞鸟之象。“初九”处于明夷之初，象征黑暗刚刚来临。此时，他居离明之体，能够洞察先机，及早抽身，像小鸟一样垂下双翼悄悄飞离险境；即使忍饥挨饿、遭受责怪，也毫不在乎。

〖智慧点津〗此爻揭示在黑暗初显之时，君子应及时归隐以自保。

〖案例解读〗刘伯温辞官归乡。“三分天下诸葛亮，一统江山刘伯温。”众所周知，刘伯温作为朱元璋的军师，为其开创大明王朝作出了巨大贡献。然而，朱元璋在明朝建立以后，为了给自己的后世子孙扫清障碍，大量屠戮功臣。刘伯温洞察时局，毅然辞官归隐青田老家，以安身立命，实在是明智之举。

【36.5】

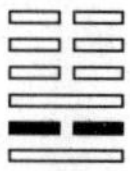

六二：明夷，夷于左股①，用拯②马壮，吉。

《象》曰："六二"之"吉"，顺以则也。

〖注释〗

①股：大腿。②拯：拯救。

〖译文〗

六二：光明受到伤害，左腿受伤，如果能用强壮的马拯救，可获吉祥。

《小象传》说："六二"的"吉祥"，是因为它能柔顺地顺应事物发展的规律。

〖解说〗

上交互卦为震，震为马，为壮，故说"用拯马壮"。下交互卦为坎，坎为水，为平。"六二"上承"九三"，故言"顺以则也"。"六二"左腿负伤，右腿还可以行动，说明其所受伤害未及太深。然而，"六二"以阴爻居于阴位，又在中位，具备柔顺中正之德。当此明夷之时，昏君在上，他只要能够坚守中正之道，对小人外示以柔，内守其志，就必然得到强壮的马，迅速逃离险地，最终得吉。

〖智慧点津〗此爻揭示黑暗来临之时，君子应柔顺中正以避祸。

〖案例解读〗周文王羑里七年终脱困。姬昌（即后来的周文王）在商朝为西伯侯时，勤政爱民，积善行德，深受诸侯们的拥戴。奸臣崇侯虎害怕西岐强大，就在商纣王面前诬陷姬昌，说他收揽人心，对商朝不利。于是，纣王就把姬昌囚禁于羑里。在此期间，姬昌并没有退缩沉沦，而是潜心推演《周易》。同时，其属下为了解救他，纷纷出谋划策，准备美女、骏马和奇珍异宝献给纣王以示顺服。最后，纣王大悦，便赦免了姬昌，并授权他可以讨伐不听命的诸侯，这为后来武王伐纣灭商奠定了坚实的基础。

【36.6】

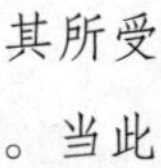

九三：明夷于南狩①，得其大首②。不可疾，贞。

《象》曰："南狩"之志，乃大得也。

〖注释〗

①南狩：到南方巡狩征伐。②大首：元凶，罪魁祸首。

〖译文〗

九三：光明受伤时在南方巡狩征伐，抓获罪魁祸首。此时不能操之过急，应当坚守正道。

《小象传》说：君子“到南方巡狩征伐”的志向，有非常大的收获。

〖解说〗

下卦为离，离为南方，为光明之位；又离为甲胄，为戈兵；上卦为坤，坤为大地，为黑暗，“上六”处于坤卦之极，为晦暗之元凶，故有“南狩，得其大首”之象。“九三”以阳爻居阳位，居于下卦离“明”之终，具有光明之德，但他与“上六”相应，象征其被昏暗之主压制。为了铲除罪魁恶首“上六”，他必须明智隐忍，审时度势，向南方征讨，从而成就济世救国之功。

〖智慧点津〗此爻揭示突破黑暗，必须谨慎行动。

〖案例解读〗“武王伐纣”的故事。商朝末年，商纣王穷兵黩武，横征暴敛，导致民不聊生，百姓怨声载道。周武王九年，周武王姬发先到达盟津（今河南孟津）举行阅兵。当时，不约而同前来会盟的诸侯有八百之多，此时周国已“三分天下有其二”。但周武王认为时机仍未成熟，就带兵返回了西岐。又过了两年，待商纣王更加昏乱暴虐的时候，姬发才在牧野誓师伐纣，最后消灭商朝，建立了西周王朝。

【36.7】

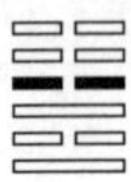

六四：入于左腹，获明夷之心①，于出门庭②。

《象》曰：“入于左腹”，获心意也。

〖注释〗

①明夷之心：伤害贤良、残暴乱政的情状。②门庭：门口和庭院。

〖译文〗

六四：进入左方腹部，了解光明受损的内中情况，于是毅然跨出门远走高飞。

《小象传》说：“进入左方腹部”，是为了获知光明受损的实情。

〖解说〗

若“六四”发生爻变，则下交互卦变为巽卦，巽为进入，它居上交互卦震之中，震为动，为出，为左。上卦为坤，坤为腹；又处下交互卦坎中，坎为心，即人们常说的“心坎”，故有“入于左腹，获明夷之心”之象。“六四”以阴爻居阴位，柔顺守正，又处阴霾之地，与昏君“上六”亲近，能够明白其真实心意，以及伤害光明的原因，并因此做出离开家门的抉择。

〖智慧点津〗此爻揭示一旦了解黑暗内幕后，应果断退避以自保。

〖案例解读〗“微子去殷”的故事。据《史记》记载：微子，名启，是殷商重臣，商纣王的哥哥。殷商末年，纣王骄奢淫逸、残暴无道，统治摇摇欲坠。微子多次劝谏商纣王无效后，为避免杀身之祸，毅然逃到“微”地。公元前1046年，周武王攻灭商朝后，微子持商王室宗庙礼器投奔周武王。周武王深受感动，“复其位如故”。后来，周成王即位，又封他于宋，使他成为宋国开国之君。

【36.8】

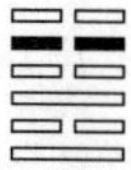

六五：箕子之明夷，利贞①。

《象》曰：“箕子”之“贞”，“明”不可息也。

〖注释〗

①贞：正。

〖译文〗

六五：箕子在光明损伤时装疯卖傻，这样做有利于坚守正道。

《小象传》说：“箕子装疯卖傻坚守正道”，说明“光明”是不会熄灭的。

〖解说〗

《周易》中各卦以“五”为君位，而此卦以“上六”为君位。这是因为上体坤卦为昏暗之体，“上六”为昏暗之极，所以“五”为臣，而“上”为君。上卦为坤，“六五”处于坤中，又上接黑暗之君“上六”，故有深陷于黑暗无法自拔之象。然而，“六五”柔顺得中，能够守持中道，虽身处险境，但内心仍然保持高尚的节操，以韬光养晦实现自己的志向。

〖智慧点津〗此爻揭示深陷黑暗时，更应当坚持正义，不忘初心。

〖案例解读〗箕子：内难而能正其志。箕子是商王文丁的儿子，纣王的叔叔，官至太师，素有贤名，被孔子称为“仁人”。商朝末年，纣王荒淫无度，导致国政混乱不堪。箕子多次劝谏无效后，装疯卖傻，每天披头散发，胡乱吟唱。纣王以为他受到刺激真的疯了，就把他贬为奴隶不再追究。武王伐纣时，箕子趁乱逃走，隐居起来。后来，他又率领商朝遗老遗少五千余人东迁，进入今朝鲜半岛北部，创立了箕氏侯国，并得到了周朝的承认，史称“箕子朝鲜”。

【36.9】

上六：不明，晦①。初登于天，后入于地。

《象》曰：“初登于天”，照四国也。“后入于地”，失则也。

〖注释〗

①晦：阴暗。

〖译文〗

上六：没有光明，一片黑暗。太阳起初升上天空，最终却坠入地下。

《小象传》说：“起初升上天空”，是说它的光明能够普照四方各国。“最终却坠入地下”，是说它已经违背了正道。

〖解说〗

上卦为坤，坤为大地，为黑暗，故有“晦”和“四国”之象。“上六”以阴爻居明夷之极，是昏暗不明之君高高在上，而明者尽被其所伤之象。前面五爻都是明而晦，为始晦而终明；“上六”是不明晦，就是表面非常光明而内在晦暗到极点。“上六”与“九三”相应，象征它能得到其阳明的照耀，本有初明之象。但是，无奈“上六”时穷运尽，这种明亮转瞬即逝，变得昏暗不清。“上六”起初想做个明智之君，后来，贪恋享乐物欲，愚昧昏庸，丧失民心，最终导致自己遭遇亡国丧身的厄运。

〖智慧点津〗此爻揭示违背正义，必定灭亡。

〖案例解读〗商纣王荒淫无道亡国。商纣王刚即位时，勤于国政，开疆拓土，是一位很有作为的君主。但后来，他逐渐骄奢淫逸，宠信妲己，残害忠良，横征暴敛，营建鹿台及酒池肉林。种种倒行逆施，终致众叛亲离，百姓怨声载道。被周武王打败后，纣王走投无路，被迫自焚而死。“‘初登于天’，照四国也。‘后入于地’，失则也。”正是他一生的写照。

37. 家人卦第三十七——师生一家

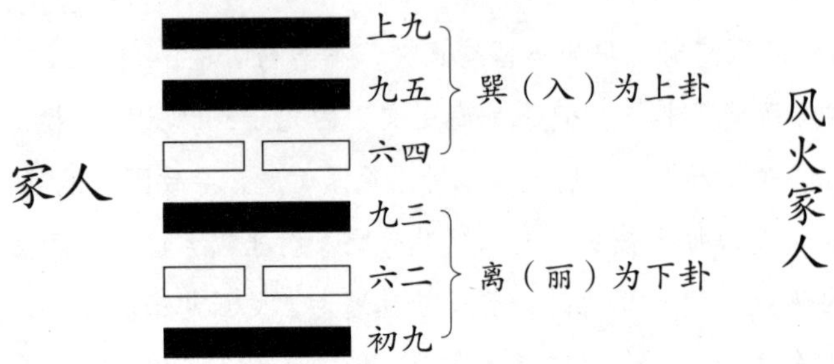

导读 每一个学生都是独一无二的存在，每一个学生都是潜在的天才。教育工作者要尊重学生个性，对其因材施教，促进他们的全面发展。

卦体下离上巽。巽为风，离为火，风火相生，似家人相依相成，有农家炊烟之象。外卦阳爻“九五”和内卦阴爻“六二”，两者都居中得正，似“男主外，女主内”，各守正道。本卦主要阐述师生和睦相处、教学相长的道理。

【37.1】

家人：利女贞①。

〖注释〗

①贞：守正。

〖译文〗

家人卦象征家庭：利于女人守持正固。

〖解说〗

本卦上卦为巽，巽为长女，下卦为离，离为中女，以女人为主；又“六二”和“六四”两个阴爻各居正位，且都承阳有应，故卦辞说“利女贞”。卦辞特别强调主妇在家庭中的重要性，因为女性一般柔顺、内向，而且治家以内在为本，主妇正，则一家正。家庭正，延伸到家庭以外，必然也正。家庭是社会的基本细胞，家人是家庭的核心。家庭成员各司其职，相互协作，和睦相处，家道才会日渐昌隆，其乐融融。

【37.2】

《彖》曰：家人，女正位乎内，男正位乎外①。男女正，天地之大义也。家人有严君焉，父母之谓也。父父、子子、兄兄、弟弟、夫夫、妇妇，而家道正。正家而天下定矣。

〖注释〗

①女正位乎内，男正位乎外：指“六二”以阴爻居于阴位，在内卦，“九五”以阳爻居于阳位，在外卦。

〖译文〗

《彖传》说：家庭成员之中，女子应该料理内部事务，男子应该处理外部事务。男外女内，都能以正道各尽其责，这是符合天地之间规范的大道理。家庭中有严格的主人，指的就是父母。如果父有父样，子有子样，兄有兄样，弟有弟样，夫有夫样，妇有妇样，这样家道就端正了。家道端正了，那么整个社会也就安定了。

【37.3】

《象》曰：风自火出，家人。君子以言有物①而行有恒。

〖注释〗

①物：依据。

〖译文〗

《大象传》说：烈火燃烧生成风，炊烟袅袅，象征着烧火做饭的家庭。君子效法此象，体悟到说话要有事实的根据，行动要有恒定的准则。

〖解说〗

火燃烧导致热气上升，形成风。“风自火出”，火（木柴）燃于家中炉灶，缕缕炊烟从烟囱飘逸而出，有自内而出、由家而及外之象。一切事物皆应以内在为本，发生于内，作用于外。社会风化也是由家庭风气扩展出来的，家道会由内到外传播，从而影响社会风气。教育工作者从中得到的启示是，说话要有实质内容，行动要有恒定的准则。

【37.4】

初九：闲①有②家，悔亡。

《象》曰："闲有家"，志未变也。

〖注释〗

①闲：门闩，引申为防范。②有：于。

〖译文〗

初九：在家庭初建之时就防恶于萌，没有悔恨。

《小象传》说："在家庭初建之时就防恶于萌"，是说应在家人心志尚未改变之时加以防范。

〖解说〗

若"初九"发生爻变，则下卦变为艮卦，艮为止，为门阙，故有"闲"之象。"初九"和"六四"正应，"六四"处下交互卦坎中，坎为心，为志，故说"志未变也"。"初九"为治家之始，象征家道刚刚确立。它以阳爻居于阳位，处离明之初，刚明得正，因而在家庭中建章立制，防患于未然，就不会有后悔的事情发生。

〖智慧点津〗此爻揭示治家之初贵在防患。

〖案例解读〗桑枣中学加强安全预演。四川安县桑枣中学紧邻北川。从2005年起，该校校长叶志平每学期都在全校组织一次紧急疏散演习，最快的一次，1000名学生全部撤离只用了46秒。而在"5·12"地震中，这所学校2400多名师生全部从教室安全撤离到操场，仅用了1分36秒，并且井然有序，无一人伤亡。因此，叶志平被人们亲切地称为"史上最牛校长"。"宜未雨而绸缪，毋临渴而掘井"，正说明了防患于未然的重要性。

【37.5】

六二：无攸遂①，在中馈②，贞吉。

《象》曰："六二"之"吉"，顺以巽③也。

〖注释〗

①无攸遂：不自作主张。②中馈：家庭中的饮食之事。③巽：同"逊"，谦逊。

〖译文〗

六二：妇女不要自作主张，在家中料理好饮食起居就行，坚守正道吉祥。

《小象传》说："六二"的"吉祥"，是因为它柔顺谦逊。

〖解说〗

下卦为离，离为火，下交互卦为坎，坎为水，火在水下，有烹饪之象，故言“中馈”。“六二”以阴爻居于阴位，又处下卦之中，柔顺中正，上应阳爻“九五”，有妇人顺夫之象；而“九五”在上体巽卦中，故说“顺以巽也”，即对“九五”柔顺而谦逊。“六二”主妇合理料理饮食起居，恪尽职守，丈夫在外也无后顾之忧，自会使家中安乐和谐。

〖智慧点津〗此爻揭示主妇应柔顺谦逊，料理好家务。

〖案例解读〗贤妻良母新垣结衣。在电视剧《逃避虽可耻但有用》中，新垣结衣出演了一位温柔、贤惠、体贴的全职主妇。她上得厅堂，下得厨房，平时把家里打扫得干干净净，还对男主人毕恭毕敬，把他照顾得无微不至。当然，随着社会的进步与分工不同，“男主外，女主内”的观念逐渐被打破。男人应主动承担一些家务，既可以调节家庭氛围，又可以增进夫妻之间的感情。

【37.6】

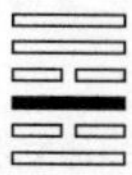

九三：家人嗃嗃①，悔厉，吉。妇子嘻嘻，终吝②。

《象》曰：“家人嗃嗃”，未失也。“妇子嘻嘻”，失家节也。

〖注释〗

①嗃（hè）嗃：严厉叱责声，比喻治家严厉。②吝：麻烦。

〖译文〗

九三：如果对家人要求严格，那么即使有悔恨和危险，也仍可获得吉祥。妻子和孩子整天嘻嘻哈哈，最终会带来许多麻烦。

《小象传》说：“对家人要求严格”，说明并未失去治家之道。“妻子和孩子整天嘻嘻哈哈”，则有失家中礼节。

〖解说〗

上交互卦为离，离为火，引申为发怒。下交互卦为坎，坎为水，为泪，泪从眼睛里流出，故有“家长发威”和“家人哭泣”之象。若“九三”发生爻变，则下交互卦坎变为坤，坤为母；下卦为震卦，震为长子；上交互卦离变为艮卦，艮为少男。家人卦的下交互卦为坎卦，坎为中男，所以又有“妇子”之象。“九三”以阳爻居阳位，过刚不中，治家过于严厉，难免会滋生怨恨，有损天伦之乐，但结果还是吉祥。相反，如果治家过于宽松，妻子儿女整天嘻嘻哈哈，最后就会“孝慈衰，法度废，无长幼尊卑之序”。

〖智慧点津〗此爻揭示治家宁严勿宽。

〖案例解读〗梁启超严格教子。梁启超，字卓如，号任公，又号饮冰室主人，近代思想家、教育家。他在子女的学习和做人方面要求很严。如，他让子女们每天临习字帖；学习《论语》《左传》《古文观止》等，择其重点诵读和背诵；写作文时须用毛笔小楷交作业……正是在这样严格的教育下，以梁思成、梁思永、梁思礼三院士为代表，梁家9个子女个个成才，留下了“一家三院士，满门皆才俊”的佳话。

【37.7】

六四：富家，大吉。

《象》曰：“富家，大吉”，顺在位①也。

〖注释〗

①顺在位：“六四”居于“九五”之下，是顺从的象征；“六四”又是以阴爻之身居阴位，是“在位”（当位），所以说“顺在位”。

〖译文〗

六四：使家庭富裕，非常吉祥。

《小象传》说：“使家庭富裕，非常吉祥”，这是因为“六四”柔顺而得位。

〖解说〗

上卦为巽，巽为风，为近利市三倍，故有“富家”之象。“六四”以阴爻居阴位得正，上承“九五”，下应“初九”，又在外卦“巽”顺里，能够谦逊顺从于家长，是一个贤惠的主妇。她安于本分，勤俭持家，善于打理家务，当然会使家庭日渐富裕，所以大吉。

〖智慧点津〗此爻揭示治家应顺从本分，让家庭富裕。

〖案例解读〗黄金水夫妇勤俭持家。2017年，南昌高新区“最美家庭”评选活动揭晓，黄金水家庭荣获5户“勤俭持家家庭”之一。黄金水夫妇倡导科学理财、合理消费、勤俭节约的生活方式，多年来相濡以沫，共同克服生活中的各种困难，实现了家庭的幸福和美满。“家俭则兴，人勤则健；能勤能俭，永不贫贱。”这就是“‘富家，大吉’，顺在位”的道理。

【37.8】

九五：王假①有②家，勿恤③，吉。

《象》曰：“王假有家”，交相爱也。

〖注释〗

①假：通“格”，至，达到。②有：虚词，无意义。③恤：忧虑。

〖译文〗

九五：君王来到家里，不必忧虑，吉祥。

《小象传》说：“君王来到家里”，是说一家人应相互亲爱和睦。

〖解说〗

下交互卦为坎，坎为加忧，为心病，此爻在坎之外，故有“勿恤”之象。“王假有家”，指“九五”把治家之道发扬到极善。“九五”以阳爻居阳位，刚健中正，又与内卦柔顺中正的“六二”相应，象征夫妇、君臣无忧无虑地相亲相爱。“九五”居尊履正，为一家之主，它以刚中之德治家，宽严相济，以身作则，使家人各司其职，其乐融融，没有任何忧虑。自古君王之道，“身修而后家齐，家齐而后国治，国治而后天下平”，治家与治国的道理是一致的。

〖智慧点津〗此爻揭示治家应当和睦互爱。

〖案例解读〗斯霞爱洒杏坛育桃李。斯霞生前是南京市小学语文特级教师，毕生从事小学教育教学工作，被誉为“中国的苏霍姆林斯基”“小学教育界的梅兰芳”。她的床学生们睡过，她的衣服学生们穿过……她曾说：“我爱学校，我喜欢孩子，和他们在一起，我感到自己永远年轻。”“我为一辈子做小学教师而自豪。”而学生们也都乐意围在她的周围，时常和她交心谈心，在“交相爱”中，“亲其师，信其道”。

【37.9】

上九：有孚①威如②，终吉。

《象》曰：“威如”之“吉”，反身③之谓也。

〖注释〗

①孚：诚信。②如：语尾助词，……的样子。③反身：反省自己。

〖译文〗

上九：治家诚信而有威严，最终吉祥。

《小象传》说：“有威信”的“吉祥”，这是说“上九”能够反省自己。

〖解说〗

“上九”以阳刚处全卦最上位，象征一家之主，最有威严。它所揭示的是治家的久远法则——诚信和威严。家长如果不讲诚信，就会使家人离心离德，如一盘散沙。反之，如果严于律己，以身作则，以诚信治家，就可以使家人一心向善，从而家道兴隆，终获吉祥。

〖智慧点津〗此爻揭示诚信与威严为治家之本。

〖案例解读〗范仲淹：教子戒奢维家风。范仲淹出生在苏州吴县（今属江苏）一个贫苦的家庭。早年清贫的生活，使他养成了节俭朴素的良好习惯。他一生节俭持家，清廉为官，树立了“俭廉恕德”的范氏门风，堪称历代家族门风之典范。对于俭约之风，他以身作则，始终将俭作为持家修德之首，时常告诫诸子：“吾所最恨者，忍令若曹飨富贵之乐也。”他的次子范纯仁娶妻时，想要办得风光些，于是列了一张购买金银首饰和绫罗绸缎的清单，托大哥范纯祐进京把自己的打算告诉父亲。范仲淹看后，当即严厉训斥。最后，儿子的婚礼办得简朴而实在，不仅维护了其家风，同僚们也从中受到很大教育。

38. 睽卦第三十八——异中求同

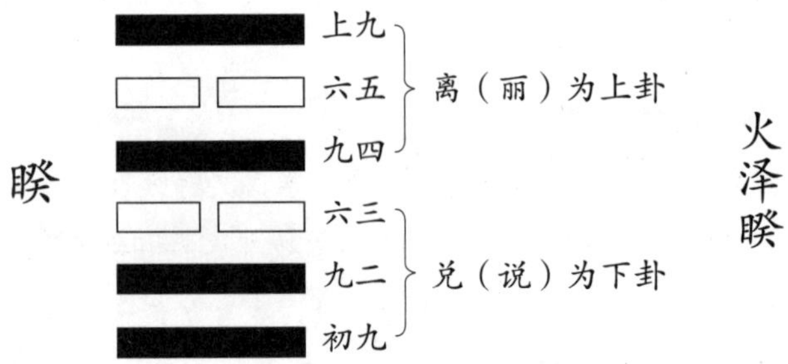

导读 每一个学生都是独一无二的存在，每一个学生都是潜在的天才。教育工作者要因材施教，尊重学生个性，促进学生的全面发展。

卦体下兑上离。离为火，兑为泽，火动向上，泽润向下，有背道而驰之象。“睽”，本义是指两眼不看一个地方，引申为乖离、背离。本卦主要阐释教师应针对学生的不同情况而因材施教的道理。

【38.1】

睽：小事①吉。

〖注释〗

①小事：古代以战争和祭祀为大事，其余如行旅等均为小事。

〖译文〗

睽卦象征背离：做小事还是可获吉祥。

〖解说〗

“万物莫不相异”，人情反复无常，在此情景下，只适宜小心柔顺做小事，才可以获得吉祥。本卦内卦“兑”为悦，外卦“离”为明，“九二”和“六五”彼此居中相应，象征柔中明君得到刚中贤臣的辅佐，即使不能够大有作为，也仍然可以“小吉”。

【38.2】

《彖》曰：睽，火动而上，泽动而下①。二女同居，其志不同行②。说而丽乎明③，柔进而上行，得中而应乎刚④，是以“小事吉”。天地睽而其事同也，男女睽而其志通也，万物睽而其事类也。睽之时用大矣哉！

〖注释〗

①火动而上，泽动而下：指上卦离为火，下卦兑为泽。②二女同居，其志不同行：离为中女，兑为少女；离火往上蹿，泽水朝下流，故云“志不同行”。③说而丽乎明：睽卦下卦为兑，为说，“说”通“悦”；上卦为离，为丽，为明，故言“说而丽乎明”。④柔进而上行，得中而应乎刚：“六三”从第三爻进到第五爻“六五”。“六五”居于上卦之中，并且和“九二”相应。

〖译文〗

《彖传》说：背离，如同火苗向上蹿，泽水往下流。本卦上卦“离”为中女，下卦“兑”为少女，两个女儿同住在一个家里，心思在嫁给不同的婆家。又“兑”泽为喜悦，“离”火为光明，像臣子和悦地依附于英明之君，柔顺地上进，“六五”位尊居中，而有刚中之臣“九二”辅佐，所以说“做小事吉祥”。天上地下阴阳背离，但同做化育万物的事；男女性别不同，但交感求合的心愿相通；万物形态各异，但生长发育的情况相似。睽卦蕴含的异中求同的功用真是太伟大了！

【38.3】

《象》曰：上火下泽，睽。君子以同①而异②。

〖注释〗

①同：综合同类。②异：析别异类。

〖译文〗

《大象传》说：烈火向上燃烧，泽水向下渗透，象征着背离。君子效法此象，求大同而存小异。

〖解说〗

离火向上燃烧，兑泽向下汇聚，水火背道而驰，有上下乖离之象。教育工作者从中得到的启示是，教育教学应以学生为主体，尊重学生个性，因材施教，求同存异，努力促进他们的全面发展。

【38.4】

䷥ **初九：悔亡①。丧马勿逐，自复。见恶人②，无咎。**

《象》曰：“见恶人”，以辟③咎也。

〖注释〗

①亡：消失。②恶人：指和自己对立的人。③辟：通“避”，避免。

〖译文〗

初九：悔恨消失。跑掉的马不必追寻，它自己会回来。会见同自己对立的人，以礼相待，没有灾祸。

《小象传》说："会见同自己对立的人"，是说通过彼此沟通，可以躲避灾祸。

〖解说〗

上交互卦为坎，坎为美脊马，为盗；下交互卦为离，离为目，为见，故有"丧马"和"见恶人"之象。"初九"以阳爻居阳位，刚猛好动，本应有悔。然而，它和"九四"同性相斥，如同遇见"恶人"，不能相互应援，所以能避免过错，使悔恨消失。不过，"初九"当位得正，又处睽卦之始，与人之间的冲突尚浅，即便心中有悔，也会很快烟消云散；就像丢失的马，不必去追逐，它自己就会回来。失马越追越远，小人越激越怒，所以，为了避免灾祸，必须对"恶人"谦逊平和，从容以礼相待，才能"无咎"。

〖智慧点津〗此爻揭示处睽之初应冷静从容，以礼相待。

〖案例解读〗刘暖祥巧妙处理学生打破玻璃事件。刘暖祥是济南一中的一名化学教师，山东省优秀教师，全国优秀班主任，管理班级经验丰富。有一次，教室的一块玻璃不知被谁打破了，班干部问了好多人都没有人承认。为此，刘暖祥专门召开了班会。班会上他拿出 10 元钱，对全班同学说："我不想追究这块玻璃是谁打破的，这位同学可能不是故意的，但作为一名学生，诚实是第一位的。我替你赔 10 元钱给学校，先尽快安上玻璃，因为天气比较冷，我怕大家生病，影响学习。"第二天，他发现讲台上放着 10 元钱和一张道歉的纸条，他马上对此事进行了表扬。这真是"丧马勿逐，自复。见恶人，无咎"的生动注解。

【38.5】

䷥

九二：遇主[①]于巷，无咎。

《象》曰："遇主于巷"，未失道也。

〖注释〗

①主：主人，指"六五"。

〖译文〗

九二：在小巷中碰见主人，没有灾祸。

《小象传》说："在小巷中碰见主人"，并没有违背正道。

〖解说〗

上卦为离卦，离卦中空外实，有里巷之象。"九二"刚中之臣以阳爻居阴位，"六五"柔弱之君以阴爻居阳位，两爻都相应且居位不正，所以说"遇主于巷"。两爻都居中，能安守中正，贤臣明君本来应当会合，但在背离的时局下，不是在大道，而是在小巷中碰到，虽如此，也没有违背正道，所以说“无咎”。

〖智慧点津〗此爻揭示异中求同“曲则成”。

〖案例解读〗校长信箱解决“众口难调”。有人口味清淡，有人口味重，有人爱吃荤，有人爱吃素，“众口难调”一直都是学校食堂的一道难题。为了破解这一道难题，2016 年 9 月，临邑县兴隆镇中学校长陆风勇想到一个好办法：挂校长信箱，学生可以匿名“投诉”，“由于学生对伙食的要求始终处于动态变化之中，因此我每周都要开三次‘意见箱’来准确掌握这种动态变化”。陆风勇告诉记者，自从信箱挂上以后，这道难题就迎刃而解。“自从 2016 年‘校长信箱’建立后，我们对食堂饭菜不满意，可以随时说出自己的想法，方便极了。”学生纷纷说，将问题直接告诉校长，可以得到及时回馈和解决。这正体现了“遇主于巷，未失道也”的爻旨。

【38.6】

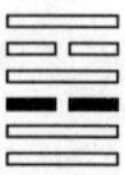

六三：见舆曳[①]，其牛掣[②]，其人天[③]且劓[④]，无初有终。

《象》曰：“见舆曳”，位不当也。“无初有终”，遇刚也。

〖注释〗

①曳：拖拉。②掣：牵制。③天：古代一种在额上刺字的刑罚。④劓（yì）：古代一种割鼻的刑罚。这里指车夫面部受伤。

〖译文〗

六三：看见大车被拖拉难行，驾车的牛被牵制不进，车夫额头、鼻子都受了伤，开端不顺利，但最后能达到目的。

《小象传》说：“看见大车被拖拉难行”，是因为“六三”居位不当。开端不顺利，但最后能达到目的”，是因为有刚强的“上九”相应。

〖解说〗

下卦为兑卦，兑为毁折。上卦为离，离为牛，为见。上交互卦为坎，坎为险阻，为破车。若“六三”发生爻变，则下卦变为乾卦，乾为天，故有爻辞诸象。“六三”与“上九”相应，但前后受到刚爻“九二”与“九四”的牵制，就像自己的车，后方被“九二”拖住，车前拉车的牛，又被“九四”阻止，因而使“六三”与“上九”背离。“六三”以阴爻居阳位失正，本身阴柔，自己的车、牛受阻，举步维艰，进退两难，就像遭受刺额、削鼻一样痛苦不堪。但“六三”毕竟和“上九”相应，只要它能以柔顺和悦的心态面对，虽然最初受“九二”和“九四”所阻，但最终两者终由睽乖对立走向合和统一，所以爻辞说“无初有终”。

〖智慧点津〗此爻揭示异中求同应不屈不挠，始难终合。

〖案例解读〗居里夫妇发现“镭”。玛丽·居里，世称“居里夫人”，她是法国著名波兰裔物理学家、化学家，两次获得诺贝尔奖。1897 年，她选定了自己的研究课题——对放射性物质的研究。她和丈夫将上千公斤沥青矿残渣一锅锅煮沸，每天站在大锅旁不停地搅拌，忍受着烟熏火燎，但他们始终咬牙坚持。经过三年多的反复工作、无数次实验，最终成功地分离并发现了放射性元素——镭，为人类作出了巨大的贡献。

【38.7】

䷥ **九四：睽孤，遇元夫①，交孚②，厉③无咎。**

《象》曰：“交孚无咎”，志行也。

〖注释〗

①元夫：大丈夫，指“初九”。②交孚：互信。③厉：危险。

〖译文〗

九四：在孤独之时与阳刚大丈夫遇合，彼此以诚相待，虽有危险，终无灾祸。《小象传》说：“彼此以诚相待，终无灾祸”，说明能实现自己的愿望。

〖解说〗

“初九”以阳爻处于一卦之始，故言“元夫”。“九四”上下皆为阴爻，且与“初九”敌应，故有“睽孤”之象。上卦为离，下交互卦为离，两离相连，离为火，为明，内心光明代表诚信，故有“交孚”之象。上交互卦为坎，坎为险，故说“厉”，坎又为心志，即人们常说的“心坎”，交孚则志愿得以施行。“九四”以阳爻居阴位虽然失中不正，但如果它能真诚地对待同样具备阳刚之德的大丈夫“初九”，相互信任，行事谨慎，就能够共同匡正时弊，即或有危险，最后仍会“无咎”。

〖智慧点津〗此爻揭示互信是异中求同的根本。

〖案例解读〗唐太宗“纵囚归狱”。据《新唐书·刑法志》记载：贞观六年（632），岁末，年关在即，唐太宗李世民在视察关押死刑犯的监狱时，看着他们非常可怜，于是下旨，让他们可以出狱回家看望妻儿，但约定明年秋天必须自行返回长安就刑。到了第二年九月，这 390 名死囚竟然没有一个人跑掉，全部返回京师。太宗见他们如此信守承诺，非常感动，当天就下令将他们全部赦免。“交孚，厉无咎”，由此可见唐太宗不失为千古明君。

【38.8】

䷥ **六五：悔亡。厥①宗②噬肤③，往何咎？**

《象》曰：“厥宗噬肤”，往有庆也。

〖注释〗

①厥：其。②宗：宗亲，这里是指“九二”。③肤：柔软而容易咬食的肉。

〖译文〗

六五：悔恨消失。与其宗亲之关系如咬肉一般和顺，往前行走哪会有什么灾祸呢？

《小象传》说：“与其宗亲之关系如咬肉一般和顺”，说明前往必有吉庆。

〖解说〗

“九二”和“六五”相应，“九二”以“六五”为“主”，“六五”以“九二”为“宗”；下卦为兑卦，兑为口，故有“厥宗噬肤”之象。“六五”以阴爻居阳位，柔弱不正，却身在尊贵的君位，当然会后悔。不过，“六五”与“九二”阴阳相应，可以得到应援，使后悔消除。两者关系密切，如咬肉一般和顺。臣尊其君，君亲其臣，上下志同道合，共同铲除阻碍“六三”，达成会合，所以说，前往会有吉庆。

〖智慧点津〗此爻揭示乖离即将走向和同，和同是一种趋势。

〖案例解读〗张泽淮用“爱、信和赏识”转化“学困生”。罗进国是张泽淮任教班级里的一名学困生，其父母离异，加之该生性格内向散漫，又沉迷于电子游戏，学习成绩很差，经常迟到、不交作业，甚至多次旷课。得知这一情况后，张泽淮便经常和他交心谈心，了解他的思想、生活和喜怒哀乐，让他克服了自卑感，树立起了信心。此外，在教学中张泽淮常有意创设情境，预设罗进国能解决的问题，鼓励他独立思考解答，对他的作业量和难度适当地降低要求。同时，对于罗进国的点滴进步，给予及时鼓励，让他逐渐体验到学习的快乐。经过一个学期的努力，罗进国的学习成绩直线上升，真可谓“厥宗噬肤，往有庆也”。

【38.9】

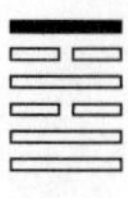

上九：睽孤，见豕负涂①，载鬼一车，先张之弧，后说②之弧③，匪寇婚媾（gòu），往遇雨则吉。

《象》曰：“遇雨”之“吉”，群疑亡也。

〖注释〗

①负涂：背泥。②说：脱。③弧：弓。

〖译文〗

上九：孤独之时，看见一头猪全身沾满泥巴，一辆大车满载鬼怪，先是张弓欲射，后又把弓放下。原来不是盗寇，而是求婚者，往前走遇雨吉祥。

《小象传》说：“遇雨”的“吉祥”，说明各种疑虑都已消失。

〖解说〗

上卦为离卦，离为目，为见，为明。上交互卦为坎，坎为猪，为泥，为鬼，为弓箭，为强盗。下卦为兑卦，兑为泽，为说，通“脱”，故有爻辞诸象。“上九”以阳爻居阴位失正，处于睽卦和“离”体之极，因而过于明察秋毫而刚愎不明，以致孤立无援。它与下卦的“六三”相应，就误认为“六三”像猪陷在泥淖中，一辆车载着可怕的鬼。起先张弓要射，后来又犹豫将弓箭放下。因为“六三”本来与“上九”相应，它面对艰险，终能柔顺和悦，以真诚待之。“路遥知马力，日久见人心”，“上九”看清“六三”并非强盗而是来合作的，终于阴阳相合冰释猜疑；犹如“兑”泽洗去了泥污，真相大白，变为吉祥。

〖智慧点津〗此爻揭示求同贵在消除可怕的猜疑。

〖案例解读〗从剑拔弩张到冰释前嫌。2017年6月6日，王某军与同学陈某同在某舞蹈培训部学习跳舞时，因琐事发生口角，王某军一气之下朝陈某同的鼻梁击了一掌。后经司法鉴定，陈某同的鼻梁骨折为轻伤二级。案发后，两家剑拔弩张，势同水火，因民事赔偿部分未能调处成功，公安机关将案件提交至该区检察院。同年11月21日，承办检察官黄淑元约双方见面，倾听了二人的想法，并且进行释法说理。在黄淑元的努力引导下，双方最终冰释前嫌，达成和解，由王某军一次性付给陈某同经济赔偿6万元，陈某同也当场出具了谅解意见书，并请求司法机关对王某军从轻处理。最终，开福区人民检察院依法对犯罪嫌疑人王某军作出了不批捕的决定。至此，5个多月来积压于两个家庭心理上的“冰块”渐渐得以融解。

39. 蹇（jiǎn）卦第三十九——匡济艰险

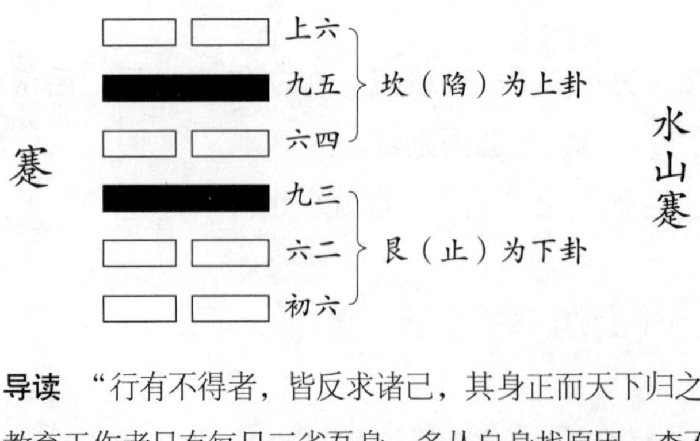

导读 “行有不得者，皆反求诸己，其身正而天下归之。”面对前进路上的各种绊脚石，教育工作者只有每日三省吾身，多从自身找原因、查不足，才能将其突破。

卦体下艮上坎。坎为陷、为险，艮为止，有险难在前，止而不进之象；又坎为水，艮为山，山高水深，困难重重。“蹇”，本义是跛足，引申为行走困难；卦义为艰险。

本卦主要阐释教师既要见险知止又要适时而进的道理。

【39.1】

蹇：利西南，不利东北。利见大人①，贞吉。

〖注释〗

①大人：德高望重的人。这里指“九五”。

〖译文〗

蹇卦象征行走艰难：往西南方走有利，朝东北方不利。有利于出现伟大的人物，坚守正道吉祥。

〖解说〗

坤卦在西南，代表平顺；艮卦在东北，代表山路难走，所以说“利西南，不利东北”。人处“蹇”难，坚守正道尤为重要，只有不失操守的伟大人物，才能得救。

【39.2】

《彖》曰：蹇，难也，险在前也。见险而能止①，知②矣哉！蹇，“利西南”，往得中也。“不利东北”，其道穷也。“利见大人”，往有功也。当位“贞吉”，以正邦也。蹇之时用大矣哉！

〖注释〗

①见险而能止：蹇卦上卦为坎，为险；下卦为艮，为山，故言“见险而能止”。②知：通“智”，智慧。

〖译文〗

《彖传》说：蹇，就是艰难，危险在前。遇见险境而能止步，这是很明智的啊！艰难之时，“向西南走有利”，因为西南是坤方，坤为地，地是平坦的，所以前往是合乎正道的。“向东北走不利”，因为东北为艮方，艮为山，山路崎岖，因而向东北走是死路一条。“有利于出现伟大的人物”，是说前往必能建功。“九五”和“六二”君臣均中正当位，“守正吉祥”，自然可以安邦定国。蹇卦的这种见险而止、待时而动的哲理，真是太伟大了！

【39.3】

《象》曰：山上有水，蹇。君子以反身①修德。

〖注释〗

①反身：反省自我。

〖译文〗

《大象传》说：高山上有积水，象征着艰难险阻。君子效法此象，要反省自我，修养道德，从而渡过困境。

〖解说〗

高山上布满积水，山高水深，有艰险之象。教育工作者从中得到的启示是，遇到困境，要多从自身找原因，努力提高自身素养，从而渡过难关。

【39.4】

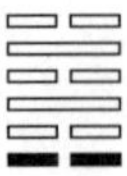

初六：往蹇，来①誉②。

《象》曰："往蹇，来誉"，宜待也。

〖注释〗

①来：归来。②誉：赞誉。

〖译文〗

初六：往前进发艰险，归来将会获得赞誉。

《小象传》说："往前进发艰险，归来将会获得赞誉"，是说应该等待时机。

〖解说〗

"初六"是蹇卦的初始之爻，以阴爻居阳位，柔弱不正，又与上卦的"六四"阴阴敌应，此时，若贸然前进，必将陷入上卦"坎"的危险中。所幸它能在涉难未深时及时返回，修身养德，以静待时机，自然会得到赞誉。

〖智慧点津〗此爻揭示不可轻率冒险。若力量不足，则退而待机。

〖案例解读〗高先生"黄河石林百公里越野赛"退赛获幸存。2021 年 5 月 22 日举行的甘肃白银黄河石林山地马拉松百公里越野赛，演变成一场 21 人遇难的惨剧。据多名幸存者讲述，事发的 CP2 至 CP3 赛段，是整个越野赛场地最险峻、难度最大的赛段。事发后，参赛者高先生撰文写道，他在经过 CP2 赛段后，感到体温越来越低，担心再往上走失温会更严重，便决定退赛下山，因此幸存。

【39.5】

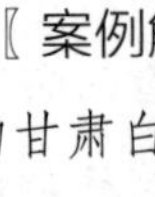

六二：王臣蹇蹇，匪躬①之故。

《象》曰："王臣蹇蹇"，终无尤②也。

〖注释〗

①匪躬：不是自身。匪，同"非"。躬，自身。②尤：过失。

〖译文〗

六二：君王的臣子为了国家历尽艰难，并不是为了自身私利。

《小象传》说："君王的臣子为了国家历尽艰难"，最终没有过错。

〖解说〗

"九五"为王，在上坎中，"六二"为臣，在下交互卦坎中，两者都身陷险境，所以有"王臣蹇蹇"之象。"九五"乃济蹇之君，"六二"乃济蹇之臣，两者中正相应。但"六二"之臣以阴爻居于阴位得正，忠心耿耿，为了匡救王室，虽赴汤蹈火，也在所不辞，当然，它最终也没有过错。

〖智慧点津〗此爻揭示当深陷危难时，应大公无私，无怨无悔。

〖案例解读〗凉山老师带33名学生路遇泥石流成功避险。2021年8月27日，凉山州盐源县梅子坪镇梅子坪村发生泥石流。当时，盐源县梅子坪镇梅子坪村的30余名学生，在村干部、随行教师、20多名家长的带领下，正欲通过该处时，先后发生了三小股泥石流。危急时刻，何晓明老师奋不顾身指挥孩子们向泥石流垂直方向两侧躲避，并把他们疏散到百米外的地方。将近一个小时后，这里发生了更大规模的泥石流，而此时，大家都已到了非常安全的地带。央视网称这次避险为"教科书式避险"。

【39.6】

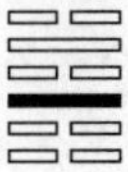

九三：往蹇，来反①。

《象》曰："往蹇，来反"，内②喜之也。

〖注释〗

①反：同"返"。②内：下卦的两个阴爻。

〖译文〗

九三：往前行走艰难，归来返回原地。

《小象传》说："往前行走艰难，归来返回原地"，这样内部的两个阴爻因有依靠而喜悦。

〖解说〗

"九三"以阳爻居阳位得正，是下卦的骨干和两个阴爻的依靠。"九三"一心想要升进，然上临坎险，虽与"上六"相应，但"上六"柔弱无力，并不能施以援手；如果他能审时度势，知难而返，就可以得到内卦两个阴爻的称赞，让彼此都很喜悦。

〖智慧点津〗此爻揭示面临艰险，应以退为进，自保以待机而动。

〖案例解读〗湖北一校车司机紧急避险。2020年12月14日，湖北省鄂州市一快速路口，其他汽车都在排队等红绿灯通过，一辆半挂车突然失控，直接冲过路口。此时一辆校车正在通过，校车司机发现险情后，第一时间快速倒车才没有发生事故。车内一群孩子有惊无险，“内喜之也”。事后，网友纷纷为该校车司机的机智点赞。

【39.7】

六四：往蹇，来连[①]。

《象》曰：“往蹇，来连”，当位实[②]也。

〖注释〗

①连：接连。②实：充实，富足。

〖译文〗

六四：往前行走艰难，归来又困难重重。

《小象传》说：“往前行走艰难，归来又困难重重”，说明“六四”正当坚实之位。

〖解说〗

“六四”上下都是阳爻，阳为实，上下的“九三”和“九五”都是阳爻居阳位，所以说“当位实也”。“六四”居上下两“坎”之间，往上前进，“九五”对之置之不理，向下后退，它也得不到“九三”的支持，可以说是进退两难。“九三”和“九五”自顾不暇，“六四”和“初六”都身处困境，彼此柔弱无应，他们只有同病相怜，紧密合作，才能站稳脚跟，走出危难。

〖智慧点津〗此爻揭示处在蹇难之中，应当积蓄力量以求突破。

〖案例解读〗刘芳艳带盲母艰难求学。刘芳艳出生于宁夏隆德县一个农民家庭，2003年8月，18岁的她考上了荆楚理工学院计算机绘图专业。她母亲双目失明，父亲因病早逝，哥哥离家出走。多年来，她用瘦弱的肩膀勇敢挑起家庭的责任和重担，在十分困难的情况下，一边坚持打工挣学费求学，一边独自承担起照顾母亲生活的重任。“我要把母亲带在身边，我走到哪儿，母亲就跟我到哪儿。有我一口饭吃，就不会让母亲挨饿。”虽然一路贫困和艰辛，“往蹇，来连”，但她却十几年如一日，用行动书写着一个大大的“人”字！由于她坚韧不拔，乐观向上，知恩图报的事迹感人，党和国家先后授予她“湖北省五四青年奖”“中华十大孝亲敬老楷模”等荣誉称号。

【39.8】

九五：大蹇，朋来。

《象》曰：“大蹇，朋来”，以中节[①]也。

〖注释〗

①中节：坚守中正的节操。

〖译文〗

九五：处境极为艰难，却有朋友前来相助。

《小象传》说："处境极为艰难，却有朋友前来相助"，这是由于"九五"坚守中正的节操。

〖解说〗

"九五"在君位，居蹇卦上体坎险的正中央，形势非常艰难，故说"大蹇"。若"九五"发生爻变，则上卦变为坤卦，坤为大众，所以说"朋来"。"九五"为蹇卦的统帅，虽然陷入泥潭，但其刚健中正，德行昭然，必定会有中正的贤臣"六二"前来相救，共同力挽狂澜。

〖智慧点津〗此爻揭示领导者中正可以获助，脱离蹇难。

〖案例解读〗"5·12"汶川地震。2008 年 5 月 12 日，四川省汶川县发生了 8 级强烈地震，给灾区的同胞造成了巨大的创伤和痛苦，震撼着每个人的心灵。党中央、国务院第一时间启动抗震救灾应急救援机制，广大军民、医护人员立即投入第一线日夜奋战，与时间赛跑。灾后，社会各界人士纷纷捐款、捐物，提供心理咨询、对口帮扶等，帮助受灾群众共渡难关，尽快恢复生产，重建家园。"大蹇，朋来"，"一方有难，八方支援"，如今，汶川灾区各方面均已旧貌换新颜。

【39.9】

䷦

上六：往蹇，来硕[①]，吉。利见大人。

《象》曰："往蹇，来硕"，志在内也。"利见大人"，以从贵也。

〖注释〗

①来硕：谓下应"九三"。硕，大。

〖译文〗

上六：往前进发艰难，归来可建大功，吉祥。有利于拜见伟大的人物。

《小象传》说："往前进发艰难，归来可建大功"，说明"上六"的志向在联合内部的各种力量共同济蹇。"有利于拜见伟大的人物"，说明"上六"应当归顺尊贵的君主。

〖解说〗

"上六"与下卦的"九三"有正应，"九三"是下卦艮卦的主爻，阳爻为大，为硕，艮为果实，所以说"来硕"和"志在内也"。"大人"和"贵"，指刚健居于尊贵的"九五"。"上六"以阴爻居于阴位，自身柔弱无力，难以济蹇；又居于蹇卦终极之地，继续前行必然是穷途末路，所以说"往蹇"。"上六"要想脱险，只有回头依靠

“九三”，合力辅佐“九五”大人，才能共济时艰，所以爻辞说“吉，利见大人”。

〖智慧点津〗此爻揭示克服险难，应当依靠贤能之士。

〖案例解读〗大学生听从建议“空杯”就业。据报道，某大学生从一所著名大学毕业后，一直自命不凡，就业期望值又高，结果四处碰壁，很久都没有落实工作单位。后来，在朋友的劝告下，他意识到应该有一种“空杯心态”，不管肚子里有多少墨水，先倒掉，把自己当成一只空的杯子。于是，他找了一份工作，并从基层做起。复印、传真、接打电话……这些很琐碎的事情，他都抱着认真的态度去做。老板看在眼里，非常赏识他，两年后，就把他从基层员工提拔为部门业务主管。这位朋友可谓“大人”，他的成长经历实乃“往蹇，来硕，吉。利见大人”。

40. 解卦第四十——解放身心

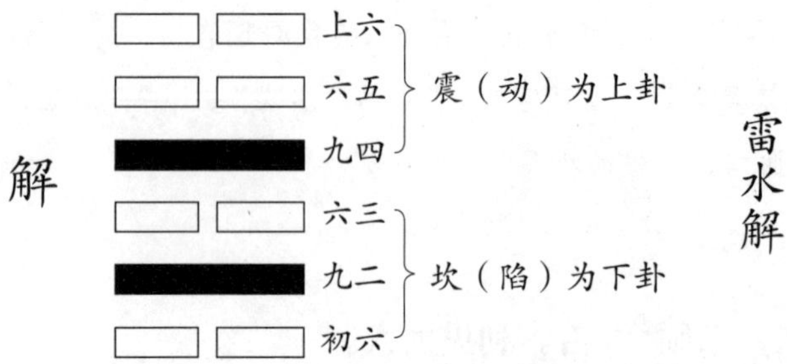

导读 “师者，所以传道授业解惑也。”教育工作者要解放学生的身心，努力把他们培养成为“有理想、有道德、有文化、有纪律”的“四有新人”。

卦体下坎上震。震为雷，坎为水、为雨，有雷雨并作、天地开解，春天草木萌发之象；又震为动，坎为险，外动而内险，意味摆脱险境。“解”，本义是用刀把牛角切开，即分判、离析，卦义为舒缓、解除。本卦主要阐释教师解放学生身心的道理。

【40.1】

解：利西南。无所往，其来复，吉。有攸①往，夙②吉。

〖注释〗

①攸：所。②夙：早。

〖译文〗

解卦象征着困难的解除：到西南方办事有利。如果没有险难，就不必前往，回到原地安居可获吉祥。但是如果出现险难，就应该迅速前往，及早解决可获吉祥。

〖解说〗

“西南”是“坤”卦所处的方位，象征着柔和众，平顺，往西南方则可解困，故说“利西南”。当艰险解除之后，就应当回到原地与民休息，才会吉祥，这就是“其来复，吉”。而如果险难来临，就应当迅速解决，如此才能得吉。“有求必应，无事不扰”，这才是正确的处解之道。

【40.2】

《彖》曰：解，险以动①，动而免乎险，解。“解，利西南”，往得众也。“无所往，其来复吉”，乃得中②也。“有攸往，夙吉”，往有功也。天地解而雷雨作③，雷雨作而百果草木皆甲坼④。解之时大矣哉！

〖注释〗

①险以动：解卦下卦为坎，为险；上卦为震，为动，故言“险以动”。②得中：“九二”居于下卦之中。③作：兴起。④甲坼：指草木破土而出。甲，百果草木的皮壳；坼，裂开。

〖译文〗

《彖传》说：解除困难，君子遇险而动，积极行动才可脱离危险，这就是解卦。“解除困难，利于走西南”，因为西南方为坤方，坤为众，向西南走可得众人相助。“没有明确的目标，返回就吉祥”，是因为“九二”此行合乎中正之道。“有明确的目标，早做早吉祥”，是说前往必可建功。天地解冻而雷雨兴起，雷雨兴起而百果草木都破壳生长。解卦的这种化育万物，消解困难的功效真是太伟大了！

【40.3】

《象》曰：雷雨作，解。君子以赦①过宥②罪。

〖注释〗

①赦：免除。②宥（yòu）：宽恕。

〖译文〗

《大象传》说：雷雨兴起，化育万物，象征着消解。君子效法此象，从而赦免过失，宽恕罪犯。

〖解说〗

雷雨大作，雨水滋润万物，草木破壳发芽，大地有缓解之象。教育工作者从中得到的启示是，对于违反校纪校规不严重的学生，应本着“惩前毖后，治病救人”的原则，适当宽大处理。

【40.4】

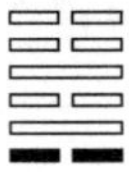

初六：无咎。

《象》曰：刚柔①之际②，义③“无咎”也。

〖注释〗

①刚柔：指阳爻“九四”和阴爻“初六”。②际：交，阴阳相交。③义：通“宜”，应该。

〖译文〗

初六：（险难刚刚解除）没有什么灾祸。

《小象传》说：“初六”与“九四”阴阳相交，应该是没有什么灾祸。

〖解说〗

“初六”以阴爻居阳位失正，处解卦之初，自身柔弱无力，又处卑且在坎险之下，无力自拔，但其柔顺地与上卦的“九四”阴阳相应，而且又上承“九二”，得到两个阳爻的辅助，应当不会有灾难。

〖智慧点津〗此爻揭示危难刚刚解除时，应小心谨慎，以求平安无事。

〖案例解读〗雅安地震后学生停课。2013 年 4 月 22 日，记者致电雅安市教育局，工作人员明确表示，为避免余震对学生造成不必要的伤害，雅安市所有中小学明天停课，具体恢复上课时间，还看具体情况，初步预计在 23 日。此举以学生生命安全至上，“义无咎也”。

【40.5】

九二：田①获三狐②，得黄矢③，贞吉。

《象》曰：九二“贞吉”，得中道也。

〖注释〗

①田：同“畋”，打猎。②三狐：“狐”，一种狡猾邪媚而善于隐藏的动物，这里指除了在君位的“六五”之外的三个阴爻小人。③黄矢：黄色的铜箭头，象征中直。黄，中色。矢，为箭，为直。

〖译文〗

九二：打猎捕获多只狐狸，又捡到象征美德的铜箭头，坚守正道可获吉祥。

《小象传》说：九二“坚守正道可获吉祥”，是因为它能够遵循中正之道。

〖解说〗

下卦为坎卦，坎为险陷，为隐伏，为强盗，又为弓轮，所以有“矢”之象。“九二”以阳爻居于阴位失正，虽身陷坎中，但其上有“九四”协助，又与君位的“六五”相应，得到信任，加之自身拥有中正之德，因而能够驱逐迷惑君主的小人，解除坎险，获得吉祥。

〖智慧点津〗此爻揭示解除危难和隐患，应该坚守中直之道。

〖案例解读〗“300 元钱失而复得”的故事。人民大学附中张莉莉讲述，有一年她教初二，生活委员急慌慌地跑进办公室，后面跟着 12 个蔫头蔫脑的孩子。原来学校收费，每人交 300 元，班里收齐之后却少了一份，怎么问都没有人承认。当即，她严厉批评了生活委员。当生活委员要 12 人每人平摊 25 元钱时，大家争论不休，办公室吵成一片。事后，张老师意识到，这些孩子中有人在说谎。同时，她也反思此事与自己没有尽职同样有关系。第二天，她把 300 元钞票放到了生活委员的桌子上。第三天，生活委员找到了张老师，主动赔偿 300 元，并说那是自己工作不细心而应承担的责任。第四天，张老师把生活委员赔钱的事告诉了全班同学。终于，到了第五天，在张老师的书包里，有人悄悄放进了 300 元钱。张老师没有再追究这个孩子是谁。她认为，只要孩子认识到了个人错误并勇于改正，那么教育的目的也就达到了。

【40.6】

䷧ **六三：负①且乘②，致③寇至，贞吝。**

《象》曰：“负且乘”，亦可丑也。自我致戎④，又谁咎也？

〖注释〗

①负：背负。②乘：乘车。③致：招致。④戎：兵器，引申为贼寇。

〖译文〗

六三：背负着贵重的东西而又乘坐在华丽的大车上，必将招来强盗抢劫，需要坚守正道以防悔吝。

《小象传》说：“背负着贵重的东西而又乘坐在华丽的大车上”，这是非常可耻之举。由于自己的原因而招致抢劫，又能去责怪谁呢？

〖解说〗

下卦为坎，坎为车，为险陷，为隐伏，故有“乘”和“寇”之象。古代君子才能乘车，背负东西则为小人之事。“六三”在下卦之上，它以阴爻居于阳位不当，既向下乘凌“九二”，又向上攀附“九四”，有阴柔小人窃居高位之嫌；其才德与地位不相称，背负的不义之财，必然会招致强盗的抢劫；所以他只有坚守正道，才能免除祸患。

〖智慧点津〗此爻揭示应谨防无德小人占据高位。

〖案例解读〗大学教授剽窃科研成果申报专利被举报。湖北某大学生物医学工程专业学生孟某设计了一款血糖无创检测仪，该校副教授叶某、院长郑某利用自己的职务便利，将孟某的研究成果申报了发明专利。直到 2021 年，孟某所创办的公司申请高新技术企业，才意外发现自己的研究成果被他人剽窃用来申报了 3 个专利。经调查得知，申请人为该大学，发明人为叶某、郑某等人。目前，该大学认定叶某存在剽窃他人学术成果和不当使用他人署名的学术不端行为，对叶某作出通报批评、取消研究生导师资格、追回相关专利所获科研奖励等处理，对其他侵权人也给予相应的处理。“非所困而困焉，名必辱；非所据而据焉，身必危”，该教授此举“自我致戎”，实乃自食其果。

【40.7】

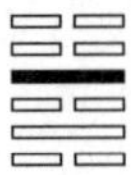

九四：解①而②拇③，朋至斯④孚⑤。

《象》曰：“解而拇”，未当位也。

〖注释〗

①解：解除，切断。②而：通“尔”，你的，指“九四”。③拇：大脚趾，这里喻指卑贱的小人“六三”。④斯：这。⑤孚：诚信。

〖译文〗

九四：像解开大脚趾的隐患一样摆脱小人的纠缠，志同道合的朋友就会以诚相待。

《小象传》说：“像解开大脚趾的隐患一样摆脱小人的纠缠”，这说明“九四”居位不当。

〖解说〗

上卦为震，震为足，“九四”处震体之初，故言“拇”。“九四”以阳爻居阴位不中不正，下比阴柔小人“六三”，犹如足趾生患；它只有摆脱小人“六三”的依附和纠缠，才能与朋友“初六”以诚信之心肝胆相应，彼此信任。

〖智慧点津〗此爻揭示解除危难，应摆脱小人纠缠，才能获得君子的信任与支持。

〖案例解读〗曾国藩的交友之道。曾国藩是清朝重要的政治家、军事家和文学家，在交友方面也有独特的见解。他用一生总结出的交友之道为“八交九不交”：“八交”即胜己者、盛德者、趣味者、肯吃亏者、直言者、志趣广大者、惠在当厄者、体人者。“九不交”即志不同者、谀人者、恩怨颠倒者、好占便宜者、全无性情者、不孝不悌者、迂腐者、落井下石者、德薄者。当我们摒弃“九不交”——“解而拇”，志同道合的朋友就会以诚相待。

【40.8】

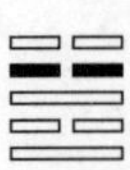

六五：君子维①有②解，吉。有孚③于小人。

《象》曰：“君子有解”，小人退也。

〖注释〗

①维：捆绑。②有：又。③孚：诚信。

〖译文〗

六五：君子先被绑住，后又解开了，吉祥。要用诚信感化小人。

《小象传》说："君子解脱了"，小人受到感化而退避。

〖解说〗

本卦有四个阴爻，阴爻代表小人，其中只有"六五"在君位，是君子。"六五"是解卦之主，解者，解去小人之束缚也，去小人则君子自进，"朋至斯孚"，才能得吉，所以说"君子维有解，吉"。"六五"以阴爻居尊位，柔顺谦恭，能持守中正之道，任用贤才"九二"，所以能够解除危难。"六五"善用君子，不仅可以使小人心悦诚服，知难而退，还会感化他们，使他们弃恶扬善，使天下正气畅行。

〖智慧点津〗此爻揭示解除危难，应该任用贤能，远离小人。

〖案例解读〗崇祯帝逐步除掉魏忠贤。崇祯皇帝即位之初，国家军政大权完全被魏忠贤掌控。魏忠贤自称"九千岁"，贪赃枉法，结党营私，陷害忠良，无恶不作。崇祯皇帝深知其势力庞大，如果急于处理，肯定会激起变乱。因此，他先不断给其加官晋爵，赠送无数金银财宝，再暗中撤换、调离其主要亲信。等大臣们纷纷揣摩到他的用意，群起上奏要求惩治阉党之时，崇祯皇帝这才顺应"民意"，下诏将魏忠贤调往南京，随后，又追加处罚，下旨将他逮捕入狱。魏忠贤最后在走投无路之下，畏罪自杀。

【40.9】

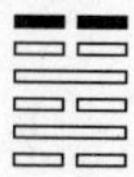

上六：公①用射隼②于高墉③之上，获之，无不利。

《象》曰："公用射隼"，以解悖④也。

〖注释〗

①公：王公，贵族。②隼（sǔn）：鹰，这里喻指"六三"。③高墉：很高的城墙。④悖（bèi）：叛乱。

〖译文〗

上六：王公在高高的城墙上射杀恶鹰，一箭射中，没有什么不利。

《小象传》说："王公在高高的城墙上射杀恶鹰"，是为了解除悖逆者所造成的险难。

〖解说〗

上卦为震，震为动，为诸侯，为公；上交互卦为坎，坎为弓轮，下交互卦为离，离为戈兵，为雉。"上六"位居全卦最高位，有如高墉，故有"公用射隼于高墉之上"之象。“上六”处于解卦之终极，已经渡过重险（上互坎和下卦坎），一切困难都已经解除。此时“六三”祸乱邦国，如恶鹰盘踞高高的城墙之上。“上六”藏器于身，在它飞上来的时候，一举将其射落，没有什么不利。

〖智慧点津〗此爻揭示解除险难，就是对邪恶除恶务尽。

〖案例解读〗新疆“问题教材”事件。自 2002 年起，担任新疆维吾尔自治区教育厅厅长的沙塔尔·沙吾提，兼任自治区基础教育课程改革领导小组组长，以分裂国家为目的，多次采取单独授意或召集会议等方式，拉拢组织当时的教育厅副厅长、新疆教育出版社社长、出版社副总编等人，专门挑选具有民族分裂思想的有问题人员进入教材编写组，以突出所谓的“地方特色、本民族特色”，体现“本民族历史文化”为幌子，要求在教材中编入宣扬民族分裂、暴力恐怖、宗教极端等思想的内容，以达到“去中国化”的分裂国家目的。经审查，该教材中具有民族分裂、暴力恐怖、宗教极端等内容的问题课文共计 84 篇，在全区印发 2500 多万册，使用时间长达 13 年之久，232 万名维吾尔族在校学生及数万名教育工作者使用该教材，造成极其严重的后果。目前，主犯沙塔尔·沙吾提因分裂国家罪、受贿罪，数罪并罚，被判处死刑，其余参与者也一并被判刑。人们听说无不拍手称快，这真所谓“公用射隼于高墉之上，获之，无不利”。

41. 损卦第四十一——甘于奉献

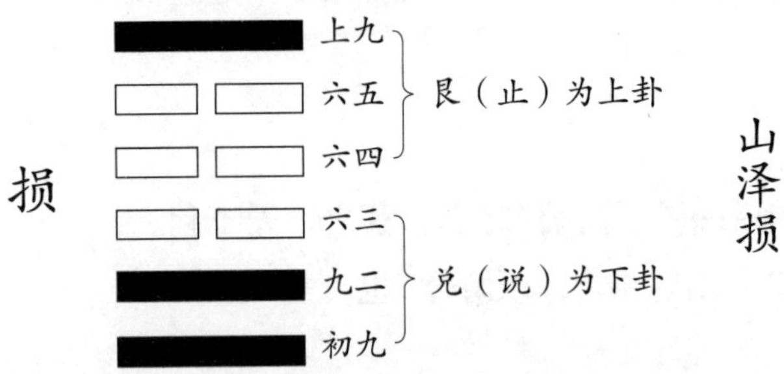

导读 “春蚕到死丝方尽，蜡炬成灰泪始干。”教育工作者只有爱岗敬业，无私奉献，才能获得家长和社会的认可，办好人民满意的教育，实现自己的人生价值。

卦体下兑上艮。艮为山，兑为泽，山下有泽，为泽水浸蚀山根之象。“损”，本义为捣毁、破坏钟鼎等贵重器物；卦义为损失、减损，取损下益上之义。损须诚信、依时、量力、适度，损中有益，益中有损。本卦主要阐释教师应无私奉献、诲人不倦的道理。

【41.1】

损：有孚①，元吉，无咎，可贞，利有攸往。曷②之用？二簋③可用亨④。

〖注释〗

①孚：诚信。②曷：通“何”，怎么。③簋：古代盛食物的竹器。④亨：祭献。

〖译文〗

损卦象征减损：心存诚信，大吉大利，没有祸患，能够坚守正道，利于前去行事。减损之道用什么东西来体现呢？内心真诚，再加上两簋粗淡的食物就足够祭献。

〖解说〗

“自损者益，自益者缺。”减损本非人之常情，损多或损少，或是时机不当，都会带来纷扰。唯有以至诚之心，减损有余以增补不足，当损则损，不当损则不损，损道才合乎正道，而“利有攸往”。减损如祭祀，贵在诚敬，两竹盘的祭品，虽然微薄，仍然会被神接受并赐福。

【41.2】

《彖》曰：损，损下益上，其道上行[①]。损而“有孚，元吉，无咎，可贞，利有攸往。曷之用？二簋可用享”。二簋应有时，损刚益柔有时。损益盈虚，与时偕[②]行。

〖注释〗

①损下益上，其道上行：本卦由泰卦变来，泰卦下卦“九三”和上卦“上六”互换位置，就成为损卦。即下损上益，百姓的财富减损，国家的财富增益。②偕：同。

〖译文〗

《彖传》说：损，就是减损百姓增益国家，其做法是向上奉献。损卦说“减损贵在有诚信，大吉大利，没有祸患。能够坚守正道，有利于前往。减损之道用什么来体现呢？两簋粗淡的食物就可以举行祭祀”。两簋祭品要因时而用，因为减损阳刚、增益阴柔要根据时势。减损增益、盈满亏虚，这些都要根据时势有所变通。

【41.3】

《象》曰：山下有泽，损。君子以惩[①]忿窒[②]欲。

〖注释〗

①惩：制止。②窒：堵塞。

〖译文〗

《大象传》说：高山的下面有深泽，象征着减损。君子效法此象，要遏制愤怒，杜绝贪欲。

〖解说〗

泽水浸蚀山根，日积月累会导致山体崩塌，有损坏之象。教育工作者从中得到的启示是，要抑制自己的愤怒，减损自己的私欲，管控好自己的情绪。

【41.4】

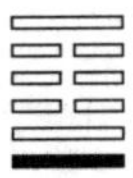

初九：已①事遄②往，无咎。酌损之。

《象》曰："已事遄往"，尚③合志也。

〖注释〗

①已：结束，完成。②遄（chuán）：迅速。③尚：上。

〖译文〗

初九：完成自己的事后迅速前往帮助别人，没有灾祸。损己助人时，应当酌情适度地减损。

《小象传》说："完成自己的事后迅速前往帮助别人"，说明"初九"与上级"六四"同心。

〖解说〗

下爻互卦为震，震为动；下卦为兑，兑为毁折，故有"遄往"和"酌损"之象。损卦要义是损下以益上。"初九"以阳爻居阳位，刚健有余，"六四"以阴爻居阴位，阳刚不足；当此损下益上的时刻，"初九"与上卦的"六四"相应，正可以以刚济柔。于是，"初九"完成自己的工作后，迅速前去帮助"六四"。这是舍己为人的善行，当然不会有过错。不过，其减损应当量力、适度，否则，过犹不及，得不偿失。

〖智慧点津〗此爻揭示减损自己，帮助他人，应当量力而行。

〖案例解读〗孩子攀比捐款家长忧心。2006年，因台风洪涝等自然灾害，东莞部分镇区受灾。很多学校向师生发出了为受灾镇区捐款、救助受灾群众的倡议。这期间，有不少家长反映，有的孩子嫌父母给的5元捐少了没有面子，又要找父母再给些……这种攀比之风让父母很忧心。如果捐款演变成了攀比，那就失去了原来的教育意义。学生捐款应本着自愿原则，捐款的数额由学生和家长根据自身经济能力决定，如此"酌损"，才不会让"爱心"变成家长的"负担"，也才会"无咎，尚合志也"。

【41.5】

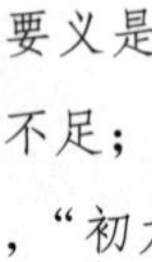

九二：利贞，征凶，①弗损益之。

《象》曰：九二"利贞"，中②以为志也。

〖注释〗

①弗：不。②中：中庸。

〖译文〗

九二：利于坚守正道，贸然前往就会有凶险；不用自我减损就能增益上方。

《小象传》说：九二“利于坚守正道”，是因为它把坚守中道作为自己的志向。

〖解说〗

“九二”以阳爻居阴位，“六五”以阴爻居阳位，两者都刚柔适中，皆有自给自足之象；此时“九二”刚毅持中，坚持正道有利；如果盲目减损自己去增益相应的“六五”，就会造成自己的不足和“六五”的有余，打破原有的阴阳平衡，使两爻皆失中。舍己助人固然值得提倡，但应谨防愚忠、愚义，避免“泥菩萨过河，自身难保”。

〖智慧点津〗此爻揭示减损要守正量力。

〖案例解读〗宣城三名中学生智救落水者。2020 年 11 月，宣城某学校高一的汪永浩、王新远和裴健三名学生下晚自习后结伴回家，途中路过殷村水库时，他们隐隐约约听到了呼救声，仔细听听，确实有人在喊“救命”。天很黑，他们一边喊，一边顺着声音急忙来到水库边。到水库边，他们看到落水者是一名女士，只剩头和手在水面上，情况非常紧急。他们一边大声安抚落水者，一面焦急地环顾四周，找路人帮忙。起初，他们捡来木棍，想让落水者抓住，但都没有成功。后来，他们把衣服的一头系住木棍，将另一头扔给落水者，接连几次，落水者终于抓住木棍并被拉到岸边。遇到他人遭遇困难时，在保证自身安全的情况下救人，他们这种“弗损，益之”的勇敢机智的精神，正是九二“利贞”的生动再现。

【41.6】

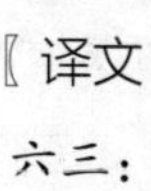

六三：三人行，则损一人①；一人行，则得其友。

《象》曰：“一人行”，“三”则疑也。

〖注释〗

①三人行，则损一人：这句和以下几句都包含着天下万物都是阴阳相应、阴阳结合之理。

〖译文〗

六三：三个人一同行走，就会因相互猜疑而有一个人离开；一个人独自行走，就会因专一求合而遇到志同道合的朋友。

《小象传》说：“一个人独自行走（就会因专一求合而遇到志同道合的朋友）”，“三个人一同行走”，就会因相互猜疑而达不到预期的目的。

〖解说〗

损卦由泰卦变来，泰卦“九三”与“上六”交换位置即成，也体现了损下益上、损刚益柔的精神。“三人行”指泰卦下体的三个阳爻。“损一人”指泰卦“九三”减损为“六三”。“一人行”指“九三”上行而成为“上九”；“得其友”指“上九”得到

“六三”为友，因为两者阴阳相应。天下万物，都是由一阴一阳结合而成立，故说“一人行则得其友”。如果过二而为三，则有余而当损，故说“三人行，则损一人”。损益平衡是自然界和人类社会的普遍规律。正如《老子》所说：“天之道，损有余而补不足。人之道，则不然，损不足以奉有余。”

〖智慧点津〗此爻揭示损有余益不足，达到阴阳平衡的原则。

〖案例解读〗“三个和尚没水喝”。从前有一座山，山上有座小庙，庙里有一个小和尚。他每天挑水、念经、敲木鱼，生活得安稳自在。不久，庙里又来了个瘦和尚。小和尚叫他去挑水，瘦和尚看到小和尚在庙里清闲自在，心想一个人去挑水太吃亏了，便要小和尚和他一起去抬水。后来，又来了个胖和尚。他也想喝水，小和尚和瘦和尚叫他自己去挑，胖和尚挑来水立刻独自喝光了。从此谁也不挑水，三个和尚就没水喝了。三个和尚只有分工明确，团结协作，才能有水喝。这就是“三人行，则损一人；一人行，则得其友”的道理。

【41.7】

䷨ **六四：损其疾，使遄有喜①，无咎。**

《象》曰：“损其疾”，亦可喜也。

〖注释〗

①有喜：指病愈。

〖译文〗

六四：减损疾病，使之迅速有了好转，没有什么灾祸。

《小象传》说：“减损疾病”，这是非常可喜的事。

〖解说〗

若“六四”发生爻变，则上交互卦坤变为坎卦，坎为加忧，为心病，故有“疾病”之象。下交互卦为震，震为动；下卦为兑卦，兑为说，“说”通“悦”，所以又有“使遄有喜”之象。“损其疾”就是减损自己的柔弱而益之以阳刚。“六四”以阴爻居阴位，柔弱无力，故以“疾”喻其无刚之弊。“初九”是刚毅的君子，刚健有余，正可以自损阳刚以助益正应的“六四”，就像治病越快越好，能早日康复，没有什么灾难。

〖智慧点津〗此爻揭示改过迁善应迅速行动。

〖案例解读〗周处改过自新。周处，字子隐，吴郡阳羡县（今江苏宜兴）人，西晋大臣、将领。周处年少时，凶暴强悍，横行乡里，乡亲们把他和南山的老虎和水中的蛟龙并称为“三害”。后来，在乡亲们的劝说下，周处先入山射虎，然后又下水斩蛟，除了“二害”。他自己也洗心革面，发愤图强，拜陆机、陆云为师，终于成为驰骋疆场、名扬四方的忠臣孝子。

【41.8】

䷩

六五：或①益之十朋②之龟，弗克③违，元吉。

《象》曰："六五元吉"，自上④佑也。

〖注释〗

①或：有人。②朋：古代货币单位，双贝为一朋。③弗克：不能。④上：指上天。

〖译文〗

六五：有人赠送价值十朋的大宝龟，不能推辞违背，大吉大利。

《小象传》说："六五大吉大利"，是因为有上天的保佑。

〖解说〗

"九二"到"上九"五个爻形成一个放大的离卦，离卦外实中虚，似龟；上交互卦为坤，坤为偶数，为十；上卦为艮卦，艮为止，故有"十朋之龟，弗克违"之象。"六五"以柔居尊位，有"虚中"自损而不自益之象。正当损下益上的时刻，天下贤士感化君德，纷纷投桃报李，增益其德。因而，"六五"之君得到价值十朋的大龟，不必推辞，吉祥如意。

〖智慧点津〗此爻揭示居尊位而能虚中自损，必然得到别人的增益。

〖案例解读〗张桂梅行善助学获殊荣。张桂梅是云南省丽江市华坪女子高级中学党支部书记、校长。1996年，她放弃了进入条件较好的华坪一中的机会，而选择了师资最弱、条件最差的民族中学任教。二十多年来，她坚持带病上课，爱生如子，热心各种社会公益。2008年，她创办全免费女子高中，十几年间让2000多名贫困女生考上大学。她先后荣获"全国教书育人楷模""全国脱贫攻坚楷模""七一勋章"等称号。这正如爻辞所言"或益之十朋之龟，弗克违，元吉"。

【41.9】

䷩

上九：弗损益之，无咎①，贞吉。利有攸往，得臣无家②。

《象》曰："弗损益之"，大得志也。

〖注释〗

①咎：灾祸。②得臣无家：得到忠心报国的臣子。

〖译文〗

上九：不用自我减损就能增益他人，没有灾祸，坚守正道吉祥。前去行事，定能获得天下臣民的拥戴。

《小象传》说："不用自我减损就能增益他人"，说明"上九"施惠天下的抱负大展。

〖解说〗

上交互卦为坤，坤为臣，为顺；上卦为艮卦，艮为山，为止，可引申为"家"。"上九"若发生爻变，则上卦变为坤卦，那么"艮"失"家"没，所以说"利有攸往，得臣无家"。"上九"身为阳爻，居于损卦终极之位，损极必益，"取之于民，用之于民"，"惠而不费"，臣民必会一心为国，公而忘私。这无疑是损卦损己益人的最高境界。"民惟邦本，本固邦宁"，从中亦可管窥"上九"是一位高明的统治者。

〖智慧点津〗此爻揭示统治者应损己益人，才能得到天下人的拥戴。

〖案例解读〗伦纳德老师："我愿你是我女儿！"《我愿你是我女儿》是加拿大作家玛丽·安·伯德写的一篇短文，讲述了这样一个感人的故事：有一个小女孩因为长相与众不同，而且左耳先天失聪，一直得不到关爱，感到自卑，失望。然而，在一次耳语测试中，伦纳德老师对她说了一句——我愿你是我女儿！这句充满关爱的话，仿佛是一束温暖的阳光直射她的心田，抚慰了她那颗受伤的心，改变了她对人生的看法。微笑是教师给学生最好的礼物，鼓励和赞美是教师最美的语言。广大教师在教育教学实践中，如果都能像伦纳德老师一样，对学生不吝惜自己的鼓励和赞美，那么，这种"惠而不费"的教育方式，一定会点亮学生的未来。

42. 益卦第四十二——学有所成

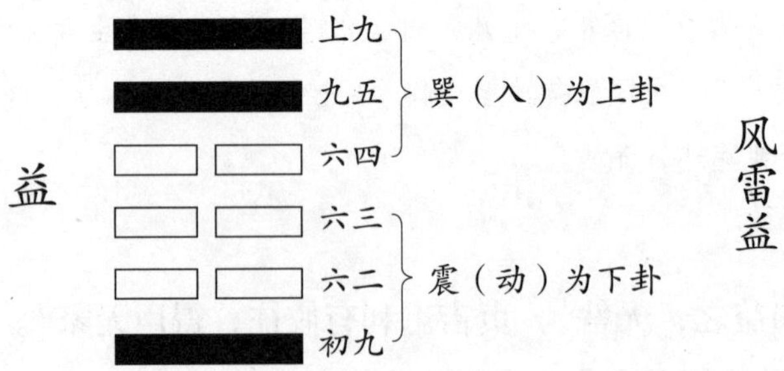

导读 "为学日益，为道日损。"教育工作者应始终践行"一切为了孩子，为了孩子的一切，为了一切孩子"的教育理念，多付出，少索取，让学生每天进步，学有所成。

卦体下震上巽。巽为风，震为雷，风烈则雷迅，雷激则风怒，两相助益。"益"，本义为水漫出，引申为增加、获益。本卦主要阐述教师甘为人梯、学生学有所成的道理。

【42.1】

益：利有攸[①]往，利涉大川。

〖注释〗

①攸：所。

〖译文〗

益卦象征增益：有利于前往行事，有利于渡过艰难险阻。

〖解说〗

益卦是减损统治者的多余以增益百姓的不足，那么百姓才能安居乐业，国家才能国泰民安。益卦的“六二”与“九五”，都中正而且相应，加以下卦“震”是动，上卦“巽”是顺，顺理而动，所以前进有利。

【42.2】

《彖》曰：益，损上益下[①]，民说[②]无疆。自上下下，其道大光。“利有攸往”，中正有庆。“利涉大川”，木道乃行[③]。益动而巽[④]，日进无疆。天施地生，其益无方。凡益之道，与时偕[⑤]行。

〖注释〗

①损上益下：本卦是将否卦的“九四”和“初六”互换，上面减少一个阳爻，下卦增多一个阳爻而成；上损下益，象征减损统治者的财富，增益百姓的财富。②说：通“悦”，喜悦。③木道乃行：震为东方，属木，巽也为木，古代船用木，故言“木道”。益卦下震为动，上巽为入，故言“乃行”，合而观之，所以说“木道乃行”。④益动而巽：指益卦下卦为震，为动，上卦为巽，为入。“巽”通“逊”，顺从，谦逊。⑤偕：同。

〖译文〗

《彖传》说：益，减损统治者财富，增益百姓财富，百姓受益而喜悦无限。统治者从上面施惠于在下的百姓，其增益之道广大光明。“有利于前往”，是因为“九五”和“六二”中正互助而有福庆。“有利于渡过艰难险阻”，是因为木舟能渡水。增益之时既敢于作为又随和谦逊，顺理而动，所以能够天天增进，没有止境。天施恩泽，地生万物，增益没有边界。大凡增益的规律，都要根据时势变通。

【42.3】

《象》曰：风雷，益。君子以见善则迁[①]，有过则改。

〖注释〗

①迁：改变。

〖译文〗

《大象传》说：狂风和惊雷互助，象征着增益。君子效法此象，看见善行就倾心向往，有了过错就立刻改正。

〖解说〗

雷动风生，风声助雷，风激则雷烈，雷激则风迅，两者有互助之象。教育工作者从中得到的启示是，应教育学生知错就改，不断迁善改过。

【42.4】

䷩ **初九：利用为大作①，元吉，无咎。**

《象》曰："元吉，无咎"，下不厚事②也。

〖注释〗

①大作：本指农耕，这里引申为大有作为。②不厚事：不增加百姓农耕之外的劳役。

〖译文〗

初九：有利于大有作为，大吉大利，没有灾祸。

《小象传》说："大吉大利而没有灾祸"，是因为居于下位的"初九"（老百姓）除了农耕，本来就没有重任在肩。

〖解说〗

下卦为震卦，震为动，为春季，此时可以大力推进春耕春播，为全年丰收打下坚实的基础，故有"大作"之象。本卦由否卦转变而来，否卦的"九四"与"初六"对调，下降到初位，就成为益卦的"初九"。"初九"以阳爻处于阳位，又居下卦震动之初，本想有所作为，但其位卑力弱，难以奋发有为。所幸，"初九"和上位的"六四"阴爻相应，根据益卦损上益下之原则，象征其得"六四"之助益，可以担当大事，大有作为，施益于天下，至为吉祥。然而，"初九"毕竟位居下层，本来是没有条件承担重任的，所以干大事如不能获大功，就要受到非议，因而只有把事情做得尽善尽美，才不会有过错。

〖智慧点津〗此爻揭示获益之后要奋发有为，回馈社会。

〖案例解读〗希望工程受益者反哺社会。"大眼睛"女孩苏明娟是我国希望工程的形象代言人，从小学、中学到大学，在社会各界的帮助下，她顺利地完成了学业。作为希望工程曾经的受助者，参加工作以后，如今的她已经完成了从受助者到资助者的角色转变。她将人生的第一笔工资捐给了希望工程，之后每年定期捐款，从未间断。此外，她还每年坚持资助贫困学生，参加各类公益慈善活动，并成立了以其本人名字命名的“苏明娟助学基金”，并拿出3万元作为启动资金。

【42.5】

六二：或益之十朋之龟，弗克违，永贞吉。王用享①于帝，吉。

《象》曰：“或益之”，自外来也。

〖注释〗

①享：祭祀。

〖译文〗

六二：有人赠送价值十朋的大宝龟，无法辞谢，永远坚守正道吉祥。君王得此宝龟祭祀天帝，吉祥。

《小象传》说：“有人赠送（价值十朋的大宝龟）”，这是从外部意外获得的增益。

〖解说〗

下交互卦为坤，坤为偶数，为十；“初九”到“九五”五个爻形成一个放大的离卦，离外实中虚，似龟；上交互卦为艮，艮为止，故有“十朋之龟，弗克违”之象。益卦的“六二”相当于损卦的“六五”，但受益的在下位。“六二”以阴爻居阴位，柔而无刚，但它柔顺、虚心、中正，与外卦“九五”相应；“九五”以阳爻居阳位，刚健有余，因而就助益“六二”价值十朋的大龟。不过，由于“六二”过于柔弱，必须永远坚守正道，保持祭天的虔诚，才会吉祥。

〖智慧点津〗此爻揭示求益贵在诚信、中正。

〖案例解读〗邳州“希望之家”诞生。20世纪80年代，邳州地区遭遇了一场百年不遇的特大洪水，导致六百多个婴幼儿不幸染上小儿麻痹症而落下残疾。为了帮助这些孩子重新站起来，1993年，刚刚退休的张辅世老人及其妻子决定创办接受残疾孩子的儿麻康复中心。夫妇二人多方奔走，在社会各界的帮助和支持下，于1995年12月成立了我国首家集学习、生活、技能训练为一体的肢残人康复中心——“希望之家”。自成立以来，“希望之家”星光闪耀，创造了一个又一个奇迹：培养出7个奥运冠军，8个世界冠军，12个全国冠军，受到各界广泛关注。

【42.6】

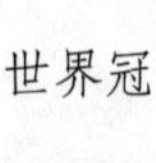

六三：益之用凶事①，无咎。有孚中行②，告公③用圭④。

《象》曰：“益用凶事”，固⑤有之也。

〖注释〗

①凶事：凶荒之年，官府开仓赈济百姓。②中行：行中正之道。③公：指“六四”。④圭：玉器，代表信物。⑤固：本来。

〖译文〗

六三：增益荒灾中饥饿的百姓，没有灾祸。应心存诚信，坚守中道，手持玉圭向王公请示。

《小象传》说：“增益荒灾中饥饿的百姓”，本就应该这么做。

〖解说〗

“六三”和“六四”两爻居于全卦之中，故有“中行”之象。“六三”以阴爻居阳位，不中不正，本来就有凶祸。当荒灾之年，为了赈济百姓，必须心怀诚信，手持玉圭向王公禀告，获得批准之后方可开仓。“六三”在下卦“震”动之上，所以主动前往，向天子“九五”请求援助，所以“无咎”。

〖智慧点津〗此爻揭示诚实的求助，并不违背原则。

〖案例解读〗贫困学子获资助。2015 年 8 月 9 日，河南省鹿邑县应届高中毕业生倪某领收到了黑龙江大学的录取通知书，然而贫寒的家境，让他和家人为高昂的学费和住宿费发愁不已。在得知其家庭情况之后，当地政府部门和社会各界积极为其筹款。仅 8 月 12 这一天，倪某领就收到近 1.2 万元的助学捐款。对于这一雪中送炭之举，倪某领感激不已，他表示进入大学后，将努力学习，通过自己的努力改变贫穷的局面，回馈社会。

【42.7】

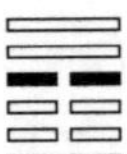

六四：中行，告公从。利用为依①迁国②。

《象》曰：“告公从”，以益志也。

〖注释〗

①依：依靠。②国：国都。

〖译文〗

六四：中道行事，向王公报告（迁移国都之事），王公会很乐意地答应。此时最有利于依附君上迁移国都。

《小象传》说：“向王公报告迁移国都之事而被答应”，这是说“六四”有益民的志向。

〖解说〗

下卦为震卦，震为动，为行走，为鸣；上卦为巽卦，巽为风，为顺从，“六四”处在全卦的中间，故有“中行，告公从”之象。上交互卦为艮，艮为山，为止，为依靠；下交互卦为坤，坤为国土；下卦为震，震为动，所以又有“为依迁国”之象。“六四”以阴爻居阴位，是本卦“九五”身边的重臣，为损上益下大用之爻。为了让老百姓摆脱灾荒，“六四”虽然力量有限，但柔顺谦恭，奉行中正之道，积极向君王进谏良言，迁都益民，以实现自己益下之志。

〖智慧点津〗此爻揭示中正可以获得助益。

〖案例解读〗西南联大南迁。抗日战争爆发后，中国的国土一点点沦陷。为了让延续数千年的中华文化不被打断，众多高校纷纷往抗战大后方迁移。1937 年 11 月 1 日，国立北京大学、国立清华大学、私立南开大学三所大学联合在湖南长沙成立国立长沙临时大学。由于长沙连遭日机轰炸，岌岌可危，1938 年 2 月，长沙临时大学迁往昆明，并于 1938 年 4 月改称国立西南联合大学。此举“保全国家元气”，“物质之损坏有限，精神之淬砺无穷”，实乃“利用为依迁国，以益志也”。

【42.8】

䷩ **九五：有孚[①]惠[②]心，勿问元[③]吉。有孚惠我德。**

《象》曰：“有孚惠心”，勿问之矣。“惠我德”，大得志也。

〖注释〗

①孚：诚信。②惠：恩惠。③元：大。

〖译文〗

九五：以诚信之心施惠百姓，毫无疑问是大吉大利的。天下万民也必然以诚信回报我的恩德。

《小象传》说：“以诚信之心施惠百姓”，毫无疑问，肯定吉祥。“天下万民都回报我的恩德”，说明“九五”实现了万民归心、造福大众的心志。

〖解说〗

下交互卦为坤，坤为民众，“九五”和“六二”中正相应，有上下交惠之象。“九五”以阳爻居阳位，以中正之德居尊位，又下应同样中正的“六二”，所以有诚信和力量，对百姓布施恩惠，毫无疑问，这是非常吉祥的。“九五”怀济世之心，百姓感恩戴德，诚心拥戴，其大展宏图的志向必然得到认可，最终能够实现。

〖智慧点津〗此爻揭示统治者以仁爱信诚之心恩泽百姓，百姓必会诚意回报。

〖案例解读〗李桂林、陆建芬夫妇托起“天梯小学”。李桂林、陆建芬夫妇是四川省凉山彝族自治州甘洛县马史大桥乡二坪村小学教师。三十几年来，他们把全部精力和时间都投入到二坪的彝族孩子身上，每次上学、放学，他们都要把一个个孩子从悬崖边、从天梯上背上背下。他们义务给学生补课、理发，购买药品无偿给学生用，他们的先进事迹得到党中央和全国人民的肯定，先后获得“全国模范教师”“感动中国人物”等荣誉称号。

【42.9】

上九：莫益之，或击之。立心勿恒，凶。

《象》曰：“莫益之”，偏辞①也。“或击之”，自外来也。

〖注释〗

①偏辞：偏见之辞。

〖译文〗

上九：没有谁来增益他，反而有人来攻击他。不能长久坚守立下的心志，必然会有凶险。

《小象传》说：“没有谁来增益他”，是说这是“上九”求益不已的偏见之辞。“反而有人来攻击他”，说明凶险从外部不招自来。

〖解说〗

上爻互卦为艮，艮为山，为止，为手，故有“打击”之象。又上卦为巽，巽为进退，为不果，故又有“无恒”之象。“上九”处于益卦之极，物极必反，从而变益卦的损上益下之道为损卦的损下益上之道。它以阳爻居于阴位失正，必然贪得无厌，索求无度，由增益下层百姓转为以减损他们的利益来供养自己，因而成为众矢之的，百姓不但不会拥护他，反而想攻击他，所以说“莫益之，或击之”。“放于利而行，多怨”。由此可见，统治者增益下层百姓之心若不能持之以恒，就会有凶险。卦中“上九”和“六三”私应，凌驾于“九五”之上，“九五”在外卦不满，故说“自外来也”。

〖智慧点津〗此爻揭示不可贪得无厌。

〖案例解读〗沈阳有偿补课教师被开除。沈阳市铁西区某中学初一年级某班班主任金某不仅违规对学生进行有偿补课，而且在被查处后无端怀疑是学生家长方女士所为，唆使丈夫在学校门卫室殴打方女士。这一行为被媒体曝光后，铁西区纪委监委立即组织人员成立审查调查组。经审查，事实清楚，有关人员被处理情况如下：有偿补课的女教师金某因违反廉洁纪律和职业道德，被依法依规予以开除，其他相关责任人也分别受到降低岗位等级、免职或警告处分。金某教书育人“立心勿恒”，最终落得“莫益之，或击之”的下场，实乃自食其果。

43. 夬（guài）卦第四十三——中正决断

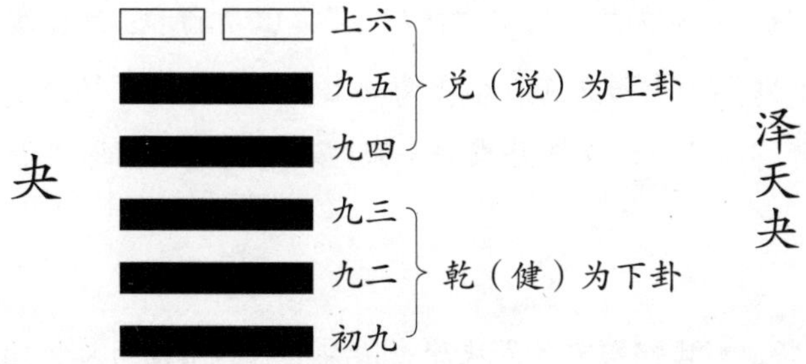

导读 “当断不断，反受其乱。”教育工作者在解决学生各种矛盾纠纷时，只有对他们动之以情，晓之以理，讲策略，讲方法，才能让他们心悦诚服。

卦体下乾上兑。兑为泽，为水，乾为天，水气上天（洪水滔天），决降成雨，有溃决和惠众之象。卦形五阳一阴，一个阴爻小人（“上六”）位高权重，盘踞在五个阳爻之上，但其毕竟是苟延残喘，意味着君子道长，小人道消。“夬”，《说文解字》中说：“分决也。”又通“决”，引申为决裂、决断、溃决。本卦主要阐述教师科学决断的智慧。

【43.1】

夬：扬[①]于王庭，孚[②]号有厉[③]。告自邑[④]，不利即戎[⑤]，利有攸往。

〖注释〗

①扬：宣扬。②孚：诚信。③厉：危险。④邑：城邑。⑤戎：兵戎，战事。

〖译文〗

夬卦象征决断：在君王的朝廷之上当面宣布小人的罪状，心怀诚信，疾呼危险。告诫自己城邑中的人，不利于立即动用武力，但准备好了前往有利。

〖解说〗

本卦君子道盛，小人势衰，君子与小人的较量已经到了决断的时刻。此时，君子应光明正大地先在朝廷上宣布小人的罪恶，再发动群众，共同与之对决，最后，在尽量不用武力的情况下，以“刚健与和悦”之中道让其投降。毕竟，小人位高权重，负隅顽抗，君子只有讲究斗争方式，有理有节，才能无往而不利。

【43.2】

《彖》曰：夬，决也，刚决柔[①]也。健而说[②]，决而和[③]。“扬于王庭”，柔乘五刚[④]也。“孚号有厉”，其危乃光也。“告自邑，不利即戎”，所尚乃穷也。“利有攸往”，刚长乃终[⑤]也。

〖注释〗

①刚决柔：指下面五个阳爻决断上面一个阴爻。②健而说：夬卦下卦为乾，为健；上卦为兑，为说，"说"通"悦"，为喜悦，故言"健而说"。③决而和：既能决断又能和悦。④柔乘五刚：指"上六"一个阴爻在五个阳爻的上方。⑤刚长乃终：指五个阳爻继续向上增加，将会取代"上六"，使该卦成为全阳的乾卦，比喻消除柔邪小人之道。

〖译文〗

《彖传》说：夬，意为决断，好比阳刚君子果决除去阴柔小人。刚健而又和悦，决去又能和谐。"在朝廷之上宣布小人的罪行"，是因为"上六"阴柔小人凌驾于五个阳刚君子之上。"心怀诚信疾呼有危险"，这样才能渡过危险，走向光明。"告诫自己封地中的人，不利于立即动用武力"，是说一味崇尚武力将会没有出路。"利于有所前往"，是指五个刚爻壮大，消灭"上六"一阴，最终会得到好的结局。

【43.3】

《象》曰：泽上于天，夬。君子以施禄[①]及下，居[②]德则忌。

〖注释〗

①禄：福禄。②居：积。

〖译文〗

《大象传》说：湖水蒸发上天，即将化为雨倾注而下，象征着决断。君子效法此象，把福禄施给百姓，如果积德吝施，就会遭到忌恨。

〖解说〗

泽上于天，蒸发凝结成雨，有恩泽天下之象。教育工作者从中得到的启示是，要把自己的学识倾囊相授，如果"课上不讲课后讲"，就会遭到家长和社会的谴责。

【43.4】

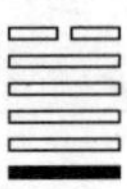

初九：壮于前趾，往不胜[①]，为咎。

《象》曰："不胜而往"，"咎"也。

〖注释〗

①胜：胜任。

〖译文〗

初九：倚仗前脚趾强壮，若贸然前往将不能取胜，反而还会惹祸。

《小象传》说："不能胜利而贸然前往"，会有"灾祸"。

〖解说〗

依《周易》体例，按照身体取象，初爻一般为脚趾。“初九”以阳爻居阳位，在下卦“乾”体，因而刚健逞强好动，有“壮于前趾”之象。然而，“初九”又位卑处于全卦最下方，上与“九四”敌应无援，虽刚健却力不足，并不能胜任决断“上六”小人的使命。所以，他事先必须有周密的策划与准备，否则会招致灾祸。

〖智慧点津〗此爻揭示决断须谨慎，不可冒进。

〖案例解读〗“不备而教”出洋相。笔者有个大学生同事，刚参加工作，在我们学校带初二年级数学。有一回闲聊，他自述其在某次讲复习课时，自认为题目简单，没有备课，就进了教室。结果，课堂上出现严重的卡壳现象，费了很大周折才柳暗花明。这正是“壮于前趾，往不胜，为咎”的生动写照。“不备而战，不战而败”，正如已故江苏省特级教师于永正所说：“反正不备课，或者备得不充分，我是不敢进课堂的。”

【43.5】

九二：惕①号②，莫③夜有戎④，勿恤⑤。

《象》曰：“有戎，勿恤”，得中道也。

〖注释〗

①惕：警惕。②号：大声呼叫。③莫：通“暮”，夜。④戎：军事行动。⑤恤：担忧。

〖译文〗

九二：时刻警惕地呼号，就是深夜敌兵来袭，也不用担忧。

《小象传》说：“深夜敌兵来袭，也不用担忧”，这是因为“九二”能够坚守中庸之道。

〖解说〗

若“九二”发生爻变，则“六二”至“上六”构成大坎卦，坎为加忧、心病；下交互卦乾变为巽卦，巽为风，为号，故言“惕号”。此外，下卦变为离卦，离为日，为戈兵；下交互卦变为巽，巽为入；夬卦上卦为兑卦，兑为西方，日落西方，故又说“莫夜有戎”。“九二”正当决断小人之时，以阳爻居阴位，又得中，正象征刚柔并济，既果断又谨慎，所以，其平时能够居安思危，即使夜间遭遇敌人的攻击，也不会有忧虑。

〖智慧点津〗此爻揭示决断须警惕，有备无患。

〖案例解读〗康熙帝智擒鳌拜。康熙皇帝刚登基，鳌拜专权跋扈，大臣们敢怒不敢言。为了铲除鳌拜，康熙帝精心谋划了一个好办法。他暗中召集一些体格健壮、腰腿灵活的少年，和他们一起练习摔跤，给鳌拜嘻嘻哈哈、不学无术、不足为患之感。最后，在一次召见鳌拜进宫时，康熙帝命令这些少年出其不意将其逮捕。自此，康熙帝才真正掌握了朝政大权。

【43.6】

九三：壮于頄[1]，有凶。君子夬夬[2]，独行遇雨，若濡[3]有愠[4]，无咎。

《象》曰："君子夬夬"，终无咎也。

〖注释〗

①頄（kuí）：颧骨。②夬夬：果决貌。③濡：湿。④愠（yùn）：怨恨。

〖译文〗

九三：颧骨高突怒容满面，有凶险。君子应当刚毅果决（清除小人），即使遇上大雨浑身湿透而心怀恼怒，也没有什么灾祸。

《小象传》说："君子应当刚毅果决（清除小人）"，最终没有什么灾祸。

〖解说〗

下卦为乾，乾为首，"九三"位于乾卦之顶，又和"上六"单独相应，"上六"处兑体，兑为泽，故有"壮于頄"和"独行遇雨"之象。"九三"又以阳爻居阳位，刚强过度。因而，决断小人之心，显现在脸上，以致遭到憎恨和反击，结果凶险。此卦，唯有"九三"与上卦"上六"相应，所以会被其他阳刚君子怀疑与小人同流合污。但"九三"毕竟当位得正，最终能毅然摆脱"上六"小人的羁绊，坚决清除他，纵然淋雨有怒，也不会有灾祸。

〖智慧点津〗此爻揭示决断应隐忍不露声色。

〖案例解读〗王允施计除董卓。东汉末年，权臣董卓独揽朝政，废少帝，立汉献帝，并挟持号令，呼召三台，朝野共愤。为了剿灭董卓，司徒王允表面对其假意逢迎，逐渐取得他的信任，暗中却把自己心爱的歌姬貂蝉，先送给吕布，再献给董卓，并巧施连环计，挑拨吕布与董卓之间的关系，最终使吕布为了貂蝉而杀死了董卓。

【43.7】

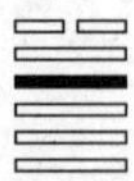

九四：臀无肤，其行次且[1]。牵羊悔亡，闻言不信。

《象》曰："其行次且"，位不当也。"闻言不信"，聪[2]不明也。

〖注释〗

①次且（zī jū）：趑趄，走路困难。②聪：听觉。

〖译文〗

九四：臀无完肤，走路困难。若能像牵羊一样跟随他人行走，就可以消除悔恨，无奈他听了这忠告也不相信。

《小象传》说："走路困难"，是因为"九四"居位不当。"听了这忠告也不相信"，是说他听觉正常而决断不明。

〖解说〗

若"九四"发生爻变，则上卦变成坎卦，坎为沟渠，似臀；上交互卦乾变为离卦，离为眼睛，为明亮；上卦为兑，兑为毁折，为羊，为口，为昧，故有"臀无肤，闻言不信"之象。又坎为陷入，为耳朵，现在坎失明灭，故又说"聪不明也"。"九四"以阳爻居阴位，不中不正，象征心中迟疑，如坐针毡。牵羊的要诀，是跟在后面，让羊自由自在地走，否则，羊就不会前进。所以，"九四"要像牵羊一般，紧随"九五"阳爻，才不会后悔。然而，在决断小人之时，"九四"难免刚愎自用，不听忠告，必然会遇到麻烦。

〖智慧点津〗此爻揭示决断应听从劝告，坚决果断。

〖案例解读〗儿子吸毒不听劝，母亲含泪报警。2018年6月，一位大妈来到湖北十堰市花果派出所值班室报警，要求将其吸毒的儿子抓起来。原来，报警的大妈姓张，她儿子刘某今年30出头。当她无意中看到儿子在家中吸食毒品后，便多次给儿子做工作，要求其主动戒掉，但儿子非但不听，还变本加厉，不住家而住宾馆，甚至一连几个月都不回家，一回家便问她要钱。深思熟虑后的张大妈为了挽救儿子和这个家，毅然决定报警。最后，刘某经尿样检测和询问，对自己吸食冰毒的违法行为供认不讳。目前，刘某因吸毒已被行政拘留。

【43.8】

九五：苋陆①夬夬，中行无咎。

《象》曰："中行无咎"，中未光②也。

〖注释〗

①苋（xiàn）陆：一种柔脆而不容易干的草，这里指"上六"。②光：光大。

〖译文〗

九五：像铲除柔脆的苋陆草一样，刚毅果决地清除小人，只要时刻坚守中庸之道，就不会遇到灾祸。

《小象传》说："只要时刻坚守中庸之道，就不会遇到灾祸"，这是说"九五"尚未将中正之道发扬光大。

〖解说〗

上卦兑为泽，泽为幽暗；“九五”居兑体之中，故说“中未光也”。“九五”以阳爻居阳位，既中且正，是本卦的主爻，也是决断小人的君主。然而，它与小人“上六”接近，态度暧昧，就像苋陆一般潮湿。但“九五”刚毅中正，最终能以中庸之道与“上六”彻底决断，所以不会有灾难。反之，如果采取过刚或过柔的策略，都会违背中庸之道。

〖智慧点津〗此爻揭示决断应中正果断。

〖案例解读〗河南“大学生掏鸟案”。2014 年 7 月 14 日，河南某职业技术学院大一学生闫某天和朋友王某军，在河南省辉县市高庄乡土楼村先后掏了两窝小鸟共 16 只，分别卖给不同地方获利 1080 元。经认定，他们掏的鸟是燕隼，属于国家二级保护动物。最后，法院判决闫某天有期徒刑 10 年半，王某军有期徒刑 10 年，并分别处罚金 1 万元和 5000 元。其间，闫家一再申诉，但河南省高级人民法院审查认为原审判决认定事实清楚，证据充分，定罪量刑适当，因而予以驳回。

【43.9】

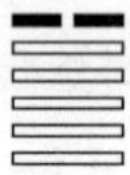

上六：无号①，终有凶。

《象》曰：“无号之凶”，终不可长②也。

〖注释〗

①号：呼号。②长：长久。

〖译文〗

上六：不必呼号求救，最终有凶险。

《小象传》说：“不必因为凶险而呼号求救”，说明阴柔小人“上六”终究不可能长期猖獗下去。

〖解说〗

上卦为兑，兑为口（口能呼叫），为毁折，故说“无号”。“上六”是本卦唯一的阴爻，居于终极之位，其下五个阳爻对其形成进逼之势，他是要被决断的小人。由于他罪恶深重，在穷途末路之际，即使大声呼号，也在劫难逃。

〖智慧点津〗此爻揭示正义终将战胜邪恶。

〖案例解读〗杨国忠被诛杀。唐玄宗李隆基执政晚期，骄奢淫逸，宠信奸臣杨国忠，不理朝政。杨国忠大权独揽，飞扬跋扈，有如本卦中的小人“上六”，导致“安史之乱”爆发。叛军很快攻陷潼关，京城岌岌可危，唐玄宗被迫西行逃难。途中，由于马嵬坡兵变，杨国忠被乱军所杀，可谓“无号之凶，终不可长也”。

44. 姤（gòu）卦第四十四——中正相遇

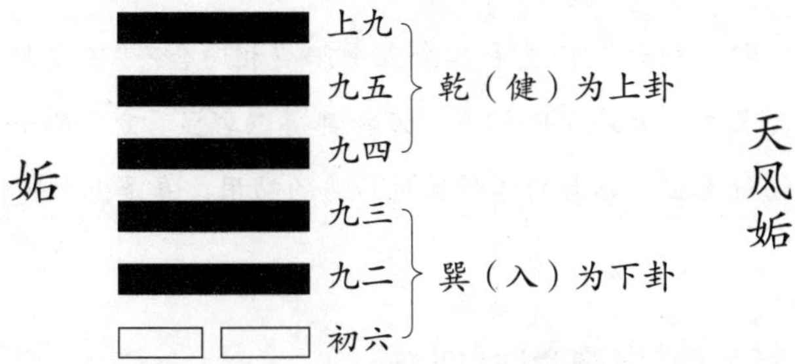

导读 “一个人遇到好老师是人生的幸运，一个学校拥有好老师是学校的光荣，一个民族源源不断涌现出一批又一批好老师则是民族的希望。”教育工作者只有争做“四有”好老师，才会受到学生和家长的尊敬和爱戴。

卦体下巽上乾。乾为天，巽为风，天下有风，无物不遇，为天地相遇之象。“姤”，通“媾”，指相遇、婚媾；卦义为不期而遇，取“初六”一阴遇五阳。卦象呈现阴盛阳衰之势，有如小人或者邪恶逐步增长。本卦主要阐释师生应防范邪恶、抵制诱惑、中正遇合的道理。

【44.1】

姤：女壮，勿用取①女。

〖注释〗

①取：通“娶”。

〖译文〗

姤卦象征相遇：女子过分强壮，不适合娶来做妻子。

〖解说〗

全卦一个阴爻在下，五个阳爻在上，好比一个女人与五个男人相遇；又卦形呈现阴长阳消之势，故说“女壮”而“勿取”。

【44.2】

《彖》曰：姤，遇也，柔遇刚①也。“勿用取女”，不可与长也。天地相遇，品物②咸③章④也。刚遇中正⑤，天下大行也。姤之时义大矣哉！

〖注释〗

①柔遇刚：指“初六”一个阴爻遇到上面五个阳爻。②品物：各种事物。③咸：都。④章：通“彰”，显明。⑤刚遇中正：“九五”和“九二”都是阳爻，且分别居于

上下卦的中位。

〖译文〗

《彖传》说：姤，指相遇，即“初六”阴爻和其余五个阳爻相遇合。“不要娶这种女人为妻”，因为和她相处不会长久。天地阴阳相遇，万物都得以彰显。众阳刚如能秉行中正之道，那么天下万事就畅行无阻。姤卦的这种适时而遇的功用，真是重大啊！

【44.3】

《象》曰：天下有风，姤。后①以施命诰②四方。

〖注释〗

①后：君王。②诰（gào）：通“告”，布告。

〖译文〗

《大象传》说：天下吹拂着和风，与万物接触，象征着相遇。君王效法此象，要发布命令通告四方。

〖解说〗

天下有风，遍及万物，有遇合之象。古人认为风是天命的象征，代表教化，教育工作者从中得到的启示是，要让上级好的政策迅速传递到基层，落实到基层，使人人知晓，生生受益。

【44.4】

䷫

初六：系于金柅①，贞吉。有攸往，见凶，羸②豕孚③蹢躅④。

《象》曰：“系于金柅”，柔道牵也。

〖注释〗

①柅（ní）：车闸，刹车，这里指“九四”。②羸：瘦弱。③孚：通“浮”，浮躁。④蹢躅（zhí zhú）：徘徊不前。

〖译文〗

初六：紧紧捆绑在坚硬的车闸上，坚守正道可获吉祥。前去行事，会遇到凶险，好像瘦弱的猪因烦躁而徘徊不前。

《小象传》说：“紧紧捆绑在坚硬的车闸上”，是说“初六”阴柔之道要受到阳刚者的牵制。

〖解说〗

“九四”处于上卦乾中，乾为刚强，为金；下卦为巽，巽为木，为绳，“初六”和“九四”相应，故说“系于金柅”。“初六”以阴爻居阳位失正，处全卦之初，位卑柔弱，好像羸弱的猪狂躁不安，意欲逐渐取代上面五个阳爻，所以，要尽早以阳刚之道制止其行进，这样坚持正道，可获吉祥。如果任由“初六”发展壮大，将会祸患无穷。

〖智慧点津〗此爻揭示对邪恶应防微杜渐，严密戒备。

〖案例解读〗“曲突徙薪”的故事。据《汉书·霍光传》记载：有位客人到朋友家里做客，看见主人家的灶上烟囱是直的，旁边又有很多木柴。客人告诉主人，烟囱要改曲，木材需移去，否则可能会有火灾。主人听了没有做任何表示。不久，主人家里果然失火，四周的邻居跑来救火，最后火被扑灭了。于是主人烹羊宰牛，以酬谢救火者，但是并没有请当初建议他将木柴移走、烟囱改曲的人。有人对主人说：“如果当初听了那位客人的话，今天就不会有火灾的损失。现在宴请四邻，曾给你建议的人却没有被感恩，真是很奇怪的事！”主人顿时醒悟，赶紧去邀请当初给予建议的那个人。

【44.5】

九二：包①有鱼②，无咎，不利宾。

《象》曰：“包有鱼”，义③不及宾④也。

〖注释〗

①包：通“庖”，厨房。②鱼：是水中的生物，属于阴，这里指“初六”。③义：道理。④宾：指其他的阳爻。

〖译文〗

九二：厨房里有一条鱼，没有祸害；但不宜用它招待宾客。

《小象传》说：“厨房里有一条鱼”，但从道义上说，不宜用它来招待宾客。

〖解说〗

“九二”与“初六”紧紧相邻，“近水楼台先得月”，故有“包有鱼”之象。它以阳爻居阴位，有刚中之德，能持中守正管控“初六”。“初六”阴柔小人被正道所牵制，“义不及宾”，祸害不再扩散到他人，可以免除后患。

〖智慧点津〗此爻揭示对邪恶应严加管控，以免祸害他人。

〖案例解读〗高中生食物中毒。2017 年 3 月 29 日，陕西大荔县某中学十多名高一学生陆续出现拉肚子、恶心、呕吐等症状。学校发现这一情况后，立即向上级主管部门汇报，同时积极给学生治疗，并对食品留样进行检查。据悉，学生吃了学校食堂卖的白吉饼，疑似食物中毒。学校迅速对食堂进行了整改，以保证学生的饮食安全。

【44.6】

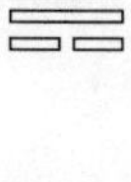

九三：臀无肤，其行次且①，厉，无大咎。

《象》曰：“其行次且”，行未牵也。

〖注释〗

①次且（zī jū）：即“趑趄”，行走困难。

〖译文〗

九三：臀部没有皮肤，行走困难，有危险，但没有大的灾难。

《小象传》说：“行走困难”，是说“九三”尚不能完全牵制“初六”。

〖解说〗

“九三”以阳爻居阳位，过刚不中，上与“上九”敌应，下和“初六”无遇（“初六”已经归属“九二”），故有“其行次且”之象。它本应安分守己，却迷恋“初六”美色，以致如“臀无肤”坐立不安，行走迟缓，陷入进退两难境地。不过，“九三”毕竟当位得正，能够克制私欲，洁身自好，最终和小人“初六”划清界限，这样虽然有危险，但不会有大的灾难。

〖智慧点津〗此爻揭示君子应排除不良因素的干扰。

〖案例解读〗洪战辉自立自强携妹求学12年。1994年，洪战辉12岁那年家里突发重大变故，父亲突发间歇性精神病，造成妻子受伤骨折，女儿意外死亡，家里欠下巨债。随后，父亲对捡来了一个和女儿年龄相仿的女婴。面对沉重的家庭负担，母亲离家出走了。年仅13岁的洪战辉默默挑起了家庭的重担这副重担一挑就是12年。他既要挣钱读书，又要照顾患病的父亲和年幼的妹妹，但他始终没有退缩。虽然“其行次且”，但“行未牵也”。他坚强的意志感动了国人，被评为2005年度“感动中国”十大人物。

【44.7】

九四：包无鱼，起①凶。

《象》曰：“无鱼”之“凶”，远民也。

〖注释〗

①起：引起，产生。

〖译文〗

九四：厨房里没有鱼，会引起凶险。

《小象传》说：“没有鱼”的“凶险”，说明“九四”远离民众，失去民心。

〖解说〗

“初六”是阴爻，阴爻可喻为臣子、小人、百姓。“九四”本来与“初六”相应，但“九二”早已把“初六”占为己有，因而“九四”的厨房里没有“鱼”（“鱼”和“遇”谐音），有远离民众之象。究其原因，在于“九四”以阳爻居阴位，不中不正。如此民心背离，必然会产生凶险。

〖智慧点津〗此爻揭示失去民心就会有凶险。

〖案例解读〗浙江一位班主任被学校辞退。2021 年以来，全国中小学都在响应“双减”政策，推出了课后延时服务，浙江的一所小学也不例外，但是该校的一位班主任却在家长群里疯狂劝退。该教师不仅在群里列举了晚托班的各种坏处，还对各位家长出言不逊，嘲讽挖苦，引起众多家长的不满。第二天，家长纷纷向学校投诉。由于该教师此举既有悖师德，又违背国家“双减”的初衷，学校最终决定将其辞退。

【44.8】

九五：以杞①包瓜②，含章③，有陨④自天。

《象》曰：九五“含章”，中正也。“有陨自天”，志不舍⑤命也。

〖注释〗

①杞：杞柳，柔软可以编制器物。②瓜：匍匐在地上的瓜，属于阴，甜美但容易腐烂。③章：通“彰”，文采。④陨：降落。⑤舍：违背。

〖译文〗

九五：用杞柳枝条编筐盛装甜瓜，内心怀着美好的品德，有美好的相遇从天而降。

《小象传》说：九五“内心怀着美好的品德”，是由于它居中守正。“有美好的相遇从天而降”，说明“九五”的心志没有违背天命。

〖解说〗

上卦为乾，乾为白天，为大明，故说“彰”。本卦阴爻呈增长之势，天子“九五”有陨落之险。但“九五”以阳爻居于阳位，刚健中正而处于君位，能够以坚固的柳条完全将小人包容，足以防患于未然。同时，当遇之时，“九五”能够屈己谦下，求遇相应之贤臣“九二”，那么必有贤者从天而降，获得吉祥。

〖智慧点津〗此爻揭示领导者中正则必然有美好的相遇。

〖案例解读〗魏书生巧扮角色处理打架事件。魏书生是辽宁省特级教师，全国劳动模范，当代著名教育改革家。他爱生如子，教生有方，留下了许多感人的故事。有一次自习课，他的班里有两位同学吵架，话语十分难听。他刚开始也是非常恼火，立刻把他们叫到办公室准备训斥。两位同学进了办公室，一见到他就害怕起来。他见此，气也消了一半。于是，他想，面对犯错误的学生，一位教师可以扮演许多种角色。最终，他选择了扮演严父与心理医生的双重角色，对他们晓之以理，动之以情，让他们心悦诚服地接受了教育，并学到了控制自己情绪的方法。

【44.9】

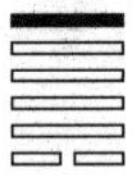

上九：姤其角[①]，吝[②]，无咎。

《象》曰："姤其角"，上穷[③]吝也。

〖注释〗

①角：动物头上长出的坚硬的东西，引申为角落。②吝：憾惜。③穷：尽头，极点。

〖译文〗

上九：在荒无人烟的角落相遇，心有憾惜，但没有灾祸。

《小象传》说："在荒无人烟的角落相遇"，说明"上九"居于穷极之地而导致相遇无人的憾惜。

〖解说〗

上卦为乾，乾为首，为刚强，"上九"居乾体之上，故有"角"之象。"上九"又以刚爻居姤卦之极，高而无位，距离小人"初六"最远，因而难以与之相遇。"上九"又处姤卦之终，终则有变，正当由遇合走向离散之时，因而能够避免阴邪之伤，所以又说"无咎"。

〖智慧点津〗此爻揭示相遇无门，虽吝无咎。

〖案例解读〗济南九中班主任对涉疫封闭管理学生"特殊"家访。2022年4月，济南九中先后有部分学生因居住小区涉疫被封闭管理。济南九中班主任始终秉持"把学生放在心的正中间"理念，对因疫情被封闭管理的学生逐一进行线上家访，为学生提供"精准服务"。老师们对学生居家隔离的身体和心理健康状况、生活和学习情况一一慰问。在疫情防控特殊时期，该校通过线上家访，虽然"姤其角，吝"，但让同学们增强了健康理念和战胜疫情的信心，何"咎"之有？

45. 萃卦第四十五——集会管理

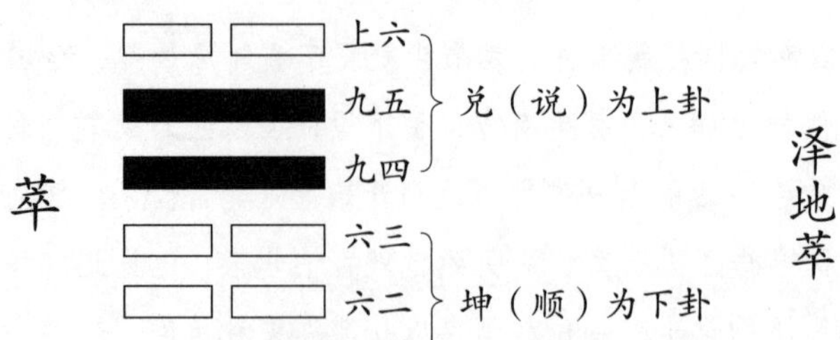

导读 目前，许多中小学校每年都集中开展一次到两次防震、消防应急疏散演练活动，师生都能在规定的时间内到达指定的地方，做到快齐静、井然有序。教育工作者只

有教育学生一起遵守公共秩序，才能确保彼此平安。

卦体下坤上兑。兑为泽，坤为地，有泽聚大地和洪水横流之象；又兑为悦，坤为顺，“九五”阳刚居中得正处尊位，众阴外表喜悦，内心柔顺，正可以相互来聚。“萃”，原指丛生的草，卦义为聚集、团结。本卦主要阐述学校管理各种集会的智慧。

【45.1】

萃：亨，王假①有②庙。利见大人，亨，利贞。用大牲③，吉，利有攸往。

〖注释〗

①假：到。②有：于。③大牲：指将牛羊作为祭祀用的祭品。

〖译文〗

萃卦象征聚合：亨通，君王亲自到宗庙里祭祀，祈求神灵保佑，以凝聚人心。有利于出现伟大的人物，亨通，有利于坚守正道。用牛祭祀，能够带来吉祥，利于前去行事。

〖解说〗

古代君王聚合天下臣民，没有比亲自到太庙祭祖更能感召人心的，故说“亨，王假有庙”。欲聚合天下之众，必须要有一个正确的领导核心，坚守正道才能实现目标，否则就会形成乌合之众，苟且偷生，故又说“利见大人，亨，利贞”。处萃聚之时，君王以诚敬之心准备诸如牛羊等丰厚的祭品，与民同乐，那么臣民就会欣然前往，吉祥。

【45.2】

《彖》曰：萃，聚也。顺以说①，刚中而应②，故聚也。“王假有庙”，致孝享③也。“利见大人，亨”，聚以正也。“用大牲吉，利有攸往”，顺天命也。观其所聚，而天地万物之情可见矣。

〖注释〗

①顺以说：萃卦下卦为坤，为顺；上卦为兑，为说，“说”通“悦”，为喜悦，故言“顺以说”。②刚中而应：指上卦居中的“九五”和下卦居中的“六二”相应。③享：祭祀。

〖译文〗

《彖传》说：萃，指聚集。在下位者和顺而居上者喜悦，“九五”中正之君和“六二”柔顺之臣互助，故能聚集、团结大众。“君王到宗庙去祭祀”，是为了表达孝心而祭祀祖先。“有利于出现伟大的人物，亨通”，是说他能带领大家以正道聚合。“用牛羊祭祀，吉祥，有利于前往”，这是顺应了自然规律。君子观察天地万物如何相聚，就可知晓他们的性情。

【45.3】

《象》曰：泽上于地，萃。君子以除①戎器，戒不虞②。

〖注释〗

①除：修整。②不虞：不测，意外。

〖译文〗

《大象传》说：泽水聚集在地上，象征着聚合。君子效法此象，要修整兵器，防止意外情况的发生。

〖解说〗

水在地上聚集成泽，有聚合之象。湖泽会聚，就会泛滥，必然会产生灾祸隐患。推广到人事，人与人之间相聚久了，也会滋生各种变乱。教育工作者从中得到的启示是，学校在组织重大活动或开展大型集会时，要事先加强安全教育，同时，要有完备的应急预案，以备不测。

【45.4】

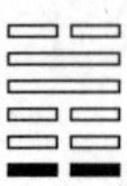

初六：有孚①不终，乃②乱乃萃。若号③，一握为笑，勿恤④，往无咎。

《象》曰："乃乱乃萃"，其志乱也。

〖注释〗

①孚：诚信。②乃：于是。③号：呼号。④恤：忧虑。

〖译文〗

初六：心存诚信但不能贯彻始终，于是行动混乱而与人妄聚。此时若能向正应者"九四"呼号，必能与之握手言欢；不用忧虑，前去行事没有灾祸。

《小象传》说："行动混乱而与人妄聚"，说明"初六"心志陷于迷乱。

〖解说〗

上交互卦为巽，巽为风，为号；下交互卦为艮，艮为手，为握；上兑为口，为悦；最上四个爻大象为坎，坎为忧愁，故有"若号，一握为笑，勿恤"之象。"初六"与"九四"阴阳相应，本该会聚，但他质柔不能固守，又想与中正的"九五"相聚，加之中间有两个阴爻阻挡，因而，其心志迷乱，对"九四"的诚意不能保持至终，出现"有孚不终，乃乱乃萃"的境况。然而，如果"初六"回心转意，真诚呼号"九四"，"九四"定会倾囊相助，两者将握手言欢，破涕为笑。所以，"初六"不必担忧，大胆前进，没有灾祸。

〖智慧点津〗此爻揭示会聚应诚信和专一，勇往直前。

〖案例解读〗春游中的“失踪”事件。2014 年 4 月 9 日，一位老师在学校的统一安排下，先组织班上学生荡舟木鱼湖，接着是每班派两生参加爬锡山“夺红旗”比赛，然后是歌舞表演和野餐。从木鱼湖上岸，第二个活动马上要开始了，老师将班上的学生集中，清点人数时，却发现要派出的两名比赛干将吴超洋和熊洋“人间蒸发”。没有参加比赛的同学和老师一样，焦急万分地在湖边到处找寻他们，任凭大家喊破了喉咙，都没有发现他们的踪迹。情急之下，这位老师打电话问“夺红旗”比赛带队老师胡老师，胡老师说根本没看到两个孩子的影子。大家焦灼不安，正想发动所有的学生帮着找人时，胡老师突然接到电话：他们没有遵守规则，早在游戏开始之前就抢先来到山顶了！得知他们的下落，大家紧绷的心这才如释重负。事后，老师极力赞扬他们强烈的集体荣誉感，同时又严厉批评其“有孚不终，乃乱乃萃”——擅自离队带来的隐患。起初，二人满脸汗水和委屈，后来他们被同学们的笑话逗得破涕为笑，终于承认了自己的错误，并向大家道了歉。接下来的歌舞表演和野餐，大家都玩得非常开心，这真是“若号，一握为笑，勿恤，往无咎”。

【45.5】

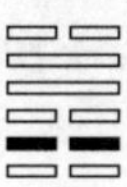

六二：引吉，无咎。孚乃利用禴[①]。

《象》曰：“引吉，无咎”，中未变也。

〖注释〗

①禴（yuè）：夏祭，古代一种祭品微薄的祭礼。

〖译文〗

六二：受人招引而相聚可获吉祥，没有灾祸。只要心怀诚信，即使是简薄的祭祀也有利于献享神灵。

《小象传》说：“受人招引而相聚，没有灾祸”，这是因为“六二”居中守正的心志未曾改变。

〖解说〗

下交互卦为艮，艮为手，故有“牵引”之象。又下卦为坤，坤为吝啬，引申为节俭；若“六二”发生爻变，则下交互卦艮卦变为离卦，离为夏季，而禴为夏祭，所以有“利用禴”之象。“六二”以阴爻居阴位，具有柔顺中正之德。如果“六二”主动寻求与其相应的“九五”之君相遇，就有媚上求宠之嫌，所以他虔诚等待“九五”的招引，“聚以正”“中未变也”才能得吉。这就好比祭祀，只要心怀诚信，即使祭品简单，神灵也会降福。

〖智慧点津〗此爻揭示诚信、忠诚为聚集之本。

〖案例解读〗颁授“共和国勋章”。2019年9月29日上午，中华人民共和国国家勋章和国家荣誉称号颁授仪式在北京隆重举行，于敏等8人被授予“共和国勋章”，申亮亮等28人被授予“人民英雄”国家荣誉称号。这些获奖者的共同特征就在于他们心中始终洋溢着对祖国的深沉大爱，对党和人民的无限忠诚，“中未变也”。正是因为他们的无私付出、忠诚报国，才使我们的国防更加稳固，生活更加安宁，经济社会发展更加欣欣向荣。

【45.6】

六三：萃如①，嗟如②，无攸利，往无咎，小吝。

《象》曰：“往无咎”，上巽③也。

〖注释〗

①萃如：相聚的样子。②嗟如：叹息的样子。③上巽（xùn）：指“六三”顺从于上位的“九四”。“巽”，通“逊”。

〖译文〗

六三：相聚无人，只好叹息，没有什么好处；前去行事没有灾祸，但有小小的遗憾。《小象传》说：“前去行事没有灾祸”，这是因为“六三”能向上顺从于阳刚的“九四”。

〖解说〗

上爻互卦为巽，巽为风，为号，故有“嗟如”之象。“六三”以阴爻居阳位，不中不正，在上与“上六”敌应，不得相聚，只能空自叹息；无奈，只好和“九四”聚合，但“九四”已与“初六”相聚，以致没有人与“六三”会聚，得不到任何利益。最终，“六三”能以阴柔顺从居于上位的阳刚的“九四”，但“九四”也居非正位，而且两者也非正应，如此相聚并非完全合乎正道，所以，前往不会有灾祸，但有小小的遗憾。

〖智慧点津〗此爻揭示无聚莫感伤，应守正顺从阳刚。

〖案例解读〗韩信遇萧何。西汉开国功臣韩信早年怀才不遇，先投奔项梁、项羽，不被重用，后追随刘邦，依然不受重视，韩信只好失望地离开。萧何认为韩信是个奇才，便在月下将他追回，并大力向刘邦举荐。于是，刘邦择吉日隆重拜韩信为大将。韩信在战场上屡建战功，功勋卓越，成为“汉初三杰”之一。韩信好比“六三”，萧何好比“九四”，起初韩信“萃如，嗟如”而“无攸利”，但最终和萧何相聚相得，大展雄才，虽“小吝”，但“往无咎”。

【45.7】

䷬

九四：大吉，无咎。

《象》曰："大吉，无咎"，位不当①也。

〖注释〗

①位不当："九四"以阳爻居于阴位不正。

〖译文〗

九四：只有在大吉大利的情况下，才能够没有灾祸。

《小象传》说："只有在大吉大利的情况下，才能够没有灾祸"，这是因为"九四"居位不当。

〖解说〗

"九四"下乘坤体，坤为顺利，为大众，故说"大吉"。"九四"以阳爻居阴位不正，靠近"九五"之君，既与"初六"相应，又和"六三"相比，有大得民心之象，还有专权越分、欺君夺民之嫌。因而，"九四"作为重臣，做事只有鞠躬尽瘁、尽善尽美，率领群阴共同归顺"九五"，才能避免灾难。

〖智慧点津〗此爻揭示聚集应动机纯正，谨防专权越分，功高震主。

〖案例解读〗郭子仪寿终正寝。郭子仪是唐朝中兴名将，历仕唐玄宗、唐肃宗、唐代宗、唐德宗四朝，官至太尉、中书令，曾率军平定"安史之乱"，两次收复长安，立下显赫战功，可谓功高盖世。但他为人低调谦和，从不居功自傲，深受军民的尊敬和爱戴，也深得皇帝信任。"权倾天下而朝不忌，功盖一代而主不疑"，他最终以八十五岁而寿终，其善为人臣之道留下千古佳话。

【45.8】

䷬

九五：萃有位，无咎。匪①孚②，元永贞③，悔亡④。

《象》曰："萃有位"，志未光也。

〖注释〗

①匪：不。②孚：诚信。③贞：守正。④亡：消失。

〖译文〗

九五：聚集之时高居尊位，没有灾祸。在没有广泛取信于民的时候，只有自始至终永远地坚守正道，悔恨才会消失。

《小象传》说："聚集之时高居尊位"，说明"九五"会聚天下的志向还未发扬光大。

〖解说〗

“九五”被“上六”所掩，在上卦兑中，兑为泽，为暗，故说“志未光”。“九五”以阳爻居阳位，刚毅、中正，在君位，当然没有过错。但如果天下万民不能信任他，不团结在他的周围，他就要反身修己，永远坚守正道，才能使后悔消失。“九四”忌在失位，“九五”忌在失德，统治者只有正己修身，才能以德服众。

〖智慧点津〗此爻揭示领袖要以德服众，做群众的榜样。

〖案例解读〗李希贵缔造北京十一学校辉煌。“校长是一个学校的灵魂。学校的好坏和校长最有关系，一个好校长就是一所好学校。”李希贵是当代教育名家，他多年“元永贞”，甘当学生“首席服务官”，采取了一系列管理措施，如“选课走班”“14种教师激励方案”等，“创造适合每一位学生发展的教育”，让师生“独立自主”，乐教爱学，使得学校发展蒸蒸日上，深受社会和家长的赞誉。师生萃聚其下，精诚团结，所获良好口碑正是其高尚学识和高超管理艺术的完美展现。

【45.9】

䷬ **上六：赍咨[①]涕洟[②]，无咎。**

《象》曰：“赍咨涕洟”，未安上[③]也。

〖注释〗

①赍咨（jī zī）：咨嗟，叹息。②涕洟（tì yí）：眼泪和鼻涕。③上：上位，以“上六”所处爻位言之。

〖译文〗

上六：唉声叹气而又痛哭流涕，没有灾祸。

《小象传》说：“唉声叹气而又痛哭流涕”，说明“上六”未能安居于穷极的上位。

〖解说〗

上卦为兑，兑为口，为泽水，故有“赍咨涕洟”之象。阴爻“上六”居萃卦的终极之位，时穷运尽，既乘凌“九五”之尊，又和“六三”同性敌应，因而，没有人追随，只好痛哭落泪。但他居位得当，不愿孑然一身，能知危惧祸，不敢自安，谨慎行事，所以虽高高在上，却不会发生灾难。

〖智慧点津〗此爻揭示无所聚集时，应当戒惧反省以求聚。

〖案例解读〗女孩英子在掌声中“重生”。《掌声》是董保纲写的一篇短文，讲述了一个患小儿麻痹症的女孩英子，总是默默地坐在教室的一角，因为第一次上台时获得了同学的掌声而逐步改变性格的故事。在一所学校里，一般都有这样的学生，他们或由于父母离异，或由于身体残疾，抑或因家庭贫困、成绩差而自卑、孤僻，常常独来独往，感叹没有朋友。对于这些特殊学生，教师理应给予他们更多的关爱，让他们充分感受到集体的温暖；同时，也要帮助他们积极调整心态，乐观处世，丰富爱好，那么朋友和快乐就会不期而至，如影随形。

46. 升卦第四十六——积小变大

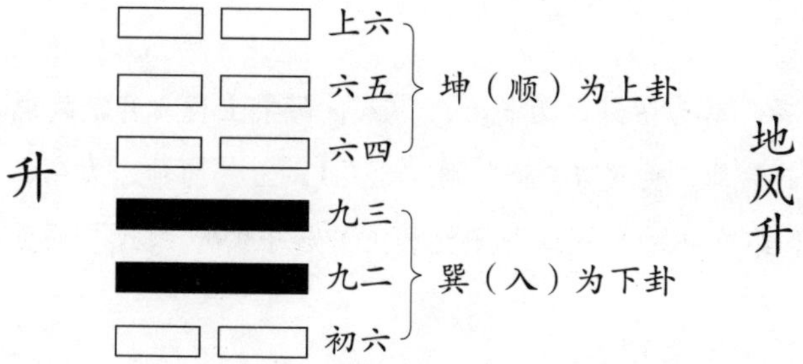

导读 “合抱之木，生于毫末；九层之台，起于累土；千里之行，始于足下。”教育工作者只有教育学生一点一点地积累自己的知识和道德，才能让他们每天进步。

卦体下巽上坤。坤为地，巽为木，地中生木，有积小成大、日渐增高之象。“升”，原义指将酒斗从酒坛中提起；卦义为升高，上进。本卦主要阐述学生增长知识和才干应日积月累，不断进步的道理。

【46.1】

升：元①亨，用见大人，勿恤②，南征③吉。

〖注释〗

①元：盛大。②恤：担忧。③南征：南行征伐。朱骏声谓指文王伐崇，李镜池谓指穆王征楚。

〖译文〗

升卦象征上升：非常亨通，有利于拜见伟大的人物，不必担忧，向南方进发会带来吉祥。

〖解说〗

这里的“升”包括学业、地位、职位等方面的上升或晋升。升的要义，贵在强调因时而升，依势而升。一个人只有逐步积累自己的德行，才会得到大人的帮助，从而获得上升的机遇或发展空间。卦中刚中之臣“九二”与柔弱之君“六五”相应，必然能得到其赏识和提拔，实现天下大治，当然可以获得亨通。卦辞说“用见大人”而非“利见大人”，是明确讲会被大人物引荐或重用。下卦巽为东南方，上卦坤为西南方，南方为火（火性炎上），为光明之地；又巽为谦逊，坤为柔顺，凭此拜见大人，完全不必忧虑，自可前行获吉。

【46.2】

《彖》曰：柔以时升[1]，巽而顺[2]，刚中而应[3]，是以大“亨”。“用见大人，勿恤”，有庆也。“南征吉”，志行也。

〖注释〗

①柔以时升：升卦下卦为巽，巽为阴卦，为长女，为入，阴柔上行为升，故说“柔以时升”。②巽而顺：升卦下卦为巽，为逊（“巽”通“逊”）；上卦为坤，为顺，故言“巽而顺”。③刚中而应：指下卦居中的“九二”阳爻和上卦居中的“六五”阴爻彼此相应。

〖译文〗

《彖传》说：“初六”阴爻以柔顺之德依时上升至高位，谦卑而又和顺，“九二”阳刚居中而又能和上层“六五”之君应援，所以说非常“亨通”。“有利于拜见伟大的人物，不必担忧”，是说将有提拔之喜庆。“向南方进发吉祥”，说明君子的抱负可以畅行无阻。

【46.3】

《象》曰：地中生木，升。君子以顺[1]德，积小以高大。

〖注释〗

①顺：顺从，依照。

〖译文〗

《大象传》说：地里边生长出树木，象征着上升。君子效法此象，顺应道德成长规律，积累微小以逐渐成就高尚的品格和伟大的事业。

〖解说〗

地中生长出树木，由小到大，由低到高，逐渐成长，有上升之象。教育工作者从中得到的启示是，要遵循学生成长规律，积累点滴，逐渐让他们成为栋梁之材。

【46.4】

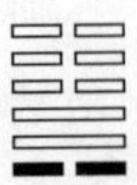

初六：允[1]升，大吉。

《象》曰：“允升，大吉”，上[2]合志也。

〖注释〗

①允：赞同。②上：即指上方的“九二”和“九三”两个阳爻。

〖译文〗

初六：可以上升，非常吉祥。

《小象传》说："可以上升，非常吉祥"，是因为"初六"上承两个阳爻，与其升进之志相合。

〖解说〗

"初六"为升卦的初始之爻，位卑而阴柔，与"六四"又无应，因而无力上升；但它在下卦巽中，既具有"巽"顺之德，又上承两个阳爻的提携，并与其志同道合一起上升，所以大吉。此外，"巽"为木，"初六"相当于树根，得到地气的滋养，自然要向上生长；同时根深才能叶茂，故其得到诸爻的赞许，能够乘时顺势升迁，前途不可限量。

〖智慧点津〗此爻揭示升进应柔顺待时，顺其自然。

〖案例解读〗徐俊初登教坛露锋芒。徐俊是浙江省语文名师，全国小语十大青年名师，现任教于中国传媒大学附属中旭小学。2001年，徐俊代表平阳县在温州市上课改展示课，执教《在大熊猫的故乡》，精彩纷呈，获得与会教师、专家的一致好评。从此，他崭露头角，屡获各种殊荣，经常受邀在各地上课、讲学，传经送宝。"长风破浪会有时，直挂云帆济沧海"，未来，他必将在教海里大放异彩，"允升，大吉"。

【46.5】

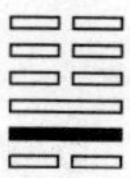

九二：孚①乃利用禴②，无咎。

《象》曰："九二"之"孚"，有喜也。

〖注释〗

①孚：诚信。②禴（yuè）：夏祭，古代一种祭品微薄的祭礼。

〖译文〗

九二：只要心怀诚信，即使是简薄的祭祀也利于献享神灵，没有灾祸。

《小象传》说："九二"的"诚信"，必定会给自身带来喜庆。

〖解说〗

阳爻为实，阴爻为虚，"九二"为阳爻，故说"孚"；它若发生爻变，则下交互卦变为坎卦，坎为隐伏，有鬼神祭祀之象；又下交互卦为兑，兑为口，为喜悦，所以又有"有喜"之象。"九二"与"六五"相应，有贤臣辅佐柔君之象。"九二"以阳爻居柔位，有刚中之德，其以至诚之心求升于上，必然感通"六五"，被委以重任，获得"升迁"之喜。

〖智慧点津〗此爻揭示升进必须以诚信中正为本。

〖案例解读〗中学生徐砺寒：一张道歉字条引发诚信共鸣。据网载：2012年11月

2日中午，扬州大学附属中学高一（2）班学生徐砺寒骑自行车不小心刮蹭了停在路边的一辆宝马车，留下一道划痕。在无人知晓的情况下，他没有选择逃走，而是在原处等待20多分钟后，留下了一张字条，写下联系方式，表示愿意承担一切责任。这个举动不但感动了车主，更是在全国产生了影响。事后，车主凌先生说，车被刮伤，有点心疼，但是在了解情况之后，他的心里只有感动，所以主动拒绝了他的赔偿请求，因为在凌先生看来，这样的品质比金钱更可贵。这股“正能量”被网友拍下来上传微博，很快就传遍了全国，大家称徐砺寒为“最诚实的中学生”，并表示要向他学习。

【46.6】

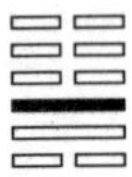

九三：升虚邑[1]。

《象》曰：“升虚邑”，无所疑也。

〖注释〗

①虚邑：无人的城镇。

〖译文〗

九三：上升顺畅，如入无人的城镇。

《小象传》说：“上升顺畅如入无人的城镇”，说明“九三”升进无碍，不必有所疑虑。

〖解说〗

上卦为坤，坤为大地，引申为国土、城镇，故有“虚邑”之象。“九三”以阳爻居于阳位，阳刚得正，又处巽极且和“上六”相应有助，还上临坤顺，如入空虚无人的城镇，没有阻碍，可以放心大胆地升进。不过，它毕竟过刚过中，所以应谨慎为妙。

〖智慧点津〗此爻揭示升进应抓住机遇，谨慎勇往向前。

〖案例解读〗李小双跃升国家队屡斩佳绩。李小双1973年出生于湖北省仙桃市，是我国著名体操运动员、世界冠军、奥运冠军。6岁时，他开始练习体操，10岁进入湖北省省队，12岁时进入国家队。由于他一直刻苦努力，在1990年北京第十一届亚运会上，他一举夺得团体和自由体操金牌，从此声名鹊起。在1992年巴塞罗那奥运会和1996年亚特兰大奥运会上，他分别获得自由体操金牌和个人全能金牌，为国家和个人赢得巨大的荣誉。他的成长足迹，可谓“升虚邑，无所疑也”。

【46.7】

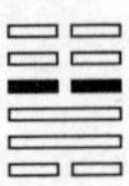

六四：王用亨[1]于岐山[2]，吉，无咎。

《象》曰：“王用亨于岐山”，顺事也。

〖注释〗

①亨：通“享”，祭祀。②岐山：地名，在今陕西岐山县。

〖译文〗

六四：君王到岐山祭祀神灵，吉祥没有灾祸。

《小象传》说：“君王到岐山祭祀神灵”，说明“六四”顺应事物之情势做事。

〖解说〗

上交互卦为震，震为诸侯，四位也是诸侯位，震又为祭祀用的簋；下交互卦为兑，兑为口，故言“王用亨于岐山”。“六四”以阴爻居阴位，柔顺得正，是君主“六五”身边的重臣。其若再上升，必有功高震主之嫌。所幸他能上顺君之意，下顺民之升，顺时顺势，行事谦恭，如祭祀一般虔诚，所以身处危惧之地而得吉祥，没有灾难。

〖智慧点津〗此爻揭示升进应顺天应人，因时而变。

〖案例解读〗高校顺时开设大数据专业。随着互联网行业的迅猛发展，大数据日益重要，与我们的生活紧密相连。它发展前景广阔，但人才极度匮乏。为此，国务院曾印发《促进大数据发展行动纲要》，明确鼓励高校设立数据科学和数据工程相关专业，重点培养专业化数据工程师等大数据专业人才。目前，许多高校都开设了大数据专业，实乃顺时而行，顺势而为。

【46.8】

䷭

六五：贞吉，升①阶②。

《象》曰：“贞吉，升阶”，大得志也。

〖注释〗

①升：登。②阶：台阶。

〖译文〗

六五：坚守正道可获吉祥，乘势沿着台阶稳步上升。

《小象传》说：“坚守正道可获吉祥，乘势沿着台阶稳步上升”，表明“六五”大遂上升的心志。

〖解说〗

上卦为坤，坤为大地，为柔顺，故有“升阶”之象。“六五”以阴爻居阳位不正，又资质柔弱，所以必须守持正固，才能获吉。不过，“六五”居于尊位，柔顺得中，又与下方刚健之臣“九二”相应，象征得到贤人辅助，如同沿着台阶逐步攀升，一定能顺利登上君位。

〖智慧点津〗此爻揭示升进应用贤求辅，坚守正道。

〖案例解读〗孙家栋的天路。孙家栋是中国科学院院士，共和国勋章获得者和两弹一星功勋奖章获得者。从事航天工作60多年来，他带领“18勇士”从一张白纸做起，永不言弃，攻克重重技术难关，主持研制了45颗卫星，实现了北斗卫星导航系统的组网和应用，树立了我国航天史上新的里程碑，被新华社誉为中国的航天“大总师”“我国人造卫星技术和深空探测技术的开创者”。从导弹研制到人造卫星发射，孙家栋在中国航天事业发展历程中居功至伟，可谓“贞吉，升阶，大得志也”。

【46.9】

䷭

上六：冥①升，利于不息②之贞。

《象》曰：“冥升”在上，消③不富④也。

〖注释〗

①冥：昏昧。②不息：不停。③消：消退。④不富：不足。

〖译文〗

上六：昏昧至极而继续上升，有利于不停息地坚守正道。

《小象传》说：“昏昧至极而继续上升”至高位，说明“上六”的发展必将消退而不富足。

〖解说〗

上卦为坤，坤为黑暗，为虚空，故有“冥升”“不富”之象。“上六”是升卦的终极之爻，时穷运尽，前行无路，难有作为。如果盲目上升，必然利令智昏，升得越高，摔得越重。所以，它必须坚持正道，才会有利。

〖智慧点津〗此爻揭示升进应适可而止，否则后力不继。

〖案例解读〗武汉韦博英语跑路倒闭。韦博英语是一家全国性的英语培训机构，被称为成人英语培训巨头之一。2019年，武汉韦博英语培训机构跑路倒闭，仅武昌区涉及的学员就有1000多名，有1826万元未消费培训费，每天有三四十名学员或家长到学校要求退费。业内人士称，韦博英语之所以突然倒闭，与它近年来在全国大规模扩张，同时大力进军少儿英语以及线上英语培训市场紧密相关，在这种疯狂扩张的步伐下，市场运营成本上升，课程质量下滑，用户黏性不再，加上新投资方引进不利，资金链断裂，因而陷入崩盘在所难免。“月满则亏，水满则溢”，由此可见，“冥升，利于不息之贞”。

47. 困卦第四十七——学困转化

困

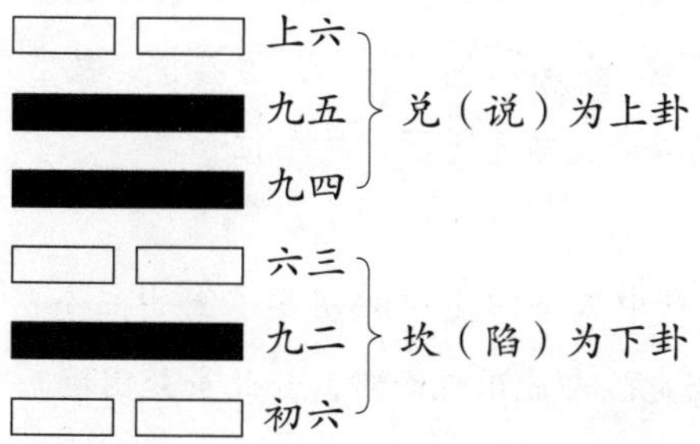

泽水困

导读 苏霍姆林斯基说："好的孩子人人爱，爱不好的孩子才是真正的爱。"教育工作者只有多关爱学困生，让他们体验成功的喜悦，不断增强对学习的信心，才能更好地体悟"教然后知困"的教育真谛。

卦体下坎上兑。兑为泽，坎为水，水在泽下，有大泽漏水枯涸，万物陷困之象；又卦中阳刚为阴柔所掩，象征君子才智难展，身处困境。"困"，本义指废弃的房屋，卦义为穷困。本卦主要阐释教师应关爱学困生，促进其转化的道理。

【47.1】

困：亨。贞，大人①吉，无咎。有言不信②。

〖注释〗

①大人：指德高望重的人。②有言不信：上卦为兑，兑为口；下卦为坎，坎为耳朵、心病多疑，因而说"有言不信"。

〖译文〗

困卦象征穷困：努力拯济必能亨通。坚守正道，大人可以获得吉祥，没有灾祸。此时空言很难令人相信。

〖解说〗

"穷则变，变则通，通则久"，君子处困而能自济，必致亨通。卦中"九二"和"九五"阳刚处中，类似"大人"。它们具有阳刚中正之德，只有乐观坚强，少说话多做事，才能突破重围，顺利渡过难关。

【47.2】

《彖》曰：困，刚揜①也。险以说②，困而不失其所亨，其唯君子乎！"贞，大人吉"，以刚中③也。"有言不信"，尚口乃穷也。

〖注释〗

①刚揜：指下卦坎中“九二”被“初六”“六三”所掩，上卦兑中“九四”“九五”被“上六”所掩。象征君子被小人遮掩，陷入困顿之中。揜，通“掩”。②险以说：困卦下卦为坎，为险；上卦为兑，为说。“说”通“悦”，为喜悦，故言“险以说”。③刚中：指“九二”和“九五”都是以阳爻居于上下卦的中位。

〖译文〗

《彖传》说：穷困，是指阳刚（卦中三个阳爻）被阴柔（卦中三个阴爻）所掩盖（喻才智和抱负难以施展）。君子身陷危险却能乐观面对，如此虽处困境而不失其操守，获致亨通。这大概只有君子才能做到吧！“坚守正道，大人吉祥”，因为“九五”和“九二”分别以刚爻居于上下卦的中位，具有刚中之德。“处困者说话不被人相信”，是说他崇尚空谈，脱困没有指望。

【47.3】

《象》曰：泽无水，困。君子以致命[①]遂[②]志。

〖注释〗

①致命：献身。②遂：完成，实现。

〖译文〗

《大象传》说：水渗泽底，泽枯水干，大泽之中没有水，象征着困穷。君子效法此象，宁愿牺牲生命，也要实现自己的志向。

〖解说〗

水渗泽底，泽水下泄导致泽中无水，有困穷之象。教育工作者从中得到的启示是，要忠诚党的教育事业，甘为人梯，无私奉献，努力实现自己崇高的志向。

【47.4】

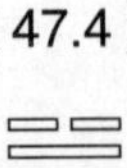

初六：臀困于株木[①]，入于幽谷，三岁不觌[②]。

《象》曰：“入于幽谷”，幽不明也。

〖注释〗

①株木：树桩，②觌（dí）：见。

〖译文〗

初六：臀部被困在树桩上，坐立不安，只得退隐到幽深的山谷里，多年不与外人相见。

《小象传》说：“退隐到幽深的山谷里”，是说君子处在幽暗不明的境地中。

〖解说〗

上交互卦为巽，巽为草木；下坎为沟渠，似臀，故有“臀困于株木”之象。又巽为顺入，坎为隐伏，为幽静；上兑为泽，也为幽暗，故说“入于幽谷”。下交互卦为离，离为目，为见，“初六”到“九四”间隔三爻，所以有“三岁不觌”之象。“初六”处“困”之始，柔弱卑下，深陷下卦“坎”险的最底下；上面虽与“九四”相应，但“九四”失正亦困，难以获得支援。“初六”穷困至极，有如臀部坐在树桩上，安稳难久；又像是进入了昏暗的深谷中，多年未曾露面，见不到光亮。

〖智慧点津〗此爻揭示初陷困境，不能妄动，应静观时变。

〖案例解读〗部分大学生就业四处碰壁。目前，许多大学生毕业后，都能找到满意的工作，但仍有少数大学生，就业比较困难。这与经济下行，高校教学内容和专业设置、教学方式滞后等因素相关，但更多是早学生心理期望值过高以及个人实际能力欠缺等导致。这些学子只有转变观念，提升个人能力，才有可能找到好的出路，走出“幽谷”。

【47.5】

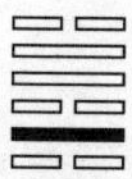

九二：困于酒食，朱绂①方来，利用享祀，征凶，无咎。

《象》曰：“困于酒食”，中有庆也。

〖注释〗

①朱绂（fú）：红色的蔽膝，它是古代贵族的官服，这里比喻“荣禄”。

〖译文〗

九二：酒食贫乏困穷，荣禄就将来到，此时利于祭祀神灵，以求保佑；若急于行动，将有凶险，但最终没有灾祸。

《小象传》说：“酒食贫乏困穷”，说明“九二”坚守刚中之德，就可以赢得福庆。

〖解说〗

下卦为坎，坎为水，故有“酒食”之象。上交互卦为巽，巽为绳，为绂；下交互卦为离，离为日，为朱，所以又有“朱绂方来”之象。“九二”处下卦坎中，它以阳爻居于阴位失正，又被“初六”和“六三”上下两个阴爻所包围，前行阻碍重重，大志难伸。此时，他如果贪功冒进，就会有“征凶”之患。所幸，“九二”具有刚中之德，能够安守自处，加之和“九五”患难与共，志同道合，所以最终仍可以获得福庆。

〖智慧点津〗此爻揭示处困必须刚中自守，安贫乐道。

〖案例解读〗范仲淹“划粥断齑”。范仲淹年幼家贫，生活异常艰苦。每天晚上，他用糙米煮好一锅稀饭，等第二天早上凝冻以后，用刀划成四块，早晚各取两块作为主食，这就是“划粥”。没有菜，就切几根腌菜来下饭，这就是“断齑”。当地某位高官的儿子知道他的清苦后，就带来美味佳肴来看他，他却说自己习惯了这种清贫的生活，对那些美味佳肴几天未动。正是凭着这股苦读的劲头，使他后来成为北宋著名的政治家、文学家。

【47.6】

䷮

六三：困于石，据于蒺藜①，入于其宫②，不见其妻③，凶。

《象》曰："据于蒺藜"，乘刚也。"入于其宫，不见其妻"，不祥也。

〖注释〗

①蒺藜（jí lí）：草名，一种有刺的植物。②宫：家。③妻：指与之相应的"上六"。

〖译文〗

六三：被巨石挡路，站在蒺藜之上；回到家中，又看不见自己的妻子，有凶险。

《小象传》说："站在蒺藜之上"，说明阴柔的"六三"凌驾在阳刚的"九二"之上。"回到家中，又看不见自己的妻子"，说明有不祥之兆。

〖解说〗

下卦为坎，坎为险，为坚木，故为蒺藜，"六三"在坎上方，故说"据于蒺藜"。"六三"在上交互卦巽中，巽为长女、为妻子，为顺入；又在下交互卦离中，离为目、为见，中虚如宫，所以说"入于其宫，不见其妻"。"六三"以阴爻居于阳位，不中不正。想前进但有像巨石般的"九四"阻挡，又无力突破；想后退，也有像多刺蒺藜般的"九二"断后，难以安稳；不得已，他转回家去，又看不到妻子。由于"六三"与"上六"同性相斥，找不到安身的场所，所以凶险。

〖智慧点津〗此爻揭示处困无法自拔时，不可侥幸妄进，否则会越陷越深。

〖案例解读〗教师借款骗钱被判刑。2013年，安徽宣城宁国市某石姓教师因买彩票及赌博亏空较大，采取借新债补旧债的方法，向同事和朋友等熟人借高利贷，先后借款227万元。后来，为支付高额利息，他又利用自己教师的身份，向其所任教班级的学生家长无息"借钱"。最后，他因诈骗罪被法院判处有期徒刑12年。

【47.7】

䷮

九四：来徐徐，困于金车①，吝，有终。

《象》曰："来徐徐"，志在下也。虽不当位，有与②也。

〖注释〗

①金车：用铜装饰的马车，这里指"九二"。②与：帮助。

〖译文〗

九四：迟缓而来，却被一辆金车所困阻，不免有所憾惜，但最终会有好的结局。

《小象传》说："迟缓而来"，说明其心志在屈尊救援下层。虽然所处地位不妥当，但因与下志同道合而如愿。

〖解说〗

《周易》的"往"是指爻自下向上，而"来"是指爻自上而下。坎为轮，为坚实的车，"九二"为阳爻，故称其为金车。"初六"处坎卦最底下，无力脱险。"九四"与"初六"相应，应当加以援救。可是，"九四"以阳爻居于阴位不正，力量不足，中间又有"九二"金车阻碍，以致援救行动迟缓。不过困难是暂时的，"九四"与"初六"阴阳互助，最后仍然能突破"九二"的阻碍，达到目的。

〖智慧点津〗此爻揭示解救穷困，应有外援，徐图突破。

〖案例解读〗钱学森冲破阻挠回国。钱学森是享誉世界的科学泰斗，被誉为中国"航天之父"。1935 年 9 月，他进入麻省理工学院航空系学习，很快成为当时知名的空气动力学家。为了改变祖国贫穷落后的面貌，他学成后毅然决定回国。但美国人为了挽留他，先给予他 9000 美元的年薪和许多荣誉，又非法将其拘留、监视，百般阻挠，而他始终不为所动，果断拒绝。最后，经过中国政府的不懈努力，以及多方力量的斡旋，他终于踏上了祖国的土地。

【47.8】

九五：劓①刖②，困于赤绂③，乃徐有说④，利用祭祀。

《象》曰："劓刖"，志未得也。"乃徐有说"，以中直也。"利用祭祀"，受福也。

〖注释〗

①劓（yì）：割鼻。②刖（yuè）：古代一种砍掉脚的酷刑。③赤绂：朱绂，红色官服。④说：同"脱"，摆脱。

〖译文〗

九五：君王好像遭受割鼻断足之刑，困穷于尊位。但可以逐渐摆脱困境，应当虔诚地祭祀神灵。

《小象传》说："好像遭受割鼻断足之刑"，是说君子志向尚未实现。"逐渐摆脱困境"，完全是由于"九五"坚守刚中正直之道。"应当虔诚地祭祀神灵"，这样就可得到神的降福。

〖解说〗

上卦为兑，兑为毁折，为脱落，故言“说”（说，同“脱”）。“九五”被“上六”与“六三”上下两个阴爻所包围，困在当中，就像遭受割鼻断足之刑，象征其蒙受奇冤大辱。“九五”之困便是天下之困。不过，“九五”以阳爻居尊位，刚毅中正，加之又和“九二”君臣同心同德，共济天下，求感于神，社稷可保，终会走出困境，获得喜悦。

〖智慧点津〗此爻揭示解除穷困，应刚毅中正，乐观诚信。

〖案例解读〗张海迪身残志坚。张海迪5岁因患脊髓病而高位瘫痪。但她没有沮丧和沉沦，而是以顽强的毅力、恒心与疾病做斗争，先后发愤自学了小学、中学及大学、硕士研究生的课程，并翻译和编著了多部著作。1983年，她被团中央授予“优秀共青团员”光荣称号，享有“八十年代新雷锋”和“当代保尔”的美誉。

【47.9】

上六：困于葛藟[①]，于臲卼[②]，曰动悔。有悔，征吉。

《象》曰：“困于葛藟”，未当也。“动悔，有悔”，吉行也。

〖注释〗

①葛藟（lěi）：葛与蔓，攀附缠绕的蔓生植物。②臲卼（niè wù）：惊恐不安。

〖译文〗

上六：被葛藤缠绕困住，惊恐不安，这时盲目行动就会招致悔恨。但如果能够及时悔改，前进必获吉祥。

《小象传》说：“被葛藤缠绕困住”，说明“上六”居位不甚妥当。“盲目行动就会招致悔恨，如果及时悔悟”，前进必获吉祥。

〖解说〗

上交互卦为巽，巽为草木，上卦兑形为倒置的巽，正反巽表示被葛藤缠绕，无法挣脱，困难重重。又“六三”至“上六”构成大坎卦，坎为加忧、心病，故有“葛藟”“臲卼”之象。“上六”处困之极，穷困到极点，就像被葛蔓缠身，陷入动摇不安的险地。这时盲目采取行动，必然会后悔，但如果能够及时悔改，三思而后行，就可以柳暗花明。

〖智慧点津〗此爻揭示解除穷困贵在反省突围。

〖案例解读〗爱迪生巧测灯泡容积。有一次，爱迪生把一只有孔的废玻璃灯泡交给助手阿普顿，让他测算一下灯泡的容积。于是，阿普顿拿起灯泡开始测算，他先测量灯泡的直径和高度，然后进行计算。但是，由于灯泡的形状很不规则，有像球形的地方，又有不像球形而像圆柱体之处，可是那里又不完全像圆柱体，测算起来十分烦琐而复杂。几个小时过去了，只见阿普顿脸上渗出了汗珠，桌子上摆满他画的草图，多张白纸上写着密密麻麻的数据和计算公式，但仍然没有结果。爱迪生观察和沉思了一会儿后，笑着说："阿普顿，你是否可以换用另一种方法计算呢？"接着，爱迪生拿过灯泡，一下把它沉到洗脸池中，让灯泡灌满了水，然后再把灯泡里的水倒入量筒，几秒钟就测算出量筒中水的体积，当然也就是玻璃灯泡的容积了。这时，阿普顿才恍然大悟。

48. 井卦第四十八——立德树人

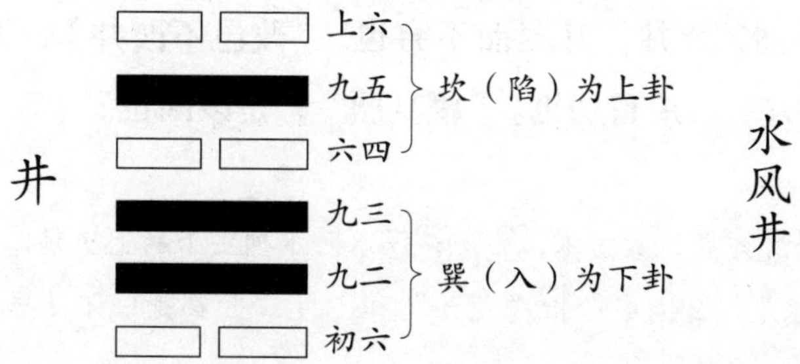

导读　"捧着一颗心来，不带半根草去。"教育工作者应忠诚党的教育事业，不断进德修业，不断传道授业解惑，"燃烧自己，照亮别人"，才能为国家培育更多栋梁之材。

卦体下巽上坎。坎为水，巽为木，为入，木入于水，有以木桶从井中取水之象。卦中各阳爻为实，象征着井水；各阴爻为虚，象征着井身。"初六"居于最下，象征着井底。"井"，即"丼"，本义指设有方形护栏、提取地下水的深水坑；卦义为水井。水井可以养人，引喻人才修德奉献社会。本卦主要阐述教师应不断正己修身、教诲学生的道理。

【48.1】

井：改邑①不改井，无丧无得。往来井井。汔②至亦未繘③井，羸④其瓶⑤，凶。

〖注释〗

①邑：城邑。②汔（qì）：几乎，将近。③繘（jué）：井辘轳上的绳子。④羸（léi）：毁坏。⑤瓶：汲水用的陶罐。

〖译文〗

井卦象征奉献无穷的水井：城邑迁移而水井不改变，井水不会枯竭也不会溢满，来来往往的人都到井边来打水。汲水快到井口时，绳索还未离开井口，水瓶却打破了，有凶险。

〖解说〗

古代以八家为一井，四井为一邑。城邑可以搬迁，但井因为固定而无法迁徙移动，所以说“改邑不改井”。井水“取之不竭，存之不盈”，所以说“无丧无得”。这些体现了井有恒常和奉献之德。此外，人们络绎不绝，可以随时随地自由汲取井水，故说“往来井井”。“为山九仞，功亏一篑”，井水眼看提到井口了，水瓶却被打破，这是凶险的兆头，故又说“汔至亦未繘井，羸其瓶，凶”。“一方水土养一方人”，水井是古代群聚村落的生命之源。君子应如不断清理、修缮水井一样，不断进德修业，造福社会。

【48.2】

《象》曰：巽乎水而上水[①]，井。井养而不穷也。“改邑不改井”，乃以刚中[②]也。“汔至，亦未繘井”，未有功也。“羸其瓶”，是以凶也。

〖注释〗

①巽乎水而上水：井卦下卦为巽，巽为木，为入；汲水时水桶由下到上提起，才发挥功用，故言“巽乎水而上水”。②刚中：指“九五”和“九二”都是以阳爻居于上下卦的中位。

〖译文〗

《象传》说：木桶进入水下而向上提水，这就是井卦。井水养人而功德无穷。“村庄城邑可以迁移而水井不可迁移”，这是因为“九五”和“九二”分别以刚爻居上下卦的中位，具有刚中不变之美德。“汲水快到井口，绳索还没有拉上来”，是说井水养人还没有发挥功用。“汲水时撞破瓦罐”，所以有凶险。

【48.3】

《象》曰：木上有水，井。君子以劳民劝[①]相[②]。

〖注释〗

①劝：劝勉。②相：互助。

〖译文〗

《大象传》说：用木桶源源不断地从地下打水，象征着井的供养无穷。君子效法此象，从而不辞劳苦地为大众谋福利，劝勉人们互相帮助。

〖解说〗

古井皆在井底制以四方形木框，所以井卦有“木上有水”之象。教育工作者从中得到的启示是，自身应潜心教书育人，同时鼓励学生开展“手拉手，结对帮扶”等活动，从而提高教育教学质量。

【48.4】

䷯

初六：井泥不食，旧井无禽①。

《象》曰："井泥不食"，下②也。"旧井无禽"，时舍③也。

〖注释〗

①禽：禽兽。②下："初六"居下卦下位。③舍：舍弃。

〖译文〗

初六：井底泥沙沉积，不能饮用，这口井久未修治，甚至连鸟雀都不来光顾。

《小象传》说："井底泥沙沉积不能饮用"，因为"初六"处卑下之位。"这口井久未修治，甚至连鸟雀都不来光顾"，说明此井已为人禽所弃。

〖解说〗

下交互卦为兑，为口，为食，下巽卦形为反兑，反兑即为不食，故言"不食"。又上交互卦为离，离为雉，下交互卦为兑，兑为毁折，水井和禽被毁折，故说"旧井无禽"。"初六"在最下位，相当于井底的泥沙。它以阴爻居阳位失正，且上面与"六四"无应无助，因而如同一眼干涸而被废弃的井，污浊不堪，更谈不上为人畜所饮用。井贵养人，必先淘井，君子鉴此，应该不断修身，"时时勤拂拭，勿使惹尘埃"，才能与时俱进，不断奉献社会。

〖智慧点津〗此爻揭示君子应当不断更新自己，否则必将被社会所淘汰。

〖案例解读〗方仲永"泯然众人"。《伤仲永》是北宋文学家王安石创作的一篇散文。它讲述了江西金溪有一个叫方仲永的神童，因父亲不让他学习，又被父亲当作赚钱工具而沦落为一个普通人的故事。该故事告诉我们，一个人天资再聪颖，如果不注重后天的学习和努力，也会一事无成，落得"旧井无禽，时舍也"的结局。

【48.5】

䷯

九二：井谷①射②鲋③，瓮④敝⑤漏。

《象》曰："井谷射鲋"，无与⑥也。

〖注释〗

①井谷：井底孔穴。②射：古人打鱼用箭射。③鲋（fù）：小鱼。④瓮：陶罐。⑤敝：破。⑥无与：指"九二"和"九五"不能互助。

〖译文〗

九二：在井底的穴隙中射取小鱼，汲水的陶罐又破又漏。

《小象传》说："在井底的穴隙中射取小鱼"，说明"九二"上面没有人援助（难以出水致用）。

〖解说〗

下卦为巽，巽为鱼，有“鲋”之象；上交互卦为离，离卦中空外实，有“瓮”之象。“初六”阴柔居于井底，如同那些幽暗之处的小鱼小虾。“九二”以阳爻居阴位不正，与上卦的“九五”不相应，而趋下和“初六”相比，以致陶罐破旧，井水漏失，不能上汲，只能供鲫鱼等小鱼生存。“九二”如同一位才德兼备的君子，因无君主赏识而怀才不遇，但若它能反省修德，终会有出头之日，惠人济世。

〖智慧点津〗此爻揭示贤才需要及时引荐，以尽其用。

〖案例解读〗屈原爱国壮志难酬。屈原是战国时期楚国诗人、政治家。他才华横溢，忧国忧民，屡谏楚怀王改革内政，希望楚国国富民强。但楚怀王“内惑于郑袖，外欺于张仪”，逐步使楚国走向衰亡，屈原也屡次遭谗被疏，“无与也”。公元前278年，秦国大将白起率军南下，攻破了楚国国都，屈原的政治理想破灭，对前途备感绝望，虽有心报国，却无力回天，只得以死明志，于是在同年五月怀恨投汨（mì）罗江自杀。

【48.6】

九三：井渫①不食，为我心恻②。可用汲，王明，并受其福。

《象》曰：“井渫不食”，行恻也。求“王明”，受福也。

〖注释〗

①渫（xiè）：清除污泥。②恻：悲伤。

〖译文〗

九三：水井已淘治洁净，井水却没有人饮用，这让我内心感到悲伤。可以赶快饮用，如果君王圣明，臣民都可以承受他的福泽。

《小象传》说：“水井已淘治洁净，井水却没有人饮用”，表明“九三”的行为让人惋惜。企盼“君王圣明”（懂得任用贤才），使臣民都能承受福泽。

〖解说〗

下交互卦为兑，兑为口，若“九三”发生爻变，则上交互卦离卦变为艮卦，艮为停止，禁止入口；同时，兑口消失，故有“井渫不食”之象。又上卦为坎，坎为加忧，为心病；上交互卦为离，离为火，为目，为明，所以又有“心恻”和“王明”之象。“九三”以阳爻居阳位得正，不断清洁修身，在下卦的最上位，已是清澈的泉水；它虽与“上六”相应，但“上六”软弱无力，毫无能力提携，以致它不能饮用，令人惋惜。“九三”犹如贤士在野，未被君主赏识和任用，因而，它难免自怨自艾。不过，明智中正的“九五”之君，终会“伯乐相马”，让这些贤士为国效力，天下百姓必定会得到福惠。

〖智慧点津〗此爻揭示贤才只有遇见“伯乐”，才能更好发挥自己的才干。

〖案例解读〗语文教育界的“伯乐”吴心田。吴心田曾任山东省语文教研员，他善于并乐于提携后进，发现、培养语文名师。在他的鞭策与精心呵护下，一大批青年才俊茁壮成长。他们有的是所在学校教学骨干，有的当了校长，有的则成为享誉大江南北的语文名师。吴老一生以甘为人梯的精神，发现并培养了一批又一批驰骋千里的“良驹”，为我国的语文教育事业作出了杰出的贡献。2010 年，中国教育学会中学语文教学专业委员会向吴心田等同志颁发“中学语文终身成就奖”，堪称语文教育界的“伯乐”，实乃实至名归。

【48.7】

六四：井甃[①]，无咎。

《象》曰：“井甃，无咎”，修井也。

〖注释〗

①甃（zhòu）：修砌。

〖译文〗

六四：用砖石垒砌、加固井壁，没有灾祸。

《小象传》说：“用砖石垒砌、加固井壁，没有灾祸”，是说应当及时修治水井。

〖解说〗

“六四”以阴爻居阴位得正，柔弱无力，与“初六”又无应无助，因而不能大量供水，需要修理好井壁。井壁会不时脱落，产生污垢，因而需要不定期修整。君子效法井德，应不断修身，充实和完善自己。

〖智慧点津〗此爻揭示君子应不断进德修业，更好地福泽大众。

〖案例解读〗曾国藩反身修德。曾国藩一生修身律己，始终坚持知过、改过，正己为先。他或每天通过日记记录自己的过失，时常警惕以求改过；或经常通过亲朋好友求建议、求忠告，诸弟远隔数千里外，必须匡我之不逮，时时寄书规我之过。正如他在日记中写道：“凡事须逐日检点，一日姑待后来补救，则难矣。”除此之外，他还知过必改，“知己之过失，即自为承认之地，改去毫无吝惜之心，此最难事”。他的这种自查行为，印证了孔子的“见贤思齐焉，见不贤而内自省也”。正是因为他能长期如此，才让他深受儿孙的敬重，也令他最终成为“晚清中兴四大名臣”之一。

【48.8】

九五：井洌[①]，寒泉食。

《象》曰：“寒泉之食”，中正也。

〖注释〗

①洌（liè）：洁净，清凉。

〖译文〗

九五：井水洁净清凉，就像甘甜凉爽的泉水一样可供天下人饮用。

《小象传》说："像甘甜凉爽的泉水一样可供天下人饮用"，这是因为"九五"具有阳刚中正之德。

〖解说〗

上卦为坎，坎为水，为冬（寒）；上交互卦为离，离为明，下交互卦为兑，兑为口，故有"井洌""寒泉食"之象。"九五"以阳爻居阳位，既中且正，是一位贤德之君。他治国治民所施行的仁政，如同清洌甘甜的泉水，必能滋养天下，救济万民，为万世所拥戴和敬仰。

〖智慧点津〗此爻揭示君子中正廉洁，才能造福天下。

〖案例解读〗袁隆平造福世界人民。"共和国勋章"获得者、中国工程院院士袁隆平，是我国研究与发展杂交水稻的开创者，被誉为"杂交水稻之父"。从 1964 年开始，他就潜心研究杂交水稻，"我不在家，就在试验田；不在试验田，就在去试验田的路上"，最终创建了超级杂交稻技术体系，使水稻的单产和总产得以大幅度提高，为我国粮食安全、农业科技创新、世界粮食发展作出了重大贡献。"发展杂交水稻，造福世界人民"，他一生为粮食事业而奋斗，终生提倡节俭节约，恰如甘泉一般滋润人类，福报社会，让人肃然起敬。

【48.9】

䷯ **上六：井收①，勿幕②，有孚，元吉。**
《象》曰："元吉"在上，大成也。

〖注释〗

①收：汲取完成。②幕：遮盖。

〖译文〗

上六：从井里汲完了水，不要盖上井口，心怀诚信，大吉大利。

《小象传》说："上六"高居上位而"大吉大利"，这说明井水的养人之功已经大功告成。

〖解说〗

上卦为坎，坎口没有掩盖，故有"井收，勿幕"之象。"上六"处于井卦的最上位，有井中之水离井之象，实为井卦大用之爻。井水汲取不尽，无须加盖，继续恩泽大众，吉祥无比。君子效法此象，在最高位时，始终诚心诚意地造福大众，才能永葆吉祥。

〖智慧点津〗此爻揭示君子居于高位时，应当博爱广施，造福大众。

〖案例解读〗于漪一片丹心育桃李。于漪是全国著名特级教师，荣膺“全国三八红旗手”“人民教育家”等光荣称号。60多年来，她躬耕教坛，“一辈子做教师，一辈子学做教师”，坚持“教文育人”，首创“师徒带教”模式，为我国基础教育改革发展作出了突出贡献。2002年退休后，虽然离开了一线讲台，但她仍心系教育事业，把自己的晚年时光又无偿地奉献给一批又一批青年教师。“井收勿幕”——“站上讲台，用生命歌唱”，这是她一生光辉的写照。

49. 革卦第四十九——教育变革

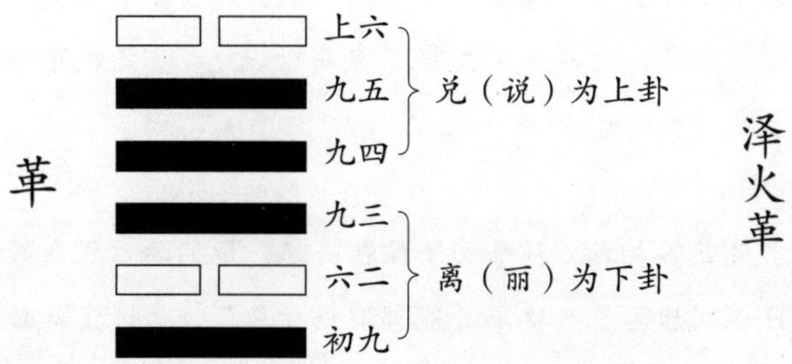

导读 “苟日新，日日新，又日新。”改变社会，先从改变自己开始。教育工作者只有大胆创新，与时俱进，才能常教常新。

卦体下离上兑。兑为泽，离为火，泽中有火，有水火相克不相容之象。“革”，原义是持刀剔除兽皮的毛，引申为变更。本卦主要阐释教师应不断更新教育观念、改进教学方法的道理。

【49.1】

革：己日①乃孚②。元亨，利贞，悔亡。

〖注释〗

①己日：根据古代天干地支的纪日方法，己日正处于前五日和后五日的交替转换之时，含有“过中”“转变”的象征意义，正是变革的时刻。②孚：诚信。

〖译文〗

革卦象征变革：多日谋划后再推行变革，能够取信于民。从一开始就非常亨通，有利于坚守正道，悔恨消失。

〖解说〗

世间万事积弊过多、过久，必然要进行改变，所谓“穷则变，变则通，通则久”。但在变革之前，一定要缜密谋划，取信于民，择机而行，才能卓有成效，所以说“己日乃孚，元亨”。又变革必须坚守正道，顺天应人，恰到好处，才能驱除弊乱，不会留下遗憾，所以又说“利贞，悔亡”。

【49.2】

《彖》曰：革，水火相息，二女同居①，其志不相得，曰革。“己日乃孚”，革而信之。文明以说②，大“亨”以正。革而当，其“悔”乃“亡”。天地革而四时成，汤武革命③，顺乎天而应乎人，革之时大矣哉！

〖注释〗

①二女同居：指上卦兑为少女，下卦离为中女。②文明以说：革卦下卦为离，为文明；上卦为兑，为说，“说”通“悦”，为喜悦，故言“文明以说”。③汤武革命：商汤革夏桀之命，周武王革殷纣王之命。

〖译文〗

《彖传》说：变革，就像水火互不相容，两个女子住在一起，她们的心思在嫁给不同的婆家，这就是革卦。“多日谋划后再推行变革并能够取信于民”，是说变革必然得到民众的拥护。统治者秉持文明之德而又让群众喜悦，如此坚守正道，变革自然非常“亨通”。变革适当，一切“灾悔”就会“消失”。天地变革而形成四季，汤武取代桀纣，这是顺应天道人心。变革的时机和意义，真是太伟大了！

【49.3】

《象》曰：泽中有火，革。君子以治历①明时②。

〖注释〗

①历：历法。②时：四时。

〖译文〗

《大象传》说：大泽之中有烈火，水火不相容，象征着变革。君子效法此象，要修订历法以明辨一年四季的变化。

〖解说〗

“治历明时”，古人认为帝王承天命而君天下，每个帝王皆各有历数。因而，一位新君临政，往往需要重新计算历法、时间，开始新的统治，象征着改朝换代。大泽之中有烈火，不是水浇灭火，就是火蒸干水，两者相互对立，有变革之象。教育工作者从中得到的启示是，应不断加强学习，更新观念，与时俱进，不断提高思想文化素养和教育教学水平，从而适应飞速发展、日新月异的时代要求。

【49.4】

初九：巩①用黄牛②之革③。

《象》曰："巩用黄牛"，不可以有为也。

〖注释〗

①巩：固。②黄牛：黄是中色，牛是顺从的动物，比喻持中驯服。③革：皮革，比喻牢固。

〖译文〗

初九：应该用黄牛的皮革牢牢地捆绑住。

《小象传》说："用黄牛的皮革牢牢地捆绑住"，说明"初九"应慎重行事，不要轻举妄动。

〖解说〗

下交互卦为巽，巽为绳子，为系；下卦为离，离为牛；若"初九"发生爻变，则下卦变为艮卦，艮为山，为坚守，为手，故有"巩用黄牛之革"之象。"初九"处革卦之初，虽身为阳爻而居于阳位，但是位卑力弱，难堪变革大用。同时，"初九"还与上方的"九四"敌应，因而，不能积极有所作为。此时，他只有以"牛革"这样的坚韧之物捆绑自己，以持中驯顺之道慎重约束自己，待时而动，才能顺畅无阻，事半功倍。

〖智慧点津〗此爻揭示变革必须先巩固自己，勿轻举妄动。

〖案例解读〗《国家中长期教育改革与发展规划纲要 2010—2020 年》实施前问计于民。该《纲要》编制工作自 2008 年 8 月启动，在深入调研、广泛听取建议的基础上，经过反复研究修改，才形成了公开征求意见稿，并于 2010 年 7 月 29 日正式印发。实践证明，该《纲要》行之有效，成为我国教育改革发展史上一个新的里程碑，具有十分重要的战略意义。"慎厥初，惟厥终，终以不困"，这就是"巩用黄牛之革"的意蕴。

【49.5】

六二：己①日乃革之，征②吉，无咎。

《象》曰："己日革之"，行有嘉③也。

〖注释〗

①己：天干过中，"己"后接"庚"（和"更"谐音），象征事物交相转变、更新之时。②征：前进。③嘉：美好。

〖译文〗

六二：在“己日”果断推行变革，前进吉祥，没有灾祸。

《小象传》说：“在己日果断推行变革”，行动必获嘉美之功。

〖解说〗

“六二”以阴爻居阴位，柔顺中正，是下卦“离”明的主爻，具备文明的德性，成为改革的主体。又它上与“九五”中正之君相应，得到提携和信任，可以推行改革。这时，应当即立断，实行变革，不会有灾难。

〖智慧点津〗此爻揭示变革必须抓住时机，果断推进。

〖案例解读〗教育部大力推进基础教育课程改革。教育日新月异，原有的基础教育课程已不能完全适应时代发展的需要。为此，2001 年，教育部颁布《基础教育课程改革纲要（试行）》，以调整和改革基础教育的课程体系、结构、内容，构建符合素质教育要求的新的基础教育课程体系。如今，素质教育发展方兴未艾，新课程理念已深入人心。实践证明，新课程改革是当务之急、明智之举，实乃“行有嘉也”。

【49.6】

䷰

九三：征凶，贞厉。革言①三就②，有孚。

《象》曰：“革言三就”，又何之③矣？

〖注释〗

①言：言论，谋划。②就：征求意见。③之：走，前往。

〖译文〗

九三：急进会发生凶险，要坚守正道以防危险。变革的主张要多次征求意见再施行，才能赢得人们的信赖。

《小象传》说：“变革的主张要多次征求意见再施行”，这是说不走变革之路，又能往哪里去呢？

〖解说〗

上卦为兑，兑为口，为言；上交互卦为乾，乾为三个阳爻（君子）；“九三”居于离卦第三爻，故有“革言三就”之象。“九三”以阳爻居阳位，过刚失中，有妄行躁动之象；这时，只有坚守正道，才能防止危险。然而，“九三”又处在上下卦临界点，革卦之中，变革之道已初见成效，但局势尚不稳定；因而，必须广纳众言，博采众议，意见一致时，才能平稳推进，获得成功。

〖智慧点津〗此爻揭示变革要小心谨慎，计划周详，稳固推进。

〖案例解读〗教育部统一部编版教材。为了更好地适应形势发展的需要，体现立德树人的宗旨，从2019年秋季新学期开始，全国所有中小学生的语文、历史、道德与法治都使用统一部编版教材。“部编本”语文教材的编写从2012年就已经开始启动，历经多年打磨，经过广泛征求各方意见，60多名教育学者不断研究探讨终于面世，这些都体现了“革言三就”的慎重和爻旨。

【49.7】

䷰

九四：悔亡①，有孚改命，吉。

《象》曰：“改命之吉”，信②志也。

〖注释〗

①亡：消失。②信：通“伸”，即伸张。

〖译文〗

九四：悔恨消失，以诚信革除不合天命的旧制度，吉祥。

《小象传》说：“革除不合天命的旧制度，吉祥”，因为“九四”变革之志得到伸张。

〖解说〗

“九四”以阳爻居阴位，不正不中，本来有悔恨。然而，若变革恰当，则悔恨就会消失。此时，变革正当“水”“火”天命转变之际，已经超过一半，进入取得成就的阶段。百姓由怀疑、观望纷纷转为支持、参与。“九四”这时如果能够顺应天道，继续取信于民，发挥刚健之才，矢志不移，就一定能“吉”祥顺利地实现变革的目标。

〖智慧点津〗此爻揭示改革要赢得群众的信赖和支持。

〖案例解读〗我国全面推进中小学教师职称制度改革。时下，中小学教师职称评聘弊端甚多——指标少，硬杠杠多，缺乏标准和规范……广大教师呼吁尽快实行新的职称制度改革。为此，2015年，人社部、教育部联合印发了《关于深化中小学教师职称制度改革的指导意见》，新的职称制度设置了中小学教师正高级职称、创新评价机制等，使中小学教师首次拥有和教授、研究员同样的职业发展空间。此项职称制度改革惠及广大中小学教师，必将在广大教师的支持下，“有孚改命，吉”。

【49.8】

䷰

九五：大人虎变①，未占有孚②。

《象》曰：“大人虎变”，其文③炳④也。

〖注释〗

①虎变：像老虎换毛一样。②孚：诚信。③文：虎之斑纹，文采，这里喻指道德。④炳：显明。

〖译文〗

九五：伟大的人物像猛虎一般推行变革，不必占卜就知能取得民众的信任。

《小象传》说："伟大的人物像猛虎一般推行变革"，说明"九五"德昭天下。

〖解说〗

上交互卦为乾，乾为君，为首。上卦为兑，兑为西方，为白虎；下卦为离，离为火，为文明。"九五"位于上卦兑中，它和下卦离火中的"六二"相应，故有"大人虎变"和"文炳"之象。"九五"阳刚中正，在君位，是革卦的主爻，相当于伟大的人物。老虎为"百兽之王"，最有威严，故以之为喻。到了秋天，它的斑纹变得光泽鲜明，象征通过改革，局面焕然一新。"九五"公正无私，改革顺天应人，必将功德昭然，名扬后世。

〖智慧点津〗此爻揭示变革必须中正彻底，才能光照天下。

〖案例解读〗1977 年高考重启。1977 年 10 月 21 日，《人民日报》刊发题为《高等学校招生进行重大改革》的消息，标志着中断 10 年的高考制度正式恢复。此事不仅改变了无数人的命运，也影响了国家的发展。这个重大决策是由邓小平同志在某次科学和教育工作座谈会上当场拍板敲定的，此举可谓"大人虎变，其文炳也"。

【49.9】

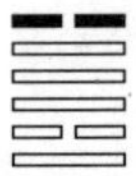

上六：君子豹变①，小人革面，征凶。居贞吉。

《象》曰："君子豹变"，其文蔚②也。"小人革面"，顺以从君也。

〖注释〗

①豹变：如豹之变化。豹比老虎次一等，"君子"比"大人"次一等，故大人被喻为虎，君子被喻为豹。②蔚：文采。

〖译文〗

上六：君子像斑豹那样助成变革，小人也顺应变革改变旧面目，冒进会有凶险。只有安居守正才能得到吉祥。

《小象传》说："君子像斑豹那样助成变革"，说明他的文采清朗分明。"小人也顺应变革改变旧面目"，说明他们只是表面顺从君主。

〖解说〗

上卦为兑，兑为口，为悦，"上六"为阴爻小人，它会用甜言蜜语取悦"九五"之君，故有"小人革面"之象。"上六"处革卦之极，表示改革已经完成。此时，大局已定，继续革命会有凶险；而只有让百姓休养生息，才能巩固和享受改革成果，获得拥戴和吉祥。

〖智慧点津〗此爻揭示变革成功以后，统治者应该与民休息，巩固成果。

〖案例解读〗新课程改革成效显著。为了纠正应试教育的弊端，提高我国的综合国力和竞争力，我国新一轮课程改革于1999年正式启动，2001年7月正式颁布施行。它倡导“一切为了每一位学生的发展”的核心理念，关注学生的发展，强调教师的成长，重视以学定教。经过二十年的推进，广大教师由最初的抵触、观望到后来的逐步认可，并最终自觉践行，教学观念日益更新，教学方式大有转变，教学质量显著提高，可谓“君子豹变，小人革面”。

50. 鼎卦第五十——培育栋梁

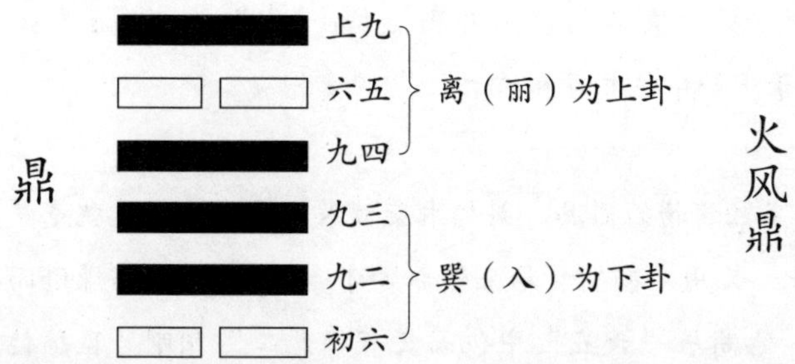

导读 “致天下之治者在人才，成天下之才者在教化。”教育工作者应恪尽职守，端正而稳重，为国家培养更多栋梁之材。

卦体下巽上离。离为火，巽为木，木上有火，有烹饪之象；鼎煮食物，化生为熟，又有养贤和除旧布新之意。此外，鼎为三足，还是国之重宝大器，兼有稳重之象。卦形阴爻“初六”像鼎的脚，中间的三个阳爻像鼎的腹，阴爻“六五”像鼎的耳，阳爻“上九”像鼎的杠（铉）。本卦主要阐释教师如何培育优秀学生，让他们成人成才的智慧。

【50.1】

鼎：元①吉，亨②。

〖注释〗

①元：大。②亨：亨通。

〖译文〗

鼎卦象征鼎器：大吉大利，亨通。

〖解说〗

鼎既能烹煮食物，化生为熟，又能供养贤士，还可以作为国之祭器，所以非常吉祥、亨通。卦中“六五”柔弱之君处离体具有柔顺文明之德，“九二”刚中之臣处巽体，具有谦逊随顺之德，两者阴阳相应，象征柔中之君得到刚中之贤臣的辅佐。君王养贤任能，国泰民安，故言“元吉，亨”。

【50.2】

《彖》曰：鼎，象也。以木巽火①，亨饪②也。圣人亨以享③上帝，而大亨以养圣贤。巽④而耳⑤目聪明，柔进而上行，得中而应乎刚⑥，是以“元亨”。

〖注释〗

①以木巽火：指下卦为巽，巽为木，为入；上卦为离，离为火，故言“以木巽火”。②亨饪：亨，通“烹”，烹饪。下文中的“圣人亨”“大亨”中“亨”和此义同。③享：祭祀。④巽：通“逊”，谦逊。⑤耳：“六五”阴爻像鼎耳。⑥柔进而上行，得中而应乎刚：“柔”指“初六”，它从初位上升到五位；“中”指“六五”；刚指“九二”。这里指“六五”居于上卦中位并且和“九二”阳爻相应。

〖译文〗

《彖传》说：鼎，是一种烹饪食物的器具。架起木柴放入火中燃烧，这就是烹煮食物。圣人烹煮食物来祭祀上帝，又用丰盛的食物来供养贤才。“六五”之君谦逊而耳聪目明，以柔顺之德向上升进，他高居“六五”中位而又有“九二”阳刚贤臣辅佐，所以“非常亨通”。

【50.3】

《象》曰：木上有火，鼎。君子以正①位凝②命。

〖注释〗

①正：端正。②凝：严守。

〖译文〗

《大象传》说：木柴上面燃烧着火焰，象征着鼎器在烹饪食物。君子效法此象，端正职位，完成使命。

〖解说〗

木柴之上火焰在燃烧，有烹饪做饭之象。鼎是烹饪器物，又是祭祀天地的礼器，也是国家权力的象征，因此它的含义可以引申为供养为国效力的贤能之才。教育工作者从中得到的启示是，应当立足于自己的职位，恪尽职守，教书育人，完成使命。

【50.4】

初六：鼎颠①趾②，利出否③。得妾以其子，无咎。

《象》曰：“鼎颠趾”，未悖④也。“利出否”，以从贵也。

〖注释〗

①颠：倾覆。②趾：鼎足。③否：废弃物。④悖（bèi）：违背。

〖译文〗

初六：鼎足颠翻朝上，有利于倒出里面的污秽之物。就好像娶妾可以生子一样，没有灾祸。

《小象传》说："鼎足颠翻朝上"，这并未违背常理。"有利于倒出里面的污秽之物"，这么做是为了顺从贵人"九四"。

〖解说〗

"初六"在鼎卦的最下位，相当于鼎的脚；它以阴爻居阳位不正，又与上卦的"九四"相应，因此有鼎器不稳而颠倒倾覆之象。用鼎煮食物之前，鼎足朝天，有利于排出里面残留的污秽物，容纳新的食物，并不违背常理。这就好比娶妾生了一个儿子，虽然会引起家庭纠纷，但能够传宗接代，所以不会有灾难。

〖智慧点津〗此爻揭示养贤用才应"除旧布新"。

〖案例解读〗校园门禁管理系统正式投入运行。以前，山东艺术设计职业学院时有社会闲杂人员、学生随意进出校门，给广大师生人身安全、学校公共财产等带来诸多隐患。为了革除这些弊端，从 2019 年 10 月 9 日开始，该校最新安装的门禁管理系统投入运行，学生和工作人员须录入面部识别后方能进出校门。门禁系统的投入使用为加强校园安全管理、约束闲杂人员进出和规范学生日常行为提供了保障。这正体现了"鼎颠趾，利出否"的爻理。

【50.5】

九二：鼎有实①，我仇②有疾，不我能即③，吉。

《象》曰："鼎有实"，慎所之也。"我仇有疾"，终无尤④也。

〖注释〗

①实：食物。②仇（qiú）：配偶，指"初六"。③不我能即：即"不能即我"，不能靠近我。④尤：过错。

〖译文〗

九二：鼎里装满食物，我的配偶有病，却不能靠近我，吉祥。

《小象传》说："鼎里装满食物"，应该谨慎行事。"我的配偶有病"，但不会对我造成影响，所以最终将没有过错。

〖解说〗

"九二"以阳刚之质居于下卦中位，阳刚充实，有"鼎有食"之象。它上和"六五"

相应，代表鼎中的食物可以向上取出，以供食用，安世济民。然而“九二”刚爻下与“初六”柔爻相比邻，表示阳刚君子为阴柔小人所拖累，如同染有疾患。但是，“九二”虽然以阳爻居阴位不正，却能刚中自守，拒绝小人“初六”靠近传染，最终不会有过错，所以得“吉”。

〖智慧点津〗此爻揭示养贤用才应谨言慎行，远离小人。

〖案例解读〗管宁割席。《世说新语》记载：三国时期，管宁和华歆同在一个园中锄草。两人同时看到金片，华歆欣喜若狂，管宁却熟视无睹。某次，有个达官贵人乘豪华马车从门前经过，管宁还像原来一样读书，华歆却放下书出去观看。于是，管宁就割断席子和华歆分开坐。后来，管宁成为当时的著名学者。这正是“我仇有疾，不我能即，终无尤也”的生动写照。

【50.6】

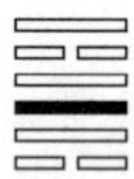

九三：鼎耳革①，其行塞②，雉膏③不食。方④雨，亏⑤悔，终吉。

《象》曰：“鼎耳革”，失其义也。

〖注释〗

①革：脱落。②塞：阻塞。③雉膏：野鸡和肥肉。④方：将要。⑤亏：消除。

〖译文〗

九三：鼎器的耳部脱落，无法将插杠插入鼎耳移鼎，精美的野鸡肉不能被取出食用。一旦霖雨降下，悔恨就会消失，最终还可以获得吉祥。

《小象传》说：“鼎器的耳部脱落”，鼎无法移动，也就失去了它烹饪美食的功用。

〖解说〗

“六五”阴虚为耳，又鼎卦的初爻至五爻是一个放大的坎卦，坎为耳。上卦为离，离为雉；“九三”爻变，则下卦成为坎卦，坎为膏泽；上交互卦为兑，兑为口。现在兑失口灭，故有“雉膏不食”之象。“九三”相当于鼎的腹部，阳爻充实，如同鼎中装满食物。但“九三”以阳爻居阳位，过刚失中，导致鼎失去了耳，行动受阻。“九三”又与“上九”敌应，使自己不能虚中纳物，同时没有应援且难以前行，纵有美味佳肴也不能享受。“九三”虽怀才不遇，但居位得正，只要坚守正道，将来终会得到“六五”之君的赏识和提拔；两者阴阳相和成为雨，可使上卦“离”的火亏损，后悔消除，最后仍然吉祥。

〖智慧点津〗此爻揭示养贤用才应守正待时。

〖案例解读〗陈居里从“打杂工”到“副总经理”。陈居里是福耀玻璃副总经理。

1990年，他从北京航空航天大学毕业后到福耀玻璃应聘。曹德旺亲自面试，瞅了一眼他的简历便说："先去锅炉车间拉板车吧！"福耀的锅炉车间需要24小时不停运转，这里常年高温，一般人待不到2分钟，就汗流浃背，被工人们戏谑为"福耀火焰山"！陈居里的工作很简单，就是每天拉一辆平板车，将近2吨重的废玻璃转移。虽然结实的手套和鞋子磨破一双又一双，同事多次欺负他、抹黑他、嘲笑他，但他从未要求更换岗位，从未辩解什么。最终，默默无闻的他引起了曹德旺的注意，逐步成长为集团骨干。这正所谓"方雨，亏悔，终吉"。

【50.7】

䷱

九四：鼎折足，覆公餗①，其形②渥③，凶。

《象》曰："覆公餗"，信如何也。

〖注释〗

①餗（sù）：泛指美味佳肴。②形：鼎身。③渥（wò）：湿。

〖译文〗

九四：鼎足折断，里面王公们的粥饭全被倾覆，沾满了鼎身，有凶险。

《小象传》说："鼎里王公们的粥饭全被倾覆"，说明"九四"不能被信任。

〖解说〗

"九四"居鼎腹的最上方，为鼎口，有鼎食盈满之象。它和"初六"阴阳相应，"初六"为足，处于上交互卦兑之中，兑为毁折，故有"鼎折足"之象。又上交互卦兑为口，为食，故为"餗"；兑为泽，故为湿，所以说"其形渥"。"九四"以阳爻居阴位，不中又不正，处于大臣之位，无才无德，却既想向上进逼"六五"之君，又想向下与"初六"相应，结果小人才力不堪其任，不自量力，导致"鼎折足，覆公餗"，凶险异常。

〖智慧点津〗此爻揭示应知人善用，小人不可重用。

〖案例解读〗包头副校长殴打女教师事件。2022年4月30日，包头市某中学副校长徐某某与教师赵某某因"就餐卡"管理问题引发争执，并在学校主楼前发生肢体冲突，女教师被诊断为腰椎骨折。事件发生后，包头市青山区立即成立联合调查处置组展开全面调查和处理。经初步调查，徐某某作为学校管理人员，工作方法简单粗暴，极大地损害了教师队伍形象。对于徐某某的行为，公安机关已依法介入调查，纪检监察机关已对徐某某进行立案审查，将根据调查结果依法依规依纪严肃处理。"德薄而位尊，智小而谋大，力少而任重"，徐某某最终落得"鼎折足，覆公餗"之结局，实乃其自食恶果。

【50.8】

䷱ **六五：鼎黄耳金①铉②，利贞。**

《象》曰："鼎黄耳"，中以为实也。

〖注释〗

①金：铜。②铉：鼎耳上的吊环，贯穿鼎耳用来抬鼎的鼎杠。

〖译文〗

六五：鼎配上黄色的鼎耳，插上坚固的扛鼎之器，利于坚守正道。

《小象传》说："鼎配上黄色的鼎耳"，说明"六五"居中守正而获充实之利。

〖解说〗

黄色是土地之色，是中色，是皇权的象征；下面五个爻构成大坎卦，坎为耳；下交互卦为乾，乾为金，为玉；"上九"刚爻为金铉，"六五"在上卦的中位，所以说"鼎黄耳金铉"。"六五"以阴爻居尊位，具有柔中之德，能虚耳纳谏，既和"上九"相比，又与"九二"刚中贤臣相应，得到两者共同辅佐；如此扛鼎必成，贤能必养，惠泽天下。

〖智慧点津〗此爻揭示君子柔中用贤，才能成就大的功业。

〖案例解读〗唐太宗纳谏、任贤开创"贞观之治"。唐太宗是唐朝的第二位皇帝，杰出的政治家，军事家。他在继承皇位之后，就虚心地向那些有经验的大臣们学习治理国家的方法。同时，他能纳谏如流，不断地自我反省，以提升自己的执政能力。不仅如此，他还设立弘文馆，广纳天下英才。此外，他知人善用，任用长孙无忌、魏徵、房玄龄、杜如晦、尉迟敬德等一大批文臣武将，为国效力，最终开创了"贞观之治"的盛世局面。"以铜为鉴，可正衣冠；以古为鉴，可知兴替；以人为鉴，可明得失"，这正是他成为千古明君的光辉写照。

【50.9】

䷱ **上九：鼎玉铉①，大吉，无不利。**

《象》曰："玉铉在上"，刚柔节②也。

〖注释〗

①玉铉：镶玉的铉，这里指"上九"具有如玉般坚硬而温润的品德。②节：调节。

〖译文〗

上九：鼎配上玉制的鼎杠，十分吉祥，没有什么不利。

《小象传》说："玉制的鼎杠高处上方"，表明刚柔相济，互相调节。

〖解说〗

下交互卦为乾，乾为玉，为金，故有"玉铉"之象。"上九"以阳爻居阴位，刚柔得到调节，就像坚硬又温润的玉，既有才能又谦逊温和，能辅佐“六五”完成鼎功大业，当然大吉，无往不利。

〖智慧点津〗此爻揭示君子刚柔并济，才能鼎功大成。

〖案例解读〗钟南山领军战“非典”和“新冠”。钟南山是中国工程院院士，“共和国勋章”获得者。他出身医学世家，温文尔雅，敢医敢言，悲悯苍生。2003 年春天，一场突如其来的“非典型肺炎”汹涌而来，迅速波及全国大多数省份，令人始料未及。他主动请缨，带头组织多方协作，努力探寻发病源头，并经过摸索果断地提出有效的治疗方案。2020 年初，当“新冠”病毒肆虐、蔓延之时，他临危不惧，再次亲赴防疫第一线，多处实地调查，向中央建言实行严防严控，最终在大疫中拯救了中国。

51. 震卦第五十一——处变不惊

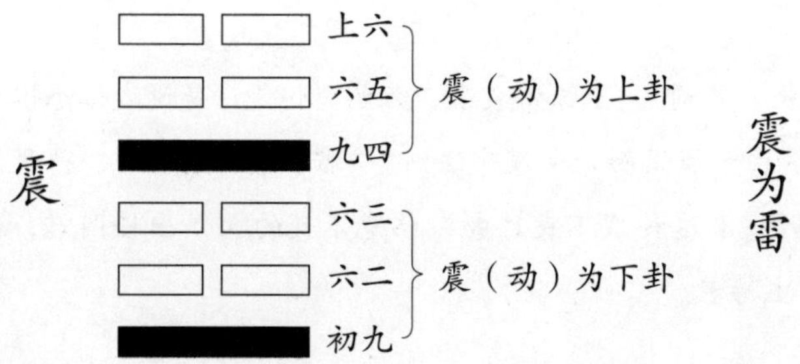

导读 “泰山崩于前而色不变。”面对突发事件，教育工作者要从容应对，挺身而出。

卦体下震上震。震为雷，为动，为惊惧，象征长子。两震相重，有雷声隆隆，万物惊惧之象。君子平日应居安思危，遇到突发事变，才能安然自若，谈笑如常。“震”，本义指打雷撼动天地，卦义为动。本卦主要阐释教师处变不惊，从容应对教学突发事件的道理。

【51.1】

震：亨。震来虩虩①，笑言哑哑②。震惊百里，不丧匕鬯③。

〖注释〗

①虩虩（xì xì）：恐惧貌。②哑哑：和乐的样子。③匕鬯（chàng）：代指宗庙祭祀。匕，勺子，鬯，用黍米和郁金香草酿成的酒，用以祭祀上帝。

〖译文〗

震卦象征雷声的震动：亨通无比。当惊雷袭来之时，天下万物都感到恐惧，然而君子戒惧慎行遂能谈笑自若。即使雷声从百里之外传来，主持祭祀的人也不会丢掉手中的勺子。

〖解说〗

惊雷滚滚而来，人们待人接物只有戒慎在先，才能不惧在后，必然亨通，故先“震来虩虩”，而后才“笑言哑哑”。“震惊百里”，说明雷声威猛，一般人畏惧而不知所措；只有主持宗庙祭祀，肩负重责大任的祭主，才能镇定自若，“不丧匕鬯”。

【51.2】

《象》曰：震，“亨”。“震来虩虩”，恐致福也。“笑言哑哑”，后有则也。“震惊百里”，惊远而惧迩也。出可以守宗庙社稷①，以为祭主也。

〖注释〗

①社稷：古代称土地之神为社，谷物之神为稷。社稷是国家的象征。

〖译文〗

《象传》说：震动，会带来“亨通”。“惊雷袭来，万物恐惧”，是说戒慎恐惧可以获得福泽。“谈笑自如”，是说由于戒惧而知道谨守法则。“雷声震惊百里”，是说惊动远方的人而使附近的人心存恐惧。（这种“不丧匕鬯”临危不乱的人）出任国君，就可以守护宗庙国家，担任祭祀的主持者。

【51.3】

《象》曰：洊①雷，震。君子以恐惧修省②。

〖注释〗

①洊（jiàn）：再，接连。②省：反省。

〖译文〗

《大象传》说：雷声接连轰响，象征震动。君子效法此象，心存恐惧，不断修身反省自己。

〖解说〗

上下都为震卦，震雷接连不断传来，有威震之象。教育工作者从中得到的启示是，要不断以恐惧之心遵纪守法，不踩红线，自觉做好本职工作。

【51.4】

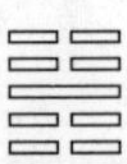

初九：震来虩虩（xì），后笑言哑哑，吉。

《象》曰：“震来虩虩”，恐致福也。“笑言哑哑”，“后”有则也。

〖译文〗

初九：雷电袭来万物恐惧，然后戒惧慎行遂能谈笑自若，吉祥。

《小象传》说："雷电袭来万物恐惧"，说明恐惧而戒备能带来福泽。"谈笑自若"，说明惊吓后能让"初九"拥有做事法则。

〖解说〗

"初九"以阳爻居阳位得正，是下卦的主爻，也是震卦的开始。当震惊来临，他能戒慎恐惧，继而反身修己，所以吉祥。

〖智慧点津〗此爻揭示遭受震惊，只有戒惧于前，才能安然于后。

〖案例解读〗沈家良讲公开课游刃有余。沈家良是湖北省中学语文特级教师，首届湖北名师工作室主持人，出版《沧海一粟》《播种希望》等教育学专著，经常受邀出外讲学。他自述初次讲公开课时，有点紧张，生怕"砸锅"；但经过磨砺后，已习以为常。"公开课是教师成长的重要平台，只有经过反复研讨、磨课、试讲、修改，最终亮相才会镇定自若，左右逢源。"他常如是告诫年轻同仁。

【51.5】

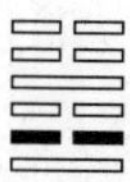

六二：震来厉，亿①丧贝②，跻③于九陵④，勿逐，七日得。

《象》曰："震来厉"，乘刚也。

〖注释〗

①亿：大。②贝：古代货币。③跻（jī）：登。④九陵：形容极高的山陵。

〖译文〗

六二：震动骤至，有危险，丧失大量财物，应当登上高山以远避，不要去寻找，七天后将失而复得。

《小象传》说："震动骤至，有危险"，是因为"六二"柔弱却偏乘凌在阳刚的"初九"之上。

〖解说〗

上交互卦为坎，坎为险陷，为隐伏，引申为强盗；若"六二"发生爻变，则下交互卦变为离卦，离为贝壳，故有"丧贝"之象。又下卦为震，震为足，为动；下交互卦为艮，艮为山，所以又有"跻于九陵"之象。"六二"阴柔，在"初九"阳刚的正上方，所以说"乘刚"。"初九"是震卦的主体，当震惊来临时，"六二"首当其冲，最危险，以致丧失很多家财，逃到很高的山陵上去避难。不过，"六二"以阴爻居阴位，柔顺中正，因而，丧失的财物，不必去追寻，很快就会失而复得。

〖智慧点津〗此爻揭示遭受震惊，坚守中正会失而复得。

〖案例解读〗“可乐男孩”薛枭乐观出险。2008年5月12日汶川大地震中，薛枭被困废墟80个小时。5月15日晚11时，薛枭身上的预制板终于被移开，他被救出来后的第一句话是：“叔叔，我要喝可乐，冰冻的。”因此被人们亲切地称为“可乐男孩”。他因坚定乐观而得以幸存，也“逗乐了悲伤的中国”。尽管，他因为右臂伤情严重而截肢，但他没有沉沦，5年后成为可口可乐博物馆馆长。

【51.6】

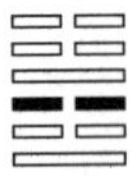

六三：震苏苏①，震行无眚②。

《象》曰：“震苏苏”，位不当也。

〖注释〗

①苏苏：恐惧不安。②眚（shěng）：灾祸。

〖译文〗

六三：震动之时恐惧不安，因震动而谨慎前行将没有灾害。

《小象传》说：“震动之时恐惧不安”，是因为“六三”居位不恰当。

〖解说〗

上交互卦为坎，坎为险陷，为灾眚；如果“六三”由阴爻变为阳爻，就当位得正，故有“无眚”之象。“六三”以阴爻居阳位，不中不正，因而，当地震来临时，内心惶恐不安。但如果它因恐惧而能改过迁善，仍不会有灾难。“人之所患者，无戒惧之心而妄为也，苟能因此惧心而行，则持身无妄动，应事有成规，又何眚之有？”

〖智慧点津〗此爻揭示遭受震惊，戒惧反省即可远祸避难。

〖案例解读〗穆亚东调整心态圆梦状元。著名心理学家、高考研究专家王极盛教授通过对2000年全国74位北大、清华高考状元的调查研究认为，考前和考场心态是学生能否发挥自己实力的最重要因素。从心理上战胜高考，可以说高考就成功了一半，这是74位高考状元的共识。河南省2000年理科状元穆亚东有这样的经验：“1999年，我参加了高考，7月6日晚上没有休息好，第二天考作文时脑子发蒙，心想考北大是完了，后来一门比一门考得差。2000年高考我调整了心态，心想我紧张，别人也紧张，我有失误，别人也有失误，只要把自己的水平发挥出来，我就会考好。”

【51.7】

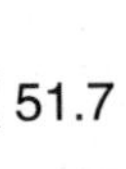

九四：震遂①泥。

《象》曰：“震遂泥”，未光也。

〖注释〗

①遂：通“坠”，坠落。

〖译文〗

九四：震动之时因惊慌失措而陷入泥潭。

《小象传》说："震动之时因惊慌失措而陷入泥潭"，说明"九四"的阳刚之德没能发扬光大。

〖解说〗

"九四"处上交互卦坎体，坎为险，为泥；震为动，为行，故说"震遂泥"。"九四"以阳爻居阴位，不中不正，又陷入上下四个阴爻泥泞包围之中；因而力量薄弱，好比受雷震惊吓而落入泥潭，无力自拔。此时，"九四"只有心地光明，修德从善，不折不挠，才能走出困境。

〖智慧点津〗此爻揭示遭受震惊，应该意志坚定。

〖案例解读〗华罗庚身残志坚写传奇。华罗庚是我国著名数学家，初中毕业后，他用5年时间自学完高中和大学低年级的全部数学课程。19岁时，他不幸染上伤寒病，落下左腿终身残疾，走路极其费力。在逆境中，他顽强地和命运抗争，誓言："我要用健全的头脑，代替不健全的双腿！"20岁时，他以一篇论文轰动数学界，被清华大学请去工作。此外，他还边工作边学习，自学了英文、法文、德文、日文，并先后在国外杂志上发表了多篇论文，艰难地写出了名著《堆垒素数论》。

【51.8】

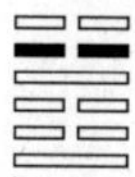

六五：震往来，厉。亿①无丧，有事②。

《象》曰："震往来，厉"，危行也。其事在中，大无丧也。

〖注释〗

①亿：大。②有事：祭祀。

〖译文〗

六五：震动不断袭来，有危险。没有大的损失，可以长久地掌握祭祀宗庙社稷的权力。

《小象传》说："震动不断袭来，有危险"，要心存危惧前行。"六五"谋事能坚守中道，不会有太大的损失。

〖解说〗

"六五"以阴爻居阳位不正，当地震来时，上走遇阴为敌，下行又乘刚有失，而且还跟"六二"无应，加之还处重震之上，因而"往来"都有危险。不过，"六五"在上卦得中位尊，能够慎守中道，主持祭祀，"不丧匕鬯"，虽然遭遇重大事故，但不会危及江山。

〖智慧点津〗此爻揭示遭受震惊，坚持中正，小心无碍。

〖案例解读〗李小双“团三周”夺冠。李小双两次夺得奥运会金牌，被称为新一代“体操王子”。1992 年巴塞罗纳奥运会，男子自由体操决赛中，在队友接连失利的情况下，中国队只能依靠李小双夺得这个项目的金牌。李小双也意识到，如果他想赢得这块金牌，必须提高自己的难度系数。这时，他大胆地选择了当时自由体操史上最危险、最困难的动作——“团身后空翻三周”，并最终以 9.925 的高分震惊了整个世界，夺取了奥运金牌。

【51.9】

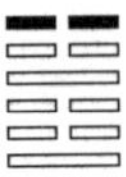

上六：震索索①，视矍矍②，征凶。震不于其躬③，于其邻④，无咎，婚媾⑤有言⑥。

《象》曰：“震索索”，未得中也。虽“凶”“无咎”，畏邻戒也。

〖注释〗

①索索：哆嗦的样子。②矍矍：视线不安定。③躬：自身。④邻：“六五”。⑤婚媾（gòu）：结婚，这里指阴阳相合。⑥言：斥责。

〖译文〗

上六：震动之时瑟瑟发抖，两目惶恐不安，若行动会有凶险。震动还没波及自身而仅及于近邻时，就预先戒备，没有灾祸，此时谋求结婚将遭受责备。

《小象传》说：“震动之时瑟瑟发抖”，说明“上六”未能秉守中道。虽然凶险没遭灾祸，是因为畏惧近邻所受的震惊而心存戒备。

〖解说〗

若“上六”发生爻变，则上卦变为离卦，离为目，故有“视矍矍”之象。“上六”以阴爻居震极，有惊恐至极、无所安适之象。它不中不正，和“六三”又无应，以致当雷声震动时，双腿发抖，双眼惶恐四顾。这时，谋求婚配，难免会受到指责；如果贸然行动，必然危险。然而，“上六”毕竟居位得正，具有柔顺之德。当地震发生在邻近之处，若它能够有所畏惧警戒，则将有惊无险。

〖智慧点津〗此爻揭示当它处遭受震惊，戒惧自省即可有备无患。

〖案例解读〗中小学生安全警示教育片《孩子，路上小心》。2020 年 9 月，海口交警支队精心制作了中小学生交通安全警示教育片——《孩子，路上小心》。该片为我们讲述了多起发生在校园内外的学生交通事故案例，用以警示监护人、学校、校车驾驶人要尽到看护、照管的职责，引导学生自身树立交通安全意识，养成良好的交通出行习惯，安全文明出行。“震不于其躬，于其邻”，我们只有引以为戒，警钟长鸣，才会“无咎”。

52. 艮（gèn）卦第五十二——不踩红线

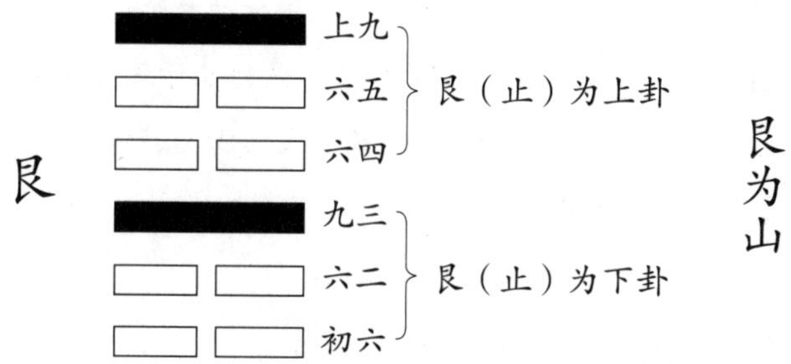

导读 “一个人的成长，是从自我克制开始的。”教育工作者要严于律己，“淡泊以明志”，止所当止，“宁静以致远”。

卦体下艮上艮。艮为山，两山重叠，有停止之象。“艮”，本义指回望怒视；卦义为止，有静止、停止、阻止诸义。君子当行则行，当止则止，动静得宜。本卦主要阐述教师应遵纪守法，恪守各项教育法律法规，不踩红线的道理。

【52.1】

艮：艮其背，不获其身。行其庭①，不见其人，无咎②。

〖注释〗

①庭：庭院。②咎：灾祸。

〖译文〗

艮卦象征抑止：抑止于背部，就看不见自身。好像一个人在庭院里自如地行走，不觉得有人存在，没有灾祸。

〖解说〗

背部是人的身体最不容易动的静止部分。背部静止，身体就是想动，也不能动。一个人内心宁静，就会达到“不见可欲，使心不乱”的物我两忘境界。即使走过有人的庭院，也不会觉得有人存在。君子能够如此适可而止，当然不会有灾难。

【52.2】

《彖》曰：艮，止也。时止则止，时行则行，动静不失其时，其道光明。艮其止，止其所也。上下敌应①，不相与也，是以“不获其身。行其庭，不见其人，无咎”也。

〖注释〗

①上下敌应：指“初六”和“六四”、“六二”和“六五”、“九三”和“上九”

都同性相斥。

〖译文〗

《彖传》说：艮，就是停止。君子该停止的时候就停止，该行动的时候就行动，动静都能适时，这样他的前途就会光辉灿烂。艮卦所说的停止，是停止于该停止的地方。卦中六爻都上下同性相斥，不能亲近互助，所以卦辞说“看不见自身。好像一个人在庭院里自如地行走，不觉得有人存在，没有灾祸”。

【52.3】

《象》曰：兼山，艮。君子以思不出其位①。

〖注释〗

①位：本位。

〖译文〗

《大象传》说：两座山重叠在一起，象征着抑止。君子效法此象，思考问题不超越自己的本位。

〖解说〗

两座层峦高山，有抑止私欲之象。教育工作者从中得到的启示是，要履行好本职工作，安心教书育人。同时，自己的言行应符合教师的身份，不违背教师职业道德规范。

【52.4】

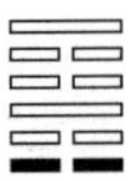

初六：艮其趾①，无咎②，利永贞。

《象》曰：“艮其趾”，未失正也。

〖注释〗

①趾：脚趾。②咎：灾祸。

〖译文〗

初六：抑止在脚趾迈出之前，没有灾祸，有利于长久坚守正道。

《小象传》说：“抑止在脚趾迈出之前”，说明“初六”没有失去正道。

〖解说〗

按照易例取象，初爻一般为人足部位，故有“趾”之象。“初六”在最下位，相当于脚趾。人在行动的时候，脚趾最先动，所以，使脚趾停止，行动就在没有发生之前停止，没有灾难。“初六”以阴爻居阳位失正，有急躁向上之象，但其上与“六四”无应，所以未行先止。“初六”又柔弱无力，可能无法长久坚守中正之道，因而爻辞告诫它，一定要贞固到底，不半途而废，这样才能永远没有灾祸。

〖智慧点津〗此爻揭示止于当止，守正无灾。

〖案例解读〗李长志：课前发放“特殊病史问卷调查表”。李长志是江苏省体育特级教师，全国优秀教师。每学期第一次上体育课时，他总要先发放“特殊病史问卷调查表”，如果哪位学生有特殊病史，他就不会让学生跑步或做剧烈运动，以免发生伤亡事故。“慎厥终，惟其始”，如此“艮其趾，未失正”，当然“无咎”。

【52.5】

䷳ **六二：艮其腓①，不拯②其随，其心不快。**

《象》曰：“不拯其随”，未退听也。

〖注释〗

①腓（féi）：腿肚子。②拯：上举，抬起。

〖译文〗

六二：抑止小腿的行动，不能抬脚而勉强追随其上的“九三”，心里感到不快。

《小象传》说：“不能抬脚而勉强追随‘九三’”，这是因为“九三”不能退下来听从抑止的意见。

〖解说〗

若“六二”发生爻变，则下卦变为巽卦，巽为股（大腿）；下卦为艮，艮为停止，故有“艮其腓，不拯其随”之象。又下交互卦为坎，坎为忧愁，为耳朵，所以又有“其心不快”和“未退听”之象。“六二”以阴爻居阴位，有柔顺中正之德；它在下卦中位，相当于腿肚，腿肚行动由大腿“九三”所控制。“六二”才质柔弱，本欲停止，但它受制于“九三”而动，因而劝告“九三”，但“九三”刚愎自用，“六二”不得不勉强追随，以致闷闷不乐。

〖智慧点津〗此爻揭示应止不止，勉强追随他人，不会愉快。

〖案例解读〗教师拖堂引发学生不满，“课间10分钟”不容侵占。2019年6月，浙江省绍兴市第一中学因为缩短晚自习课前的休息时间，引发学生的强烈不满。据媒体报道，学生在校园内张贴了两封致学校领导的公开信，其中一封“向学校提出严正抗议”。“缩短晚自习课前的休息时间”在中小学校只是个别现象，但是，中小学生的“课间十分钟”常常被侵占以至于有名无实，却是司空见惯。侵占学生的“课间十分钟”，既会伤害学生的身心，又可能降低教学效率，还可能埋下各种安全隐患，破坏师生关系，可谓弊端甚多。学生如同“六二”，教师如同“九三”，学生的一举一动都受制于教师，此时，他们可以说是“艮其腓，不拯其随，其心不快”。

【52.6】

九三：艮其限①，列②其夤③，厉熏心。

《象》曰："艮其限"，危熏心也。

〖注释〗

①限：界限，人体上下的界限在腰部。②列：通"裂"，断裂。③夤（yín）：脊背上的肉。

〖译文〗

九三：抑止他的腰，使其脊背上的肉断裂，危险就像烈火一样烧灼他的心。

《小象传》说："抑止他的腰"，是说危险像烈火一样烧灼他的心。

〖解说〗

"九三"位于上下卦的分界处，相当于腰。它既处于上交互卦震之中，震为足，为行动；又处于下卦艮之中，艮为手，为停止。一个要进，一个要拉，进退两难，故有"列其夤"之象。此外，上面四个爻组成大离卦，离为火；下交互卦为坎，坎为加忧，为心病，所以又有"厉熏心"之象。"九三"以阳爻居阳位，过刚不中，横暴地停止在腰部，使腰不能自由屈伸，以至脊肉断裂，脱离上下四个阴爻，危险如烈火熏烤其心。

〖智慧点津〗此爻揭示停止不当，祸患无穷。

〖案例解读〗校门口乱停车危及学生安全。据《齐鲁晚报》2019年3月18日报道：在东营胜利第二小学南门西侧路口，即影视街与胜泰路十字路口，交通违法现象频出，例如机动车乱停、小商贩聚集、交通信号灯成摆设等。这些微小的交通违法行为，如"艮其限，列其夤，厉熏心"，不仅为市民的出行带来不便，更威胁着学生的安全，令老师和家长十分担忧。

【52.7】

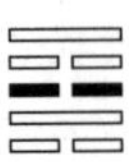

六四：艮其身，无咎。

《象》曰："艮其身"，止诸①躬②也。

〖注释〗

①诸：之于。②躬：身体，自身。

〖译文〗

六四：抑止上身不妄动，没有灾祸。

《小象传》说："抑止上身不妄动"，说明"六四"能恰当地控制自己。

〖解说〗

“六四”相当于腰以上的身体部分，有身背之象。同时，若“六四”发生爻变，那么上卦就变为离卦，离为大腹，引申为有身孕，故说“艮其身”。“六四”保持静止，那么全身就不会妄动，内心就不会妄求。它以阴爻居阴位得正，因而能够抑制各种私欲，行止有度，进退由心，控制全身恰到好处，所以没有灾难。

〖智慧点津〗此爻揭示一个人善于自我克制，就没有灾咎。

〖案例解读〗许衡“不食无主之梨”。许衡是金末元初著名思想家、教育家。一年盛夏，他与很多人一起逃难，在经过河阳时，由于长途跋涉，加之天气炎热，所有人都感到饥渴难耐。这时，有人突然发现路边刚好有一棵大大的梨树，梨树上结满了香甜的梨子。于是，大家都争先恐后地爬上树去摘梨吃，唯独许衡一个人端坐于树下，不为所动。众人觉得奇怪，有人问他：“你为何不去摘个梨来解解渴呢？”许衡回答说：“不是自己的梨，岂能乱摘！”那人又说：“现在局势如此之乱，大家都各自逃难，眼前这棵梨树的主人恐怕早已不在，你又何必介意？”许衡正色道：“梨树失去了主人，难道我的心也没有主人了吗？”许衡“艮其身”，高度自律，终成一代学术大师。

【52.8】

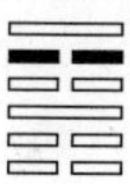

六五：艮其辅[①]，言有序，悔亡。

《象》曰：“艮其辅”，以中正也。

〖注释〗

①辅：两颊，这里指嘴巴。

〖译文〗

六五：抑止其口，说话中肯而有条理，悔恨就会消失。

《小象传》说：“抑止其口”，说明“六五”能坚守中正之道。

〖解说〗

上卦为艮，艮为山；上交互卦为震，震为雷，两者构成山雷颐。颐为口福，引申为口德，即说话不中伤他人，故有“言有序”之象。“六五”以阴爻居阳位不正，会有悔恨。但它处上卦中位，能够持守中正，所以说话中肯而有条理，使担心的悔恨消除。抑止其口，不是缄口不言，而是当说则说，不当说则不说，如此为人处世才会“悔亡”。“两年学说话，一生学闭嘴”说的就是这个道理。

〖智慧点津〗此爻揭示言语适可而止，可以避免祸从口出。

〖案例解读〗教师发表错误言论被处分。众所周知，教师肩负着教书育人的神圣职责，他们理应为人师表，以身作则，成为学生的表率；同时，也要教育学生树立正确的人生观，引领他们成为品学兼优的人才。虽然每个人都有言论自由的权利，但是言论自由不等于不负责任地乱说、胡说。近年来，有少数教师因为发表不当言论而被学校开除或解聘。“口无择言，身无择行”，作为教师只有谨言慎行，“艮其辅，言有序”，才会“悔亡”。

【52.9】

䷳ **上九：敦[①]艮，吉。**

《象》曰：“敦艮之吉”，以厚终也。

〖注释〗

①敦：敦厚，笃实。

〖译文〗

上九：以敦厚、笃实的品德克制私欲，吉祥。

《小象传》说：“以敦厚、笃实的品德克制私欲，吉祥”，说明“上九”能够将敦厚、笃实的德行保持至终。

〖解说〗

艮为山，艮卦上下皆山，山体厚实，故说“敦艮”“厚终”。“上九”居于艮卦之极，有抑止到极点之象。“上九”虽然以阳爻居阴位不正，但它阳刚敦厚，能克制私欲，将“止道”贯彻始终，达到至善的境界，所以最终将获得吉祥。“靡不有初，鲜克有终”，人们干事立业只有坚持到底，才能笑到最后。

〖智慧点津〗此爻揭示停止的最高境界在止于至善，善始善终。

〖案例解读〗吴玉章一生做好事。吴玉章是我国杰出的无产阶级革命家、教育家、新中国高等教育的开拓者。他一生坚持革命，坚持办教育，坚持“做好事”，为新中国培养了最早一批政治、经济、文化建设人才。在其60寿诞之际，毛主席在祝词中称赞他道：“一个人做点好事并不难，难的是一辈子做好事，不做坏事，一贯地有益于广大群众，一贯地有益于青年，一贯地有益于革命，艰苦奋斗几十年如一日，这才是最难最难的呵！”

53. 渐卦第五十三——循序渐进

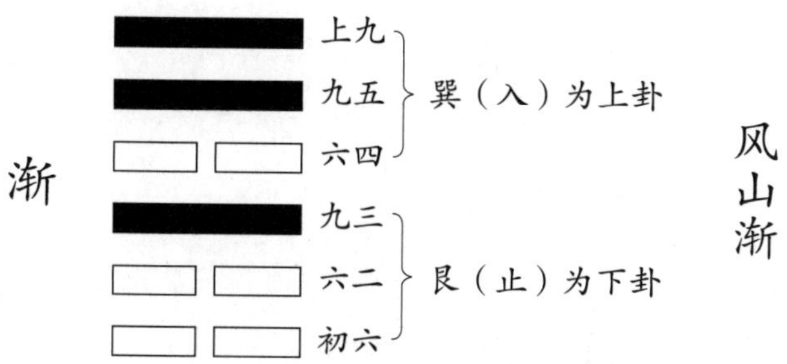

导读 “十年树木，百年树人。”教育工作者只有脚踏实地，一步一个脚印，才能让学生成人成才。

卦体下艮上巽。巽为木，艮为山，山上有木，有逐渐成长、缓缓增高之象。“渐”，本义指多步骤分流治水；卦义为进，指循序渐进，逐步发展。本卦主要阐述教师制定教学计划，完成教学目标应循序渐进的道理。

【53.1】

渐：女归①吉。利贞②。

〖注释〗

①归：出嫁。②贞：守正。

〖译文〗

渐卦象征循序渐进：女子出嫁依礼逐步进行，吉祥。有利于坚守正道。

〖解说〗

天下万事万物的发展都是循序渐进的，如同女子出嫁，要遵循婚嫁礼节，守持正道，才能获得吉祥。中国古代婚俗就有“六礼”（纳采、问名、纳吉、纳征、请期、亲迎）之说。本卦从“六二”到“九五”，各爻都得正，象征出嫁的女子品德纯正，自然吉祥；但这一纯正，必须坚持，才会有利。

【53.2】

《彖》曰：渐之进也，“女归吉”也。进得位，往有功也。进以正，可以正邦也。其位，刚得中①也。止而巽②，动不穷也。

〖注释〗

①刚得中：指“九五”阳爻居于上卦中位。②止而巽：渐卦下卦为艮，为止；上卦

为巽，为入，故言“止而巽”。

〖译文〗

《彖传》说：渐，就是逐渐前进，“女子出嫁，依礼逐步进行就吉祥”。君子渐进而获得适当的地位，是说前往有功效。渐进遵循正道，就可以端正邦国。“九五”能渐进君位，是因为其具有阳刚中正之德。渐进之道应该像“艮山”停止一样，沉静不躁；又如“巽风”柔和一般，谦逊和顺，那么行事就可以永不困穷。

【53.3】

《象》曰：山上有木，渐。君子以居[①]贤德善俗[②]。

〖注释〗

①居：积累。②善俗：改良风俗。

〖译文〗

《大象传》说：高山上的树木逐渐长高，象征着循序渐进。君子效法此象，逐渐积累贤德，担负起改良风俗的社会责任。

〖解说〗

山上的树木是依山势逐渐长高长大的，有生长渐进之象。教育工作者从中得到的启示是，应当教育学生一步一步积累优良的品德，从而形成良好的学风、班风与校风。

【53.4】

初六：鸿[①]渐于干[②]，小子[③]厉[④]，有言[⑤]，无咎。

《象》曰：“小子”之“厉”，义无咎也。

〖注释〗

①鸿：大雁。②干：水边。③小子：小孩。④厉：危险。⑤言：责难。

〖译文〗

初六：大雁慢慢飞行停歇在水边，年幼无知小孩靠近有危险，应该加以责备，就没有灾祸。

《小象传》说：“年幼无知的孩子近水有危险”，因为有长辈呵责制止，理应不会有灾祸。

〖解说〗

大雁飞行井然有序，北回南归有信，对配偶忠贞不渝，加之形态优美，所以本卦诸爻皆以“鸿”取象。鸿雁飞行又依次经历水边、磐石、高平之地、山木、山陵、云天，由低到高，由近到远，故六爻又以鸿雁设喻立义。上交互卦为离，离为雉鸡，引申为雏雁；下交互卦为坎，坎为水，为险；下卦为艮，艮为少男；“初六”上临“坎”水，故有“鸿渐于干，小子厉”之象。“初六”处渐卦之始，以阴爻居阳位不正，又柔弱卑下，加之和上方“六四”敌应无援，因此不能急功近利，求进远行，否则会有危险。

〖智慧点津〗此爻揭示渐进要量力而行。

〖案例解读〗孩童河边玩耍，民警及时劝阻。2023 年 8 月 1 日上午 10 时许，河南省禹州市公安局火龙派出所组织民辅警开展河道巡逻防检查，在巡逻过程中，发现在东王庄村桥路东侧河里有孩子们在河里玩耍，看到这种情况，民警立即上前询问，得知他的家人在桥底处钓鱼，趁他们不注意来到这边玩耍，经民警耐心劝阻并护送到父母身边。民警告诉孩子的家长，并结合身边的真实案例，对常见的落水、溺水的原因进行了分析，特别针对未成年发生溺水事件的情况进行讲解，并告诫小孩野外戏水游泳事件存在的隐患和危险，告诉他们在家长无人陪同下，不得下河游泳、洗澡或进行其他涉水娱乐活动等。民警此举，避免了一场极有可能发生的悲剧，实乃“义无咎也”。

【53.5】

䷴

六二：鸿渐于磐①，饮食衎衎②，吉。

《象》曰：“饮食衎衎”，不素饱③也。

〖注释〗

①磐：大石。②衎衎（kàn）：喜悦。③素饱：不劳而食。

〖译文〗

六二：大雁逐渐飞到安稳的磐石上，饮食和乐，吉祥。

《小象传》说：“饮食和乐”，说明君子自食其力，而不是白吃白喝。

〖解说〗

下卦为艮，艮为山，为石；下交互卦为坎，坎为水，引申为酒水；若“六二”发生爻变，则下交互卦变为兑卦，兑为口，为悦，故有“磐”和“饮食衎衎”之象。“六二”以阴爻居阴位，柔顺中正，既近承“九三”，又与上方的“九五”远应，可以说是渐进到安稳的磐石上，可以安然自得地享受饮食。但“六二”之臣面对“九五”之君赐给的俸禄，并不是尸位素餐，而是中正辅佐，其地位当然安定，所以吉祥。

〖智慧点津〗此爻揭示渐进要中正，稳当踏实。

〖案例解读〗朱熹“循序渐进”读书。朱熹是南宋著名哲学家、教育家，其在《读书之要》中说：“或问读书之法，其用力也奈何，曰：‘循序而渐进。’”何谓“循序渐进”？他做了详尽的解释：以两本书而言，“通一书而后及一书”，以一本书而言，则“其篇章文句首尾次第，亦各有序而不可乱”。他又说：“没有弄通前面的就不能弄通后面的，没有弄通此处，便不要想弄通彼处。……人们都想得到高深的学问，却不知不从底层的基础打起，是无法获得高深学问的。”朱熹之所以成为一代名家，就是因为他读书时选定一个目标，由浅入深，从最简单的书读起，读通一本然后再读另一本。

【53.6】

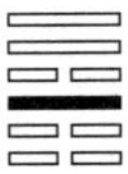

九三：鸿渐于陆①，夫征不复②，妇孕不育，凶。利御寇。

《象》曰：“夫征不复”，离群丑③也。“妇孕不育”，失其道也。“利用御寇”，顺相保也。

〖注释〗

①陆：高平之地。②复：返回。③丑：同类，同伴。

〖译文〗

九三：大雁慢慢飞行，停歇在高平之地，好比丈夫远征而不复还，他的妻子失贞怀孕而不能养育，有凶险。但有利于以刚强抵御外面的强寇。

《小象传》说：“丈夫远征而不复还”，是说他离群而去了。“他的妻子失贞怀孕而不能养育”，因为违反了妇道。“有利于以刚强抵御外面的强寇”，说明应当顺从需要以互相保卫。

〖解说〗

下卦为艮，艮为山，“九三”居于下卦山之巅，故言“陆”。“九三”阳爻为夫，“六四”阴爻为妇，上交互卦为离，离卦卦形中虚，为大腹，故有“妇孕不育”之象。又离为戈兵；下交互卦为坎，坎为强盗，所以又有“利御寇”之象。“九三”以阳爻居阳位，虽然居位得正，但是处位不中，因而有刚躁冒进之象。它往上征服“六四”，不再往下眷顾“初六”和“六二”，所谓“夫征不复，离群丑也”。“九三”与“上九”敌应，只好与“六四”之妇苟合。因为这是不正常的婚姻，所以怀孕生下的婴儿，不能养育，有凶险。不过，“九三”只要坚守正道，以刚强抵御外敌，保护两个阴爻，依然有利。

〖智慧点津〗此爻揭示渐进应稳妥而踏实，不可贪功冒进。

〖案例解读〗幼儿园“小学化”现象的调查通报。2021 年 12 月 15 日和 12 月 20 日，湖北通山县教育局接到家长电话举报，东城幼儿园和苗苗金色花园幼儿园大班有“小学化”现象，针对以上问题，该局迅速组织工作人员分别对以上幼儿园的办学行为等情况进行了突击检查。经调查，发现为了迎合家长的需求，东城幼儿园对大班、中班开展拼音、认字、数学、背书等内容的教学；苗苗金色花园幼儿园对大班、中班、小班开展拼音、数学、认字、背书等内容的教学，特别是小班，还开展了内容较难的试卷测试。以上两个幼儿园在教育教学工作中，存在严重的“小学化”倾向。随后，教育局根据相关文件精神，对他们分别进行了严肃的处理。幼儿园“小学化”，严重违背了幼儿身心成长规律，如揠苗助长，“欲速则不达”。

【53.7】

六四：鸿渐于木，或得其桷[①]，无咎。

《象》曰：“或得其桷”，顺以巽也。

〖注释〗

①桷（jué）：像方形椽子一样的树枝，大雁的脚蹼站在上面则安稳。

〖译文〗

六四：大雁慢慢飞行，停歇在树上，或许能找到较平的枝杈得以栖息，这样就没有灾祸。

《小象传》说：“或许能寻找到较平的枝杈得以栖息”，说明“六四”柔顺而谦逊。

〖解说〗

上卦为巽，巽为木，故言“桷”。巽又为风，为入，为顺，故又说“顺以巽也”。“六四”以阴爻居于阴位，柔顺中正，上承“九五”尊爻，虽然处于多惧之地，却能渐进不躁，仍然能找到安稳的树枝栖息。

〖智慧点津〗此爻揭示渐进应随机应变，才能安全。

〖案例解读〗贾志敏巧妙引导“姆”组词。已故上海市著名小学语文特级教师贾志敏有一次上课时，让学生给“姆”组词，某个学生说：“养母”的“母”，引起了哄堂大笑。可是贾老师微笑着示意学生安静下来：“你们别急，他没说错，只是没说完！”接着又转向那位学生，说：“你说得对的，是‘养母’的‘母’……”学生连忙说：“是‘养母’的‘母’加上一个女字旁，就是‘保姆’的‘姆’了。”这一充满爱心、巧妙的点拨，既维护了学生的自尊，又化解了课堂中的尴尬，保证了课堂的和谐进展，还体现了教师教学的机智，真可谓“或得其桷，无咎”。

【53.8】

九五：鸿渐于陵，妇三岁不孕，终莫之胜[①]，吉。

《象》曰：“终莫之胜，吉”，得所愿也。

〖注释〗

①莫之胜：胜，胜过，取代。莫之胜，是说没有人能阻隔他们结合。

〖译文〗

九五：鸿雁慢慢飞行，停歇在山陵上，就像丈夫远出在外，妻子多年没有怀孕；最终没有谁能阻止他们阴阳结合，吉祥。

《小象传》说："最终没有谁能阻止他们阴阳结合，吉祥"，说明"九五"实现了夫妇团聚的愿望。

〖解说〗

下卦为艮，艮为山；上卦为巽，巽为风，为高，故言"陵"。又巽为长女，为不果，即不结果实，引申为不孕，从"六二"到"九五"需要经过三个爻位，故说"妇三岁不孕"。"九五"以阳爻居阳位，中正处尊，相当于高陵。它虽然与"六二"相应，但中间有"九三"与"六四"阻挡，以致三年都没有怀孕。不过，两者毕竟是正当的配偶，经历千山万水，终会得以团圆，因而吉利。

〖智慧点津〗此爻揭示渐进要逐步突破障碍，才能达到目标。

〖案例解读〗梁灏八十二岁中状元。相传，梁灏出生于五代十国时期，自幼好读书，聪慧有才，博览群书，是当地有名的才子。然而他第一次满怀壮志地去京城参加科举考试时，却名落孙山。但他并没有放弃，而是更加刻苦地学习，几乎每一届科举都去参加。由于当时战乱频繁，所以科举考试时断时续，梁灏也跟着经历了后晋、后汉、后周、北宋四个朝代的考场，但始终没能金榜题名。在北宋重开科举时，他已头发花白。好在皇天不负苦心人，在宋太宗雍熙二年（985），他终于考中状元，"得所愿也"。"莫道登科易，老夫如登天"，《三字经》以他为榜样，勉励年轻的读书人："若梁灏，八十二。对大廷，魁多士。彼既成，众称异。尔小生，宜立志！"事实上，梁灏考取状元时不过23岁。景德元年（1004），梁灏任开封知府，同年六月，暴病而亡，时年42岁。所以"梁灏八十二岁中状元"的说法，实际是讹传。

【53.9】

上九：鸿渐于逵①，其羽可用为仪②，吉。

《象》曰："其羽可用为仪，吉"，不可乱也。

〖注释〗

①逵：天上的云路。②仪：仪礼，仪仗。

〖译文〗

上九：大雁逐渐飞上了云天，它的羽毛可以作为礼仪的装饰品，吉祥。

《小象传》说："它的羽毛可以作为礼仪的装饰品，吉祥"，说明"上九"高洁的志向没有迷乱。

〖解说〗

上卦为巽，巽为风，为绳直，可引申为整齐和规范，故有"仪"之象。"上九"处渐卦之极，渐道大成，堪称楷模。此时，大雁展翅飞翔，缓慢飞到了云天之上，如同一支雄壮威武的仪仗队，令人叹为观止。同时，它的羽毛高洁华美，形态飘逸，可以用作礼仪装饰物，非常吉祥。

〖智慧点津〗此爻揭示渐进的最高境界在进退由心，洁身自好。

〖案例解读〗汪金权扎根山区育桃李。汪金权是“全国优秀教师”“全国教书育人楷模”。1987 年，从华中师范大学毕业后，他被分配到全国有名的黄冈中学任教。当无意中得知偏远的蕲春四中很需要老师时，他义无反顾地申请调入该校。在这里，他一待就是二十多年，任劳任怨，多年来无偿资助贫困学生，被盛赞为“大别山师魂”，为广大教师树立了标杆——“其羽可用为仪”。

54. 归妹卦第五十四——修德循礼

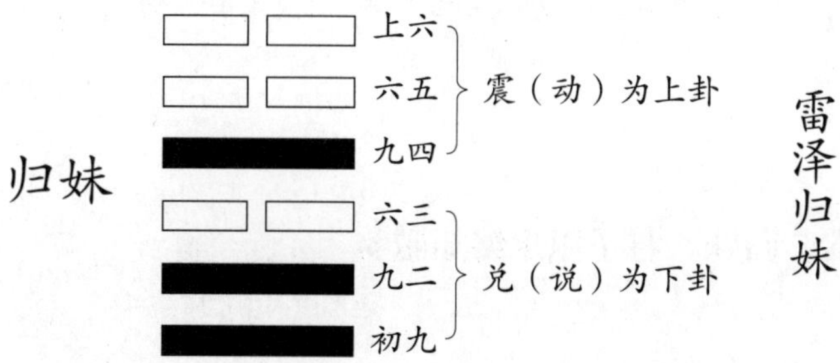

导读 欣赏一个人，始于颜值，敬于才华，合于性格，久于善良，终于人品。教育工作者要教育学生有理想，有追求，树立正确的世界观、人生观、价值观。

卦体下兑上震。震为雷，兑为泽，泽上有雷，雷震于上，泽随而动；又震为长男，为动，兑为少女，为悦，有男女相悦而动（结合）之象。“归妹”，卦义为嫁女。本卦主要阐释师生应修德循礼、和睦相处的道理。

【54.1】

归妹：征凶，无攸①利。

〖注释〗

①攸：所。

〖译文〗

归妹卦象征嫁出少女：如果行为不正，前进会有凶险，没有什么好处。

〖解说〗

“归”，原指女子出嫁。“妹”指少女。“归妹”因少女和长男结合，故名。由于两者年龄上不相配，而且女方欢喜主动向男方求爱，既显得轻佻不自重，又违背了婚姻礼节，加之“九二、六三、九四、六五”四个爻都不正，所以前进凶险，没有任何好处。

【54.2】

《彖》曰：归妹，天地之大义也。天地不交，而万物不兴。归妹，人之终始也。说以动①，所归妹也。“征凶”，位不当也。“无攸利”，柔乘刚也。

〖注释〗

①说以动：归妹卦下卦为兑，兑为说，“说”通“悦”，为喜悦；上卦为震，为动，故言“说以动”。

〖译文〗

《彖传》说：嫁出少女，这是天地间的大道理。天地阴阳不交合，万物就不会繁殖兴旺。嫁出少女，这是人伦的开始和归宿。少女因一时欢喜而追随长男行动，这就是归妹卦。“盲目行动有凶险”，这是说中间四个爻都居位不当。“没有什么好处”，是因为卦中柔爻都乘凌于刚爻之上。

【54.3】

《象》曰：泽上有雷，归妹。君子以永终知敝①。

〖注释〗

①敝：通“弊”，弊端。

〖译文〗

《大象传》说：水泽上雷声轰鸣，象征着少女出嫁。君子效法此象，希望夫妇关系能长久恩爱和谐，知道婚姻中有始无终的弊端。

〖解说〗

上卦为震，震为雷，为动，长男；下卦为兑，兑为泽，为悦，为少女；泽上雷鸣，有少女欢悦而主动追求长男之象。在这种婚姻中，男女之情胜过夫妇之义，可能难以维持长久。教育工作者从中得到的启示是，应当长久与学生和睦相处，公正纯洁。

【54.4】

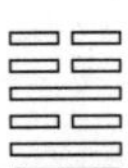

初九：归妹以娣①，跛能履，征吉。

《象》曰：“归妹以娣”，以恒也。“跛能履，吉”，相承②也。

〖注释〗

①娣（dì）：古代以妹妹陪姐姐同嫁一夫，称为“娣”，相当于“妾”。②相承：相助。

〖译文〗

初九：嫁女而将其妹妹一同陪嫁，就像跛脚而能行走，前往吉祥。

《小象传》说："嫁女而将其妹妹一同陪嫁"，这是古代贵族婚嫁的常规。"跛脚而能行走，前往吉祥"，是因为能帮助姐姐辅佐丈夫。

〖解说〗

下卦为兑，兑为少女，为妾，故言"娣"。又初爻为足，兑为毁折，"初九"与"九四"所居的震体不相应，震为动，为行，故说"跛能履"。"初九"在归妹卦的最下方，地位低，与上卦"九四"并非正应，所以不是正妻，故为"娣"。妾身份卑贱，就像跛脚的人走路。不过，"初九"以阳爻居阳位，居位得正，象征女子具有阳刚的德性，能够辅佐和帮助丈夫，最终仍然吉祥。

〖智慧点津〗此爻揭示以偏助正，只要坚守纯正之德，依然吉祥。

〖案例解读〗实习生郑梦圆爱岗敬业惹人爱。郑梦圆毕业于湖北第二师范学院，2019年在武汉光谷四小跟随名师程芳实习。实习期间，她能尊敬师长，乐于助人，勤奋好学，尤其是能协助指导教师，处理好教育教学工作和其他管理事务，深受师生的尊敬和认可。这正如爻辞所言"归妹以娣，跛能履，征吉"。

【54.5】

䷵

九二：眇[①]能视，利幽人[②]之贞。

《象》曰："利幽人之贞"，未变常也。

〖注释〗

①眇：一只眼盲。②幽人：安静、恬淡的人。

〖译文〗

九二：瞎了一只眼睛仍能看到东西，此时安静、恬淡的人坚守正道有利。

《小象传》说"安静、恬淡的人坚守正道有利"，是因为"九二"没有改变恒常的规则。

〖解说〗

下交互卦为离，离为目，为明；下卦为兑，兑为毁折，为泽，沼泽比较幽静，故有"眇能视"和"幽人"之象。"九二"阳刚居中，如所嫁女子有贤德。它与上卦的"六五"相应，但是"六五"以阴爻居阳位不正，说明辅佐的夫君并非良配；因而，不能积极发挥内助的作用，就像瞎了一只眼的人，所看范围有限。不过，"九二"已经拥有刚毅贤淑的品质，只要能够持之以恒，坚守中正之道，最终一定能够获得吉祥。

〖智慧点津〗此爻揭示应幽静安恬，坚守己志。

〖案例解读〗朱熹回乡著书传道。朱熹是南宋著名思想家、哲学家和教育家。宋孝宗时期，朝廷奸臣当道，朝政昏庸，朱熹提出了很多整顿朝政的意见，但都没有被采纳。于是，他退而求其次，回到家乡开始广收弟子，传授知识，兴办书院，培养了许多有识之士。朱熹虽怀才不遇，但他潜心著书立说，将儒家思想发展到一个新的阶段，为国家的教育事业作出了巨大贡献，实乃“幽人贞吉”。

【54.6】

䷵ **六三：归妹以须①，反归以娣。**

《象》曰：“归妹以须”，未当也。

〖注释〗

①须：通“媭”，姐姐。

〖译文〗

六三：少女想冒充姐姐的地位嫁为正室，结果还是嫁为偏房。

《小象传》说：“少女想冒充姐姐的地位嫁为正室”，这说明“六三”居位不当。

〖解说〗

“六三”以阴爻居于阳位，不中不正，因此徒生妄念，想以姐姐的身份嫁为正室；同时，它乘刚于“初九”“九二”两个阳爻之上，又倚仗自己是下卦“兑”的主爻，沉溺于喜悦而不知节制，轻佻地追求“九四”，但“九四”志在上承“六五”，对其不屑一顾。所以“六三”嫁不出去，一直在等待。不过，如果“六三”回到家中，以妹妹的身份嫁为侧室，依然能够嫁出去。

〖智慧点津〗此爻揭示做人应安守本分，才能肩负重任。

〖案例解读〗张某“自考代考”被判刑。2016 年 2 月，考生祝某参加全国高等教育自学考试，便在网上搜索“自考代考”，并与一个中介联系上，中介称能安排“枪手”帮她考试过关，高等数学考试一科 3000 元。祝某发送了自己照片过去，很快中介称已经找到替考人员。2016 年 4 月 17 日考试当天，替考女子张某按约定从广州乘坐高铁到了深圳，和祝某接上头后，祝某将自己的准考证交给她，并约好考完出来后还在门口见面。张某进了考场后，监考老师发现了疑点并进行了核查，于是，张某才做了几题就被带到考务办公室，一番盘问之后，张某如实承认了自己是替考。监考老师报了警，张某被警方带走并刑事拘留。经查，张某刚刚硕士毕业，为赚一点小钱而加入了“枪手”的队伍。而在门口等候的祝某，久久不见张某出来，知道出事了，赶紧逃离，很快也被警方上门带走。最后，祝某、张某均以代替考试罪，被判处拘役两个月，缓刑三个月。

【54.7】

九四：归妹愆①期，迟归有时。

《象》曰："愆期"之志，有待而行②也。

〖注释〗

①愆（qiān）：过，延误。②行：犹嫁也。

〖译文〗

九四：少女出嫁延误了婚期，迟嫁是想等待佳期。

《小象传》说："推迟婚期"的目的，是为了等待佳期出嫁到夫家。

〖解说〗

下交互卦为离，离为日；上交互卦为坎，坎为月，日月代表日期；下卦为兑，兑为毁折，故有"愆期"之象。"九四"以阳爻居阴位，在下卦没有相应，因此就像是一个贤淑女子，志向高洁，心有主见，不肯轻易许嫁，以致延误婚期。不过，"九四"贤淑，虽然延迟，还是嫁得出去。

〖智慧点津〗此爻揭示婚姻延期终有美好的归宿。

〖案例解读〗长沙县多名教师推迟婚礼支持疫情防控。2020 年 1 月，长沙县盼盼第二小学教师廖某某在朋友圈发布了婚礼延期的消息："非常抱歉地通知各位亲友，为配合新型冠状病毒肺炎防控工作需要，我们的婚宴延期举行！向您表示我们深深的歉意。"消息刚一发出，便收获一大波祝福和点赞。据了解，在长沙县教师朋友圈里，像这样发布婚礼延期信息的不在少数。"等疫情结束，我们春暖花开时再办！"婚礼延期，幸福不延期，这正所谓"愆期之志，有待而行也"。

【54.8】

六五：帝乙归妹①，其君②之袂③，不如其娣之袂良，月几望④，吉。

《象》曰："帝乙归妹，不如其娣之袂良"也。其位在中，以贵行也。

〖注释〗

①帝乙归妹：商纣王之父将女嫁给周文王。②君：女君，正夫人。③袂：衣袖，这里代指嫁妆。④月几望：接近满月的时候。月属于阴，用来比拟妇德。

〖译文〗

六五：帝乙嫁女于周文王，作为正夫人的服饰，反不如陪嫁妹妹的服饰艳丽华美；其内在的美德如月近十五将圆而未盈，吉祥。

《小象传》说："帝乙嫁女于周文王，作为正夫人的服饰，反不如陪嫁妹妹的服饰艳丽华美"。说明"六五"品行中正，以高贵的身份下嫁。

〖解说〗

上交互卦为坎，坎为月；下卦为兑，兑为缺，故有"月几望"之象。"六五"阴爻在"五"的君位，相当于天子的女儿，与下卦的"九二"相应，象征下嫁给贤臣。"六五"身份高贵，虽然以阴爻居阳位不正，但它柔顺持中，谦虚廉洁，所以，衣着朴素，反而不如陪嫁的妾衣服华丽。然而，其德性就像即将圆满的月亮，德盛而不盈。

〖智慧点津〗此爻揭示婚姻应重德而不重表。

〖案例解读〗杨绛崇文尚质传佳话。杨绛（1911—2016），本名杨季康，江苏无锡人，中国现代女作家、文学翻译家、外国文学研究家，钱钟书夫人。她一生淡泊名利，崇尚节俭，笔耕不辍，著述甚丰，代表作有《我们仨》《走到人生边上》等。在和钱钟书先生结成伉俪以后，他们两个人在事业上相互成就，在漫长的岁月里彼此搀扶。"简朴的生活，高贵的灵魂是人生的至高境界。"他们一生淡泊名利，学识渊博，婚姻美满幸福，让人羡慕和赞叹不已。

【54.9】

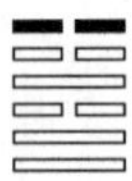

上六：女①承筐②无实，士③刲④羊无血，无攸利。

《象》曰：上六"无实"，承虚筐也。

〖注释〗

①女：这里指新娘。②承筐：捧着盛祭品的竹筐。筐，新娘的提篮，内装枣、栗等果品以献神。③士：这里指新郎。④刲（kuī）：宰割，古代婚礼的仪式之一。

〖译文〗

上六：新娘捧着空空的竹筐，新郎用刀杀羊却不见出血，没有什么利益。

《小象传》说：上六"空虚无实"，好比手拿空空的竹筐。

〖解说〗

上卦为震，震为长男，卦形上虚下实似筐；下卦为兑，兑为少女，为羊，为毁折；故有"女承筐无实，士刲羊无血"之象。古代婚礼有祭献宗庙的习俗，男女需"承筐"装果和"刲羊"流血来供奉神灵。"女承筐无实""士刲羊无血"，喻示夫妻祭祀之礼未成，不能成为夫妻，即或勉强结婚，也难以圆满。"上六"以阴柔处归妹卦穷极之位，与下卦"六三"又没有相应，说明女子归嫁未果，婚姻难成，所以说"无攸利"。

〖智慧点津〗此爻揭示缺乏应有的美德，婚姻会有名无实，难以美满。

〖案例解读〗美女老师因嗜赌负债而离婚。河北有一名姓魏的中学英语老师，年轻貌美，原本和丈夫恩爱和谐，在学校表现也很优秀，可以说是事业爱情双丰收。然而，有一次闲暇之时，她在网友的推荐下，迷恋上了赌博。刚开始，她投资只一点点，却盈利丰厚。在巨大的贪欲之下，她一发不可收拾，频繁下注，短短一个月，就将家中二十多万元积蓄全部败光，还欠下不少网贷。丈夫发现后，多次对她进行劝解，但她仍然积恶不改。无奈之下，丈夫选择离婚，一个幸福美满的家庭就这么支离破碎了。

55. 丰卦第五十五——处盛防衰

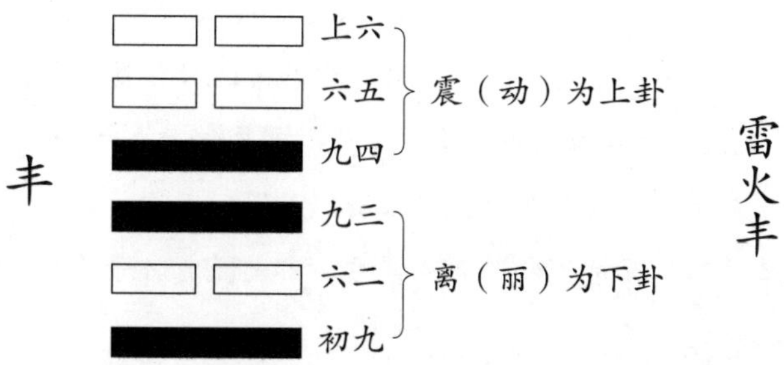

导读　谦虚使人进步，骄傲使人落后。教育工作者“站在成绩的奖杯前，应该防止自己醉倒；挂上荣誉的勋章时，应该警惕自己沉湎。”

卦体下离上震。震为雷，为动；离为电，为明。雷电俱至，有光明、盛大之象。“丰”，本义指草势茂盛；卦义为大，多，充盈。丰卦描述日食从初亏至复圆的景象。本卦主要阐释教师在取得优异成绩之时，应戒骄戒躁的道理。

【55.1】

丰：亨，王假①之。勿忧，宜日中②。

〖注释〗

①假：通“格”，至，达到。②日中：正午。

〖译文〗

丰卦象征盛大：亨通，君王可达到这种丰盈盛大的境界。不必担忧，应当像太阳在正午时分散发光芒。

〖解说〗

“溥天之下，莫非王土；率土之滨，莫非王臣。”君王富有四海，坐拥天下，本身就亨通，不必忧虑，应当像日正当中，普照大地，恩泽百姓。然而，“日中则昃，月盈则食”，因而，爻辞更多在盛世危言中，告诫我们如何致丰、保丰的道理。

【55.2】

《彖》曰：丰，大也。明以动①，故丰。“王假之”，尚大也。“勿忧，宜日中”，宜照天下也。日中则昃②，月盈则食③。天地盈虚，与时消息④，而况于人乎？况于鬼神乎？

〖注释〗

①明以动：丰卦下卦为离，为明；上卦为震，为动，故言“明以动”。②昃：太阳西斜。③食：月亮亏缺。④消息：阳爻增长阴爻减少称作“息”，阴爻增长阳爻减少称作“消”。

〖译文〗

《彖传》说：丰，就是盛大。君子能光明磊落、明察事理而又适时行动，那么成就必大，这就是丰卦。“君王可达到这种丰盈盛大的境界”，是说君主崇尚盛大。“不必担忧，适宜像太阳在正午时分散发光芒”，因为此时太阳正普照天下。不过，太阳过了正午就要偏斜，月亮一旦圆满就要亏缺。天地万物的盈满虚亏，都是随着时序的变化而消亡生长的，更何况是人呢？何况是鬼神呢？

【55.3】

《象》曰：雷电皆至，丰。君子以折狱①致刑②。

〖注释〗

①折狱：判决刑事诉讼。②致刑：执行刑罚。

〖译文〗

《大象传》说：雷电交加，象征着气势盛大。君子效法此象，判决诉讼像闪电般明察，执行刑罚像雷一般威严。

〖解说〗

雷声和闪电同时来到，有气势盛大之象。教育工作者从中得到的启示是，对严重违反校纪校规的学生绝不能姑息，应严肃处理，从而确保校园平安。

【55.4】

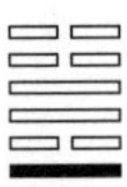

初九：遇其配主①，虽②旬③无咎④，往有尚⑤。

《象》曰：“虽旬无咎”，过旬灾也。

〖注释〗

①配主：相匹配之主。②虽：当作“唯”，只。③旬：十日。④咎：灾祸。⑤尚：赞扬。

〖译文〗

初九：遇上相匹配的主人，只在十天之内没有祸害，前往会受到赞扬。

《小象传》说："只在十天之内没有祸害"，但是超过十天就会有灾祸。

〖解说〗

"初"与"四"相应匹配，所以，"初"称呼"四"为"配主"，"四"称呼"初"为"夷主"。古时以十天干记日，由甲到癸，十日满一旬，又重新由甲计起；所以用"旬"比喻满，超过一旬又转为亏。"初九"处丰卦之始，所丰不大，虽然经过十日，有满而亏的忧虑，但不会有灾难，相反前往会受到"九四"的赞扬。"初九"以阳爻居阳位，居位得正，故而无咎。"初九"处"离"明之初，虽与"九四"同性相斥，但"九四"位于"震"体，震为动，动因明而知方向，明因动而显功用，所以两者能够彼此配合，相得益彰。

〖智慧点津〗此爻揭示追求盛大应适可而止。

〖案例解读〗ABC 教育集团宣布破产。2020 年 2 月，澳大利亚最大上市幼教集团 ABC 教育集团宣布破产，导致 10 多万幼儿无处入托，1.6 万多名教职工失业，一度造成严重的社会混乱，联邦政府不得不拨款维持托幼中心的运行，并四处寻找接收者。据悉，这主要是由该集团盲目扩张和资金链出现严重断裂所导致的，"过旬之灾"实乃前车之鉴。

【55.5】

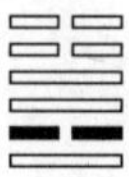

六二：丰其蔀①，日中见斗②，往得疑疾；有孚发若③，吉。

《象》曰："有孚发若"，信以发志④也。

〖注释〗

①蔀（bù）：搭棚用的席，引申为遮蔽。②斗：北斗星。③发若：启发。④发志：表达志向。

〖译文〗

六二：扩大草席子遮蔽了太阳，以致中午却看到了夜晚的北斗星，去做一定会被猜疑。如果能以自己的至诚之心去启迪，那么最后是能获得吉祥的。

《小象传》说："能以自己的至诚之心去启迪"，是说诚信能开拓其盛大之志。

〖解说〗

下卦为离，离为日；下交互卦为巽，巽为草木，为入，太阳落入草木之下，故说"蔀"。又离为目，上卦为震，震为仰盂，引申为星斗；"六二"至"六五"构成大坎卦，坎为加忧，为心病，故又说"日中见斗，往得疑疾"。一个人在丰大之时，往往容易得意忘形，障蔽迷失自我，这样就会受到别人的猜疑。“六二”是下卦“离”明的主爻，其与上卦阴柔昏暗之君“六五”相应，就像太阳被大的帘子掩蔽，正午也可以看到北斗星那样黑暗，因而它前往追随这样的君王，必会被猜疑。所幸“六二”以阴爻居阴位，柔顺得正，能够持中守正，以诚信和谦虚启发“六五”之君，最终获得信任和吉祥，从而实现自己丰大的志向。

〖智慧点津〗此爻揭示追求盛大，应以诚释疑，防止迷失。

〖案例解读〗周公以忠诚消除流言。周武王去世后，其子成王年幼，由周公摄政当国。周公尽心辅佐成王，管理国事，可是他的弟弟管叔、蔡叔却在外面四处造谣，说周公有野心，想要篡夺王位。而纣王的儿子武庚妄图恢复殷商的统治，于是和管叔、蔡叔串通一气，联络一批殷商的旧贵族，发动叛乱。管叔、蔡叔散布的谣言，闹得京城沸沸扬扬，引起了成王和召公的怀疑。周公经过和召公披肝沥胆的交谈，才消除了彼此的误会，两人又重新合作。周公在安定内部之后，亲自率领大军东征，最后平定了叛乱，还政于成王。

【55.6】

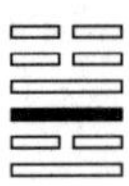

九三：丰其沛①，日中见沬②。折其右肱（gōng），无咎。

《象》曰：“丰其沛”，不可大事也。“折其右肱”，终不可用也。

〖注释〗

①沛：通“旆”，布幔。②沬：通“昧”，小星。

〖译文〗

九三：扩大布幔遮蔽了太阳，以致中午也能看见小星星。折断自己的右臂而无为慎守，没有灾祸。

《小象传》说：“扩大布幔遮蔽了太阳”，是说此时君子不可成就胜任大事。“折断自己的右臂而无为慎守”，最终不能有所作为。

〖解说〗

若“九三”发生爻变，则下交互卦由巽卦变为艮卦，艮为手；上交互卦为兑卦，兑为毁折，为西方，西方为右，在后天八卦图上，兑分布在右侧，故有“折其右肱”之象。“九三”处下卦“离”明之终，与昏暗的“上六”相应，但是“上六”居于丰卦之极，故有遮天蔽日的黑暗之象，所以说“日中见沬”。“日中见沬”比“日中见斗”，更为晦暗。此时“九三”纵然居位得当，具有阳刚贤才，也只能韬光养晦，屈身断腕，以待机冲破黑暗，否则恃强逞能，必定“折其右肱”。

〖智慧点津〗此爻揭示追求盛大，更应当守正示弱，以防灾避祸。

〖案例解读〗刘备后花园种菜。刘备早年寄身于曹营，被曹操带到许都，封为左将军。身在曹营，他虽衣食俸禄无忧，但统一天下的雄心壮志未泯。他自知曹操不仅喜怒无常，而且猜疑心极重；自己又寄人篱下，随时会有杀身之祸，因而平时谨言慎行，常在后花园种菜以掩藏心志。有一次，曹操派人邀请他到府中相聚，且“煮酒论英雄”，对他说：“今天下英雄，唯使君与操耳。”刘备听了心惊，筷子掉落。他为了掩饰自己内心的震惊，托言说是被雷声吓坏了。后来，他寻找机会逃离曹营，建立了蜀汉政权。

【55.7】

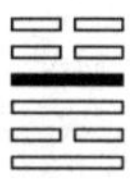

九四：丰其蔀，日中见斗，遇其夷主①，吉。

《象》曰：“丰其蔀”，位不当也。“日中见斗”，幽不明也。“遇其夷主”，吉行也。

〖注释〗

①夷主：与“配主”义同，指与自己德行相匹配的主子。夷，平，等，这里指“初九”与“九四”有相同的阳刚德性，地位也对应。

〖译文〗

九四：扩大草席子遮蔽了太阳，以致中午却看到了北斗星，此时若遇上与自己德行相匹配的主子，吉祥。

《小象传》说：“扩大草席子遮蔽了太阳”，是说“九四”居位不恰当。“中午却看到了北斗星”，是说君子处境黑暗。“若遇到德行匹配的明主赏识”，行动必获吉祥。

〖解说〗

“九四”以阳爻居阴位失正，又处于“六五”和“上六”两个阴爻之下，有太阳被遮蔽之象，如同正午可看到北斗星那样黑暗。不过，“九四”如果往下方与“初九”同德相济，“明”“动”相资，共克时艰，就会吉祥。

〖智慧点津〗此爻揭示追求盛大，应合力突破黑暗。

〖案例解读〗陆步轩和陈生联合创办“壹号土猪”品牌。陆步轩和陈生二人均在20世纪80年代毕业于北京大学。在下海创业之初，二人都经历了许多艰辛和挫折，但他们从来没有放弃努力和抗争。一次偶然的相遇，他们一拍即合，决定共同成立一所学校，专门培养一些关于生猪养殖及猪肉销售、烹饪等方面的专业知识。其间，他们发挥各自的专长，打造了“壹号土猪”品牌，创办了全国首家屠夫学校。“我们北大的毕业生去卖猪肉，只要用心做，那肯定会比别人做得好。”通过不懈的努力，他们合力创办的猪肉连锁店现已遍布全国各地，成为顾客认可的品牌。

【55.8】

六五：来章①，有庆誉②，吉。

《象》曰："六五"之"吉"，有庆也。

〖注释〗

①章：文采，这里指美德。②庆誉：福庆和赞誉。

〖译文〗

六五：前来彰显光明，会有福庆和赞誉，吉祥。

《小象传》说："六五"的"吉祥"，这是因为它会带来福庆。

〖解说〗

此爻描述日全食结束，太阳又重新绽放光芒的情景。下卦为离，离为光明，为文采，"六五"和离卦之中的"六二"相应，故说"章"。又上交互卦为兑，兑为口，为说（通"悦"），所以说"庆誉"。"六五"以阴爻居君位，是昏暗之君，本没有吉道可言，但他能柔顺持中，主动屈己求贤人"六二"前来相助，因而能获得吉庆与赞誉。

〖智慧点津〗此爻揭示追求盛大，需要求贤用才。

〖案例解读〗华为广揽人才铸辉煌。"什么都可以缺，人才不能缺；什么都可以少，人才不能少；什么都可以不争，人才不能不争。"华为从 1998 年到 2002 年几年内接连大规模招聘优秀毕业生，重金招揽各路高手。按照任正非的说法，华为平均每年招聘大约 3000 人。无独有偶，2019 年 6 月，任正非宣布：华为将从全世界招 20—30 名天才少年，并启动"顶尖人才招聘计划"，开出百万年薪招聘 8 位应届毕业生，对部分顶尖学生实行年薪制管理，以调整公司的作战能力结构，打赢未来的技术与商业战争。也正因为如此，华为公司才能跻身世界五百强，"来章，有庆誉，吉"。

【55.9】

上六：丰其屋，蔀其家，窥①其户，阒②其无人，三岁③不觌④，凶。

《象》曰："丰其屋"，天际翔也。"窥其户，阒其无人"，自藏也。

〖注释〗

①窥：窥视。②阒（qù）：寂静。③三岁：非实指，表示多年。④觌（dí）：见。

〖译文〗

上六：丰大其住宅，遮蔽其家，透过门缝往里面看，寂静而没有人影，多年不见有人露面，定有凶险。

《小象传》说："丰大其住宅"，说明主人得意得好像鸟在空中飞翔。"透过门缝往里面看，寂静而没有人影"，这是说他自蔽深藏。

〖解说〗

"上六"是阴柔的小人，以阴爻居阴位，虽然居位得正，但因处丰卦之极，物极必反，所以有昏暗不明之象。它居于高位，自高自大，不与众人打交道，断绝一切交往，也不施德于人，如此自蔽深藏，必有凶险。

〖智慧点津〗此爻揭示追求盛大，自高自大有凶。

〖案例解读〗和珅丰大亡身。和珅是清朝乾隆时期的权臣，因为才华横溢和善于阿谀奉承而得到乾隆皇帝的恩宠，从一个普通的侍卫做到了军机大臣。在为官期间，他贪婪无度，疯狂敛财，家中藏有大量奇珍异宝，简直富可敌国，这正是"丰其屋，蔀其家"。最终，他被嘉庆皇帝赐死，乃是其自食恶果。

56. 旅卦第五十六——异乡支教

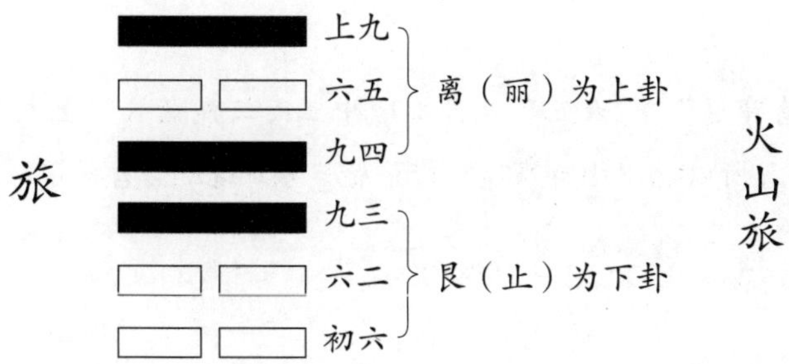

导读 教育是一段漫长的旅途，是一场温暖的旅行。教育工作者无论身处何方，只有安心从教，从爱开始，从心出发，才能把学生送达知识的彼岸。

卦体下艮上离。离为火，艮为山（房屋如山止），火在山上不停蔓延燃烧，如同途中旅人，急于赶路，有野居露宿之象。"旅"，本义指士兵在战旗下行军征战；卦义为漂泊、旅行。本卦主要阐述教师在异乡支教时，应柔而守中，心无旁骛的道理。

【56.1】

旅：小亨。旅①贞吉。

〖注释〗

①旅：旅行。

〖译文〗

旅卦象征旅行：小有亨通。旅行中坚守正道就会吉祥。

〖解说〗

“在家千日好，出门万般难。”人在旅途，颠沛流离，环境陌生，身心不安，因而，不会大有亨通。旅卦贵柔忌刚，卦中六爻以“六二”“六五”两个阴爻居中为主，柔顺中和得吉；“六五”以柔爻居外卦中位，承“上九”之阳，有在外随顺主人，得到强者庇护之象。“六二”和“六五”都是阴爻居于内外卦的中位，且彼此相互排斥，所以说“小亨”。出门在外，不论任何情况，都必须遵守正道，才会吉祥，故说“旅贞吉”。

【56.2】

《彖》曰：旅，“小亨”。柔得中乎外而顺乎刚①，止而丽乎明②，是以“小亨，旅贞吉”也。旅之时义大矣哉！

〖注释〗

①柔得中乎外而顺乎刚：指“六五”以阴爻而居于上（外）卦的中位，并且顺承阳爻“上九”。②止而丽乎明：旅卦下卦为艮，为止；上卦为离，为附丽，为光明，故言“止而丽乎明”。

〖译文〗

《彖传》说：旅行，“小有亨通”。“六五”在外柔顺中正而又能顺从“上九”阳刚，适可而止而又依附于光明，所以说“小有亨通，行旅能坚守正道就会吉祥”。旅行的时机和意义真是太重要了！

【56.3】

《象》曰：山上有火，旅。君子以明慎用刑而不留①狱②。

〖注释〗

①留：拖延，滞留。②狱：狱讼事务。

〖译文〗

《大象传》说：火在山上燃烧，匆匆蔓延，象征着旅行。君子效法此象，从而像火一样明察、像山一样慎重地施用刑罚，而不积压案件。

〖解说〗

山上有火，火势迅速蔓延，有旅行之象。教育工作者从中得到的启示是，对于违反校纪校规的学生，应当根据情节轻重，谨慎而及时地处理。

【56.4】

初六：旅琐琐①，斯②其所取灾。

《象》曰：“旅琐琐”，志穷灾也。

〖注释〗

①琐琐：细小，引申为猥琐卑贱。②斯：这。

〖译文〗

初六：旅行之始行为猥琐不堪，这是他自己招来的灾祸。

《小象传》说："旅行之始行为猥琐不堪"，这是"初六"意志穷困造成的灾祸。

〖解说〗

"初六"以阴爻居阳位，失正处下，向上有"六二"阻挡，与"九四"又不能相应，因而旅途之初难免猥琐、受困。出门在外，志气短小，对琐事斤斤计较，无论走到哪里，都可能会受到他人的鄙视和欺凌，因而只能自取其辱，招来灾难。

〖智慧点津〗此爻揭示背井离乡时，应志存高远。

〖案例解读〗孔子志穷于鲁而周游列国。春秋时期，孔子五十多岁的时候，当上了鲁国的大司寇。然而他"仁政"的政治主张不被国君所采纳。为了实现自己的抱负，他带着弟子离开了鲁国，踏上了周游列国的旅程。他们一路颠沛流离，历时十余年，行程数千里，历经艰难险阻，最终又回到了故乡。

【56.5】

䷷ **六二：旅即①次②，怀其资，得童仆③贞。**

《象》曰："得童仆贞"，终无尤④也。

〖注释〗

①即：就，住。②次：住旅舍三夜以上。③童仆：奴仆。④尤：过错。

〖译文〗

六二：旅行中到客栈投宿，携带钱财，得到仆人照顾，能坚守正道。

《小象传》说："得到仆人照顾，能坚守正道"，最终没有过错。

〖解说〗

下卦为艮，艮为止，房屋是静止的，故说"次"；又艮为少男，引申为仆人，故说"童仆"。下交互卦为巽，巽为入，为近利市三倍，所以说"怀其资"。出门在外的人，既有可以投宿的旅舍，又带有充足的盘缠，还伴有忠实的仆人，这些最能让旅人心安。"六二"以阴爻居阴位，柔顺中正，因而具备这些最佳的旅行条件，当然在外可以左右逢源，没有丝毫闪失。

〖智慧点津〗此爻揭示背井离乡时，必须以柔顺中正为本，才会平安无事。

〖案例解读〗孔子卫国受优待。公元前497年，孔子为了保持自己高尚的人格，也为了寻求新的从政机会，在众弟子的簇拥下，疲马凋车，开始了周游列国的生涯。其间，虽辗转各国，艰辛备至，但在卫国居住了十年，受到了特殊的优待。如卫灵公获悉孔子前来十分高兴，亲自出城迎接。他礼见孔子后，虽然对孔子的主张不感兴趣，但为“尊贤”之名，仍给予他“禄之如鲁”的待遇。作为卫国的“公养之仕”，孔子收徒讲学，传道授业，弟子盈门。孔子居卫十年，对中华文化的发展作出了不朽的贡献。

【56.6】

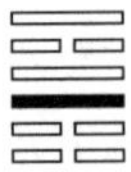

九三：旅焚其次，丧其童仆，贞厉。

《象》曰：“旅焚其次”，亦以伤矣。以旅与下①，其义丧也。

〖注释〗

①下：童仆。

〖译文〗

九三：旅行中客栈被火焚烧，丧失了仆人，应坚守正道以防危险。

《小象传》说：“旅行中客栈被火焚烧”，这是很悲伤的事。以傲慢的态度对待仆人，表明其丧失了道义。

〖解说〗

上卦为离，离为火，下交互卦为巽，巽为木，木接近火；下卦为艮，为止，为少男，故有爻辞诸象。“九三”以阳爻居阳位，过刚不中，又和“上九”敌应无援，难免高傲躁进，骄横无礼，像对待路人一样对待下面的“六二”和“初六”，难免会遭遇“旅焚其次，丧其童仆”这些不幸。

〖智慧点津〗此爻揭示背井离乡时，刚强躁动有凶险。

〖案例解读〗“宋人伐木”的故事。卫灵公去世之后，卫国政局动荡不安，孔子便离开卫国，再次到陈国求仕。途经宋国时，一行人在城外大树下休息，弟子们诵诗习礼，气氛平和。正当此时，宋国司马桓魋带领一队人马赶来，他们砍倒大树，追杀孔子。由于情况危急，弟子们一再催促孔子赶紧离开，可是孔子从容不迫，甚至对大家说：“老天使我有了这样的品德，桓魋能把我怎么样？”后来，幸亏弟子让他换上村民穿的衣服，才躲过一劫。

【56.7】

九四：旅于处①，得其资斧②，我心不快。

《象》曰：“旅于处”，未得位也。“得其资斧”，心未快也。

〖注释〗

①处：暂居的处所。②资斧：钱财。斧，古代形似斧的钱币。

〖译文〗

九四：旅途中暂时得到栖身的地方，拥有钱财，心中仍然不甚快乐。

《小象传》说："旅途中暂时得到栖身的地方"，说明它还没有真正安身立命。"拥有钱财"，心中仍然不甚快乐。

〖解说〗

下卦为艮，艮为止，房屋是静止的，故说"处"。上卦为离，离为兵戈；下交互卦为巽，巽为木，为近利市三倍，故说"得其资斧"。"六二"至"六五"构成一个大坎卦，坎为加忧，为心病，所以又说"我心不快"。"九四"以阳爻居阴位，不中不正，向上升到"五"位不得，下与"初六"又不相应，因而，虽然在旅行中有足够的旅费与栖身之所，但毕竟寄人篱下，心中仍然不会愉快。

〖智慧点津〗此爻揭示背井离乡时，心愿未遂而怏怏不乐。

〖案例解读〗孔子回到鲁国。孔子68岁时，在其弟子冉求的努力下，被迎回鲁国，结束了在各国间奔走流亡的生活。回到鲁国的孔丘，享受着国老的待遇。虽然他没有实际的权力，没有实现自己的政治主张，"我心不快"，但依然享受着很高的声望地位，并为国家的治理出谋划策。此外，他将绝大部分精力投入到文献整理和教育工作上，为后世研究上古历史文化提供了宝贵素材。

【56.8】

䷷

六五：射雉①，一矢②亡③，终以誉命。

《象》曰："终以誉命"，上逮④也。

〖注释〗

①雉：野鸡。②矢：箭。③亡：丢失。④逮：及，指追随。

〖译文〗

六五：旅途中射野鸡，丢失了一支箭，但最后得到了荣誉和爵命。

《小象传》说："最后得到了荣誉和爵命"，说明能追随居于高位的尊者。

〖解说〗

上卦为离，离为雉，互大坎（二、三、四、五爻）为弓矢，上交互卦为兑，兑为毁折，故说"射雉，一矢亡"；又上交互卦兑为口，下交互卦巽为命，故又说"终以誉命"。"六五"是上卦"离"明的主爻，具有柔顺、光明之德。虽然它以阴爻居阳位不正，最初射野鸡丧失一支箭，但最后仍然下依有力之大臣"九四"并与"六二"中正之位相应，获得荣誉和爵命。

〖智慧点津〗此爻揭示背井离乡时，光明正大，不计得失，终有收获。

〖案例解读〗孔子教弟子学射箭。孔子博学多才，精通六艺（礼、乐、射、御、书、数）。相传，孔子在鲁国城内西南隅的瞿相圃教弟子们射箭，许多人围着观看，围得像一堵墙一样，十分热闹。有一次，子路以神射手自居，但当孔子给他做了示范后，他才心悦诚服。只见孔子双腿一前一后站定，上箭拉弦，弓如满月，全身一动不动地伫立在那里。他那撑弓的左臂竟如车前轼木，扳也扳不动。子路看了顿觉惭愧，不禁叹道："不料夫子力大非凡，文武卓绝！"难怪《论语》中有人这样称赞孔子："大哉孔子，博学而无所成名。"

【56.9】

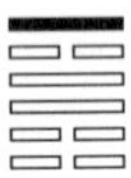

上九：鸟焚其巢，旅人先笑后号啕。丧牛于易①，凶。

《象》曰：以旅在"上"②，其义③焚也。"丧牛于易"，终莫之闻也。

〖注释〗

①易：田边。②上：上位，指"上九"位居最高位。③义：通"宜"，应该。

〖译文〗

上九：鸟巢被焚烧，旅人开始欣喜欢笑，后来号啕痛哭，就像在田边丢失牛，有凶险。

《小象传》说：作为旅客在异乡生活，却高高在上目中无人，这样必然要遭受焚巢之灾。"在田边丢失牛"，说明"上九"羁旅遭祸终将没有人知道。

〖解说〗

上卦为离，离为火，为雉，中虚似巢；下交互卦为巽，巽为木，故说"鸟焚其巢"。又上交互卦为兑，兑为口，为笑，下交互卦巽又为风，为号；兑在前而巽在后，故又说"先笑后号啕"。牛性柔顺，"丧牛于易"，比喻丧失其柔顺之德。"上九"以刚爻居于旅卦终极之位，倔强傲慢，开始也许欣喜不已，最后必定号啕大哭，就像鸟的巢被烧掉，没有可以安身的地方。旅道贵柔，"上九"轻易地失去处旅时应有的柔顺之德，所以凶险比"九三"更大。"夫旅人之志，卑则自辱，高则见嫉；能执其中，可谓智矣！"范仲淹此语解释旅卦，可谓精辟至极。

〖智慧点津〗此爻揭示背井离乡时，自高自大有凶。

〖案例解读〗孔子厄于陈蔡。孔子为推行儒家思想，周游列国期间多次受到冷遇，甚至因为被人认错而遭遇困境或险境。如"厄于陈蔡之间"。据《史记》记载：楚昭王想聘用孔子，孔子准备前往楚国。路过陈国、蔡国边境时，陈、蔡两国的大夫们一起商议说："孔子是圣贤，他所刺讥的都能击中诸侯的病根，如果被楚国任用，那么陈国、蔡国就危险了。”于是，他们派属下的士兵对孔子进行阻拦和包围。孔子和弟子连续被困了七天，没有食物，个个面黄肌瘦，奄奄一息……即使这样，孔子依然坚守君子之道，不因困厄而改变节操。

57. 巽（xùn）卦第五十七——春风化雨

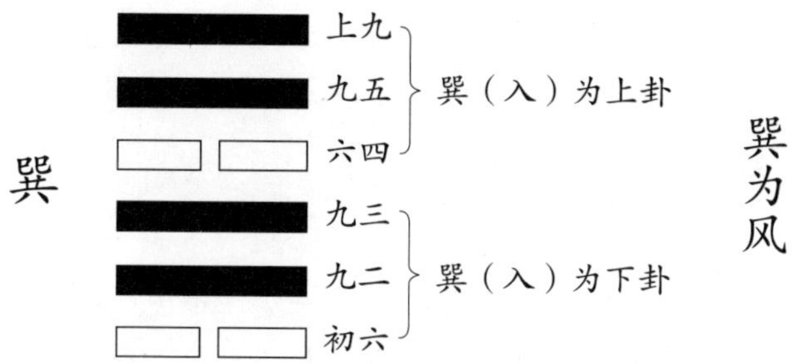

导读　“春风化雨育桃李，润物无声洒春晖。”教育工作者“要以东风化雨之情，春泥护花之意，培养人类的花朵，绘制灿烂的明天”。

卦体下巽上巽。巽为风，两风相随，无孔不入，有通达之象；风又是天命的象征，代表君王的命令，所以又有施政号令天下之象。卦形是一个阴爻伏在两个阳爻的下面，象征入、顺；卦中“九五”之君既中且正，是从政发令之主。“巽”，本义为两人跪着敬神，引申为臣服，柔顺，卑顺；又通“逊”，有谦逊之义。本卦主要阐释教师教育学生应如春风化雨、润物细无声的道理。

【57.1】

巽：小亨，利有攸①往，利见大人。

〖注释〗

①攸：所。

〖译文〗

巽卦象征谦顺：稍有亨通，有利于前往办事，有利于出现伟大的人物。

〖解说〗

“针大的眼进斗大的风”，揭示出风具有无孔不入、穿透力强和随顺适应的特点。君子效法风之德，谦逊处事，顺从他人，就容易被接纳。巽卦是阴卦，以“初六”和“六四”两个阴爻为主爻，顺承上面的两个阳爻；由于“巽”之道贵在阴顺从阳，臣服从君，所以说“小亨”。“初六”和“六四”既顺从阳刚，又坚守正道，还依从中正之君“九五”，所以说“利有攸往，利见大人”。

【57.2】

《彖》曰：重巽以申命①。刚巽乎中正②而志行。柔皆顺乎刚③，是以“小亨，利有攸往，利见大人”。

〖注释〗

①重巽以申命：本卦是由上下两个三画的巽卦重叠而成，故说“重巽”。巽为风，为顺入，风反复吹拂大地，天下顺从，有如君王三令五申而使万民顺从，故说“重巽以申命”。②刚巽乎中正：指“九五”和“九二”都是以阳爻居于上下卦的中位。③柔皆顺乎刚：指“初六”和“六四”两个阴爻都处在阳爻之下。

〖译文〗

《彖传》说：上下都谦顺，适合君王反复宣布政令。“九五”之君刚健，具有谦顺而中正之德，他的主张能够得以推行。卦中的柔爻“初六”和“六四”都能顺从于其上的刚爻“九二”和“九五”，所以说“稍有亨通，有利于前往办事，有利于出现伟大的人物”。

【57.3】

《象》曰：随风，巽。君子以申①命②行事。

〖注释〗

①申：申明。②命：意旨。

〖译文〗

《大象传》说：一阵风又一阵风吹来，象征着顺从而入。君子效法此象，要反复宣告政令，施行统治。

〖解说〗

两风相随，有和顺相从之象。风又是天命的象征，代表君王的命令，所以又有施政号令天下之象。教育工作者从中得到的启示是，在国家颁布重大政令、法律或文件时，要反复宣讲，上情下达，以便学生和家长能和顺相从地履行。

【57.4】

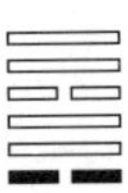

初六：进退，利武人之贞。

《象》曰：“进退”，志疑也。“利武人之贞”，志治①也。

〖注释〗

①志治：整治柔弱的心志。

〖译文〗

初六：进退无所适从，利于勇武之人坚守中正之道。

《小象传》说："进退无所适从"，说明心志犹疑。"利于勇武之人坚守中正之道"，是说要树立像他们一样坚强的意志。

〖解说〗

下卦为巽，巽为风，风时而前进，时而后退，故有"进退"之象。若"初六"发生爻变，则下卦变为乾卦，乾为刚强，所以又有"武人"之象。"初六"是下卦"巽"的主爻，它以阴爻居阳位失正而处卑，有过度谦卑、进退犹豫之象。因而，爻辞告诫它如果像武人般坚决果断，那么非常有利。

〖智慧点津〗此爻揭示谦逊并非优柔寡断，应以刚济柔。

〖案例解读〗王安博士童年痛失小麻雀。王安博士是华裔电脑名人，据他自称，影响他一生的最大教训发生在他6岁时。有一天，他在树下玩耍，发现了一个鸟巢被风从树上吹落在地，从里面滚出来一只小麻雀。他很喜欢它，决定把它带回家喂养。当他走到家门口的时候，突然想起妈妈不允许他在家里养小动物。于是，他轻轻地把小麻雀放在门口，走进屋去请求妈妈。在他的哀求下，妈妈终于破例答应了。他兴奋地跑到门口，不料小麻雀已经不见了，他看见一只黑猫正在意犹未尽地舔着嘴巴。为此，他伤心了很久，但从此他也记住了一个教训：只要是自己认定的事情，决不可优柔寡断。

【57.5】

九二：巽①在床②下，用史巫③纷若④，吉，无咎。

《象》曰："纷若"之"吉"，得中也。

〖注释〗

①巽：顺伏。②床：古代指坐具。③史巫："史"是职掌占卜、祷告的官，"巫"是降神祈福除灾的巫师。女为巫，男为觋。④纷若：众多的样子。

〖译文〗

九二：过度卑顺而伏于床下，如果能像史官、巫觋那样谦卑虔诚地敬神，将十分吉祥，一定没有什么灾祸。

《小象传》说："以谦卑虔诚敬神将十分吉祥"，这是因为"九二"能够秉持中道。

〖解说〗

下卦为巽，巽为木，为入，卦形似床，故有"巽在床下"之象。又下交互卦为兑，兑为口，"史巫"是用口说话的神职人员，所以又有"史巫纷若"之象。"九二"以阳爻居阴位失正，对"九五"显得过分谦卑。不过，它毕竟阳刚而居中，能持中守正，如果能像史巫那样，以谦卑的态度竭诚敬神，不断与神沟通，传递信息，最终仍然吉祥，不会有灾难。

〖智慧点津〗此爻揭示谦逊并非自卑，应持守中道。

〖案例解读〗一班主任起诉辱骂他的学生家长。2021 年，江西省上饶市一学校对升入初中二年级的学生重新分班，都是平行班，并规定分班后不准调班。有一个学生被分到了吴老师的班里，他的家长则希望孩子能够继续跟着初一时的班主任，便申请让孩子转班，但遭到了学校和原班主任的拒绝。家长认为是吴老师从中作梗，于是在微信群中大肆谩骂吴老师，之后便退出班级群，将孩子转到其他学校就读。吴老师考虑到个人身份，始终尽力保持克制。他只想要个道歉，可怎么也联系不到家长。于是，吴老师选择用法律维护自己的尊严，把学生家长告上法庭。最终，家长当庭道歉，吴老师并未深究。吴教师通过正当途径，维护了自己的合法权益和人格尊严，正所谓“得中之吉”。

【57.6】

䷸

九三：频[①]巽[②]，吝。

《象》曰：“频巽”之“吝”，志穷也。

〖注释〗

①频：通“颦”，皱眉。②巽：顺从。

〖译文〗

九三：愁眉苦脸地勉强逊顺，有遗憾。

《小象传》说：“愁眉苦脸勉强逊顺而有遗憾”，是因为“九三”心志已困穷。

〖解说〗

“九三”以阳爻居阳位，过刚不中，又在下卦之极，不能谦逊。然而，它与“上九”无应，又为“六四”所乘，不得不皱着眉头勉强逊顺，一味忍屈顺从。如此心志穷困，最终必然会发生令自己憾惜的事。

〖智慧点津〗此爻揭示谦逊并非假意迎合曲从。

〖案例解读〗公孙弘“曲学阿世”。据《汉书》记载：公孙弘为西汉名臣，他每次上朝奏事，遇到皇帝反感时，从不当庭争辩；有时和同朝的汲黯约好了与皇帝私下商议事情，他总是把汲黯推在前头，在旁边观察皇帝对汲黯所提意见的喜怒哀乐，然后及时调整自己的态度以顺从皇帝的意见。他与别人约议好的事，一旦到了皇帝面前，他总是阿顺皇帝的意思而背弃之前与别人的约定。由于他善于阿谀奉承，官爵一路攀升，位列三公。然而，他的这种“频巽”的行为，毕竟丧失正义原则和儒士的气节，违背了臣属的责任。

【57.7】

六四：悔亡，田获[①]三品[②]。

《象》曰："田获三品"，有功也。

〖注释〗

①田：同"畋"，狩猎。②三品：三个等级或多种多类。有多种解释：一是有三种（或泛指多种）动物；二是指在全部猎物中按品质或某个猎物中按部位分为上、中、下三等，上等品用于祭祀，中等品用来招待宾客，下等品留下自己食用。

〖译文〗

六四：悔恨消失，打猎获得三个等级多种猎物。

《小象传》说："打猎获得三个等级多种猎物"，有功赏。

〖解说〗

上卦为巽，巽为鸡；上交互卦为离，离为雉；下交互卦为兑，兑为羊，故有"田获三品"之象。"六四"阴柔乘凌于"九三"阳刚之上，与下卦"初六"无应无援，上下又被刚爻挟持，本来就有悔恨。但它以阴爻居阴位，当位得正，能够既谦卑上承"九五"之君，又处上卦的下方，居上位而能谦下，可谓巽于上下，所以使悔恨消除。"六四"忠诚事君，就像打猎，会获得很多赏赐，必能建功立业。

〖智慧点津〗此爻揭示谦逊必能建功。

〖案例解读〗李强"渔大夫"诊所红火。李强从农业大学毕业以后，选择在江南的一家渔业养殖场打工。在这里两年，他谦卑好学，遍访周边牛蛙、甲鱼、螃蟹等养殖场，向高级渔技师学艺，很快掌握了大量业务知识，积累了很多经验，还结识了很多人。后来，他辞职办了一间"渔大夫"诊所，为遍布市郊的八十多个养殖场"送医送药"。由于技术精湛，专业熟，本市又独此一家，那些有需要的养殖户都来找他。现在，他的"渔大夫"诊所收入非常可观。

【57.8】

九五：贞吉，悔亡，无不利。无初有终，先庚[①]三日，后庚三日，吉。

《象》曰："九五"之"吉"，位正中也。

〖注释〗

①庚：居于十天干中的第七位，在"己"之后，为"过中"之数；又同"更"，故有变更的含义。

〖译文〗

九五：坚守正道吉祥，悔恨消失，没有什么不利。事情开局不妙，但会有好结果。在象征变更的“庚”日前三天（丁、戊、己）发布新令，后三天（辛、壬、癸）再开始实施，必获吉祥。

《象传》说：“九五”的“吉祥”，是因为它能持中守正。

〖解说〗

“先庚三日，后庚三日”，古时以十天干记日，庚日的前三日，是丁日，丁有叮咛之意；庚日的后三日是癸，“癸”通“揆”，有衡量之意。“九五”以阳爻居于阳位，刚健处于尊位，是巽卦之主，政令即由其发出。它和“九二”敌应，会有后悔；但其能持中守正，号令天下，最终会吉祥而使后悔消除。君王颁布命令在于变更旧有的制度，起初会有很多问题，但其后会日臻完善。所以他必须在事物变更之前，反复叮咛，让百姓知道；在事物变更之后反复揆度考虑，以观察实效。如此慎重，政令自会顺畅通达，当然非常吉祥。

〖智慧点津〗此爻揭示谦逊应以中正为本，从而号令天下。

〖案例解读〗教育部发布有偿补课六条禁令。2015年6月29日，教育部印发了《严禁中小学校和在职中小学教师有偿补课的规定》，以从严整治中小学校和中小学教师有偿补课现象，坚决制止有偿补课行为。该《规定》共6条。对于违反规定的中小学校，视情节轻重，相应给予通报批评、取消评奖资格、撤销荣誉称号等处罚，并追究学校领导责任及相关部门的监管责任。对于违反规定的在职中小学教师，视情节轻重，分别给予批评教育、诫勉谈话、责令检查、通报批评等处分。该规定在深入调查研究基础上，针对有偿补课的不同主体和形式，从出台依据、设置考虑、处分内容、贯彻落实都经过深思熟虑和精心部署，这些都体现了“先庚三日，后庚三日”的爻旨。

【57.9】

上九：巽在床下，丧其资斧①，贞凶。

《象》曰：“巽在床下”，“上”②穷也。“丧其资斧”，正乎凶也。

〖注释〗

①资斧：斧形的铜币，资财。②上：指阳爻“上九”居于本卦最高位。

〖译文〗

上九：谦顺至极而躲在床下，犹如丧失了赖以谋生的钱财；坚守正道以防凶险。

《象传》说：“谦顺至极而躲在床下”，是说“上九”已到了穷途末路的地步。“丧失了谋生的钱财”，所以此时应守持刚正以防凶险。

〖解说〗

上卦为巽，巽为木，为近利市三倍；下交互卦为兑，兑为金，斧头由金和木所构成，故有“资斧”之象。“上九”以阳爻居阴位不正，与“九三”无应无援；又处巽卦之极，象征极端顺从，没有主见，就像伏在床下，丧失钱财，异常凶险。故爻辞告诫“上九”唯有持中守正，才能免遭凶险。

〖智慧点津〗此爻揭示谦逊不可过度，应适可而止。

〖案例解读〗男子街头给女儿下跪。据湖南浏阳一条新闻：一女孩坐在路边电动车后座上，吊儿郎当、不屑一顾的样子。而在她面前的一名中年男子，刚开始还在苦口婆心地说着什么，见她不听，突然，男子双手合十，跪在她面前，不停地磕头、作揖。而面前的这个女孩，见此一幕，非但没有将中年男子扶起来，反而更加鄙夷不屑。据悉，他们是父女关系，这个女孩非常叛逆，不但辍学而且还不回家，半个月以来，女孩一直在外面游荡，父亲好不容易才找到她。笔者认为，这名中年男子之举，有失人格尊严，只会纵容子女养成各种恶习，实乃“巽在床下，丧其资斧，贞凶”。

58. 兑卦第五十八——寓教于乐

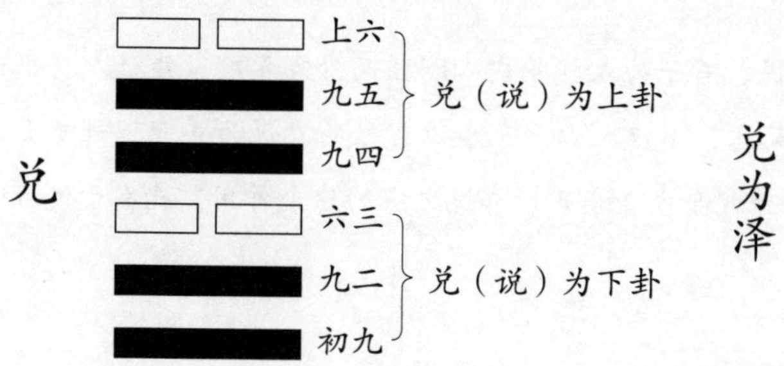

导读 微笑是人生的一缕阳光，是人际交往中的润滑剂。教育工作者只有学会寓教于乐，传递微笑，才能融洽师生关系，使教育教学如沐春风，润眼润耳更润心。

卦体下兑上兑。兑为泽，两泽相连，彼此依附、润泽，有互助、喜悦之象。兑为口，为悦，有言语、喜悦显露于外之象。卦形似口，“刚中而柔外”，喻内心有主见，外在谦虚和气。“兑”的本字为“说”，有喜悦、和悦、言说之义。本卦主要阐释师生相互交流、各抒已见，寓教于乐的道理。

【58.1】

兑：亨，利贞①。

〖注释〗

①贞：守正。

〖译文〗

兑卦象征喜悦：亨通，有利于坚守正道。

〖解说〗

“泽以润生万物，所以万物皆说。”故“兑”象征喜悦。使人喜悦，当然亨通，但动机应当纯正，坚守正道，免于邪谄，才会有利。

【58.2】

《彖》曰：兑，说①也。刚中而柔外②，说以“利贞”，是以顺乎天而应乎人。说以先③民，民忘其劳。说以犯④难，民忘其死。说之大，民劝⑤矣哉！

〖注释〗

①说：通“悦”，喜悦。②刚中而柔外：指“九二”和“九五”都是以阳爻居于上下卦的中位，“六三”和“上六”都是阴爻并且在外面。③先：引导。④犯：战胜。⑤劝：勉励。

〖译文〗

《彖传》说：兑，就是喜悦。君子待人接物内心刚强而外表柔顺，能让人喜悦贵在“坚守正道”，所以能够上顺天意，下应人心。凡事以百姓的喜悦为先，百姓就会忘记劳苦。以喜悦来战胜困难，百姓就会舍生忘死。喜悦之道的伟大作用，就在于使百姓奋勉努力！

【58.3】

《象》曰：丽①泽，兑。君子以朋友讲习②。

〖注释〗

①丽：附丽，依附，犹如相连。②讲习：研讨学习。

〖译文〗

《大象传》说：两泽并连，彼此浸润受益，象征着喜悦。君子效法此象，朋友之间要相互讨论学习。

〖解说〗

上下卦都为兑，兑为泽，为口，为喜悦。两泽并连，好像两人口对口讨论问题或一教一学，彼此浸润受益，有欢悦之象。教育工作者从中得到的启示是，教师之间要经常相互探讨教法、学法，集思广益，以便在课堂上左右逢源，进而提高教育教学质量。

【58.4】

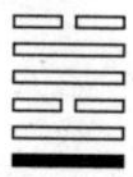

初九：和[①]兑[②]，吉。

《象》曰："和兑"之"吉"，行未疑也。

〖注释〗

①和：温和，和气。②兑：通"悦"，喜悦。

〖译文〗

初九：能以温和喜悦的态度待人，吉祥。

《小象传》说："温和喜悦待人"的"吉祥"，是因为"初九"友善待人，不被人猜疑。

〖解说〗

下卦为兑，兑为少女，为喜悦，故有"和兑"之象。若"初九"发生爻变，则下卦变为坎，坎为加忧，为心病，所以又有"疑"之象。全卦以"六三"和"上六"为兑主，为取悦者，四个刚爻为被取悦者。"初九"以阳爻居阳位，居下得正，与上卦的"九四"无应，但它却不奉承谄媚，而是以正大光明的态度，谦恭和悦待人，自然吉祥无疑。

〖智慧点津〗此爻揭示和悦待人，公正无私吉祥。

〖案例解读〗程芳《拍手歌》寓教于乐。程芳是武汉市东湖高新区语文学科带头人，湖北省第七届青年语文教师阅读教学大赛一等奖获得者，现任教于武汉市光谷第四小学。程芳对人和蔼可亲，授课风趣幽默，深受学生的喜爱。2018年9月15日下午，程芳在"第八届名师优课——全国小学语文部编版教材课堂教学观摩研讨会"上，走上"名师优课"舞台，执教二年级《拍手歌》。其间，她设计了大量的游戏以及学生互动环节，让学生在玩中发现，在发现中学习，让学生在课堂上喜笑颜开，获益匪浅。

【58.5】

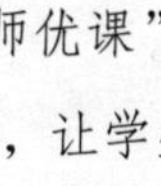

九二：孚[①]兑，吉，悔亡[②]。

《象》曰："孚兑"之"吉"，信[③]志也。

〖注释〗

①孚：诚信。②亡：消失。③信：通"伸"，即伸张。

〖译文〗

九二：心中诚信，和悦待人，吉祥，悔恨消失。

《小象传》说："心中诚信，和悦待人"的"吉祥"，说明"九二"的诚信之志得到了伸张。

〖解说〗

下交互卦为离，离为火，为明，内心光明即为有诚信，故说"孚"。"九二"以阳爻居阴位，居位不正，而且向上亲比阴柔小人"六三"，因此行事有过错。但它刚爻得中，诚实出于刚中，以诚信与人和悦，和而不流，当然吉祥而没有后悔。

〖智慧点津〗此爻揭示和悦待人应诚信。

〖案例解读〗华盛顿砍樱桃树的故事。乔治·华盛顿是美国第一任总统，他小时候非常诚实。有一天，父亲送给他一把崭新的小斧头，他十分高兴。他想：父亲的大斧头能砍倒大树，我的小斧头能不能砍倒小树呢？于是，他抱着试一试和好玩的心态，把花园边上的一棵樱桃树砍倒了。父亲回家后，看见被砍断的小树，非常生气，因为这棵樱桃树是他花了很多钱才买到的。华盛顿看见爸爸很生气，心里虽然害怕被处罚，但还是鼓起勇气承认了错误。父亲被感动了，称华盛顿的诚实比所有樱桃树都宝贵。

【58.6】

六三：来[①]兑，凶。

《象》曰："来兑"之"凶"，位不当也。

〖注释〗

①来：爻自下向上为往，自上来下为来。

〖译文〗

六三：前来取悦于人，有凶险。

《小象传》说："前来取悦于人"的"凶险"，是因为"六三"居位不当。

〖解说〗

"六三"是内卦的主爻，它以阴爻居阳位，不中不正，象征缺乏诚信之德。它在外卦又无相应，因而，只好以不正当的手段取悦上下的四个阳爻。但"初九"刚正，"九二"居中，"九四"与之划清界限，"九五"中正，均不受其摆布。"六三"无才无德，四处讨好，巧言令色谋取私利，终将如昙花一现，成为大众鄙视唾弃的对象，十分凶险。

〖智慧点津〗此爻揭示和悦待人应正当，而非谄媚。

〖案例解读〗小学老师做微商，拉家长买产品被立案查处。2020年6月29日，几位学生家长拿着一沓微信截图证据材料来到浙江省乐清市纪委市监委派驻市教育局纪检监察组，投诉孩子的老师沉迷于做微商。接到举报后，该组联合市教育局机关纪委迅速展开调查。经查，自2018年年底起，乐清某小学教师王某在某网络交易平台从事微商经营活动，通过推荐产品赚取提成。从2020年2月开始，王某通过微信朋友圈从事一种名为“X教授”减肥产品的网络营销活动，甚至在上班时间也开展微商兼职经营活动，部分学生家长由其介绍加入微信购物群或实际购买产品。由于违规从事“微商”经营活动，王某被立案查处。

【58.7】

九四：商①兑，未宁，介②疾③有喜④。

《象》曰：“九四”之“喜”，有庆也。

〖注释〗

①商：商量，交谈。②介：隔离。③疾：疾病。④喜：病愈。

〖译文〗

九四：心中思虑所喜悦之事不能安宁，远离邪疾必有喜庆。

《小象传》说：“九四”的“喜悦”，令人庆幸。

〖解说〗

上交互卦为巽，巽为风，风可进可退，故有“未宁”之象。“六三”至“上六”构成大坎卦，坎为加忧，为心病；上卦为兑，兑为喜悦，所以又有“介疾有喜”之象。“九四”以阳爻居阴位失正，其夹在君子“九五”与小人“六三”之间难以抉择。起初，它经受不住“六三”的诱惑，意乱情迷。后来，它毅然与“六三”划清界限，就像治愈小病，终于获得喜悦。

〖智慧点津〗此爻揭示和悦待人应坚守正道，断然去恶。

〖案例解读〗特级教师倡议“过节不收礼”。每逢教师节，都有学生和家长挖空心思给老师送礼，这让不少老师十分为难。2006年9月7日，南京浦口区教育局召开教师节座谈会，会上，南京行知小学校长、特级教师杨瑞清代表南京市浦口区部分教师发出一份倡议书，倡导全区教师在教师节来临之际，“奉献爱心，拒绝收礼”。此举让人拍手称快，实乃“商兑，未宁，介疾有喜”。

【58.8】

九五：孚于剥①，有厉②。

《象》曰：“孚于剥”，位正当也。

〖注释〗

①剥：剥蚀。②厉：危险。

〖译文〗

九五：施诚信于剥蚀阳刚的“上六”，有危险。

《小象传》说：“施诚信于剥蚀阳刚的‘上六’”（有危险），是因为“九五”正处君位。

〖解说〗

“剥”指阴爻“上六”将阳爻“九五”剥蚀。“上六”阴柔，为“兑”卦之主而处“悦”之极。“九五”阳刚居君位，且得乎中正，与“上六”最为亲近，有被其蒙蔽的危险。“九五”如果真的轻信他，受其谄媚和引诱，就会沉迷于无端的欢悦之中，异常凶险。

〖智慧点津〗此爻揭示居上位者，应谨防巧言令色的诱惑。

〖案例解读〗吉林原总督学受贿千万被捕。2001 年至 2009 年，于某昌利用担任吉林省高校党工委副书记、省教育厅副厅长、省政府教育督导团总督学的职务之便，单独或伙同他人在学生择校、考试录取、调剂专业等方面为他人谋取利益，多次非法收受或索取他人财物共计 953 万元。最后，法院判处其无期徒刑。据悉，他从收受贿赂 1 万元开始，逐渐沉迷于贪欲而陷入泥潭。“孚于剥”“伸手必被捉”，广大党员干部应以此为戒，避免重蹈其覆辙。

【58.9】

䷹

上六：引①兑。

《象》曰：“上六引兑”，未光②也。

〖注释〗

①引：引诱。②光：光大。

〖译文〗

上六：引诱别人一同愉悦。

《小象传》说：“上六引诱别人一同愉悦”，说明它的喜悦之道尚未发扬光大。

〖解说〗

“上六”以阴爻居阴位，当位得正，是上卦的主爻。但它处兑卦之极，本性阴柔而没有才德，又喜欢阿谀奉承引诱下方的两个阳爻。不过，这种取悦于人的手段，毕竟不是光明正大的，因而最终不会有好的下场。

〖智慧点津〗此爻揭示不可不择手段取悦于人。

〖案例解读〗校外小卖店“抽奖”引诱学生。随州市内某些学校门口的小卖部经常有类似于抽奖、砸蛋之类的带有“赌博”性质的活动，诱导中小学生拿着零花钱去购买，说是会有 1 至 20 元的现金奖品，其实中奖概率非常小。这些活动既不利于学生的身心健康，又滋长了攀比之风，还极易荒废学生的学业。因而，相关部门应加强校园周边环境的安全监管，还学生一个绿色健康的学习环境。

59. 涣卦第五十九——师德涣散

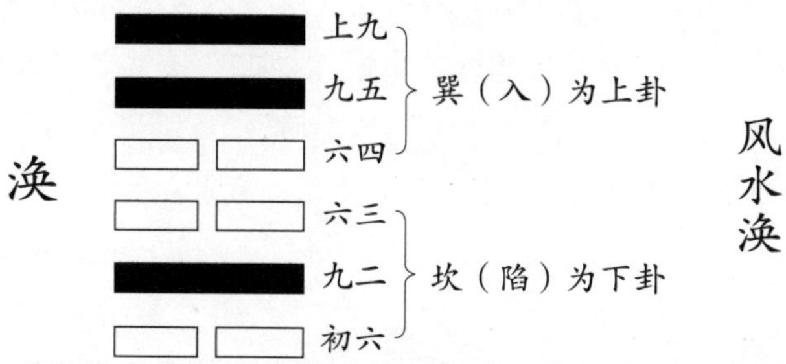

导读 “忧劳可以兴国，逸豫可以亡身。”教育工作者要志存高远，自觉抵制各种消极影响，永不懈怠，永远保持积极的工作态度。

卦体下坎上巽。巽为风，坎为水，风行水上，有水波离散之象。“涣”，本义指水向四处流散；卦义为涣散、离散，象征组织和人心涣散。本卦主要阐释学校管理者要加强教师道德修养，凝聚人心的道理。

【59.1】

涣：亨，王假①有②庙。利涉大川，利贞。

〖注释〗

①假：通“格”，至，达到。②有：于。

〖译文〗

涣卦象征涣散：亨通，贤明的君王来到宗庙举行祭祀，以消灾祈福。有利于渡过艰难险阻，有利于坚守正道。

〖解说〗

涣是冰融解破裂，水波离散，犹如喜悦使郁闷涣散，所以卦辞说“亨”。上卦为巽，巽为木；下卦为坎，坎为水，象征木舟行在水上，所以卦辞又说“利涉大川”。卦中“九五”是济涣的主体和核心。当天下离散之时，君王应以至诚的态度，到宗庙祈祷，获得神的保佑，从而凝聚人心，共克时艰。要想聚合人心，必须“利贞”，才可大可久。

【59.2】

《彖》曰：涣，“亨”，刚来而不穷①，柔得位乎外而上同②。“王假有庙”，王乃在中③也。“利涉大川”，乘木有功④也。

〖注释〗

①刚来而不穷：指涣卦由否卦演变而来，“九四”阳爻来到下卦“六二”的位置，使“六二”变成“九二”，这叫“刚来”，即上卦（外卦）的阳爻来到了下卦（内卦），这样原来否卦处于上下阻塞不通的穷困状态得到改变，因而叫“不穷”。②柔得位乎外而上同：是指否卦的“六二”阴爻，由内卦跑到了外卦，“九四”变成了“六四”，“六四”以阴爻居于阴位，当位，所以叫“得位乎外”。“上同”，是指“六四”顺承“九五”之君。④乘木有功：涣卦上巽为木，喻船；下卦为坎，为水。乘舟可以渡河，故言“利涉大川”。

〖译文〗

《彖传》说：涣散可致“亨通”，是因为刚爻“九二”从上卦下来居于下卦中位，具有刚中之德，所以不穷困，柔爻“六四”居位得当而与同在外卦的“九五”刚爻同心同德。“君王亲自到宗庙祭祀”，是说君王“九五”在外卦中位，具有中正之德，可以团结大家济涣。“有利于渡过艰难险阻”，是说乘着木舟过河会成功。

【59.3】

《象》曰：风行水上，涣。先王以享①于帝立②庙。

〖注释〗

①享：祭祀。②立：建立，设立。

〖译文〗

《大象传》说：风吹行水上，水波四处漂荡，象征着涣散。古代君王效法此象，隆重地祭祀上帝，建立宗庙，从而凝聚人心。

〖解说〗

风吹行水上，水波四处扩散，有涣散之象。如何凝聚人心？古时最有效的办法就是对天帝、神灵和先祖展开祭祀活动。因而，教育工作者从中得到的启示是，要经常组织学生开展各种德育实践活动，提升凝聚力，并引导其求真、求善、求美，树立正确的世界观、人生观和价值观。

【59.4】

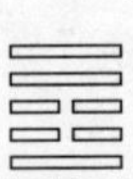

初六：用拯①马壮，吉。

《象》曰：“初六”之“吉”，顺②也。

〖注释〗

①拯：拯救。②顺：阴爻“初六”顺从于居上位的阳爻“九二”。

〖译文〗

初六：涣散时借助健壮的好马，尽力拯救可获吉祥。

《小象传》说：“初六”的“吉祥”，是因为它能够顺承“九二”。

〖解说〗

下卦为坎，坎为险，为美脊马；下交互卦为震，震为动，故有“马壮”之象。“初六”处涣散之初，坎险之下，涣散还不严重，还较易于拯救。但它资质阴柔无力，加之与“六四”敌应无援，没有能力济涣。幸而，它紧邻“九二”这匹阳刚壮马，能顺而从之，所以最终安然无恙，可获吉祥。

〖智慧点津〗此爻揭示为挽救涣散局面，应尽早采取对策。

〖案例解读〗保康一中：主动作为打好“预防针”，多措并举严防“暑期病”。每年暑假是谢师宴、有偿补课等学校“暑期病”的高发期。为持续深入落实国家“双减”政策，坚决杜绝“违规吃喝”等“四风”问题，保康县第一中学党委主动作为，多措并举，为全校200多名教职工打好“预防针”。一是压实主体责任，延伸监督触角；二是强化警示教育，增强“集体免疫”；三是开展个别谈话，及时打上“强心针”。此举有力打消了个别教师麻痹、松懈的思想，规范了他们的从教行为，实乃“用拯马壮，吉”。

【59.5】

九二：涣奔其机①，悔亡。

《象》曰：“涣奔其机”，得愿也。

〖注释〗

①机：通“几”，几案。

〖译文〗

九二：涣散之时直奔可以作为依靠的几案，悔恨便会消失。

《小象传》说：“涣散之时直奔可以作为依靠的几案”，是说君子安全如愿以偿。

〖解说〗

下交互卦为震，震为足，为动，故有“奔跑”之象。“九二”以阳爻居阴位不正，会有后悔。不过，“九二”本身居于中位，具有持守中正的本性，虽处于险中，但不轻易冒进，可以使预料中的后悔消失。“初六”以“九二”为“壮马”，“九二”以“初六”为“机”，两者阴阳相合相聚，得以安然渡过险难，使预料中的后悔消除。

〖智慧点津〗此爻揭示为挽救涣散局面，应借力团结共进。

〖案例解读〗教育联盟出成效。陕西省宝鸡市自2016年启动城乡教育联盟，通过“合纵连横”、共建共享，建“朋友圈”，搭“立交桥”，走出了一条城乡一体、优质均衡发展的新路子。城乡教育联盟运行以来，示范校和农村薄弱学校资源共享，差异共融，有力推动了全市教育均衡发展。据悉，一大批农村薄弱学校乘机“涣奔其机”，脱颖而出，办学水平和教育质量大幅提升，成为老百姓家门口的好学校。

【59.6】

☴☵ **六三：涣其躬[①]，无悔。**

《象》曰：“涣其躬”，志在外也。

〖注释〗

①躬：自身。

〖译文〗

六三：涣散其私心，没有什么悔恨。

《小象传》说：“涣散其私心”，说明君子志在向外发展。

〖解说〗

下卦为坎，坎为弓轮，与人身背脊为弓形相似，故有“涣其躬”之象。“六三”以阴爻居阳位，不中不正，本来自私自利，才干不足，会有悔恨。所幸，它能去私改过，敞开胸怀向外寻求志同道合者，与“上九”阴阳相应，以共同济助时弊，必然会使后悔消失。

〖智慧点津〗此爻揭示挽救涣散局面，要忘身无私。

〖案例解读〗陈立群树学校新风。陈立群曾担任浙江省杭州学军中学校长，曾获“浙江省第十八届春蚕奖”“时代楷模”“全国优秀共产党员”等荣誉称号。2016年，陈立群退休后自愿担任贵州省黔东南苗族侗族自治州台江县民族中学校长，不拿一分钱工资、奖金和生活补助。上任伊始，他发现学校管理涣散，教师队伍松弛，教风和学风较差——“早自习稀稀拉拉，晚自习吵吵闹闹，老师上课敷衍了事”。为了尽快扭转这种局面，他开始大刀阔斧地推行改革，如开除不合格的老师，整治课堂和自习纪律等。几个月后，学校风气大为改善，各项工作逐步走向正轨，呈现出欣欣向荣的可喜景象。这真是“涣其躬，志在外也”的生动注解。

【59.7】

☴☵ **六四：涣其群[①]，元吉。涣有丘[②]，匪[③]夷[④]所思。**

《象》曰：“涣其群，元吉”，光大也。

〖注释〗

①群：朋党。②丘：山丘，这里比喻人群聚集。③匪：通“非”，不。④夷：平，平常。

〖译文〗

六四：涣散他的朋党，大吉大利。涣散小群体而凝聚成山丘般的大集体，这不是常人能想象得到的，所以非常吉祥。

《小象传》说：“涣散他的朋党，大吉大利”，说明“六四”品德光明正大。

〖解说〗

上交互卦为艮，艮为山，故说“涣有丘”。人和人之间相处久了，会形成小团体、小帮派等狭隘利益圈，只有铲除这些毒瘤，才能弘扬正气，凝聚人心。“六四”与“初六”无应，象征他能摒弃私心。“六四”以阴爻居阴位得正，上接“九五”之君，说明他能以柔顺谦恭之德，和中正之君“九五”合力解决人心涣散的弊端。“君子喻于义，小人喻于利”，“九四”作为拯救涣散的重臣，能恪守公道和正义，让群众聚结得像山丘，这不是常人所能想得到的，所以非常吉祥。

〖智慧点津〗此爻揭示为挽救涣散局面，应摒弃私心，顾全大局。

〖案例解读〗包全杰树东方红小学新风。包全杰是辽宁省凤城市教育局原局长，东方红小学原校长、特级教师。在任该校校长之初，学校校舍破旧，操场狭窄，教职工中派系严重。为了治理这些乱象，他先建立周末例会制度，表扬先进，批评不足，注重和有情绪的教师沟通；又组织制定了《教师在校行为规范》等。接着号召社会各界人士集资办学，改善学校硬件设施。经过他的不懈努力，没过多久，学校面貌和风气焕然一新。

【59.8】

九五：涣汗其大号①，涣王居②，无咎。

《象》曰：“王居，无咎”，正位也。

〖注释〗

①大号：君王的命令。②居：积累的财富。

〖译文〗

九五：像涣散汗水一样发布君王的命令，广散君王的积财以聚合民心，没有灾祸。

《小象传》说：“广散君王的积财没有祸患”，是因为君主地位得当。

〖解说〗

上卦为巽，巽为风，风吹拂大地，故有“大号”之象。上交互卦为艮，艮为止，所以又有“居”之象。汗流出后就不能再取回，疾病也会消失，君王的命令也是如此。

“九五”以阳爻居阳位，有中正之德和君临天下之象。当天下涣散之时，君王像发汗一般发号施令，令出必行；又能散发积财，乐善好施，收获民心，如此涣散必然没有祸害。

〖智慧点津〗此爻揭示为挽救涣散局面，领导者应英明决策，惠泽大众。

〖案例解读〗教育部发文消灭本科“水课”。2019年10月31日，教育部印发《教育部关于一流本科课程建设的实施意见》，规定高校要全面开展一流本科课程建设，提出淘汰“水课”、打造“金课”、取消“清考”、教授上课等硬规定。此举有利于大学广大师生增强危机意识，促进各校本科教育教学质量的提高。

【59.9】

䷺

上九：涣其血①去②，逖③出，无咎。

《象》曰：“涣其血”，远害也。

〖注释〗

①血：通“恤”，忧患。②去：除去。③逖（tì）：通“惕”，惊惧。

〖译文〗

上九：摆脱流血之伤，消除惊吓，没有灾祸。

《小象传》说：“摆脱流血之伤”，是说“上九”已经远离危害。

〖解说〗

下卦为坎，坎为水，为血，为忧愁；“上九”远离坎险中相应的“六三”，故有“涣其血去，逖出”之象。“上九”处于涣卦之终，物极必反，涣散至极则四方聚合，忧患消失。它距离下卦“坎”的险陷最远，自然不会受到流血的伤害和忧惧的困扰。所以，远离可能受伤的场所，就不会有灾难。

〖智慧点津〗此爻揭示涣极则聚，远害无患。

〖案例解读〗“路队放学”保平安。湖北省仙桃市大新路小学，学生人数众多。它位于繁华的城区中心，街上商铺林立，车水马龙，川流不息。特殊的地理位置，给学生的出行带来了极大的安全隐患。为了破解这一难题，学校在校园设置了警示门，镌刻了警示语和提示语，设计了《学生行为规范七不准》《学生行为规范十要十不要》《上学、放学歌》等一系列文化橱窗，还联合交警部门成立了交警护学岗，联合城管部门取缔了流动摊点。同时，学校还出台了《关于规范路队放学秩序确保学生安全的管理办法》。长期的坚持让放学队伍自由散漫、吵闹杂乱的陋习烟消云散，取而代之的是快、齐、静，这些举措确保了学生出行的安全。

60. 节卦第六十——恰当节制

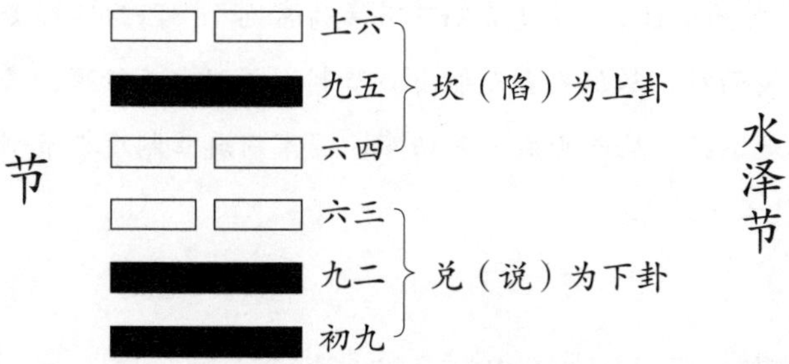

导读 “历览前贤国与家，成由勤俭破由奢。”教育工作者应廉以立身，俭以养德，以自己的言行教育学生养成节俭的美德，培育良好的社会风尚。

卦体下兑上坎。坎为水，兑为泽，泽上有水，有水漫堤坝之象。“节”，本义指竹节，有止的含义，卦义为节制，节俭等。本卦主要阐述教师在修身治学、教学管理等方面应适当节制的道理。

【60.1】

节：亨。苦节①，不可贞。

〖注释〗

①苦节：以节约、节制为苦，过度节制。

〖译文〗

节卦象征节制：亨通。但过度节制不可奉为常则。

〖解说〗

节制是美德，善节则政通人和，国泰民安。反之则劳民伤财，苦不堪言。因而，我们只有谨守节制的中道，随机应变，才不会痛苦，真正实现节制的目标。

【60.2】

《彖》曰：节，“亨”。刚柔分而刚得中①。“苦节，不可贞”，其道穷也。说以行险②，当位以节，中正以通。天地节而四时成。节以制度，不伤财，不害民。

〖注释〗

①刚柔分而刚得中：指本卦有三个阳爻和三个阴爻，刚柔各半，并且“九五”和“九二”都是以阳爻居于上下卦的中位。②说以行险：节卦下卦为兑，为说（“说”通“悦”）；上卦为坎，为险，故言“说以行险”。

〖译文〗

《彖传》说：节制可获“亨通”。卦中三个阳爻与三个阴爻均衡相分，而“九五”和“九二”刚爻分别居于上下卦的中位。“过度节制不可奉为常则”，因为这样必然走向穷途末路。君子遇险却能微笑面对，居位妥当而能自我节制，并以中正行事，必将畅通无阻。天地有节制、有规律地运行，从而形成一年四季。国家用典章制度来节制，就不会浪费钱财，伤害百姓。

【60.3】

《象》曰：泽上有水，节。君子以制数度①，议②德行。

〖注释〗

①数度：各种等级的礼仪和规范。②议：评议。

〖译文〗

《大象传》说：大泽上面有水，象征着以堤防来节制。君子效法此象，制定各种等级的礼仪和规范，来评议人的道德和品行。

〖解说〗

大泽上面有水，随时会泛滥成灾，因此要筑堤加以防范，有节制之象。教育工作者从中得到的启示是，教育主管部门要根据实际需要制定各种规章制度，规范师生行为。同时，各级各类学校也不要巧立各种名目乱收费，增加学生和家长负担。

【60.4】

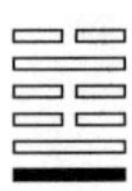

初九：不出户庭①，无咎②。

《象》曰：“不出户庭”，知通③塞也。

〖注释〗

①户庭：一扇门的房屋，住房的内院。②咎：灾祸。③通：通畅。

〖译文〗

初九：不走出庭院，没有灾祸。

《小象传》说：“不走出庭院”，说明知晓通则当行、阻则当止的道理。

〖解说〗

下交互卦为震，震为动，引申为行走；上交互卦为艮，艮为止，为门阙，引申为行动受阻，故有“不出户庭”之象。“初九”以阳爻居阳位，阳刚得正，有向上进取的能力，但时机尚未成熟。因为它位于节卦之初，向上既和“六四”坎险相应，又前有“九二”阻拦。“初九”能审势自我节制，不走出庭院，这样小心谨慎，自然不会有什么灾难。

〖智慧点津〗此爻揭示节制之初应慎行守正、自我约束。

〖案例解读〗钱钟书“闭门谢客”读书。钱钟书，字默存，号槐聚，是中国现代著名学者、作家。他很少与人交往，几乎整日闭门不出，“一心只读圣贤书”。他不愿回复友人书信，不愿意被过多溢美之词包围。正如杨绛所说，他只想踏踏实实做学问，低调做事。“木秀于林，风必摧之；行高于人，众必非之”。钱先生深知此理，甘于恬淡寂寞，著书立说，又怎么会有过错呢？

【60.5】

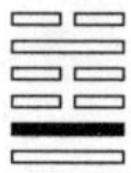

九二：不出门庭[①]，凶。

《象》曰：“不出门庭，凶”，失时极也。

〖注释〗

①门庭：两扇大门的房屋，住房的外院。

〖译文〗

九二：因过分节制而不跨出大门庭院，会有凶险。

《小象传》说：“因过分节制而不跨出大门庭院，会有凶险”，说明“九二”彻底地丧失了时机。

〖解说〗

“不出门庭”取象和“初九”相同。“九二”以阳爻居阴位失位不正，有节制不当之象。它阳刚得中，前有二阴开路，已经可以外出。然而，它顾及上卦没有“九五”与之相应，不知道变通，仍然节制，不走出外院，所以凶险。

〖智慧点津〗此爻揭示节制不可错失时机。

〖案例解读〗课中驱赶小麻雀。李玉成是深圳市仙桐实验小学教师发展中心主任。他自述某次在讲作文时，一只麻雀突然飞进教室，东躲西藏，引起了孩子们的骚动。但是他毫不在意地将其驱赶出去。事后，在写教学反思时，他反思道：能不能停下来让学生观察一下麻雀的外形、飞来飞去的神态？同学们的各种表情？想像一下它的生活习性？闯进来的原因？然后再写一篇观察日记。“机不可失，时不再来”，如果我们每个教师善于捕捉教育契机、抓住机会，就会收到绝佳的教育效果。

【60.6】

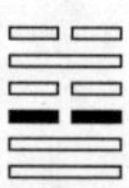

六三：不节若，则嗟[①]若[②]，无咎。

《象》曰：“不节”之“嗟”，又谁“咎”也？

〖注释〗

①嗟：叹息。②若：语助词。

〖译文〗

六三：不能自我节制，就嗟叹自悔，没有灾祸。

《小象传》说："不能自我节制"而导致的"嗟叹自悔"，又有谁会去"责怪"他呢？

〖解说〗

下卦为兑，兑为口，为喜悦，故有"嗟"之象。"六三"以阴爻居阳位，不中不正，违背节制之道；它前有"六四"阻挡，上与"上六"无应，又下乘"九二"阳刚无助，还处"兑"极，以致不能节制，乐极生悲，嗟叹不已。然而，如果它能悔悟，改过自新，那么又有谁会再去责怪他呢？

〖智慧点津〗此爻揭示当节不节有凶险，而反省则可以免灾。

〖案例解读〗海南一小学老师醉驾被警方查获。2022 年 3 月，儋州市一小学在职教师因涉嫌醉酒驾驶被警方查获。交警执法过程中，发现该车驾驶员浑身酒气、神色慌张，有饮酒后驾驶机动车的嫌疑，遂立即要求驾驶员下车配合检查。经核查，该驾驶员为小学老师。经血液检测，该教师血液内乙醇浓度为 210mg/100ml，其行为已经构成涉嫌危险驾驶罪。目前，儋州警方已依法对该教师采取刑事强制措施，并作出吊销其机动车驾驶证、5 年内不得重新考取的行政处罚决定。"作为一名人民教师，理应带头当好遵纪守法的模范和表率。"该教师非常后悔地说道。

【60.7】

䷻

六四：安节，亨。

《象》曰："安节"之"亨"，承①上道也。

〖注释〗

①承："六四"柔顺遵从上位的"九五"。

〖译文〗

六四：心安理得地节制，亨通。

《小象传》说："心安理得地节制"带来"亨通"，是由于它谨守尊上之道。

〖解说〗

上交互卦为艮，艮为山，为止，安如泰山，故有"安节"之象。"六四"以阴爻居阴位，柔顺得正，在上方承接卦主"九五"，能够顺应规律，安守本分，心安理得地节制，所以天下康泰，亨通无比。

〖智慧点津〗此爻揭示节制应心安理得。

〖案例解读〗教授有车不开，十余年来每天步行 10 公里上班。高凯征是辽宁大学教授，辽宁广告职业学院院长。他放着豪车不坐，每天坚持步行 10 至 15 公里上班，即使刮风下雨也不间断。面对误解，他坚持“走自己的路，让别人去说吧”。步行，使他走出了健康，走出了习惯，也走出了理性和境界。正如他所说：“放弃享受，绿色出行，是一件善事，更是一种美德。”此实乃“安节，亨”。

【60.8】

䷻

九五：甘[①]节，吉。往有尚[②]。

《象》曰：“甘节”之“吉”，居位中也。

〖注释〗

①甘：甜美、愉快。②尚：赞扬。

〖译文〗

九五：甜美愉快地节制，吉祥。往前行动，会得到别人的赞扬。

《小象传》说：“甜美愉快地节制是吉祥的”，是因为“九五”所居既中且正。

〖解说〗

下卦为兑，兑为口；若“九五”发生爻变，则上卦变为坤卦，坤为土，其味甘，故有“甘节”之象。“九五”以阳爻居阳位，既中且正，在君位，为节卦之主，能恰如其分地施行节制。他能以王者之尊，自奉节俭，治国理政，“节以制度，不伤财，不害民”，必将使百姓甘之如饴，自然能获得他们的大力拥护。

〖智慧点津〗此爻揭示节制应以中正为本，率先垂范。

〖案例解读〗梅贻琦“甘节”治校。梅贻琦在担任清华大学校长期间，始终坚持勤俭办学，廉洁治校。他说：“让我管这个家，就得精打细算。”作为一校之长，他凡事率先垂范，主动放弃校长享受的免交电话费、免费拉两吨煤、免费雇佣家庭帮工等“特权”。他终身从事教育事业，担任过多处要职，但始终公私分明，绝不苟取分文。晚年患病期间，他甚至无力支付医药费，靠清华校友募集的部分资金，才渡过了难关。去世后，其随身携带的手提包里没有任何值钱的财物，有的只是清华基金的账目，一笔笔非常清楚，令在场者无不落泪。他两袖清风，治校有方，被誉为清华的“终身校长”，有道是“甘节，吉”。

【60.9】

䷻

上六：苦节，贞[①]凶，悔亡。

《象》曰：“苦节，贞凶”，其道穷[②]也。

〖注释〗

①贞：守正。②穷：尽，这里指“上六”居于最上位。

〖译文〗

上六：极端节制，令人痛苦，应当坚守正道以防止凶险，悔恨就会消失。

《小象传》说："极端节制，令人痛苦，应当坚守正道以防止凶险"，因为这种节制必然导致穷途末路。

〖解说〗

"九二"至"九五"构成大离卦，离为火，火向上燃烧产生苦味，故有"苦节"之象。"上六"处节卦之极，极端的节制，会令人痛苦不堪，走向穷途末路。然而，它又以阴爻居阴位，当位得正，因此守正就可以避免危险。

〖智慧点津〗此爻揭示过分节制则适得其反。

〖案例解读〗教师"带病上岗"。近些年来，少数教师坐着轮椅上课，挂着吊瓶上课，拉着绳子上课……有的平安无事，有的猝死在工作岗位。他们默默无闻，撑起了基础教育的一片蓝天。在以人为本的时代背景下，这种精神固然可嘉，但不宜提倡，毕竟敬业不等同于忽视自己的健康，甚至牺牲自己的生命。

61. 中孚卦第六十一——诚信立身

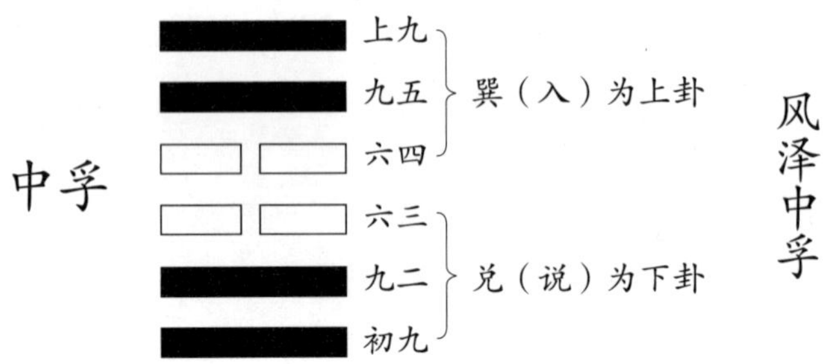

导读 "人而无信，不知其可也。"教育工作者应教育学生诚实守信，努力做"一个高尚的人，一个纯粹的人，一个有道德的人，一个脱离了低级趣味的人，一个有益于人民的人"。

卦体下兑上巽。巽为风，兑为泽，泽上有风，风施泽受，犹诚之感于中；又巽为顺，兑为悦，和悦而逊顺，皆为中心诚信之象。卦形外实内虚，"九二"与"九五"阳爻居中位，比喻心中诚信。"中孚"，卦义为心中诚信；孚，本义是孵，孵卵不能延误日期，有信的含义。本卦主要阐释师生诚信立身的道理。

【61.1】

中孚：豚鱼①吉。利涉大川，利贞。

〖注释〗

①豚（tún）鱼：小猪和小鱼，古人认为他们愚钝无知。

〖译文〗

中孚卦象征心中诚信：诚信感化愚钝无知的小猪和小鱼，吉祥。有利于渡过艰难险阻，有利于坚守正道。

〖解说〗

“唯天下至诚，为能经纶天下之大经，立天下之大本，知天地之化育。”诚信可以感化“豚鱼”这样的冥顽之物。本卦上卦为巽，为木；下卦为兑，为泽，木在泽上，象征舟楫行于泽水之上，可以冒险犯难，故言“利涉大川”。然而，诚信必须以坚守正道为先决条件，否则与邪恶之徒朋比为奸，只会事与愿违。

【61.2】

《彖》曰：中孚，柔在内而刚得中①。说而巽②，孚乃化邦也。“豚鱼吉”，信及豚鱼也。“利涉大川”，乘木舟虚③也。中孚以“利贞”，乃应乎天也。

〖注释〗

①柔在内而刚得中：指“六三”和“六四”以阴爻居于卦内，“九五”和“九二”则以阳爻分别居于上下卦的中位。②说而巽：中孚卦下卦为兑，兑为悦（“说”通“悦”，喜悦）；上卦为巽，巽为逊（“巽”通“逊”，谦逊）。③乘木舟虚：指中孚卦上卦为巽，巽为木，下卦为兑，兑为泽，木在水上，故有乘中空的独木舟的象征，故言“乘木舟虚”。

〖译文〗

《彖传》说：心中诚信，说的是“六三”和“六四”以柔爻居于内部，而“九五”和“九二”则以刚爻分别居于上下卦的中位，也就是说君子能心怀柔顺而外在刚健。他对人和悦又谦虚，如此诚信就可以教化整个国家。“祭祀小猪和小鱼，吉祥”，是说诚信连愚钝无知的小猪、小鱼都感化了。“有利于渡过艰难险阻”，是说乘坐中空的木船渡河，将畅行无阻。中孚卦适宜“坚守正道”，这是顺应自然规律。

【61.3】

《象》曰：泽上有风，中孚。君子以议狱①缓死。

〖注释〗

①议狱：审理刑事诉讼案件。

〖译文〗

《大象传》说：和风吹动着泽水，象征着心中诚信。君子效法此象，反复审理狱案，宽缓死刑。

〖解说〗

和风吹动着泽水，风施泽受，有诚信感化之象。教育工作者从中得到的启示是，对严重违反校纪校规或犯罪的学生，要反复讨论，调查清楚后作出恰当决定，并尽量缓慢执行。

【61.4】

初九：虞①吉，有它不燕②。

《象》曰：初九“虞吉”，志未变也。

〖注释〗

①虞：预料，考量。②燕：通“晏”，安。

〖译文〗

初九：可以预料获得吉祥，如果另有他求，就不会心安。

《小象传》说：初九“可以预料获得吉祥”，是因为它诚信的初衷，并没有改变。

〖解说〗

下卦为兑，兑为喜悦，引申为安乐；上交互卦为艮，艮为停止，阻止安乐，故有“不燕”之象。“初九”以阳爻居阳位当位得正，处诚信之初，即能心无旁骛，获得吉祥。如果另有心机，就会失去他人的信赖，自己内心忐忑不安。“初九”与“六四”相应，必须忖度对方心思，一旦相信，就应当坚信到底，矢志不渝。

〖智慧点津〗此爻揭示诚信之初应当慎重、专一。

〖案例解读〗宋濂还书守时。明代大学问家宋濂小时候很喜欢读书，但是家里很穷，没钱买书，只好向别人借。每次借书，他都说好期限，按时还书，从不违约，人们都乐意把书借给他。一次，他借到一本书，越读越爱不释手，便决定把它抄下来。可是还书的期限快到了。他只好连夜抄书。时值隆冬腊月，滴水成冰。他母亲说：“孩子，都半夜了，天这么冷，天亮再抄吧。人家又不是等这本书看。”宋濂说：“不管人家等不等这书看，到期限就要归还，这是信用问题，也是尊重别人的表现。如果说话做事不讲信用，失信于人，怎么可能得到别人的尊重呢？”试想一下，如果宋濂不诚信待人，“有它不燕”，后来又怎会成为“开国文臣之首”“明初诗文三大家”之一呢？

【61.5】

九二：鸣鹤在阴①，其子和②之。我有好爵③，吾与尔④靡⑤之。

《象》曰：“其子和之”，中心愿也。

〖注释〗

①阴：通“荫”，即树荫。②和（hè）：相应。③爵：酒杯，这里代指美酒。④“尔”：你。⑤靡（mǐ）：又作“縻”，系恋、分散、共享的意思。

〖译文〗

九二：老鹤在树荫下鸣叫，小鹤声声应和。两者诚信相合，就像我有美酒，与你共同畅饮。

《小象传》说：“小鹤声声应和老鹤”，说明它们表露出了心灵相通的意愿。

〖解说〗

全卦中间似离卦，离为雉鸡，与鹤同属鸟禽；下交互卦为震，震为动；下卦为兑，兑为口，鹤出于口，故有“鹤鸣”“和之”之象。又下交互卦为震，震为缶，似爵，所以又有“爵”之象。“九二”与“九五”，在内外卦都得中且阳刚充实，象征心中诚信；两者虽然远离，但仍能相互呼应。他们诚意共鸣，“心有灵犀一点通”，正如好酒共享，岂不让人痛哉快哉！

〖智慧点津〗此爻揭示诚信要发自内心，才能发挥功用。

〖案例解读〗中孚，九二：徙木立信。春秋战国时期，秦国的商鞅为了推行新的法律，确保变法的成功，采取了一个小策略。他在国都南门立了一根三丈高的木杆，宣布如果有人能够将它搬到北门，将会得到十两黄金的奖励。人们对此议论纷纷，你瞧着我，我瞧着你，就是没有一个人敢上去扛。后来，商鞅把赏金提高到五十两，大家虽然心动，仍然没有人敢去试一试。最终，人群中挤出一个人，他扛起木杆就走，一直把它搬到了北门。商鞅当场分文不少地兑现了奖励。这件事一传十十传百，很快轰动了全国，从此秦国逐步走上了变法图强的道路。

【61.6】

六三：得敌，或[①]鼓[②]或罢[③]，或泣或歌。

《象》曰：“或鼓或罢”，位不当也。

〖注释〗

①或：有时。②鼓：击鼓进攻。③罢：休战败退。

〖译文〗

六三：面临强敌，有时击鼓进攻，有时休战败退，有时因为战败而哭泣，有时由于取胜而欢歌。

《小象传》说：“有时击鼓进攻，有时休战败退”，这是因为“六三”居位不正。

〖解说〗

下卦为兑，兑为口，为泽；下交互卦为震，震为动，为鼓；上交互卦为艮，艮为山，为止，为罢，故有“或鼓或罢，或泣或歌”之象。“六三”以阴爻居于阳位，不正又不中，内心诚信之德缺失。“六三”虽与“上九”相应，但前面有“六四”阻挡，后又有“九二”牵制，进退两难，不知所措，故造成“或鼓或罢，或泣或歌”的情状。此时它唯有安守诚信，才能转危为安。

〖智慧点津〗此爻揭示诚信必须坚定不移，否则会产生祸患。

〖案例解读〗说谎的放羊娃：“狼来了”。从前，有个放羊娃，很喜欢捉弄人，总是爱在山坡上大喊：“狼来了！狼来了！”第一次、第二次，大人们都赶到山上去救他，他却哈哈大笑说：“我是闹着玩的！”大人们很生气，教育他不可以撒谎。然而，第三次，狼真的来了，无论他怎样哭喊，大人们都没有理睬，结果他的羊全被狼吃了。

【61.7】

☴☳

六四：月几望①，马匹②亡③，无咎。

《象》曰：“马匹亡”，绝类上也。

〖注释〗

①几望：接近满月。②匹：两头马。③亡：丢失。

〖译文〗

六四：月亮接近圆满之时，好马失掉了匹配，没有灾祸。

《小象传》说：“好马失掉了匹配”，是说“六四”与同类断绝关系而专心事君。

〖解说〗

“六四”以阴爻居阴位，柔顺得正，是“九五”之君身旁的重臣。在诚贵专一之时，它毅然向上顺承“九五”之君，而断绝与同类“六三”的交往，舍弃“初九”相应之羁绊，就像一对马，失去了匹配，没有灾祸。

〖智慧点津〗此爻揭示诚信应选择正确的对象。

〖案例解读〗尉迟敬德忠心归顺李世民。尉迟敬德本名尉迟恭，字敬德，朔州鄯阳县人。唐朝开国名将，“凌烟阁二十四功臣”之一。隋大业十三年（617），他跟随刘武周起兵，担任偏将。唐武德三年（620），他久闻李世民的英明，和寻相一起归顺唐朝。不久，寻相和刘武周手下的一些旧将相继叛变逃走，唐朝诸将认为尉迟敬德也必然会叛逃，纷纷建议李世民将其杀掉以绝后患。但是李世民力排众议，依然对尉迟敬德十分信任。尉迟敬德被李世民的胸怀所折服，从此死心塌地效命于他，忠心耿耿，不离不弃。此后，他跟随李世民南征北战，大破突厥，讨伐辽东，立下了无数战功，为唐朝的稳定和发展作出了巨大贡献。

【61.8】

九五：有孚挛如[1]，无咎。

《象》曰："有孚挛如"，位正当也。

〖注释〗

①挛（luán）如：手之五指并拢、紧握的样子。

〖译文〗

九五：心存诚信如五指紧握一样，没有灾祸。

《小象传》说："心存诚信如五指紧握一样"，是说"九五"居位中正恰当。

〖解说〗

上交互卦为艮，艮为山，为手指，故有"挛如"之象。"九五"以阳爻居阳位，中正处尊，有至诚至信的品格，是本卦的核心。它阳刚充实，以至诚至信之心广系天下，天下亦以诚信相应。在下方，它又有贤臣"九二"和"六四"辅佐，彼此携手并肩，精诚团结，自然正当而没有灾害。

〖智慧点津〗此爻揭示彼此诚信相待，才能相得益彰。

〖案例解读〗开展诚信校园教育。荣成市是全国征信建设示范市。为加强中小学生诚信教育和信用管理，培育和践行社会主义核心价值观，荣成市第三十五中学试点开展学校诚信教育，对教师和学生实行信用管理。该校根据相关法律法规，制定出台了《荣成市第三十五中学推进中小学生信用管理实施办法》，将教师的德勤能绩和学生的德智体美劳等全部列入征信管理范畴，对师生的各种表现进行评价。此外，学校还设立了征信办，为每一位师生建立信用信息电子档案，及时收集守信和失信事实，褒扬诚信，惩戒失信。师生的信用记录，是教职工评优选模、职称评定的重要依据，也是学生参加各种评优活动、享受各种补助等的重要参考。这大大提高了征信体系的影响力，加强了对师生言行的规范和管理，对教师队伍建设和学生的思想品德教育发挥了重要作用。

【61.9】

上九：翰[1]音登[2]于天，贞凶。

《象》曰："翰音登于天"，何可长也？

〖注释〗

①翰：赤羽的山鸡，即锦鸡，祭天之物。②登：上升。

〖译文〗

上九：鸡叫声上达于天，应当坚守正道以防凶险。

《小象传》说："鸡叫声上达于天"，这种声音虚而不实，怎么可能长久保持呢？

〖解说〗

上卦为巽，巽为鸡；"上九"位居天位，故有"翰音登天"之象。鸡每天晨鸣按时守信，所以这里用它来取象。"上九"以阳爻居阴位，失位不正；还处中孚之极，有诚信过盛而虚伪兴起之象。鸡本是地上之物，现在却想高飞鸣叫于天，声高于情，名实不符，必然昙花一现，凶险无疑。

〖智慧点津〗此爻揭示要讲诚信，不可华而不实。

〖案例解读〗"造假式"迎检该根除了。2013年，自贡市某实验学校以"打造书香校园，扩大学生阅读面"为名，向全校5400余学生借书，数量为每人10—15本。消息一经发出，引来部分家长对借书原因的质疑。据悉，学校借书除了是为打造"书香校园"外，另一个原因是为了迎接省相关部门对该校的检查。因为，学校图书量不够，要借书充数。笔者认为，如此"造假式"迎检，名不符实，既浪费了师生大量的人力、物力和财力，又不利于上级主管部门了解实情和作出正确决策，还严重破坏了学校和政府公信力，实在是"翰音登于天，何可长也？"

62. 小过卦第六十二——适可而止

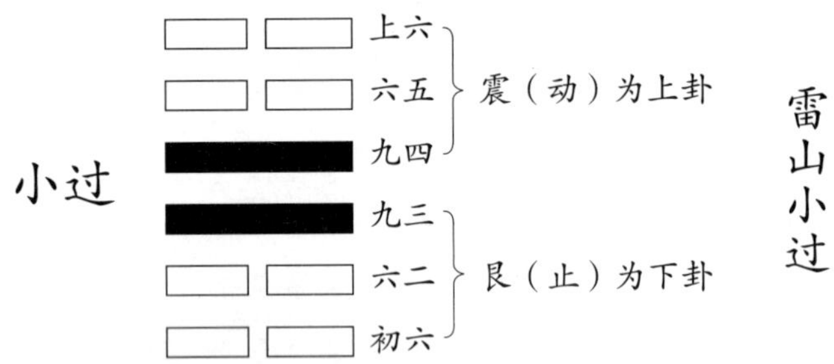

导读 "矫枉总是过正，其实过犹不及。"教育工作者教书育人应因时而变，把握分寸，适可而止，否则得不偿失。

卦体下艮上震。震为雷，艮为山，山上有雷，声音较平常隐约之象。卦象似飞鸟展翅，中间的两个阳爻类似于鸟身，上下的四个阴爻相当于翅膀。卦形四阴二阳，阳为大，阴为小，是阴过度的形象，所以是"小过"。小过，卦义为稍有逾越，造成的是小过失、小差错。"过"，兼有经过、过度和过错三意。本卦主要阐述教师在教学管理等方面应当适度的道理。

【62.1】

小过：亨，利贞。可小事，不可大事。飞鸟遗[1]之音，不宜上宜下，大吉。

〖注释〗

①遗：遗留。

〖译文〗

小过卦象征略为过分：亨通，有利于坚守正道。可以去做日常小事，但不可以干大事。就像飞鸟刚飞过留下余音，不适合逞强向上高飞，而应该向下栖息，如此，大为吉祥。

〖解说〗

“失之毫厘，谬以千里。”日常小事，稍微过度，可以获得亨通。“小过”二阴居中（阳刚失中），所以必须固守正道，只适合做小事，不能谋求大事。这正如鸟不宜往上飞，要往下飞，才能找到安全栖息之地。亦即在稍微过度的时刻，不可以好高骛远，只有脚踏实地，才会大吉大利。

【62.2】

《彖》曰：小过，小者过而亨也。过以“利贞”，与时行也。柔得中[1]，是以“小事吉”也。刚失位而不中[2]，是以“不可大事”也。有飞鸟之象焉，“飞鸟遗之音，不宜上，宜下，大吉”，上逆而下顺也。

〖注释〗

①柔得中：指“六二”和“六五”都是以阴爻居于上下卦的中位。②刚失位而不中：指“九四”以阳爻居于阴位，而且不在中位。

〖译文〗

《彖传》说：小过，是说稍有过度仍可亨通。过度之时，“有利于坚守正道”，是说君子能进退合时。“六五”和“六二”阴爻分别居于上下卦的中位（像人不堪重负），所以“做小事吉祥”。“九四”以阳爻居于阴位失位，它和“九三”都不居中位，所以说“不可以谋划大事”。本卦有飞鸟之象，“飞鸟刚飞过留下余音，不适合逞强向上高飞，而应该安然向下落地，非常吉利”。这是因为向上谋求大事，是逆理而行；而向下安分守己做小事，则是顺理之举。

【62.3】

《象》曰：山上有雷，小过。君子以行过乎[1]恭，丧[2]过乎哀，用[3]过乎俭。

〖注释〗

①乎：于。②丧：办理丧事。③用：日常开支。

〖译文〗

《大象传》说：山上响雷略过平常，象征着小有过度。君子效法此象，因此行为举止要比常人更恭敬，办理亲人丧事应当比常人更哀伤，日常花费比常人更节俭。

〖解说〗

雷在天上的时候，声音很大很远；雷在山上，声音隐约可闻，有小过之象。晁以道曰：“时有举趾高之莫敖，故正考父矫之以循墙。时有短丧之宰予，故高柴矫之以泣血。时有三归反坫之管仲，故晏子矫之以敝裘。虽非中行，亦足以矫世厉俗。”教育工作者从中得到的启示是，在处理日常小事时，要谦逊恭敬，把握好分寸，才能利生利己。

【62.4】

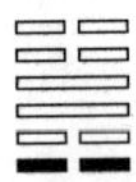

初六：飞鸟以凶[1]。

《象》曰：“飞鸟以凶”，不可如何也。

〖注释〗

①以：将，有。

〖译文〗

初六：飞鸟逆势向上强飞，将会出现凶险。

《小象传》说：“飞鸟逆势向上强飞，将会出现凶险”，这是其咎由自取，无可奈何。

〖解说〗

本卦卦形如飞鸟展翅，全卦缩小即是坎卦，坎为险陷，故有“飞鸟以凶”之象。“初六”以阴爻居阳位失正，位卑才弱，本应该向下安居，但他倚仗与上卦的“九四”相应，不顾“九三”的阻挡，一心朝上高飞。如此好高骛远，不知收敛，必然凶险。

〖智慧点津〗此爻揭示做事应把握分寸，不可好高骛远。

〖案例解读〗家长花“天价”补习费崩溃。贵阳一位父亲高考前夕，为了提高儿子的学习成绩，忧愁不已，到处筛选优秀的教育培训机构。最后，他听信一家辅导机构的宣传：经过几个月的补习、冲刺，孩子的高考分数一定能上一本大学。他不惜血本出了“14 万元天价”补习费。这期间，儿子每天八点就到辅导机构学习，晚上九点之后才回家。儿子的学习状态，父母也都看在眼里，本以为孩子这么用功，高考一定会取得好成绩，但出乎意料的是，等儿子高考成绩出来，只有 254 分。这让父母立即崩溃，实在难以接受。笔者以为，这位家长急于求成之举，“欲速则不达”，既消耗大量的时间和精力，还浪费了许多金钱，实乃“飞鸟以凶，不可如何也”。

【62.5】

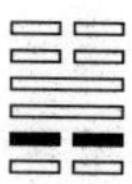

六二：过其祖①，遇其妣②。不及③其君，遇其臣④，无咎。

《象》曰：“不及其君”，臣不可过也。

〖注释〗

①祖：祖父，这里指“九四”。②妣：祖母，这里指“六五”。③及：赶上。④臣：臣僚。

〖译文〗

六二：超过他的祖父，遇到他的祖母。没有擅自超越他的君主，却遇见了臣僚，没有灾祸。

《小象传》说：“没有擅自超越他的君主”，因为作为臣僚是不能超越君主的。

〖解说〗

“九三”可看作父，“九四”可看作祖；“五”是君位，由于这里是阴爻，故称“妣”。“六二”以阴爻居阴位，柔顺中正，它超越“九三”和“九四”，与“六五”相应，不能直接到达君王面前，却遇到了臣僚。然而，虽然没有得到预期的应援，但仍然可以得到协助，所以没有什么祸患。

〖智慧点津〗此爻揭示做事要适当有度，坚守中正。

〖案例解读〗张老师课堂管理管放有度。2001 年，张老师从某师范大学毕业后，进入天门市一所高中教书。刚开始，她与学生“零距离”交往，导致学生上课对她嬉皮笑脸，下课和她“称姐道妹”，时间一长，她在学生中威信全无，导致课堂纪律混乱，教学效果低下。后来，她在校长的开导下，意识到师生之礼不能过越，应该管放有度。于是，她在课堂上与学生“约法三章”，反复强调了课堂纪律。这样，学生逐渐产生敬畏之心，她的威信也慢慢树立起来，教学成绩也随之有了起色。“温而厉，威而不猛，恭而安”，一个教师只有对学生管放有度，宽严相济，教育教学才能沿着健康的轨道有序发展。

【62.6】

九三：弗①过防之，从②或戕③之，凶。

《象》曰：“从或戕之”，凶如何也！

〖注释〗

①弗：不。②从：通“纵”，放纵。③戕（qiāng）：杀害。

〖译文〗

九三：不要过度而要预先防备，放纵将要为人所害，有凶险。

《小象传》说："放纵将要为人所害"，说明面临的危险是多么的严重啊！

〖解说〗

下卦为艮，艮为止，故说"弗过"。上交互卦为兑，兑为毁折，故说"戕"。"九三"以阳爻居阳位，有自恃阳刚而冒进之象。若它盲目与阴柔小人"上六"相应，就有被杀害的危险，但如果能谨慎不过分，遵循"不宜上，宜下"的宗旨，就可以防患于未然。

〖智慧点津〗此爻揭示做事应当分清界限，否则有凶。

〖案例解读〗福建某学院教师王某某多次性骚扰学生问题。2019年，福建省某学院教师王某某屡次言语骚扰在校学生，并通过微信等方式向多名学生发送性暗示词汇和图片，情节严重，影响恶劣。王某某的行为违反了《新时代高校教师职业行为十项准则》第六项规定。有关部门根据《教育部关于高校教师师德失范行为处理的指导意见》等相关规定，给予王某某开除处分，并撤销教师资格，收缴教师资格证书，将其列入教师资格限制库。"不要放纵自己的欲望，那犹如一滩漩涡，会将你卷入无底深渊。"这就是"从或戕之"之"凶"。

【62.7】

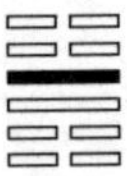

九四：无咎，弗过遇之。往厉①必戒②，勿用永贞。

《象》曰："弗过遇之"，位不当也。"往厉必戒"，终不可长也。

〖注释〗

①厉：危险。②戒：戒备。

〖译文〗

九四：没有灾祸，不过分刚强就能遇到"初六"。前往有凶险，必须有所戒备，不可施展才华，要永远坚守正道。

《小象传》说："不过分刚强就能遇到'初六'"，因为"九四"居位不正。"前往有凶险，必须有所戒备"，是说这样下去最终不会长久。

〖解说〗

上卦为震，震为动；上交互卦为兑，兑为口，为毁折，故有"往厉必戒"之象。"九四"以刚爻居于柔位，刚而兼柔，不会逞强，所以说"无咎"。"九四"与"初六"阴阳相应，刚柔互补，相遇没有危害。但"九四"是"六五"身边的重臣，其居位又不正，如果自恃刚强，刚躁上进，就有功高震主之嫌，所以必须警惕守正，才可以安然无恙。“九四”不固守阳刚必进的常规，随时顺处，时刻戒备，正符合“小过”之时“不宜上，宜下”的卦旨。

〖智慧点津〗此爻揭示做事必须掌握分寸，随机变通。

〖案例解读〗谨慎行使教育惩戒权。在武汉某优质初中政教处，可以看到很多学生写的检讨，甚至，该校将学生按照违反校规的严重程度分级别安排老师帮扶。学校称，“问题学生”屡教不改，甚至犯规情况越来越严重，呼吁应该允许给“问题学生”实施惩戒。教育部门表示，适度惩戒很有必要。专家认为，惩戒要讲技巧，不能体罚。笔者认为，教育惩戒权是一把双刃剑，我们每个教师必须谨慎行使，“弗过遇之”。否则，“往厉必戒”，给自己带来不必要的损失或麻烦。

【62.8】

六五：密云不雨，自我西郊，公①弋②取彼③在穴④。

《象》曰：“密云不雨”，已上也。

〖注释〗

①公：指“六五”。②弋：带绳的箭，射出后可以拉回。③彼：指隐居洞穴之中的贤人“六二”。④穴：洞穴，这里指和“六五”相应的“六二”。

〖译文〗

六五：乌云密布而不下雨，它从我的西边飘来；公侯射兽，在洞穴中捉到了猎物。

《小象传》说：“乌云密布而不下雨”，说明“六五”阴柔过盛，已经高居阳刚之上。

〖解说〗

上交互卦为兑，兑为西方，为泽，在天上为云；下交互卦为巽，巽为风，风从西边吹来，把云吹走了，故有“密云不雨，自我西郊”之象。又下卦为艮，艮为山洞，为手；下交互卦为巽，巽为绳，兽在穴中，所以又有“公弋取彼在穴”之象。小过卦以飞鸟取象，却以飞为戒，因为飞就会向上，违背了“小过”之时“不宜上，宜下”的警告。“六五”以阴爻居阳位，处尊居中，虽然能持守中道，但本质柔弱，与“六二”敌应，没有阳爻协助而无法和合降雨，膏泽民众，所以说“密云不雨”。“六五”和“六二”两个阴爻各自居中，明显不足以成大事。所幸“六五”之君能够虚贤纳士，拿着绳箭，钻进穴中，将“六二”捉来，辅佐自己，虽然不能福泽天下，但总还可以小有作为。这正体现了本卦“可小事，不可大事”的哲理。

〖智慧点津〗此爻揭示过柔不能够成就大事，怀柔之君应求贤自辅。

〖案例解读〗刘备“三顾茅庐”求贤。东汉末年，各路军阀混战，社会动荡不安。

早年间，刘备一直流离失所，寄人篱下。但他胸怀大志，为了安邦定国，四处寻找贤士，“公弋取彼在穴”。后来，他听说隐居在隆中的诸葛亮是个奇才，便不顾严寒，带上聘礼三次拜访。诸葛亮被其真诚所感动，答应出山。诸葛亮果然不负重托，对刘备竭诚辅佐，“鞠躬尽瘁，死而后已”，最终帮助刘备建立了蜀汉政权。

【62.9】

䷽ **上六：弗遇过之，飞鸟离①之，凶，是谓灾眚②。**

《象》曰：“弗遇过之”，已亢③也。

〖注释〗

①离：通“罹”，遇难。②眚（shěng）：灾祸。③亢：过分。

〖译文〗

上六：不能与阳刚遇合，却超越阳刚，好似无安栖之所的飞鸟遭到射杀，有凶险，这就是天灾人祸。

《小象传》说：“不能与阳刚遇合，却超越阳刚”，说明“上六”过分已达到极点。

〖解说〗

若“上六”发生爻变，则上卦变为离卦，离为雉鸡，为罗网；其下又临上交互兑卦，兑为毁折，故有“飞鸟离之”和“灾眚”之象。“上六”以阴爻居阴位，处小过之终，又居震极，以致一味高飞云霄，难以与“九三”遇合，终于触及罗网；就像鸟飞到天上，没有安身的地方，遭到射杀之患。

〖智慧点津〗此爻揭示极端过度，必然招致灾祸。

〖案例解读〗大学生熬夜猝死。近年来，青年人因熬夜猝死的案例频频被媒体报道。2016年8月，中国传媒大学25岁博士生凌晨疑因过劳猝死教学楼；2015年12月，武昌职业学院大一学生小勇在1000米测试时在终点附近猝死；2012年11月，成都大学张同学在校园活动时猝死……据记者了解，大学生熬夜主要有这样几个原因：赶课题报告、论文或者打游戏。“飞鸟离之，凶，是谓灾眚”，这些血淋淋的案例实乃前车之鉴。

63. 既济卦第六十三——教有所成

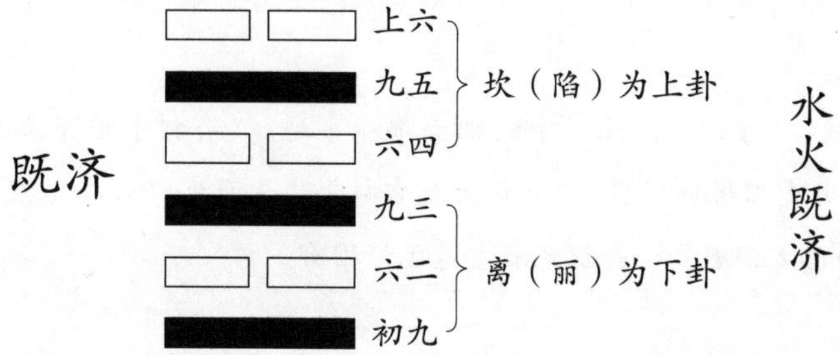

导读 守得云开见月明，静待花开终有时。教育工作者只有不忘教育初心，常怀忧患之思，才能圆满完成育人使命。

卦体下离上坎。坎为水，离为火，水在火上，水势压倒火势，象征着救火大功告成。卦形六爻都当位得正且有应，又象征着圆满。既，本义指吃完饭，引申为完成、已经；济，本义是过河，渡过。既济卦义为已经过河，象征做事获得成功。本卦主要阐述教师在取得教学成绩之后，如何保持、发扬的道理。

【63.1】

既济：亨小，利贞。初吉，终乱①。

〖注释〗

①乱：混乱，变故。

〖译文〗

既济卦象征成功：小的细节都能亨通，有利于坚守正道。开始时是吉祥的，但如有不慎，最终将导致混乱。

〖解说〗

“既济”是事情大功告成，此时大道能济，大德能济，大事能济，小事更能济。所以，连阴柔弱小者等小的细节、小的事情，都能得以亨通。同时，人在功成名就、志得意满后，更容易骄奢淫逸，滋生祸乱。因而，君子必须坚守正道，谨慎守成，慎终如始，奋发图强，才能实现新的跨越。

【63.2】

《彖》曰：既济，“亨”，小者亨也。“利贞”，刚柔正而位当①也。“初吉”，柔得中②也。“终”止则“乱”，其道穷也。

〖注释〗

①刚柔正而位当：指“初九”“九三”“九五”以阳爻居于阳位，“六二”“六四”“上六”以阴爻居于阴位。②柔得中：指“六二”以阴爻居于下卦之中位。

〖译文〗

《彖传》说：事情完成，“亨通”，此时小的细节都能亨通。“有利于坚守正道”，因为卦中三个阳爻和三个阴爻都居位得当。“开始时就吉祥”，是因为“六二”在下卦居中得位。“最终懈怠就会陷入混乱”，是说既济之道已经困穷。

【63.3】

《象》曰：水在火上，既济。君子以思患[①]而豫[②]防之。

〖注释〗

①患：祸患。②豫：预备。

〖译文〗

《大象传》说：水在火上，水浇火熄，象征着事情已经成功。君子效法此象，要虑及忧患，早作预防。

〖解说〗

水在火上，可表示扑灭火灾，有既济之象。同时，水火共生，水火无情，不是水浇灭火，就是火蒸干水。教育工作者从中得到的启示是，应时刻保持职业紧迫感，终身学习，从而更好地胜任本职工作。

【63.4】

䷾

初九：曳[①]其轮[②]，濡[③]其尾，无咎。

《象》曰：“曳其轮”，义无咎也。

〖注释〗

①曳：拖拉。②轮：指车轮。③濡：沾湿。

〖译文〗

初九：渡河时往后拖拉车轮，不使它快进；小狐狸过河时沾湿了尾巴，无法快游，没有灾祸。

《小象传》说：“渡河时往后拖拉车轮，不使它快进”，这一做法理应没有灾祸。

〖解说〗

《周易》一般以初爻为足、为尾，上爻为头、为首，故既济和未济初爻皆言“濡其尾”，上爻皆言“濡其首”。下交互卦为坎，坎为水，为车轮，为隐伏。狐狸神出鬼没，故有“曳其轮，濡其尾”之象。“初九”处本卦之初，在最下方，相当于车轮、狐尾。它以阳爻居阳位，上又有“六四”相应，因而刚躁猛进，难免涉险犯难。现在，在后面拉住车轮，使其缓行；沾湿狐尾，让其慢游，都说明“初九”能谨慎守成，当然就不会有危害。

〖智慧点津〗此爻揭示当成功之后，更应当慎重而勿轻举妄动。

〖案例解读〗英国高难考题挫学生锐气。2013年，英国一所顶级私立女子中学推出了一套极富挑战性的数学考试试题，校方坦言这份试题的难度远远超过中学生的解题能力，声称考生“不可能拿满分”。据称，此法是为了让学生从小就摆脱完美主义思想，了解“失败是完全可以接受的”。校方负责人表示，该校绝大多数学生都很优秀，校方担心因为自身完美而产生的优越感会让她们今后经不起挫折，或裹足不前。学校表示，希望通过这种挫折教育法让这些“完美小姐”从小认识到“完美是求知的敌人”。

【63.5】

六二：妇丧其茀[①]，勿逐，七日[②]得。

《象》曰：“七日得”，以中道也。

〖注释〗

①茀（fú）：车帘。②七日：一卦由六爻构成，一爻代表一日，每一爻经过七日周期，又重新回到本爻。

〖译文〗

六二：妇人丢失了车帘，不用去寻找，七天就可以失而复得。

《小象传》说：“七天就可以失而复得”，说明“六二”能坚守中正之道。

〖解说〗

下卦为离，离为中女，中空似车帘；上卦为坎，坎为强盗，故有“妇丧其茀”之象。卦有六个爻位，重新回到原位，恰是第七个次序，所以失而复得都是经过七日。“六二”以阴爻居阴位，柔顺中正，是下卦“离”明的主爻；又与上卦阳刚中正之君“九五”相应，君臣相处融洽，能够天下太平。此时，就算丢失东西也可以失而复得，因为“六二”能持守中正之道，以守成固正为重。

〖智慧点津〗此爻揭示成功之后，坚守中正无失。

〖案例解读〗关老师让学生手机“失而复得”。某次周一早上大课间活动，小陈同学和大家一起排队到操场上去做操。做完操返回教室时，她发现自己课桌抽屉里的手机“不翼而飞”。于是，她立刻向班主任关老师反映这个情况。关老师急忙跑进教室，气冲冲地向全班学生开门见山地说起此事，要求偷拿手机者，晚上放学之前，必须把它交到办公室。一天过去了，两天又过去了，始终没有人承认错误或归还手机。后来，关老师静下心来沉思，觉得自己此举既有损学生自尊，又破坏自己威信，还不利于今后其他工作的开展，必须调整工作方法。于是，第三天，他在课堂上动之以情，晓之以理，给学生们以诚信道理引导，并保证替归还者保密，而且不会在班上公布实情。学生是否会归还手机？当时，他的内心一直在打鼓。所幸，第四天放学后，教室空无一人，他检查门窗是否关好时，瞅见讲台上赫然放着一个纸盒，打开一看，里面放着一部手机。关老师找到小陈同学确认，果然就是她丢失的那一部。

【63.6】

九三：高宗①伐鬼方②，三年克③之，小人勿用。

《象》曰："三年克之"，惫也。

〖注释〗

①高宗：殷代中兴的英明帝王，名武丁。②鬼方：殷代边疆的少数民族。③克：战胜。

〖译文〗

九三：殷高宗讨伐鬼方，经过多年苦战才获得胜利。不可任用急躁冒进的小人。

《小象传》说："经过多年苦战才获得胜利"，说明战争让人疲惫不堪。

〖解说〗

"九三"和"上六"相应，"上六"居于坎中，坎为北方，为鬼方；上爻互卦为离，离为戈兵，故有"高宗伐鬼方"之象。又从"九三"到"上六"经历三个爻位，所以又有"三年克之"之象。从前，殷高宗讨伐鬼方，经过多年的苦战，才得以取胜，但对有战功的小人，只给以重赏，不予重用。因为小人会见利忘义，兴风作浪，祸国殃民。"九三"以阳爻居阳位，容易刚躁激进，可能受小人"上六"影响而穷兵黩武，劳民伤财，最终贪功有失。

〖智慧点津〗此爻揭示成功来之不易，同时小人绝对不可重用。

〖案例解读〗北京亦庄实验中学：高考满堂红背后的"超级战队"。2022年高考，北京亦庄实验中学实现"满堂红"，特别是选考科目物理、化学、生物、政治、历史、地理竟然考出了12个100分！殊不知，学校在三年前就组建"超级战队"以备考。"超级战队"在建队之初就选配精兵强将，充分考虑教学经验、教师年龄、教师特长、性别比例、性格特点等多方面因素。"战队"共有15名教师，6位特级名师领衔，近70%有毕业班经验，平均教龄约9年，骨干教师多是毕业于清华、北大、人大、北师的硕士、博士。三年以来，"超级战队"全体队员更是深耕细作，做实做细做好分层教学和个性化辅导，帮助学生自我发现，为每一位学生私人订制适合其发展的学习路径，为学生装配上自带动力的发动机。“不经一番寒彻骨，怎得梅花扑鼻香”，学校取得的这些骄人成绩，离不开广大师生的齐心协力、攻坚克难。

【63.7】

六四：繻①有衣袽②，终日戒。

《象》曰：“终日戒”，有所疑也。

〖注释〗

①繻（rú）：彩色的丝帛，这里指华美的服装。②袽：破衣败絮。

〖译文〗

六四：华美的衣服将变成破烂的衣服，要整天警惕。

《小象传》说：“整天警惕”，说明此时心中有所疑惧。

〖解说〗

下卦和上交互卦都为离卦，离为日，上下两个离卦就代表全天；上卦为坎，坎为加忧，“六四”处于其间，故有“终日戒”之象。“六四”以阴爻居阴位，柔顺中正，身在君王身边，具有忧患意识，能够保持既济的成果而避免出现变故。

〖智慧点津〗此爻揭示成功之后，更应当时刻戒惧防患。

〖案例解读〗百度勇攀高峰。百度公司2000年1月1日创立于中关村，是全球知名的中文搜索引擎。在创立之初，它即以“用科技让复杂的世界更简单”为使命，致力于“成为最懂用户，并能帮助人们成长的全球顶级高科技公司”。李彦宏是百度创始人、董事长兼首席执行官。他始终告诫员工：“百度离破产永远只有30天！”正是由于他能长期居安思危，创新求变，才使百度成为全球知名的独立搜索引擎，以及全球资本市场最受关注的上市公司之一。

【63.8】

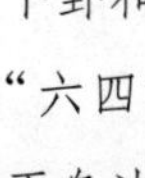

九五：东邻杀牛，不如西邻之禴祭①，实受其福。

《象》曰：“东邻杀牛，不如西邻”之时也。“实受其福”，吉大来也。

〖注释〗

①禴（yuè）祭：夏祭，古代一种祭品微薄的祭礼。

〖译文〗

九五：东边的邻国杀牛厚祭，不如西边的邻国诚敬薄祭，更能实在地得到神灵施降的福泽。

《小象传》说："东边的邻国杀牛厚祭，还不如西边的邻国诚敬薄祭"合于时宜。"更能实在地承受神灵施降的福泽"，说明吉祥将不断降临。

〖解说〗

上交互卦为离，离为牝牛，为夏季；又上卦坎水能灭下卦离火，故有"杀牛"和"禴祭"之象。东是阳的方位，"九五"在东方，西是阴的方位，"六二"在西方。"九五"以阳爻居阳位，中正处尊，下又与"六二"光明贤臣相应有辅，象征事业既成，天下太平。然而，太平盛世，容易养成骄奢淫逸的习惯，因而爻辞以东邻、西邻的祭祀之象给予劝勉，喻其心怀诚信，奉行勤俭之道，才能永保既济而不至终乱。

〖智慧点津〗此爻揭示成功之时，唯有诚敬简朴，才能保全既有的成果。

〖案例解读〗高考大捷庆祝"两重天"。2010年6月，湖北某地多所中学为庆"高考大捷"，让考生家长连放数小时礼炮、焰火。而与此不同的是，邵阳市某职业技术学校举行了一场别开生面的高考庆祝活动，学校精心准备了"瓜果盛宴"，让该校师生和学生家长一起分享高考大捷的果实，共同见证高考的辉煌。笔者认为，高考取得好成绩，学校庆祝一下无可厚非，但庆祝的方式多种多样，前者不仅扰民也很铺张，后者才是"禴祭，实受其福"。

【63.9】

䷾

上六：濡其首，厉①。

《象》曰："濡其首，厉"，何可久也？

〖注释〗

①厉：危险。

〖译文〗

上六：小狐狸渡河时弄湿了头，有危险。

《小象传》说："小狐狸渡河时弄湿了头，有危险"，这种成功怎么能长久不败呢？

〖解说〗

上爻为首，"上六"以阴爻居于坎水之上，故有"濡其首"之象。"上六"又柔弱无力，处于既济之极，志骄意满，冒险渡河，就像狐狸涉水，遭遇灭顶之灾。既济"终乱"，君子只有居安思危，才能长久守成。

〖智慧点津〗此爻揭示成功不可得意忘形，否则，凶险异常。

〖案例解读〗莫莉·赫德尔痛失铜牌。莫莉·赫德尔（Molly Huddle）是当今美国数一数二的长跑女杰。她在2015年北京田径世锦赛女子万米决赛中，在离终点线还有

1 米的距离时，并没有看到同为美国选手的艾米丽·英菲尔德（Emily Infeld）在跑道内侧紧追不舍，以为铜牌已是囊中之物，于是便将双手举过头顶庆祝。这一动作减缓了她冲刺的速度，结果艾米丽·英菲尔德在最后一刻持续发力，身体前倾，猛冲，以微弱的优势先她一步跑过终点线。赛后，莫莉·赫德尔接受采访时，对此沮丧不已。

64. 未济卦第六十四——教无止境

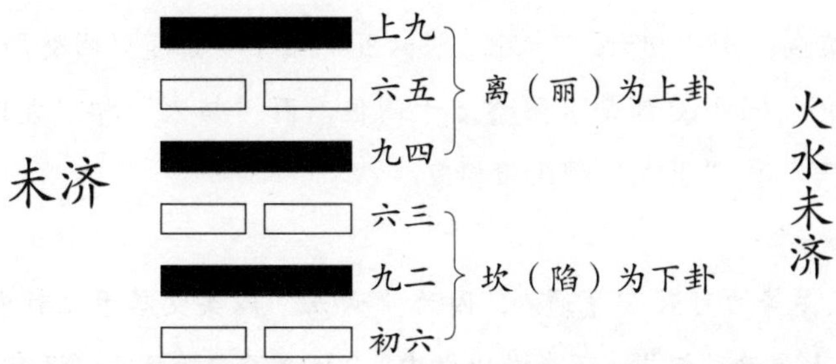

导读 教育只有起点，没有终点。教育工作者只有终身学习，不断求索，才能在教育征途中勇攀高峰。

卦体下坎上离。离为火，坎为水，火在水上，火势压倒水势，救火大功未成，故称未济。“济”，本义是过河，渡过；卦义为未能过渡，引申指事未成功。卦形阴阳六爻全部失位离正，意味着未完成。《周易》以乾坤二卦为始，以既济、未济二卦为终，充分体现了事物循环发展的思想。本卦主要阐述教师教无止境的道理。

【64.1】

未济：亨。小狐汔①济，濡②其尾，无攸③利。

〖注释〗

①汔：将要。②濡：沾湿。③攸：所。

〖译文〗

未济卦象征事未完成：经过努力可以得到亨通。小狐狸即将渡过河，却浸湿了尾巴，没有什么好处。

〖解说〗

《序卦传》说：“物不可穷也，故受之以未济终焉。”意思是说，万物是不可能穷尽的，所以在既济卦之后接着的是未济卦。“既济”是“未济”的终结，“未济”是“既济”的开始，两者交相为用，周而复始，循环演进，无尽无穷。六十四卦以“未济”而不是“既济”作为结束，体现了易理的高深和精妙绝伦。“靡不有初，鲜克有终。”“未济”指事情没有成功，此时应慎终如始。

【64.2】

《彖》曰：未济，“亨”，柔得中①也。“小狐汔济”，未出中②也。“濡其尾，无攸利”，不续终也。虽不当位，刚柔应③也。

〖注释〗

①柔得中：指“六五”以阴爻居于上卦之中位。②未出中：指“九二”在下卦坎险之中。③虽不当位，刚柔应：指“初六”“六三”“六五”三个爻都是以阴爻居于阳位，“九二”“九四”“上九”三个爻都是以阳爻居于阴位，而“初六”和“九四”，“九二”和“六五”，“六三”和“上九”都阴阳相应。

〖译文〗

《彖传》说：事未完成，努力可致“亨通”，因为“六五”以柔爻居于上卦中位，具有柔中之德。“小狐狸马上要渡过河”，还未游出水中。“打湿了它的尾巴，没有什么好处”，是说它不能坚持游到终点。卦中六爻虽然都居位不当，但是阳刚和阴柔却能互助，蕴含着成功的希望。

【64.3】

《象》曰：火在水上，未济。君子以慎辨物①居方②。

〖注释〗

①辨物：分辨各种事物。②居方：安居的地方。

〖译文〗

《大象传》说：火在水上背道而驰，象征着事情未完成。君子效法此象，慎重地分辨物类，使它们各自安处于适当的场所。

〖解说〗

火炎上，水润下，两者各行其道，有未济之象。教育工作者从中得到的启示是，应当谨慎地辨别每个学生的兴趣、资质、特长等，帮助他们明确定位，找准自己人生的目标和方向。

【64.4】

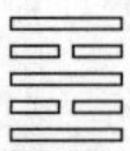

初六：濡①其尾，吝②。

《象》曰：“濡其尾”，亦不知极③也。

〖注释〗

①濡：沾湿。②吝：麻烦。③极：极限。

〖译文〗

初六：小狐狸过河时被水沾湿了尾巴，会有麻烦。

《小象传》说："小狐狸过河时被水沾湿了尾巴"，说明它太自不量力。

〖解说〗

下卦为坎，坎为水，下位为尾，故有"濡其尾"之象。"初六"在最下方，相当于狐狸的尾巴。它以阴爻居阳位失位不正，阴柔无力，处坎险之下，又正当"未济"之时，急欲与"九四"相应而逞强渡河，以致打湿尾巴，没有办法抵达对岸。

〖智慧点津〗此爻揭示在奔向成功之时，不可逞强，不可轻率冒进。

〖案例解读〗男孩体育课跑步摔骨折。广州某学校一名小学生在体育课跑步的时候摔骨折，医药费花了好几万，孩子脚肿得很厉害，一直哇啦哇啦地哭……据了解，孩子上体育课的时候没有做热身运动，听到哨声一响，就和邻伴同学跑了出去，在跑步的过程中摔了下去……最后，医院诊断结果为膝盖粉碎性骨折。由此可见，我们应该深刻意识到运动前热身的必要性，以减少一些不必要的运动风险。而在其他事情上，也应做好必要的准备，不要轻率冒进。

【64.5】

九二：曳其轮①，贞吉。

《象》曰："九二贞吉"，中以行正也。

〖注释〗

①曳：拉。轮：车轮。

〖译文〗

九二：向后拖拉车轮不使急行，坚守正道可获吉祥。

《小象传》说："九二坚守正道吉祥"，是因为它能坚守中正之道。

〖解说〗

下卦为坎，坎为弓轮；若"九二"发生爻变，则下交互卦变为艮卦，艮为手，故有"曳其轮"之象。"九二"以阳爻居阴位失正，又深陷坎体，容易逞匹夫之勇，强行渡河。但"九二"毕竟阳刚得中，虽与君位的"六五"相应，但不盲目涉险，而是审时度势，"曳其轮"而行，如此谨慎行事，持守中道，自然会得到吉祥。

〖智慧点津〗此爻揭示在奔向成功之时，应谨慎守中，量力戒躁。

〖案例解读〗阿蒙森和斯科特南极探险的故事。1911 年，有两个探险队准备征服南极。一个是英国的斯科特团队，一个是挪威的阿蒙森团队。结果是阿蒙森团队抢先一个月到达，并顺利返回，而斯科特团队却惨遭灭顶之灾。究其原因，阿蒙森团队有充足的物资准备，合适的交通工具，更重要的是他们坚持每天只前进大概20英里。而斯科特团队在后勤保障严重不足的情况下，每天任性前进。阿蒙森团队每天前进20英里，既可以保持队员充沛的体力，又可以鼓舞团队士气，还能够增强团队的纪律观念。他们最终“不疾而速，不行而至”，正是发挥了“曳其轮，贞吉”的作用。

【64.6】

六三：未济，征凶，利涉[①]大川。

《象》曰：“未济，征凶”，位不当也。

〖注释〗

①涉：渡河。

〖译文〗

六三：事情未完成，贸然前进有凶险，有利于渡过一切艰难险阻。

《小象传》说：“事情未完成，贸然前进有凶险”，说明“六三”居位不当。

〖解说〗

下卦为坎，坎为水，若“六三”发生爻变，则下卦变为巽卦，下交互卦变为乾卦，巽为风，为木，木可以制作舟船，乾卦刚健有力，故有“利涉大川”之象。“六三”在下“坎”险的最上方，是即将脱离危险的形象。然而，它以阴爻居于阳位，不中不正，轻易行动又会陷入上互坎（三、四、五爻）险中，故说“征凶”。可是，当此即将脱离危险的重要时刻，只有慎重谋划，借助“九二”和“九四”两刚之力，果断行动，才能够成功渡河。前者“征凶”是诫语，后者“利涉大川”是激励语。

〖智慧点津〗此爻揭示奔向成功之时，妄动有凶。

〖案例解读〗墨江地震6岁男孩自救避险。2018年9月8日上午10点31分，云南省普洱市墨江县通关镇发生5.9级地震。在屋内天花板将掉落时，6岁的曹洋迅速从沙发上跑到墙角，躲在冰箱角柜之间的安全区域，等待安全后才逃出房间，堪称教科书式避险。当记者问他这样的避险方式是谁教的时，他骄傲地回答：老师前几天教的，当地震来临时，要保持冷静，尽快躲在坚硬的物体下面……

【64.7】

九四：贞吉，悔亡。震[①]用伐鬼方，三年有赏于大国[②]。

《象》曰：“贞吉，悔亡”，志行也。

〖注释〗

①震：动，雷霆万钧之势。②大国：殷王朝。

〖译文〗

九四：坚守正道吉祥，悔恨消失。以雷霆万钧之势征讨鬼方，经过多年苦战获胜，得到殷王朝的赏赐。

《小象传》说："坚守正道吉祥，悔恨消失"，说明实现了建功立业的志向。

〖解说〗

若"九四"发生爻变，则下交互卦变为震卦，震为威武；上卦为离，离为戈兵；上交互卦为坎，坎为北方，为隐伏，为鬼神，故有"震用伐鬼方"之象。"九四"以阳爻居阴位不正，本当有悔；它处上互坎险之中，必须坚守正道，借"初六"相应之力，才能够最终脱险建功，使后悔消失。

〖智慧点津〗此爻揭示要奔向成功，必须坚持挑战各种困难。

〖案例解读〗屠呦呦荣获诸多殊荣。屠呦呦，1930 年 12 月生于浙江宁波，著名药学家。60 多年来，她致力于中医药研究实践，带领团队数十年夜以继日，攻坚克难，终于发现了青蒿素，为中医药科技创新和人类健康事业作出了巨大贡献。她先后荣获"诺贝尔生理学或医学奖""国家最高科学技术奖""共和国勋章"等荣誉称号，堪称"三年有赏于大国"。

【64.8】

六五：贞吉，无悔。君子之光①，有孚，吉。

《象》曰："君子之光"，其晖②吉也。

〖注释〗

①光：光辉。②晖：通"辉"，光辉。

〖译文〗

六五：坚守正道吉祥，没有悔恨。君子的光辉，在于其心存诚信，吉祥。

《小象传》说："君子的光辉"，因为其照亮他人而带来吉祥。

〖解说〗

上卦为离，离为火，为光明；"六五"居于君位，故言"君子之光"。"六五"以阴爻居阳位，处尊虽然失位，但它得中，能够中庸行事。"六五"又处"离"明之中，拥有文明之德，心怀诚信，待人谦恭有礼，既有强臣"九四"辅佐，又有阳刚得中的"九二"相应，君臣携手共克难关，必然化"未济"为"既济"，开创光明盛世。

〖智慧点津〗此爻揭示坚守成信，成功终将来临。

〖案例解读〗韩冰川照亮孩子们的童年。韩冰川是 2023 年全国教书育人楷模，山东省淄博市汇英幼儿园副园长。从事学前教育工作 32 年，她不断在幼教苗圃里探索和坚守，照亮孩子们的童年。她发起了“书香宝贵行动计划”和“花婆婆行动”等富有创意的活动，带动了5000多个家庭开展亲子阅读活动，为他们播下了一颗颗阅读的火种。此外，她还带领教师们开展“跳蚤市场”“毕业典礼”“创建一间幸福教室”等一系列活动，让孩子们自主成长，童年洋溢着幸福和快乐。“学会观察孩子，学会接纳孩子。”她的闪亮的人生足迹正好诠释了“贞吉，无悔。君子之光，有孚，吉。”

【64.9】

䷿ **上九：有孚①于饮酒，无咎。濡其首，有孚失是②。**
《象》曰：“饮酒濡首”，亦不知节也。

〖注释〗

①孚：诚信。②是：正确。

〖译文〗

上九：满怀信心饮酒作乐，没有什么灾祸。纵情滥饮，被酒淋湿了头，即使心怀诚信，也失去了君子的正道。

《小象传》说：“纵情滥饮，被酒淋湿了头”，这人也太不知节制了。

〖解说〗

上卦为离，离为火，为光明，象征内心有诚信，故说“有孚”。下卦为坎，上交互卦也为坎，坎为水，上位为首，“上九”下临重坎，故有“饮酒”“濡其首”之象。“上九”阳刚贤明，位于“未济”之极，克服了重重艰难险阻，已经在重坎之上，不久，既济即将到来。此时，大功告成可以饮酒自乐，可是如果失去节制，乐极必然生悲。

〖智慧点津〗此爻揭示在成功之后，应警惕乐极生悲。

〖案例解读〗高考后的悲剧。每年高考结束后，总有不少考生以旅游、聚会、喝酒、泡吧等各种方式庆祝、放松、宣泄，上演“后高考时代”的狂欢盛宴——有的没日没夜地聚会，有的黑白颠倒地打游戏，有的连续上网、疯吃疯玩，有的冒险游泳……乐极生悲的案例屡见不鲜。教育专家认为，这种从长期精神紧张到蓦然松弛的巨大心理反差，极易引发多种问题，因而，学校、社会和家庭应多加强对高考后考生的心理辅导。

第三部分　附录

附录一　文言传

《文言传》又名《文言》，是《周易大传》七种之一。它是专门解释乾、坤两卦的一部文笔优美的哲学散文。

（1）

“元”者，善之长也。“亨”者，嘉之会也。“利”者，义之和也。“贞”者，事之干也。君子体仁足以长人，嘉会足以合礼，利物足以和义，贞固足以干事。君子行此四德者，故曰：“乾：元、亨、利、贞”。

初九曰：“潜龙勿用。”何谓也？子曰：“龙德而隐者也。不易乎世，不成乎名。遁世无闷，不见是而无闷。乐则行之，忧则违之，确乎其不可拔，潜龙也。”

九二曰：“见龙在田，利见大人。”何谓也？子曰：“龙德而正中者也。庸言之信，庸行之谨。闲邪存其诚，善世而不伐，德博而化。《易》曰：‘见龙在田，利见大人。’君德也。”

九三曰：“君子终日乾乾，夕惕若，厉无咎。”何谓也？子曰：“君子进德修业。忠信，所以进德也。修辞立其诚，所以居业也。知至至之，可与言几也。知终终之，可与存义也。是故居上位而不骄，在下位而不忧，故乾乾因其时而惕，虽危无咎矣。”

九四曰：“或跃在渊，无咎。”何谓也？子曰：“上下无常，非为邪也。进退无恒，非离群也。君子进德修业，欲及时也，故无咎。”

九五曰：“飞龙在天，利见大人。”何谓也？子曰：“同声相应，同气相求。水流湿，火就燥。云从龙，风从虎。圣人作而万物睹。本乎天者亲上，本乎地者亲下，则各从其类也。”

上九曰：“亢龙有悔。”何谓也？子曰：“贵而无位，高而无民，贤人在下位而无辅，是以动而有悔也。”

“潜龙勿用”，下也。“见龙在田”，时舍也。“终日乾乾”，行事也。“或跃在渊”，自试也。“飞龙在天”，上治也。“亢龙有悔”，穷之灾也。乾元“用九”，天下治也。

"潜龙勿用"，阳气潜藏。"见龙在田"，天下文明。"终日乾乾"，与时偕行。"或跃在渊"，乾道乃革。"飞龙在天"，乃位乎天德。"亢龙有悔"，与时偕极。乾元"用九"，乃见天则。

乾"元"者，始而亨者也。"利贞"者，性情也。乾始能以美利利天下，不言所利，大矣哉。大哉乾乎！刚健中正，纯粹精也。六爻发挥，旁通情也。时乘六龙，以御天也。云行雨施，天下平也。

君子以成德为行，日可见之行也。"潜"之为言也，隐而未见，行而未成，是以君子弗用也。君子学以聚之，问以辩之，宽以居之，仁以行之。《易》曰："见龙在田，利见大人。"君德也。九三，重刚而不中，上不在天，下不在田，故乾乾因其时而惕，虽危"无咎"矣。九四，重刚而不中，上不在天，下不在田，中不在人，故"或"之。"或"之者，疑之也。故"无咎"。夫"大人"者，与天地合其德，与日月合其明，与四时合其序，与鬼神合其吉凶。先天而天弗违，后天而奉天时。天且弗违，而况于人乎？况于鬼神乎？"亢"之为言也，知进而不知退，知存而不知亡，知得而不知丧，其唯圣人乎！知进退存亡，而不失其正者，其唯圣人乎！

（2）

坤至柔而动也刚，至静而德方。"后得主"而有常，含万物而化光。坤道其顺乎？承天而时行。

积善之家，必有余庆；积不善之家，必有余殃。臣弑其君，子弑其父，非一朝一夕之故，其所由来者渐矣。由辩之不早辩也。《易》曰："履霜，坚冰至。"盖言顺也。

"直"其正也，"方"其义也。君子敬以直内，义以方外，敬义立而德不孤。"直方大，不习无不利"，则不疑其所行也。

阴虽有美，"含"之以从王事，弗敢成也。地道也，妻道也，臣道也。地道"无成"，而代"有终"也。

天地变化，草木蕃。天地闭，贤人隐。《易》曰："括囊，无咎无誉。"盖言谨也。君子"黄"中通理，正位居体，美在其中，而畅于四支，发于事业，美之至也。

阴疑于阳必"战"，为其嫌于无阳也。故称"龙"焉。犹未离其类也，故称"血"焉。夫"玄黄"者，天地之杂也，天玄而地黄。

附录二　系辞传

《系辞传》分为《系辞上传》和《系辞下传》两篇。对上下篇的分章，旧说各有不同，宋代朱熹的《周易本义》将上下篇各分为十二章，这种分法较为通行，今取此例。

系辞上

第一章

天尊地卑，乾坤定矣。卑高以陈，贵贱位矣。动静有常，刚柔断矣。方以类聚，物以群分，吉凶生矣。在天成象，在地成形，变化见矣。是故刚柔相摩，八卦相荡。鼓之以雷霆，润之以风雨。日月运行，一寒一暑。乾道成男，坤道成女。

乾知大始，坤作成物。乾以易知，坤以简能。易则易知，简则易从。易知则有亲，易从则有功。有亲则可久，有功则可大。可久则贤人之德，可大则贤人之业。易简，而天下之理得矣。天下之理得，而成位乎其中矣。

第二章

圣人设卦观象，系辞焉而明吉凶，刚柔相推而生变化。是故吉凶者，失得之象也。悔吝者，忧虞之象也。变化者，进退之象也。刚柔者，昼夜之象也。六爻之动，三极之道也。

是故君子所居而安者，《易》之序也。所乐而玩者，爻之辞也。是故君子居则观其象而玩其辞，动则观其变而玩其占，是以“自天祐之，吉无不利”。

第三章

彖者，言乎象者也。爻者，言乎变者也。吉凶者，言乎其失得也。悔吝者，言乎其小疵也。无咎者，善补过也。

是故列贵贱者存乎位，齐小大者存乎卦，辨吉凶者存乎辞，忧悔吝者存乎介，震无咎者存乎悔。是故卦有小大，辞有险易。辞也者，各指其所之。

第四章

《易》与天地准，故能弥纶天地之道。仰以观于天文，俯以察于地理，是故知幽明之故。原始反终，故知死生之说。精气为物，游魂为变，是故知鬼神之情状。与天地相似，故不违。知周乎万物，而道济天下，故不过。旁行而不流，乐天知命，故不忧。安土敦乎仁，故能爱。范围天地之化而不过，曲成万物而不遗，通乎昼夜之道而知，故神无方而《易》无体。

第五章

一阴一阳之谓道。继之者善也，成之者性也。仁者见之谓之仁，知者见之谓之知，百姓日用而不知，故君子之道鲜矣。

显诸仁，藏诸用，鼓万物而不与圣人同忧，盛德大业至矣哉！富有之谓大业，日新之谓盛德。生生之谓易，成象之谓乾，效法之谓坤，极数知来之谓占，通变之谓事，阴阳不测之谓神。

第六章

夫《易》，广矣大矣！以言乎远则不御，以言乎迩则静而正，以言乎天地之间则备矣。夫乾，其静也专，其动也直，是以大生焉。夫坤，其静也翕，其动也辟，是以广生焉。广大配天地，变通配四时，阴阳之义配日月，易简之善配至德。

第七章

子曰："《易》其至矣乎！夫《易》，圣人所以崇德而广业也。知崇礼卑，崇效天，卑法地。天地设位，而《易》行乎其中矣。成性存存，道义之门。"

第八章

圣人有以见天下之赜，而拟诸其形容，像其物宜，是故谓之象。圣人有以见天下之动，而观其会通，以行其典礼，系辞焉以断其吉凶，是故谓之爻。言天下之至赜而不可恶也，言天下之至动而不可乱也。拟之而后言，议之而后动，拟议以成其变化。

"鸣鹤在阴，其子和之。我有好爵，吾与尔靡之。"子曰："君子居其室，出其言善，则千里之外应之，况其迩者乎？居其室，出其言不善，则千里之外违之，况其迩者乎？言出乎身，加乎民；行发乎迩，见乎远。言行，君子之枢机。枢机之发，荣辱之主也。言行，君子之所以动天地也，可不慎乎？"

"同人，先号咷而后笑。"子曰："君子之道，或出或处，或默或语。二人同心，其利断金。同心之言，其臭如兰。"

"初六，藉用白茅，无咎。"子曰："苟错诸地而可矣，藉之用茅，何咎之有？慎之至也。夫茅之为物薄，而用可重也。慎斯术也以往，其无所失矣。"

"劳谦，君子有终，吉。"子曰："劳而不伐，有功而不德，厚之至也。语以其功下人者也。德言盛，礼言恭；谦也者，致恭以存其位者也。"

“亢龙有悔。”子曰：“贵而无位，高而无民，贤人在下位而无辅，是以动而有悔也。”

“不出户庭，无咎。”子曰：“乱之所生也，则言语以为阶。君不密则失臣，臣不密则失身，几事不密则害成。是以君子慎密而不出也。”

子曰：“作《易》者，其知盗乎？《易》曰：‘负且乘，致寇至。’负也者，小人之事也。乘也者，君子之器也。小人而乘君子之器，盗思夺之矣。上慢下暴，盗思伐之矣。慢藏诲盗，冶容诲淫。《易》曰：‘负且乘，致寇至。’盗之招也。”

第九章

天一，地二。天三，地四。天五，地六。天七，地八。天九，地十。天数五，地数五,五位相得而各有合。天数二十有五，地数三十，凡天地之数五十有五，此所以成变化而行鬼神也。

大衍之数五十，其用四十有九。分而为二以象两，挂一以象三，揲之以四以象四时，归奇于扐以象闰；五岁再闰，故再扐而后挂。

乾之策二百一十有六，坤之策百四十有四，凡三百有六十，当期之日。二篇之策，万有一千五百二十，当万物之数也。

是故四营而成易，十有八变而成卦，八卦而小成。引而伸之，触类而长之，天下之能事毕矣。

显道神德行，是故可与酬酢，可与祐神矣。子曰：“知变化之道者，其知神之所为乎？”

第十章

《易》有圣人之道四焉：以言者尚其辞，以动者尚其变，以制器者尚其象，以卜筮者尚其占。

是以君子将有为也，将有行也，问焉而以言，其受命也如响。无有远近幽深，遂知来物。非天下之至精，其孰能与于此！

参伍以变，错综其数。通其变，遂成天地之文；极其数，遂定天下之象。非天下之至变，其孰能与于此！

《易》，无思也，无为也，寂然不动，感而遂通天下之故。非天下之至神，其孰能与于此！

夫《易》，圣人之所以极深而研几也。唯深也，故能通天下之志。唯几也，故能成天下之务。唯神也，故不疾而速，不行而至。子曰：“《易》有圣人之道四焉”者，此之谓也。

第十一章

子曰："夫《易》，何为者也？夫《易》，开物成务，冒天下之道，如斯而已者也。"

是故圣人以通天下之志，以定天下之业，以断天下之疑。是故蓍之德圆而神，卦之德方以知，六爻之义易以贡。圣人以此洗心，退藏于密，吉凶与民同患。神以知来，知以藏往，其孰能与于此哉！古之聪明睿智神武而不杀者夫！

是以明于天之道，而察于民之故，是兴神物以前民用。圣人以此斋戒，以神明其德夫！是故阖户谓之坤，辟户谓之乾，一阖一辟谓之变，往来不穷谓之通。见乃谓之象，形乃谓之器，制而用之谓之法。利用出入，民咸用之谓之神。

是故《易》有太极，是生两仪。两仪生四象，四象生八卦。八卦定吉凶，吉凶生大业。

是故法象莫大乎天地；变通莫大乎四时；悬象著明莫大乎日月；崇高莫大乎富贵；备物致用，立功成器以为天下利，莫大乎圣人。探赜索隐，钩深致远，以定天下之吉凶，成天下之亹亹者，莫大乎蓍龟。

是故天生神物，圣人则之。天地变化，圣人效之。天垂象，见吉凶，圣人象之。河出图，洛出书，圣人则之。《易》有四象，所以示也。系辞焉，所以告也；定之以吉凶，所以断也。

第十二章

《易》曰："自天祐之，吉无不利。"子曰："祐者，助也。天之所助者，顺也。人之所助者，信也。履信思乎顺，又以尚贤也。是以'自天祐之，吉无不利'也。"

子曰："书不尽言，言不尽意。"然则圣人之意，其不可见乎？子曰："圣人立象以尽意，设卦以尽情伪，系辞焉以尽其言。变而通之以尽利，鼓之舞之以尽神。"

乾坤，其《易》之蕴邪？乾坤成列，而《易》立乎其中矣。乾坤毁，则无以见《易》。《易》不可见，则乾坤或几乎息矣。

是故形而上者谓之道，形而下者谓之器。化而裁之谓之变，推而行之谓之通，举而错之天下之民谓之事业。

是故夫象，圣人有以见天下之赜，而拟诸其形容，像其物宜，是故谓之象。圣人有以见天下之动，而观其会通，以行其典礼，系辞焉以断其吉凶，是故谓之爻。极天下之赜者存乎卦；鼓天下之动者存乎辞；化而裁之存乎变；推而行之存乎通；神而明之存乎其人；默而成之，不言而信，存乎德行。

系辞下

第一章

八卦成列，象在其中矣；因而重之，爻在其中矣；刚柔相推，变在其中矣；系辞焉而命之，动在其中矣。

吉凶悔吝者，生乎动者也；刚柔者，立本者也；变通者，趣时者也；吉凶者，贞胜者也；天地之道，贞观者也；日月之道，贞明者也；天下之动，贞夫一者也。

夫乾，确然示人易矣；夫坤，隤然示人简矣。爻也者，效此者也。象也者，像此者也。爻象动乎内，吉凶见乎外，功业见乎变，圣人之情见乎辞。

天地之大德曰生，圣人之大宝曰位。何以守位？曰仁。何以聚人？曰财。理财正辞、禁民为非曰义。

第二章

古者包牺氏之王天下也，仰则观象于天，俯则观法于地，观鸟兽之文与地之宜，近取诸身，远取诸物，于是始作八卦，以通神明之德，以类万物之情。作结绳而为网罟，以佃以渔，盖取诸《离》。

包牺氏没，神农氏作，斫木为耜，揉木为耒，耒耨之利，以教天下，盖取诸《益》。

日中为市，致天下之民，聚天下之货，交易而退，各得其所，盖取诸《噬嗑》。

神农氏没，黄帝、尧、舜氏作，通其变，使民不倦，神而化之，使民宜之。《易》穷则变，变则通，通则久。是以“自天祐之，吉无不利”。黄帝、尧、舜垂衣裳而天下治，盖取诸《乾》、《坤》。

刳木为舟，剡木为楫，舟楫之利，以济不通，致远以利天下，盖取诸《涣》。服牛乘马，引重致远，以利天下，盖取诸《随》。

重门击柝，以待暴客，盖取诸豫。断木为杵，掘地为臼，杵臼之利，万民以济，盖取诸《小过》。

弦木为弧，剡木为矢，弧矢之利，以威天下，盖取诸《睽》。

上古穴居而野处，后世圣人易之以宫室，上栋下宇，以待风雨，盖取诸《大壮》。

古之葬者，厚衣之以薪，葬之中野，不封不树，丧期无数，后世圣人易之以棺椁，盖取诸《大过》。

上古结绳而治，后世圣人易之以书契，百官以治，万民以察，盖取诸《夬》。

第三章

是故《易》者，象也；象也者，像也。彖者，材也；爻也者，效天下之动者也。是故吉凶生而悔吝著也。

第四章

阳卦多阴，阴卦多阳，其故何也？阳卦奇，阴卦偶。其德行何也？阳一君而二民，君子之道也。阴二君而一民，小人之道也。

第五章

《易》曰："憧憧往来，朋从尔思。"子曰："天下何思何虑？天下同归而殊途，一致而百虑。天下何思何虑？日往则月来，月往则日来，日月相推而明生焉。寒往则暑来，暑往则寒来，寒暑相推而岁成焉。往者屈也，来者信也，屈信相感而利生焉。尺蠖之屈，以求信也；龙蛇之蛰，以存身也。精义入神，以致用也；利用安身，以崇德也。过此以往，未之或知也。穷神知化，德之盛也。"

《易》曰："困于石，据于蒺藜，入于其宫，不见其妻，凶。"子曰："非所困而困焉，名必辱。非所据而据焉，身必危。既辱且危，死期将至，妻其可得见耶？"

《易》曰："公用射隼于高墉之上，获之，无不利。"子曰："隼者，禽也；弓矢者，器也；射之者，人也。君子藏器于身，待时而动，何不利之有？动而不括，是以出而有获，语成器而动者也。"

子曰："小人不耻不仁，不畏不义，不见利不劝，不威不惩。小惩而大诫，此小人之福也。《易》曰：'履校灭趾，无咎。'此之谓也。"

"善不积不足以成名，恶不积不足以灭身。小人以小善为无益而弗为也，以小恶为无伤而弗去也，故恶积而不可掩，罪大而不可解。《易》曰：'何校灭耳，凶。'"

子曰："危者，安其位者也；亡者，保其存者也；乱者，有其治者也。是故君子安而不忘危，存而不忘亡，治而不忘乱，是以身安而国家可保也。《易》曰：'其亡其亡，系于苞桑。'"

子曰："德薄而位尊，知小而谋大，力少而任重，鲜不及矣。《易》曰：'鼎折足，覆公餗，其形渥，凶。'言不胜其任也。"

子曰："知几其神乎！君子上交不谄，下交不渎，其知几乎？几者，动之微，吉之先见者也。君子见几而作，不俟终日。《易》曰：'介于石，不终日，贞吉。'介如石焉，宁用终日？断可识矣。君子知微知彰，知柔知刚，万夫之望。"

子曰："颜氏之子，其殆庶几乎？有不善未尝不知，知之未尝复行也。《易》曰：

‘不远复，无祇悔，元吉。’”

“天地絪缊，万物化醇。男女构精，万物化生。《易》曰：‘三人行则损一人，一人行则得其友。’言致一也。”

子曰：“君子安其身而后动，易其心而后语，定其交而后求。君子修此三者，故全也。危以动，则民不与也；惧以语，则民不应也；无交而求，则民不与也；莫之与，则伤之者至矣。《易》曰：‘莫益之，或击之，立心勿恒，凶。’”

第六章

子曰：“乾坤，其《易》之门邪？乾，阳物也；坤，阴物也。阴阳合德，而刚柔有体。以体天地之撰，以通神明之德。其称名也，杂而不越。于稽其类，其衰世之意邪？”

“夫《易》，彰往而察来，而微显阐幽，开而当名辨物，正言断辞则备矣。其称名也小，其取类也大。其旨远，其辞文，其言曲而中，其事肆而隐。因贰以济民行，以明失得之报。”

第七章

《易》之兴也，其于中古乎？作《易》者，其有忧患乎？

是故履，德之基也；谦，德之柄也；复，德之本也；恒，德之固也；损，德之修也；益，德之裕也；困，德之辨也；井，德之地也；巽，德之制也。

履，和而至。谦，尊而光；复，小而辨于物；恒，杂而不厌；损，先难而后易；益，长裕而不设；困，穷而通；井，居其所而迁；巽，称而隐。

履以和行，谦以制礼，复以自知，恒以一德，损以远害，益以兴利，困以寡怨，井以辨义，巽以行权。

第八章

《易》之为书也，不可远，为道也屡迁。变动不居，周流六虚，上下无常，刚柔相易，不可为典要，唯变所适。

其出入以度，外内使知惧。又明于忧患与故。无有师保，如临父母。初率其辞而揆其方，既有典常。苟非其人，道不虚行。

第九章

《易》之为书也，原始要终，以为质也。六爻相杂，唯其时物也。其初难知，其上易知，本末也。初辞拟之，卒成之终。若夫杂物撰德，辨是与非，则非其中爻不备。

噫！亦要存亡吉凶，则居可知矣。知者观其彖辞，则思过半矣。

二与四同功而异位，其善不同：二多誉，四多惧，近也。柔之为道，不利远者，其要无咎，其用柔中也。三与五同功而异位，三多凶，五多功，贵贱之等也。其柔危，其刚胜邪?

第十章

《易》之为书也，广大悉备。有天道焉，有人道焉，有地道焉。兼三才而两之，故六。六者非它也，三材之道也。道有变动，故曰爻；爻有等，故曰物；物相杂，故曰文；文不当，故吉凶生焉。

第十一章

《易》之兴也，其当殷之末世，周之盛德邪？当文王与纣之事邪？是故其辞危。危者使平，易者使倾。其道甚大，百物不废。惧以终始，其要无咎，此之谓《易》之道也。

第十二章

夫乾，天下之至健也，德行恒易以知险。夫坤，天下之至顺也，德行恒简以知阻。能说诸心，能研诸侯之虑，定天下之吉凶，成天下之亹亹者。是故变化云为，吉事有祥。象事知器，占事知来。天地设位，圣人成能。人谋鬼谋，百姓与能。

八卦以象告，爻彖以情言，刚柔杂居，而吉凶可见矣。变动以利言，吉凶以情迁。是故爱恶相攻而吉凶生，远近相取而悔吝生，情伪相感而利害生。凡《易》之情，近而不相得则凶，或害之，悔且吝。

将叛者其辞惭，中心疑者其辞枝，吉人之辞寡，躁人之辞多，诬善之人其辞游，失其守者其辞屈。

附录三　说卦传

《说卦传》主要陈述和解说与八卦有关的知识。对八卦的形成、意义、取象、性能、方位等分别进行说明。

第一章

昔者圣人之作《易》也，幽赞于神明而生蓍，参天两地而倚数，观变于阴阳而立卦，发挥于刚柔而生爻，和顺于道德而理于义，穷理尽性以至于命。

第二章

昔者圣人之作《易》也，将以顺性命之理。是以立天之道曰阴与阳；立地之道，曰柔与刚；立人之道，曰仁与义。兼三才而两之，故《易》六画而成卦。分阴分阳，迭用柔刚，故《易》六位而成章。

第三章

天地定位，山泽通气，雷风相薄，水火不相射，八卦相错。数往者顺，知来者逆，是故《易》逆数也。

第四章

雷以动之，风以散之，雨以润之，日以烜之，艮以止之，兑以说之，乾以君之，坤以藏之。

第五章

帝出乎震，齐乎巽，相见乎离，致役乎坤，说言乎兑，战乎乾，劳乎坎，成言乎艮。万物出乎震，震，东方也。齐乎巽，巽，东南也。齐也者，言万物之洁齐也。离也者，明也，万物皆相见，南方之卦也。圣人南面而听天下，向明而治，盖取诸此也。坤也者，地也，万物皆致养焉，故曰致役乎坤。兑，正秋也，万物之所说也，故曰说言乎兑。战乎乾，乾，西北之卦也，言阴阳相薄也。坎者，水也，正北方之卦也，劳卦也，万物之所归也，故曰劳乎坎。艮，东北之卦也，万物之所成终，而所成始也，故曰成言乎艮。

第六章

神也者，妙万物而为言者也。动万物者，莫疾乎雷；桡万物者，莫疾乎风；燥万物者，莫熯乎火；说万物者，莫说乎泽；润万物者，莫润乎水；终万物、始万物者，莫盛乎艮。故水火相逮，雷风不相悖，山泽通气，然后能变化，既成万物也。

第七章

乾，健也；坤，顺也；震，动也；巽，入也；坎，陷也；离，丽也；艮，止也；兑，说也。

第八章

乾为马，坤为牛，震为龙，巽为鸡，坎为豕，离为雉，艮为狗，兑为羊。

第九章

乾为首，坤为腹，震为足，巽为股，坎为耳，离为目，艮为手，兑为口。

第十章

乾，天也，故称乎父；坤，地也，故称乎母。震一索而得男，故谓之长男；巽一索而得女，故谓之长女；坎再索而得男，故谓之中男；离再索而得女，故谓之中女；艮三索而得男，故谓之少男；兑三索而得女，故谓之少女。

第十一章

乾为天、为圜、为君、为父、为玉、为金、为寒、为冰、为大赤、为良马、为老马、为瘠马、为驳马、为木果。

坤为地、为母、为布、为釜、为吝啬、为均、为子母牛、为大舆、为文、为众、为柄。其于地也，为黑。

震为雷、为龙、为玄黄、为旉、为大涂、为长子、为决躁、为苍筤竹、为萑苇。其于马也，为善鸣、为馵足，为作足，为的颡。其于稼也，为反生。其究为健，为蕃鲜。

巽为木、为风、为长女、为绳直、为工、为白、为长、为高、为进退、为不果、为臭。 其于人也，为寡发、为广颡、为多白眼、为近利市三倍，其究为躁卦。

坎为水、为沟渎、为隐伏、为矫輮、为弓轮。其于人也，为加忧、为心病、为耳痛、为血卦、为赤。其于马也，为美脊、为亟心、为下首、为薄蹄、为曳。其于舆也，为多眚。为通、为月、为盗。其于木也，为坚多心。

离为火、为日、为电、为中女、为甲胄、为戈兵。其于人也，为大腹。为乾卦、为鳖、为蟹、为蠃、为蚌、为龟。其于木也，为科上槁。

艮为山、为径路、为小石、为门阙、为果蓏、为阍寺、为指、为狗、为鼠、为黔喙之属。其于木也，为坚多节。

兑为泽、为少女、为巫、为口舌、为毁折、为附决。其于地也，为刚卤。为妾、为羊。

附录四 序卦传

《序卦传》是阐明《周易》六十四卦的排列次序及其间各卦相承续意义的专论。全篇依据上、下经，分为两部分，分别为上经卦序和下经卦序。

有天地，然后万物生焉。盈天地之间者唯万物，故受之以《屯》。屯者，盈也；屯者，物之始生也。物生必蒙，故受之以《蒙》。蒙者，蒙也；物之稚也。物稚不可不养也，故受之以《需》。需者，饮食之道也。饮食必有讼，故受之以《讼》。讼必有众起，故受之以《师》。师者，众也。众必有所比，故受之以《比》。比者，比也。比必有所畜，故受之以《小畜》。物畜然后有礼，故受之以《履》。履者，礼也。履而泰然后安，故受之以《泰》。泰者，通也。物不可以终通，故受之以《否》。物不可以终否，故受之以《同人》。与人同者，物必归焉，故受之以《大有》。有大者不可以盈，故受之以《谦》。有大而能谦必豫，故受之以《豫》。豫必有随，故受之以《随》。以喜随人者必有事，故受之以《蛊》。蛊者，事也。有事而后可大，故受之以《临》。临者，大也。物大然后可观，故受之以《观》。可观而后有所合，故受之以《噬嗑》。嗑者，合也。物不可以苟合而已，故受之以《贲》。贲者，饰也。致饰然后亨则尽矣，故受之以《剥》。剥者，剥也。物不可以终尽剥，穷上反下，故受之以《复》。复则不妄矣，故受之以《无妄》。有无妄然后可畜，故受之以《大畜》。物畜然后可养，故受之以《颐》。颐者，养也。不养则不可动，故受之以《大过》。物不可以终过，故受之以《坎》。坎者，陷也。陷必有所丽，故受之以《离》。离者，丽也。

有天地，然后有万物；有万物，然后有男女；有男女，然后有夫妇；有夫妇，然后有父子；有父子，然后有君臣；有君臣，然后有上下；有上下，然后礼义有所错。夫妇之道，不可以不久也，故受之以《恒》。恒者，久也。物不可以久居其所，故受之以《遁》。遁者，退也。物不可以终遁，故受之以《大壮》。物不可以终壮，故受之以《晋》。晋者，进也。晋必有所伤，故受之以《明夷》。夷者，伤也。伤于外者必反其家，故受之以《家人》。家道穷必乖，故受之以《睽》。睽者，乖也。乖必有难，故受之以《蹇》。蹇者，难也。物不可以终难，故受之以《解》。解者，缓也。缓必有所失，故受之以《损》。损而不已必益，故受之以《益》。益而不已必决，故受之以《夬》。夬者，决也。决必有所遇，故受之以《姤》。姤者，遇也。物相遇而后聚，故受之以《萃》。萃者，聚也。聚而上者谓之升，故受之以《升》。升而不已必困，故受之以《困》。困乎上者必反下，故受之以《井》。井道不可不革，故受之以《革》。革物者莫若鼎，故受之以《鼎》。主器者莫若长子，故受之以《震》。震者，动也。物不可以终动，止之，故受之以《艮》。艮者，止也。物不可以终止，故受之以《渐》。渐者，进也。进必有所归，故受之以《归妹》。得其所归者必大，故受之以《丰》。丰者，大也。穷大者必失其居，故受之以《旅》。旅而无所容，故受之以《巽》。巽者，入也。入而后说之，故受之以《兑》。兑者，说也。说而后散之，故受之以《涣》。涣者，离也。物不可以终离，故受之以《节》。节而信之，故受之以《中孚》。有其信者必行之，故受之以《小过》。有过物者必济，故受之以《既济》。物不可穷也，故受之以《未济》终焉。

附录五　杂卦传

《杂卦传》又称《杂卦》，《周易大传》七种之一。它说明各卦之间的错综关系，以相反相成观点把六十四卦分为三十二对，两两一组，一正一反，用一两个字解释其卦义和相互关系。

《乾》刚《坤》柔，《比》乐《师》忧。

《临》《观》之义，或与或求。

《屯》见而不失其居，《蒙》杂而著。

《震》，起也。《艮》，止也。《损》《益》，盛衰之始也。

《大畜》，时也。《无妄》，灾也。

《萃》聚而《升》不来也。《谦》轻而《豫》怠也。

《噬嗑》，食也。《贲》，无色也。

《兑》见而《巽》伏也。

《随》，无故也。《蛊》则饬也。

《剥》，烂也。《复》，反也。

《晋》，昼也。《明夷》，诛也。

《井》通而《困》相遇也。

《咸》，速也。《恒》，久也。

《涣》，离也。《节》，止也。《解》，缓也。《蹇》，难也。《睽》，外也。《家人》，内也。《否》《泰》，反其类也。

《大壮》则止，《遁》则退也。

《大有》，众也。《同人》，亲也。《革》，去故也。《鼎》，取新也。《小过》，过也。《中孚》，信也。《丰》，多故也。亲寡，《旅》也。

《离》上而《坎》下也。《小畜》，寡也。《履》，不处也。《需》，不进也。《讼》，不亲也。

《大过》，颠也。《姤》，遇也，柔遇刚也。《渐》，女归待男行也。《颐》，养正也。《既济》，定也。《归妹》，女之终也。《未济》，男之穷也。《夬》，决也，刚决柔也，君子道长，小人道忧也。

附录六 出自《周易》的部分成语、名句、名人姓名

（一）常用成语及翻译（64个）

（1）结绳而治：原指上古没有文字，用结绳记事的方法治理天下。后也指社会清平，不用法律治国的空想。(《周易·系辞下》)

（2）天地玄黄：天的颜色是黑的，地的颜色是黄的。引申指大地宇宙的起源，日月星辰的运行。(《周易·坤卦》)

（3）自强不息：自己努力向上，不松懈。(《周易·乾卦》)

（4）厚德载物：君子的品德应如大地般厚实可以载养万物。旧指道德高尚者能够担当大任。(《周易·坤卦》)

（5）乐天知命：旧指乐从天道的安排，安守命运的界限。现大多引申为安于现状，乐守本分。(《周易·系辞上》)

（6）日新其德：每一天都更新增益自己的道德。(《周易·大畜·彖传》)

（7）进德修业：提高道德修养，扩大功业建树。(《周易·乾卦》)

（8）群龙无首：一群龙没有领头的。比喻没有领头的，无从统一行动。(《周易·乾卦》)

（9）谦谦君子：指谦虚谨慎、能严格要求自己、品格高尚的人。(《周易·谦卦》)

（10）革故鼎新：指去除旧的，建立新的。多指改朝换代或重大变革等。(《周易·杂卦传》)

（11）三阳开泰："三阳"表示阳气逐步超越阴气，冬去春来，万物复苏；"开泰"则表示吉祥亨通。三条阳线开启泰卦的意思。常用称颂岁首或寓意吉祥。(《周易·泰卦》)

（12）否极泰来：意思是逆境达到极点，就会向顺境转化。指坏运到了头好运就来了。(《周易·泰卦》《周易·否卦》)

（13）不速之客：没有邀请而自己来的客人，指意想不到的客人。(《周易·需卦》)

（14）藏器待时："器"，用具，引申为才能。比喻怀才以等待施展的时机。(《周易·系辞下》)

（15）无妄之灾：指平白无故受到的灾祸或损害。(《周易·无妄卦》)

（16）殊途同归：通过不同的途径，到达同一个目的地。比喻采取不同的方法而得到相同的结果。(《周易·系辞下》)

（17）洗心革面：清除旧思想，改变旧面貌。比喻坏人物彻底悔改。(《周易·系辞上》)

（18）虎视眈眈：形容凶狠而贪婪地注视着，伺机攫取。（《周易·颐卦》）

（19）九五之尊："九五"，指帝位。旧指帝王的尊位。（《周易·乾卦》）

（20）飞龙在天：比喻帝王在位。（《周易·乾卦》）

（21）潜龙勿用：隐喻事物在发展之初，虽然势头较好，但比较弱小，所以应该小心谨慎，不可轻举妄动。（《周易·乾卦》）

（22）亢龙有悔："亢"，至高的。意为居高位的人要戒骄，否则会失败而后悔。后也形容倨傲者不免招祸。亦指要懂得进退。（《周易·乾卦》）

（23）待时而动：等待时机然后行动。（《周易·系辞下》）

（24）满腹经纶："经纶"，整理丝缕，引申为人的才学、本领。形容人极有才干和智谋。（《周易·屯卦》）

（25）仁者见仁，智者见智：仁者从仁的角度看待，智者从智的角度看待。比喻对同一个问题，不同的人从不同的立场或角度去看有不同的看法。（《周易·系辞上》）

（26）穷则思变：事物到了尽头就要发生变化。（《周易·系辞下》）

（27）改过迁善：改正错误，变成好的。指去恶就善。（《周易·益卦》）

（28）触类旁通：掌握了某一事物的知识或规律，进而推知同类事物的知识或规律。（《周易·系辞上》）

（29）进退存亡：前进、后退、生存、死亡。泛指各种好的与坏的处境。（《周易·乾卦》）

（30）从一而终：多指用情专一，一女不侍二夫。也比喻忠臣不事二主。（《周易·恒卦》）

（31）非礼弗履：不合乎礼仪的事情，不可以做。（《周易·大壮卦》）

（32）安不忘危：在安全的时候不忘记危难。意思是时刻谨慎小心，提高警惕。（《周易·系辞下》）

（33）书不尽言：信中难以充分表达其意，后多作书信结尾习惯用语。（《周易·系辞上》）

（34）见机而作：看到适当时机立即行动。（《周易·系辞下》）

（35）思患预防：想到会发生祸患，事先采取预防措施。（《周易·既济卦》）

（36）神道设教：用玄妙的道理来教化众生。（《周易·观卦》）

（37）风行水上：比喻自然流畅，不矫揉造作。（《周易·涣卦》）

（38）云行雨施：比喻广泛施行恩泽。（《周易·乾卦》）

（39）原始反终：探究事物发展的始末。（《周易·系辞上》）

（40）用晦而明：即使非常清楚明白也不宜过于表现。(《周易·明夷卦》)

（41）负重致远：能背着沉重的东西，送到远处的目的地。比喻能肩挑重任。(《周易·系辞上》)

（42）履霜坚冰：踩着霜，就想到结冰的日子就要到来。比喻看到事物的苗头，就对它的发展有所警戒。(《周易·坤卦》)

（43）穷神知化：穷究事物之神妙，了解事物之变化。(《周易·系辞下》)

（44）勿药有喜：不用吃药，病可自愈。(《周易·无妄卦》)

（45）节以制度：用典章制度来节制。(《周易·节卦》)

（46）开物成务："开"，开通，了解；"务"，事务。通晓万物的道理并按这道理行事而得到成功。(《周易·系辞上》)

（47）乱极必治：必须整治一番，才能涉险济难。(《周易·蛊卦》)

（48）穷理尽性：穷究天下万物的根本原理，彻底洞明人类的心体自性。后泛指穷究事理。(《周易·说卦》)

（49）日月丽天："丽"，依附。像日月悬挂在天空。比喻永恒不变。(《周易·离卦》)

（50）正位凝命：摆正位置，凝聚力量，以完成自身使命。(《周易·鼎卦》)

（51）日中则昃，月满则亏：太阳到了正午就要偏西，月亮盈满就要亏缺。比喻事物发展到一定程度，就会向相反的方向转化。(《周易·丰卦》)

（52）治历明时：修订历法以明辨一年四季的变化。(《周易·革卦》)

（53）枯杨生稊（tí）："稊"，植物的嫩芽。枯萎的杨树又长出了芽。旧喻老人娶少妻。(《周易·大过卦》)

（54）羝羊触藩：公羊角卡在围篱上。形容进退两难的意思。(《周易·大壮卦》)

（55）穷大失居：居大位者骄奢无度，必覆灭而失所居。形容多而不适用。(《周易·序卦传》)

（56）类族辨物：分辨事物的种类，辨别事物的情况。(《周易·同人卦》)

（57）灭顶之灾：是指水漫过头顶，比喻毁灭性的灾难。(《周易·大过卦》)

（58）观国之光：观仰国家大治的光辉景象。(《周易·观卦》)

（59）能屈能伸：能弯曲也能伸直。指人能适应各种境遇，在失意时能忍耐，在得志时能施展抱负。(《周易·系辞下》)

（60）朋友讲习：朋友在一起相互讲解道理、研习学业。(《周易·兑卦》)

（61）夫妻反目：夫妻不和、吵架。(《周易·小畜卦》)

（62）申命行事：反复宣告政令，施行统治。(《周易·巽卦》)

（63）致命遂志："遂"，实现。舍弃生命来实现理想。(《周易·困卦》)

（64）各得其所：原指各人都得到满足。后指每一个人或事物都得到恰当的安置。（《周易·系辞下》）

（二）经典名句及翻译（64条）

（1）天行健，君子以自强不息。（《周易·乾卦》）

译文：天体运行，周而复始，刚健有力，君子应效法于天，自觉地努力向上，力求进步。

（2）地势坤，君子以厚德载物。（《周易·坤卦》）

译文：地势顺承，君子应当效法大地，以宽厚的德行，去负载万物。

（3）河出图，洛出书，圣人则之。（《周易·系辞上》）

译文：黄河出现背上有图形的龙马，洛水出现背上有图形的神龟，圣人仿照它们推演八卦。

（4）积善之家，必有余庆；积不善之家，必有余殃。（《周易·坤卦》）

译文：修善的人家，必然有多的吉庆；作恶的人家，必多祸殃。

（5）善不积，不足以成名；恶不积，不足以灭身。（《周易·系辞下》）

译文：不积累善行，不足以成就美名；不积累恶行，不足以使自身灭亡。

（6）二人同心，其利断金。同心之言，其臭如兰。（《周易·同人卦》）

译文：两人同心，像刀那样锋利，可以切断金属。同心的话，像兰花那样幽香。

（7）君子藏器于身，待时而动。（《周易·解卦》）

译文：君子怀才在身，等待恰当时机行动。

（8）君子以多识前言往行，以畜其德。（《周易·大畜卦》）

译文：君子要通过学习历史加强自己的品德修养，培养自己的器识。

（9）穷则变，变则通，通则久。（《周易·系辞下》）

译文：遇到困穷的时候就要学会改变，改变了就能通达，通达了就能够长久。

（10）德薄而位尊，智小而谋大，力少而任重，鲜不及矣。（《周易·系辞下》）

译文：道德浅薄而位置尊崇，智慧小而图谋大事，力量小而担负重任，很少有不遭祸患的。

（11）君子安而不忘危，存而不忘亡，治而不忘乱。（《周易·否卦》）

译文：君子在安全的时候不忘危险，在生存的时候不忘灭亡，在清平的时候不忘动乱。

（12）君子上交不谄，下交不渎。（《周易·系辞下》）

译文：君子结交地位高的人，不谄媚讨好；结交地位低的人，不轻慢卑视。

（13）君不密则失臣，臣不密则失身，几事不密则害成。（《周易·系辞上》）

译文：君说话不慎密则失信于臣，臣说话不慎密则灾殃及身，重要的事情不慎密则造成祸害。

（14）君子以作事谋始。（《周易·讼卦》）

译文：君子在做事开始之前就要理顺各种关系，杜绝各种争讼麻烦。

（15）不恒其德，或承其羞。（《周易·恒卦》）

译文：如果不能坚守恒常之德，就可能会因此而蒙受羞辱。

（16）损而不已必益，益而不已必决。（《周易·序卦传》）

译文：事物减损不停止必定会带来增益，受益不停止必然会带来溃决。

（17）潜龙勿用。（《周易·乾卦》）

译文：像潜伏的龙一样，在能力或时机不到时，不要有所作为，需潜伏养精蓄锐。

（18）居上位而不骄，在下位而不忧。（《周易·乾卦》）

译文：处在上位而不骄傲，处在下位而不忧愁。

（19）同声相应，同气相求。（《周易·乾卦》）

译文：同样的声音能产生共鸣，同样的气味会相互融合。

（20）与天地合其德，与日月合其明，与四时合其序，与鬼神合其吉凶。（《周易·乾卦·文言》）

译文：德行要像天地一样覆载万物，圣明要像日月一样普照大地，行动要像四季交替一样规律有序；吉凶要同鬼神一样灵验。

（21）君子敬以直内，义以方外。（《周易·坤卦·文言》）

译文：君子当以恭敬的态度使（自己）内心正直，以正义的准则为外在行为的规范。

（22）匪我求童蒙，童蒙求我。初筮告，再三渎，渎则不告。（《周易·蒙卦》）

译文：不是我求于幼童，是幼童有求于我。第一次请教，我有问必答，如果一而再再而三地没礼貌乱问，我则不予回答。

（23）谦谦君子，卑以自牧也。（《周易·谦卦》）

译文：君子为何能表现得如此谦虚，因为他能够以一颗谦卑之心来自我修养。

（24）天地养万物，圣人养贤，以及万民。（《周易·颐卦》）

译文：天地养育万物，圣人作为统治者，通过养育贤人来养及万民。

（25）君子以非礼弗履。（《周易·大壮卦》）

译文：君子不要去做不合乎礼法的事。

（26）女正位乎内，男正位乎外，男女正，天地之大义也。（《周易·家人卦》）

译文：在一个家庭里，女人在家里要守正，男人在外面要守正，这就是天尊地卑的大义。

（27）君子以言有物，而行有恒。（《周易·家人卦》）

译文：君子在说话时要言之有物，行为要有始有终。

（28）君子以反身修德。（《周易·蹇卦》）

译文：君子在遭受艰难险阻时，要反求诸己而加强道德修养。

（29）日中则昃，月盈则食，天地盈虚，与时消息。（《周易·丰卦》）

译文：太阳到了正午就要偏西，月亮盈满就要亏缺，天地之间的盈虚变化，是跟着时间的变化而发生的。

（30）君子以思不出其位。（《周易·艮卦》）

译文：君子思考问题应该不要超出他所处的位置。

（31）君子以见善则迁，有过则改。（《周易·下经》）

译文：君子因此看见善行就立即去做，有了过错就马上改正。

（32）君子以朋友讲习。（《周易·兑卦》）

译文：君子要与朋友一起讲未明的道理，学习不熟悉的事情。

（33）君子以思患而预防之。

译文：君子要善于思考事情的后患，从一开始就要预防。

（34）一阴一阳之谓道。（《周易·系辞上》）

译文：一阴一阳的矛盾变化就称为道。

（35）君子居则观其象而玩其辞，动则观其变而玩其占。（《周易·系辞上》）

译文：君子平时无事就看卦的象，玩味象的文辞，有行动的时候，就看爻的变化，玩味爻的占断。

（36）自天祐之，吉无不利。（《周易·系辞上》）

译文：上天保佑，吉祥无不吉利。

（37）易与天地准，故能弥纶天地之道。（《周易·系辞上》）

译文：周易仿照天地而做，所以能包含天地之道。

（38）乐天知命，故不忧。（《周易·系辞上》）

译文：乐于天道的安排，知晓天地的规律，因而不忧不愁。

（39）方以类聚，物以群分。（《周易·系辞上》）

译文：来自不同方位的种群以类相聚，天下万物以群相分。

（40）仁者见之谓之仁，知者见之谓之知。（《周易·系辞上》）

译文：对同一个问题，不同的人从不同的立场或角度出发有不同的看法。

（41）是故（《易》）有太极，是生两仪，两仪生四象，四象生八卦，八卦定吉凶，吉凶生大业。（《周易·系辞上》）

译文：所以（《周易》）有太极，太极生出一对阴阳，阴阳生出老阳、老阴、少阳、少阴四象，四象生出天地水火风雷山泽八卦，八卦变化推演能断定吉凶，能判定吉凶就能成就伟大的事业。

（42）书不尽言，言不尽意。（《周易·系辞上》）

译文：书面文字不能完全表达作者的语言，语言不能完全表达人的思想。

（43）形而上者谓之道，形而下者谓之器。（《周易·系辞上》）

译文：道是脱离于具体形状之上的，是抽象的，器是具体有形的，是可以用感官来认识的。

（44）天地之大德曰生，圣人之大宝曰位。何以守位？曰仁；何以聚人？曰财。（《周易·系辞下》）

译文：天地最伟大的功德是化生万物，圣人最大的宝物是享有崇高的地位。如何保住位置？是仁德；如何招聚人民？是财富。

（45）天下同归而殊途，一致而百虑。（《周易·系辞下》）

译文：天下人所行的路途不一样，但是归宿都是相同的；人们的思虑各种各样，但是最后的结果是一样的。

（46）尺蠖（huò）之屈，以求信也。龙蛇之蛰，以存身也。（《周易·系辞下》）

译文：尺蠖在爬行时弯曲身体，是为了求得伸展；龙蛇的蛰伏，是为了保存自我。

（47）小人不耻不仁，不畏不义，不见利而不劝，不威不惩；小惩而大诫，此小人之福也。（《周易·系辞下》）

译文：小人不以不仁为耻，不怕做不义的事，不见到利益就不愿勤勉，不受到威胁就不会戒惧。给予一点小的惩罚就会产生大的警戒，这是小人的福气。

（48）时止则止，时行则行，动静不失其时，其道光明。（《周易·艮卦·彖传》）

译文：该静止的时候，必须静止；该行动的时候，必须行动。不论是静止还是行动，都要掌握好时机，这样做就会大道光明。

（49）知周乎万物，而道济天下。（《周易·系辞上》）

译文：天下万物无所不知，用仁义之道救济天下之人。

（50）亢龙有悔，盈不可久也。（《周易·乾卦》）

译文：龙飞得过高会有所懊悔，因为满盈之后便不会持久。

（51）君子进德修业。（《周易·乾卦》）

译文：君子要提高道德修养，扩大功业建树。

（52）以贵下贱，大得民也。（《周易·屯卦》）

译文：能以尊贵的身份居于卑贱之人下面，所以大得民心。

（53）天地交而万物通也，上下交而其志同也。（《周易·泰卦》）

译文：天和地之间交流，则万事万物流通和畅；领导与民众沟通，则可以上下思想一致。

（54）易之为书也，广大悉备，有天道焉，有人道焉，有地道焉。（《周易·系辞下》）

译文：周易这部书广大得无所不包，里面有天道，有人道，有地道。

（55）将叛者其辞惭，中心疑者其辞枝，吉人之辞寡，躁人之辞多，诬善之人其辞游，失其守者其辞屈。（《周易·系辞下》）

译文：将要反叛的人，其说话时有愧色；心中疑惑的人，他的言辞混乱不清；吉祥的人言辞一向很少；急躁的人说话总是很多；污蔑善良的人，他的言辞总是游移不定；丧失操守的人，他的言辞就比较屈服。

（56）不易乎世，不成乎名。（《周易·乾卦》）

译文：自己的意志不为世俗所改变，不为了名声而去成就事业。

（57）飞龙在天，利见大人。（《周易·乾卦》）

译文：像龙飞腾于天，利于晋见大德之人，建立宏伟事业。

（58）慢藏诲盗，冶容诲淫。（《周易·系辞上》）

译文：收藏财物不慎，等于叫人来偷；女子打扮得过于妖艳，无异于引诱人来调戏自己。

（59）君子以果行育德。（《周易·蒙卦》）

译文：君子效法水之必行，因此用果断的行为来培育品德。

（60）观乎天文，以察时变；观乎人文，以化成天下。（《周易·贲卦》）

译文：观察天地运行规律，明白春夏秋冬四时的变化；观察人世的事情，可以化成天下。

（61）探赜（zé）索隐，钩深致远。（《周易·系辞上》）

译文：探究深奥的道理，搜索隐秘、深远的问题。

（62）君子学以聚之，问以辨之，宽以居之，仁以行之。（《周易·乾卦》）

译文：君子通过学习来积累知识，通过讨论来明辨事理，用宽厚的态度处事，用仁义来行事。

（63）中正以观天下。（《周易·观卦》）

译文：用不偏不倚的态度来观察这个社会和世界。

（64）君子居其室，出其言善，则千里之外应之，况其迩者乎？居其室，出其言不善，则千里之外违之，况其迩者乎？（《周易·系辞上》）

译文：君子在自己的家里，如果说出的话是美好的，那么千里之外都能得到应和，何况是近处的呢？在自己的家里，如果说出的话是不美好的，那么千里之外也会背弃它，何况那近处的呢？

（三）出自《周易》的名人姓名（30个）

（1）列御寇（列子）：战国思想家。出自《周易·蒙卦》："上九：击蒙，不利为寇，利御寇。"

（2）赵云：三国时期蜀汉名将，字子龙。出自《周易·乾卦文言》："云从龙，风从虎。"

（3）郦道元（约470—527）：北朝北魏地理学家，字善长、散文家。出自《周易·乾卦文言》："元者，善之长者也。"

（4）骆宾王：初唐四杰之一，字观光。出自《周易·观卦》："六四：观国之光，利用宾于王。"

（5）白居易（772—846）：唐代大诗人，字乐天。出自《周易·系辞上》："乐天知命，故不忧。"

（6）陆羽（703—804）：著有《茶经》一书，被后人尊称为"茶圣"，字鸿渐。出自《周易·渐卦》："上九：鸿渐于陆，其羽可用为仪，吉。"

（7）刘知几（661—721）：唐代著名史学家，字子玄。出自《周易·系辞下》："子曰：知几其神乎。"

（8）吕蒙正（944—1011）：宋代宰相，字圣功。出自《周易·蒙卦》："《彖》曰：蒙以养正，圣功也。"

（9）晁补之（1053—1110）：北宋词人，字无咎。出自《周易·系辞上》："无咎者，善补过者也。"

（10）晏殊（991—1055）：北宋词人，字同叔。出自《周易·系辞下》："天下同归而殊途，一致而百虑。"

（11）张载（1020—1077）：北宋哲学家、理学创始人之一，字子厚。出自《周易·坤卦》："《象》曰：地势坤，君子以厚德载物。"

（12）王安石（1021—1086）：北宋著名思想家、政治家和文学家，字介甫。出自《周易·豫卦》："中正自守，其介如石。"

（13）黄裳（1044—1130）：宋神宗进士，礼部尚书，字勉仲。出自《周易·坤卦》："六五：黄裳，元吉。《象》曰：黄裳元吉，文在中也。"

（14）韩元吉（1118—1187）：南宋词人，字无咎。出自《周易·坤卦》："六五：黄裳，元吉。"

（15）王十朋（1112—1171）：南宋政治家，诗人，一代名臣，字龟龄。出自《周易·损卦》："六五：或益之十朋之龟，弗克违，元吉。"

（16）何天衢（？—1527）：明代官员，字道亨。出自《周易·大畜卦》："上九：何天之衢，亨。"

（17）赵贞吉（1508—1576）：明礼部尚书，文渊阁大学士，字孟静。出自《周易·需卦》："有孚，光亨，贞吉，利涉大川。"

（18）申时行（1535—1614）：字汝默，明代官员。出自《周易·大有卦》："其德刚健而文明，应乎天而时行，是以元亨。"

（19）王艮（1483—1541）：字汝止，明代哲学家。出自《周易·艮卦》："艮，止也。时止 则止，时行则行，动静不失其时，其道光明。"

（20）钱谦益（1582—1664）：明末清初散文家，诗人，字受之。出自《周易·谦卦》和《周易·益卦》

（21）张履祥(1611—1674)：明末清初著名理学家。出自《周易·履卦》："视履考祥，其旋元吉"。

（22）李光地（1642—1718）：清政治家，理学家，字晋卿。出自《周易·晋卦》："明出地上，顺而丽乎大明。"

（23）姚际恒（1647—1715）：清目录学家、藏书家、史学家，字立方。出自《周易·恒卦》："《象》曰：雷风，恒。君子以立不易方。"

（24）毛泽东（1893—1976）：伟大的无产阶级革命家、战略家、理论家，字润之，湖南湘潭人。出自《周易·系辞上》："鼓之以雷霆，润之以风雨。"

（25）蒋介石：（1887—1975）：近代中国著名政治人物及军事家，出生于浙江奉化，名中正，字介石。出自《周易·豫卦》："中正自守，其介如石。"

（26）陈诚（1898—1965）：浙江省丽水市人，中华民国陆军一级上将，字辞修。出自《周易·乾卦·文言》："修辞立其诚，所以居业也。"

（27）蒋百里（1882—1938）：浙江海宁人，清末秀才、民国时期著名军事理论家、军事教育家。他也是民族功臣钱学森的岳父。其字方震，出自《周易·震卦》："震惊百里，不丧匕鬯。"

（28）臧克家（1905—2004）：山东潍坊人，现代诗人。出自《周易·蒙卦》："九二：包蒙吉，纳妇吉，子克家。"

（29）叶君健（1914—1999）：中国作家，翻译家，儿童文学家。出自《周易·乾卦》："《象》曰：天行健，君子以自强不息。"

（30）章含之（1935—2008）：上海人，中国著名外交家。出自《周易·坤卦》："六三：含章可贞，或从王事，无成有终。"

附录七　伏羲先天八卦图　文王后天八卦图　河图洛书

伏羲先天八卦图

文王后天八卦图

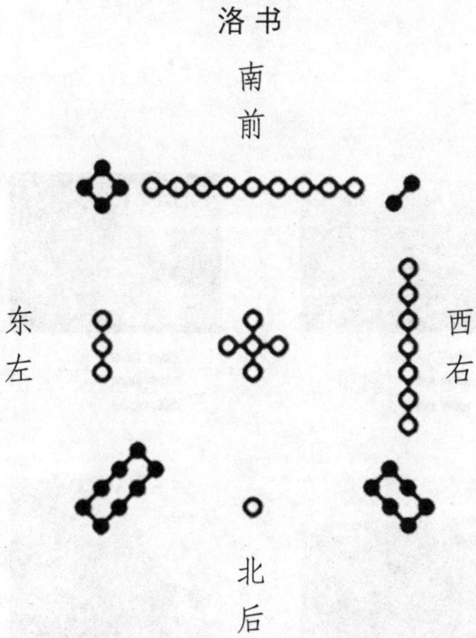

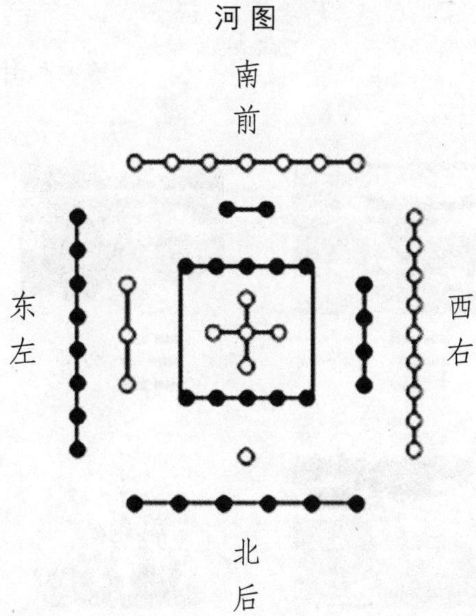

河图洛书

附录八 八卦推演图 八卦象征图

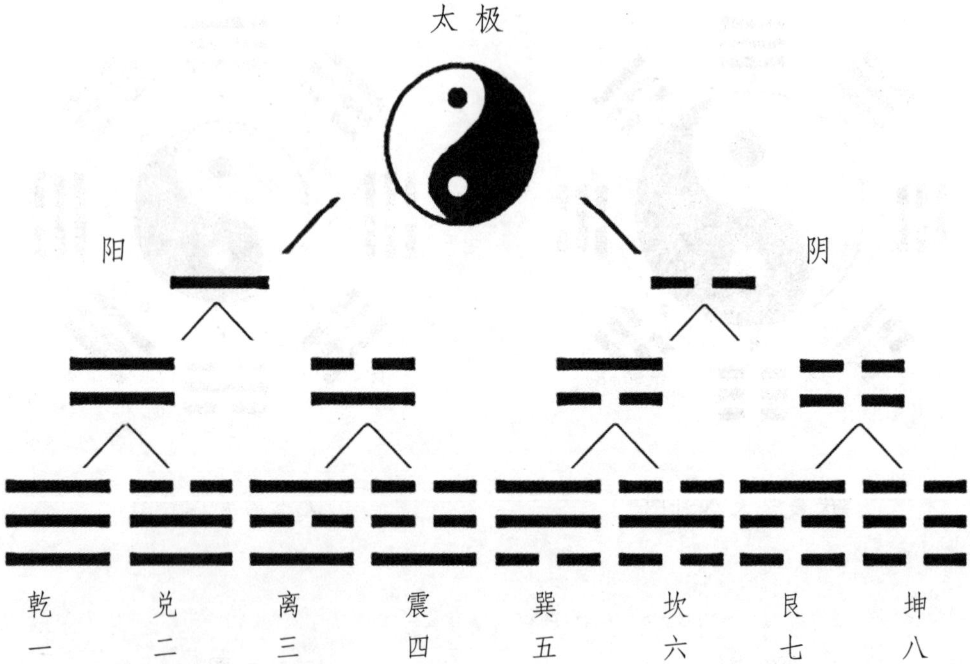

八卦推演图

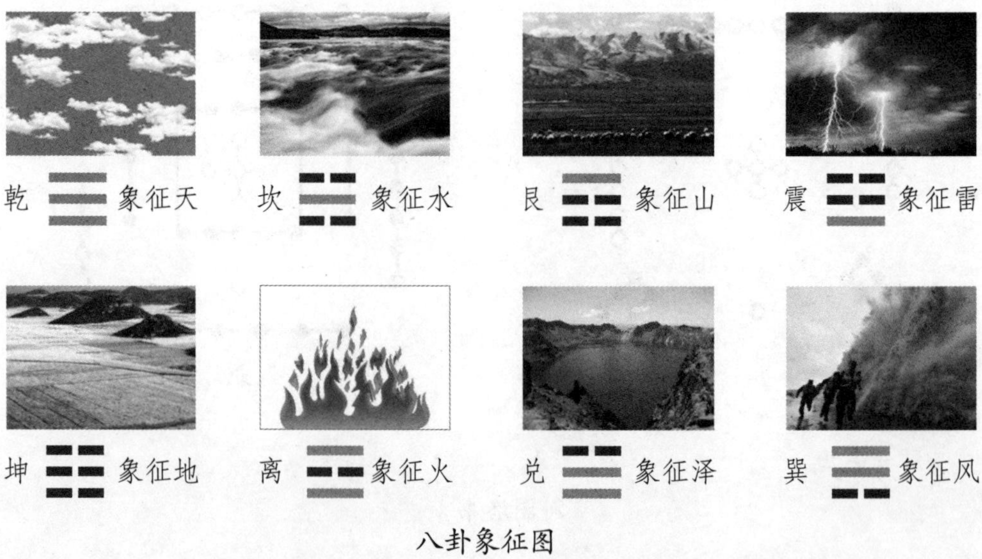

八卦象征图

第四部分　参考文献

1. 王弼著，楼宇烈校释 . 王弼集校释［M］. 北京：中华书局，1980.

2. 朱熹撰，廖名春点校 . 周易本义［M］. 北京：中华书局，2009.

3. 程颐撰，王孝鱼点校 . 周易程氏传［M］. 北京：中华书局，2016.

4. 陈梦雷 . 周易浅述［M］. 北京：九州出版社，2004.

5. 李光地撰 . 御纂周易折中［M］. 北京：中央编译出版社，2011.

6. 黄寿祺，张善文 . 周易译注［M］. 上海：上海古籍出版社，1989.

7. 南怀瑾 . 周易杂说［M］. 上海：复旦大学出版社，2006.

8. 金景芳，吕绍纲 . 周易全解［M］. 上海：上海古籍出版社，2005.

9. 唐明邦 . 周易评注［M］. 北京：中华书局，1995.

10. 朱高正 . 周易白话例解［M］. 上海：华东师范大学出版社，2017.

11. 任犀然 . 彩图全解周易［M］. 北京：中国华侨出版社，2013.

12. 祖行 . 图解周易［M］. 西安：陕西师范大学出版社，2006.

13. 徐广军 . 六十四卦通天下［M］. 北京：中国经济出版社，2009.

14. 东篱子 . 周易全鉴［M］. 北京：中国纺织出版社，2014.

15. 伏羲，姬昌著，何喜明整理 . 周易［M］. 沈阳：北方联合出版传媒（集团）股份有限公司，2010.

16. 孙映逵，杨亦鸣 . “六十四卦”中的人生哲理与谋略——周易对话录［M］. 北京：社会科学文献出版社，2010.

17. 刘大均，林忠军 . 周易古经白话解［M］. 济南：山东友谊书社，1989.

18. 东篱子 . 周易心得［M］. 北京：中国华侨出版社，2007.

19. 张其成 . 周易感悟［M］. 南宁：广西科学技术出版社，2007.

20. 寇方墀 . 全本周易导读本［M］. 北京：中华书局，2018.

21. 李守力 . 周易诠释［M］. 兰州：兰州大学出版社，2016.

22. 唐赤蓉 . 周易 64 卦 384 爻故事［M］. 成都：四川人民出版社，2011.

23. 李申等 . 周易经传译注［M］. 北京：中华书局，2018.

24. 徐子宏 . 周易全译［M］. 贵阳：贵州人民出版社，2008.

25. 雒启坤 . 周易人生决策指南［M］. 北京：中国社会科学出版社，1993.

26. 杨建峰 . 周易［M］. 汕头：汕头大学出版社，2018.

27. 胡玉成 . 周易诠解［M］. 北京：团结出版社，2019.

28. 董易奇 . 中国神秘文化：姓名学［M］. 长沙：湖南美术出版社，2011.

29. 许慎 . 说文解字［M］. 北京：中国书店，1989.

30. 青石主编 . 易经的智慧［M］. 北京：中国华侨出版社，2015.

后 记

读懂《周易》，读懂教育，读懂生活

寒暑相推四十余载，庚寅研易十又有二。奔忙于杏坛生计之间，磨略古经，未敢辍也。今编梓成文，以期资于后学。

2013年金秋，在荆门参加小学语文骨干教师国家级培训，有幸结识了武汉大学刘泽雄教授，杭州师范大学江平教授，武汉东湖新技术开发区教育发展研究院常务副院长、湖北省特级教师夏循藻以及荆门教育局督导评估中心熊虎主任（时任竹园小学校长），此乃三生有幸。他们得知我如此酷爱周易，当即建议我把周易智慧与教学体悟结合在一起，写一本“周易与教育”的书。于是，我抱着试一试的心态，教学之余，笔耕不辍，终成初稿。

“周易即生活，生活即教育。”周易无处不在，只是“百姓日用而不知”。比如在衣食住行方面，有“饮食宴乐”的需卦与“时行则行，时止则止”的艮卦。比如在品德修养方面，有“谦谦君子”的谦卦与“迁善改过”的益卦。在谈婚论嫁方面，有“以虚受人”的咸卦与“永终知弊”的归妹卦。在政治经济方面，有“依法治国”的噬嗑卦与“革故鼎新”的革卦、鼎卦。具体到教学实践，易卦的哲理更是无处不在。比如一节课的开始，就是“屯”，推进教学活动就是“渐”，期间师生的互动就是“随”与“咸”，一门课程的结束，就是“既济”。而学生由不懂到获知，就是“蒙”与“益”……一节课下来，课堂气氛是否活跃，重点难点是否突破，效果如何，“兑”“坎”“贲”“观”等智慧亦在其中矣！

周易本包罗万象，“教育”只是“沧海一粟”。为了主要定位于广大教师与大学生，凸显教育元素，每卦依熊虎先生建议，导入全用教育场景切入，中间“案例解读”尽量一卦至少用一种教育现象举隅。所选案例尽量兼顾生动性，通俗性，哲理性，广泛性，以期雅俗共赏。

“外比于贤，以从上也。”拙书的出版，离不开沈阳大学张国明教授和武汉大学曾维龙教授的谆谆教诲，离不开江汉大学汪频高教授的建言献策，离不开汉唐书局编辑的辛勤勘校，更离不开熊虎先生、“在京湘人－地山谦”的字斟句酌及反复推敲与取舍。“滴水之恩，涌泉相报”，在此一并致以谢忱。是以为记。

“始生之物，其形必丑。”书中如有疏漏及不当之处，敬请广大师生、专家、学者提出宝贵意见，以便再版时修订。另外本书所选案例，在编写过程中，由于诸多原因，未能及时与原作者取得联系，在此深表歉意。请相关作者见书后，速与本人沟通。

作者

2023 年 10 月 9 日